Das Attentat auf Heydrich

MIROSLAV IVANOV

Das Attentat auf Heydrich

Aus dem Tschechischen von
Hugo Kaminský

Mit 44 Abbildungen
und 6 Karten

BECHTERMÜNZ

Titel der tschechischen Originalausgabe (5. Auflage, Prag 1987):
Atentát na Reinharda Heyrich

Abbildungen:
Archiv des Autors (20)
Bundesarchiv (14)
V. Novák (10)
Karten © by Jiří Škopek (6)

Genehmigte Lizenzausgabe
für Weltbild Verlag GmbH, Augsburg 2000

Titel der deutschen Originalausgabe: Der Henker von Prag
Lektorat: Klaus R. Dichtl
Umschlaggestaltung: grafik-house kuchenbauer, Donauwörth
Umschlagmotiv: AKG, Berlin
Gesamtherstellung: Clausen & Bosse, Leck
Printed in Germany
ISBN 3-8289-0393-2

Wer baute das siebentorige Theben?
In den Büchern stehen die Namen von Königen.
Haben die Könige die Felsbrocken herbeigeschleppt?
Und das mehrmals zerstörte Babylon –
Wer baute es so viele Male auf? In welchen Häusern
Des goldstrahlenden Lima wohnten die Bauleute?
Wohin gingen an diesem Abend, wo die Chinesische Mauer fertig war,
Die Maurer? Das große Rom
Ist voll von Triumphbögen. Wer errichtete sie? Über wen
Triumphierten die Cäsaren? Hatte das vielbesungene Byzanz
Nur Paläste für seine Bewohner? Selbst in dem sagenhaften Atlantis
Brüllten in der Nacht, wo das Meer es verschlang,
Die Ersaufenden nach ihren Sklaven.
Der junge Alexander eroberte Indien.
Er allein?
Cäsar schlug die Gallier.
Hatte er nicht wenigstens einen Koch bei sich?
Philipp von Spanien weinte, als seine Flotte
Untergegangen war. Weinte sonst niemand?
Friedrich der Zweite siegte im Siebenjährigen Krieg. Wer
Siegte außer ihm?
Jede Seite ein Sieg.
Wer kochte den Siegesschmaus?
Alle zehn Jahre ein großer Mann.
Wer bezahlte die Spesen?
So viele Berichte.
So viele Fragen.

Bertolt Brecht

Inhalt

IV. ADAGIO MA NON TROPPO

Prolog

Die Sonne stand am blauen Himmel, über den sich ab und zu eine kleine Wolke hinzog, die dann über die ganze Straße ihren Schatten warf. Die Bäume in den Gärten hatten sich weiß umhüllt. Die Menschen schritten wie gestern und vorgestern aneinander vorbei, Frauen mit Einkaufstaschen, einige mit Kinderwagen, von Zeit zu Zeit fuhr ein Auto oder ratterte ein Motorrad vorüber.

Es war ein Maienvormittag.

Keiner von jenen, die über den Gehsteig eilten oder Geschäfte betraten, ahnte etwas.

Unterhalb der Straßenbiegung zog die Moldau dahin, unter der Brücke arbeiteten ein paar Männer, ein kleiner Lieferwagen verteilte an seine Kunden Schuhpasten und Parkettwachs.

Einige Minuten später wird sich alles ändern. Auch das Leben vieler Menschen. Zuweilen ist es von Vorteil, nicht die Zukunft zu kennen.

So auch im Fall des SS-Obergruppenführers und Generals der Polizei Reinhard Heydrich. Noch sitzt er neben dem Fahrer und hat die Augen unverwandt vor den Wagen gerichtet, der ihn von seinem Landsitz in die Stadt bringt. Seine Hände halten auf den Knien eine Aktenmappe umklammert, seine Finger streicheln unbewußt das Leder. Niemand darf wissen, was sie enthält. Streng geheim! Nach Prag sind es nur noch wenige Kilometer. Dort erwartet ihn das Flugzeug, das ihn zu Adolf Hitler bringen soll.

Es wird nicht dazu kommen. Auch Heydrich kennt nicht seine Zukunft. Er sitzt da, die schmalen Lippen fest aufeinandergepreßt. Über die Straße geht eine schwarzgekleidete Frau. Er betrachtet sie, ihr Gesicht ist ihm gleichgültig, aber die schwarze Farbe zieht ihn an. Er liebt schwarze Dinge.

Der Wagen nähert sich der Biegung. Noch einige hundert Meter. Ein an eine Mauer angelehnter junger Mann macht sich von ihr los und spielt wie ein kleines Kind mit einem Taschenspiegel, mit dem er „Schweinchen“ in die Ferne schickt. Heydrich verzieht das

Gesicht zu einem Grinsen. Aber auch dieses Spiegelchen sagt sein Schicksal voraus, nur weiß er es bis jetzt nicht.

Der Lieferwagen hält mit seinen Kremen und Pasten da und dort an, eine schlanke Frau läßt sich im nahegelegenen Garten von der Sonne bräunen, an den Zaun angelehnt stehen Fahrräder. Es ist der 27. Mai 1942, zehn Uhr dreißig Minuten.

Noch geschieht nichts. Nur der schwarze Mercedes nähert sich der Haarnadelkurve. Der Sekundenzeiger läuft, unweit klingelt eine Straßenbahn. Eine Frau überquert langsam die Straße.

Eine Explosion.

Nicht nur schwarze Uniformen, auch tapfere Menschen leben auf der Welt.

ANDANTE MODERATO

„Es gibt im Menschenleben Zeiten,
die man überstehen muß."

Ludwig van Beethoven
V. Symphonie in c-Moll (Schicksalssymphonie)

Das Versteck im Felsen

Ich konnte in dieser Nacht keinen Schlaf finden, auch wenn ich mich im Bett von einer Seite zur andern wälzte. Durch das Fenster schien der Mond, ich lag da mit geöffneten Augen und dachte über verschiedenes nach.

Der Atem meiner Frau ging gleichmäßig, und ich sagte mir: Wie schön sie schläft, und ich selbst kann und kann nicht einschlafen.

Sie wissen ja: Wenn viele Kinder da sind – und ich hatte ihrer sieben –, gibt es dauernd etwas herumzuspekulieren. Man möchte ihnen was Besseres bieten, damit es ihnen gut geht, ich selbst habe nämlich am eigenen Leib erfahren, was Not und Elend bedeuten. Zuerst war ich Arbeiter beim Straßenbau, dann in einem Steinbruch, so wie man sich eben in der ersten Republik auf die verschiedenste Art und Weise herumschlagen mußte. Irgendwann im Jahr 1938 kamen aus der nahegelegenen Stadt ein paar Fabrikanten, um bei uns ein Jagdrevier zu pachten. Sie hielten nach einem Heger Ausschau. Eben damals arbeitete ich beim Straßenbau, und der Vormann meinte, Alois, das wäre doch was für dich! Mein Vater und Großvater waren früher auch Waldhüter, und so meldete ich mich.

Es war keine arge Arbeit, das Wild zu füttern, auf Besichtigungen zu gehen. Im Winter war das nicht sehr angenehm, aber es brachte ein wenig Geld ein, das wir so dringend brauchten.

Am Abend vor Silvester 1941 – warten Sie mal, eigentlich weiß ich nicht mehr, wieviel Tage es vor diesem Silvester waren –, an einem dieser Abende also liege ich da und höre plötzlich so ein Brummen, aber sehr weit oder hoch. Es kam immer näher und näher, jetzt war es fast genau über unserer Hütte, im Dorf bellten die Hunde, und so zog ich leise meine Pantoffeln an, warf den Mantel über die Schultern und wollte raus, um nachzusehen, was da los ist. Aber als ich die Tür öffne, sagt die Frau: „Vater, wohin gehst du denn, es ist doch noch finster!" Und ich darauf: „Bleib schön liegen, ich geh' nur nachsehen, was die Karnickel machen." Sie drehte sich auf die andere Seite und schlief weiter.

Ich greife leise nach der Leiter und lege sie an die Mauer an, um aufs Dach klettern zu können. Es war eine herrliche Nacht, alles glitzerte, auf den Feldern lag dichter Schnee, und über allem die Sterne und der Mond, kaum zu beschreiben. Auch auf den Leitersprossen war dünner Schneestaub, so daß ich ab und zu ausrutschte. Das Brummen war immer noch zu hören, aber jetzt nur noch von weitem. Das Flugzeug entfernte sich wohl immer mehr. Ich schaue auf und sehe, wie sich am Himmel etwas abhebt und dann von den Sternen dort oben langsam und schaukelnd nach unten geht. Ein Fallschirm, das war mein erster Gedanke. Bald darauf fiel das Ding zu Boden, aber ziemlich weit, hinter dem Friedhof, und so kletterte ich wieder von der Leiter herunter und überlegte, was ich tun sollte. Als ich wieder die Küche betrat und mich richtig ankleiden wollte, setzte sich die Frau im Bett auf und sagte, sie hätte schon genug von diesen ewigen Störungen mitten in der Nacht, und ich möchte ihr doch sagen, worum es eigentlich geht. Aber wie sollte ich ihr nur alles erklären? Es waren bestimmt Fallschirmjäger, und wenn sie wüßte, daß ich sie aufsuchen will, bekäme sie Angst und würde zu schreien beginnen. So schwieg ich lieber und kroch wieder ins Bett.

Am nächsten Morgen hatte ich fast alles vergessen.

Damals, im Protektorat, war es besser, den Mund zu halten. Man konnte leicht um den Kopf kommen, ohne zu wissen warum, und so vertraute ich mich mit dem, was ich in der Nacht gesehen hatte, niemandem an. Nach dem Frühstück stopfte ich Futter für das Wild in meinen Rucksack und sagte der Frau: „Also, ich geh' jetzt", und sie sagte: „Ja, geh' nur."

Es war kurz nach neun, ich gehe über das Feld hinter unserer Hütte, und da sehe ich im Schnee zwei Abdrücke von Männerschuhen. Sie führten vom Friedhof hierher.

Ich blickte mich um, niemand in der Nähe, und so ging ich ihnen nach. Sie führten genau in die Richtung, wo ich nachts die Fallschirme gesehen hatte. Und weiß der Teufel, sie leiteten mich direkt zu den Futtertrögen. Der Schnee rundum war festgestampft und wie zu einem Hügel aufgerichtet. Ich stoße mit dem Fuß hinein und merke, daß sich um meinen Schuh Schnüre wickeln. Das stank jetzt schon nach der Gestapo. Ich sah mich wieder vorsichtig um, dann nahm ich den Rucksack von den Schultern und tat, als würde ich Futter aus ihm nehmen. Ich beuge mich unter das kleine Dach über den Futterkrippen, grabe ein wenig den Schnee weg und – klar, ein Fallschirm.

Damit war langsam schon der Galgen in Sicht...

Ich nahm wieder meinen Rucksack auf und folgte den Fußstapfen. Irgendwohin mußten sie führen, an ihrem Ende würden die Burschen sein, und ich werde ihnen sagen: „Also hört mal zu, Jungens, so unvorsichtig zu sein wie ihr, das geht doch nicht. Ist euch denn nicht eingefallen, daß die Fallschirme, wie sie da so leicht im Schnee verscharrt sind, jemand entdecken muß? Und daß er es anzeigen könnte? Eine Stunde später ist die Prager Gestapo da, und ihr seid aufgeschmissen!"

Ich gehe weiter, der Schnee gibt unter meinen Füßen nach, glitzert, die Bäume sind von ihm weiß überzogen. Die Spuren führen zu dem Gartenhäuschen, das nicht weit von unserem Dorf Groß-Nechwist steht. Dort habe ich eine Blechdose von Zwieback mit einer fremdsprachigen Aufschrift gefunden, aber die Spuren führen weiter, direkt in die Felder hinein.

Mich überlief es heiß.

Stellen Sie sich doch vor: Eine schneebedeckte Fläche mit einigen niedrigen Windwehen, aus denen da und dort ein paar Sträucher hervorragten, sonst nichts. Und auf dieser unbefleckten weißen Ebene Fußspuren zweier Männer. Es war zu erkennen, daß sie immer nach ein paar hundert Metern da, wo der Schnee festgestampft war, sich ausgeruht hatten und dann weitergegangen waren. Sie liefen auf einen kleinen dunklen Hügel am Horizont zu, der etwa zwei Kilometer entfernt lag und bewaldet war. Das ist kein schlechtes Ziel, sagte ich mir im Geist. Um unser Dorf herum ist nämlich alles flach und eben, nur bei diesem Hügel ist ein stillgelegter Steinbruch und ein Felsen mit einem kleinen Teich. Ich kannte mich dort gut aus, ein verlassener Fleck Erde, den niemand aufsucht, mit einer großen Höhle im Felsen.

Wahrscheinlich sind sie beim Friedhof gelandet und haben dort die Fallschirme vergraben. Sie haben in der Nähe eine Hütte entdeckt, dort etwas gegessen, und als der Morgen kam, den Wald erblickt. Und weil sie sich tagsüber auf einem offenen Gelände nicht zeigen konnten, gingen sie in Richtung der Bäume, ohne zu ahnen, daß sie dort einen Steinbruch mit einer Höhle vorfinden würden.

Endlich war ich bei dem Wald angelangt und sah, wie die Stapfen ganz plötzlich zum Steinbruch abbogen, den sie gewiß voll Freude und Erleichterung entdeckt hatten. Ich gehe näher, stehe oben und sehe mit einem Mal unterhalb von mir die Männer.

Bestimmt hatten auch sie mich erblickt, aber sie ließen sich nichts anmerken. Der eine hielt eine Landkarte, der andere seine rechte Hand auf der Hintertasche. Ich denke mir, Junge, du hast nach deiner Pistole gegriffen, aber laut sage ich: „Guten Tag, Burschen ...“ und huste dabei ein wenig.

Sie fuhren zusammen, aber erwiderten meinen Gruß.

Dann schwiegen sie und betrachteten mich. Ich zündete mir eine Zigarette an und sagte: „Was treibt ihr hier?“

Sie waren von kleinerer Gestalt, ganz alltäglich gekleidet.

„Wir wollen den Steinbruch wieder in Gang bringen“, antwortete der eine. Ich mußte lächeln: Das könnt ihr einem andern weismachen! Sie merkten, daß ich ihnen nicht glaubte, und ich bekam plötzlich Angst, daß dem, der die Hand in der Gesäßtasche hatte, nicht irgendwas Dummes einfallen möchte, und so sagte ich sicherheitshalber: „Ich bin gekommen, um euch zu helfen.“

Sie steckten die Köpfe zusammen, und nach einer Weile riefen sie: „Na gut, dann kommen Sie mal runter!“

Also stieg ich den Abhang hinunter und stand eine Minute später vor ihnen.

„Hört mal zu“, sagte ich, „hier ist mein Ausweis, damit ihr wißt, wer ich bin, ich hab' euch gesehen, wie ihr in der Nacht gelandet seid und hab' heute eure Fallschirme gefunden, warum habt ihr sie denn nicht besser vergraben?“

Eine Weile schwiegen sie. Dann sagte der eine, sie hätten das später tun wollen, und erklärte, daß es schon zu finster gewesen wäre und sie nicht gewußt hätten, wo sie eigentlich sind.

„Wo sind wir denn wirklich gelandet?“ fragte der Kleinere.

„Ganz nah bei Prag“, sage ich. Es war zu merken, daß sie mir nicht glaubten, und so ziehe ich von neuem meinen Jagdschein hervor, und sie lesen: Brandeis an der Elbe. Sie waren entsetzt und sagten, daß sie ganz woanders hätten abspringen sollen. „Tut nichts“, sage ich, „ich werde euch helfen.“

Wieder berieten sie sich eine Weile, schließlich teilten sie mir mit, daß sie einen Sender haben, und wenn ich sie verrate, würden ihre Kameraden hier meinen Namen schon kennen, bevor ich die Gendarmermiestation erreicht hätte. Ich lachte und winkte mit der Hand ab.

„Was braucht ihr?“ frage ich.

„Sind in eurem Dorf Gendarmen?“

„Ja.“

„Haben sie was gemerkt?“

Ich versprach ihnen, es festzustellen. „Und was zu essen habt ihr?“ Sie hatten nichts. Und verlangten, auch etwas essigsaure Tonerde mitzubringen. In Dörfern gibt es bekanntlich keine Apotheken, aber mir kam der Zufall zu Hilfe. Zwei Monate vor diesem Vorfall nämlich hatte ich mir die große Zehe verrenkt und essigsaure Tonerde draufgetan. Ein Rest war noch da, und der kam jetzt gelegen. Na, und so machte ich mich vorsichtig wieder auf den Weg nach Hause. Der Frau sagte ich nichts von allem, nahm etwas Essen, von Weihnachten war noch ein Stück vom Stollen übriggeblieben, und steckte die Tonerde und ein Fläschchen mit Spiritus in die Tasche. Als ich durch das Dorf ging, sah ich zur Gendarmeriestation hin, aber dort war alles ruhig, der eine Gendarm saß wohl zu Hause, der andere im Wirtshaus. Ich atmete auf und eilte zum Steinbruch.

Es war sicherlich der beste Platz, den sie sich aussuchen konnten. Neben dem Teich stand eine verlassene Hütte, auf den Kieshalden wuchsen ein paar kleine Birken, kaum einen Steinwurf entfernt ein dichter kleiner Wald und vor allem: im Felsen eine Höhle. Im Sommer trieben da oft Kinder ihre Spiele, aber jetzt im Winter zeigte sich niemals jemand.

Die Höhle hatte zwei Eingänge, eine Öffnung führte zur Hütte, die andere auf die entgegengesetzte Seite des kleinen Tals. Sie war sehr tief und finster. Die Burschen hatten aus dem nahen Wald Äste und Reisig herbeigeschafft und sich zwei Lager hergerichtet, zudem brannte jetzt ein kleines Feuer, denn die Nächte waren ja verteufelt kalt. Als ich am Nachmittag wiederkam, hatten sie sich in die Höhle verkrochen, ich gab ihnen das Essen und die Tonerde, der eine hinkte, weil er sich angeblich beim Landen den Fuß verletzt hatte.

„Wie sieht's aus, Alter?" begrüßten sie mich.

„Gut, kein Mensch weiß was."

„Und Sie haben keine Angst?"

Was sollte ich antworten, ohne ihnen die Laune zu verderben, und so sagte ich, daß ich keine Angst habe, aber allzu wohl fühlte ich mich wirklich nicht, was die beiden anscheinend merkten, so daß mich der eine beruhigte und sagte, daß sie mich nicht mehr lange hier beanspruchen werden.

„Wohin wollt ihr denn gehen, sie erwischen euch doch." Sie lachten, daß sie selbst überhaupt keine Angst kennen, aber ich erklärte ihnen, daß ich, wenn sich was vorbereiten sollte, sicherheitshalber aus meinem Jagdgewehr zwei Schüsse abgeben werde, als Zeichen, daß was in der Luft liegt und sie sich davonmachen sollten. „Und was Ähnliches wie das hier gibt es in der Nähe nicht?" fragte der eine, ein junger Mann mit einem kugelrunden Gesicht. Ich dachte nach, dann fiel mir ein, daß nahe der Landstraße, die ins

Dorf führt, ein alter Stollengang liegt, wo man früher einmal vielleicht nach Kohle gesucht hat.

Am nächsten Tag ging ich wieder zum Steinbruch, brachte etwas Essen, wir unterhielten uns, sie wollten wissen, was es Neues gibt und ob sich in der Nähe nicht die Deutschen herumtreiben. Sie borgten mir auch eine automatische Pistole für den Fall, daß es auf meinen Wegen zu was kommen sollte, auch Zigaretten und Schokolade boten sie mir an, aber ich nahm nichts und sagte: „Das lohnt sich nicht, die Kinder im Dorf werden die ausländische Schokolade stolz herumzeigen, und wenn mich jemand fragen wird, woher ich das hab', was soll ich antworten?" Schokolade, und gar eine solche, gab es ja damals nicht zu kaufen. Und dasselbe mit den Zigaretten. Bei ihnen in der Höhle, ja, da hab' ich ein paar geraucht, aber mitgenommen keine einzige.

Einmal gegen Abend gehe ich wieder zu den Felsen – wir nennen den Steinbruch „die Felsen" –, der Teich war zugefroren, viel Schnee gefallen, und plötzlich sehe ich jemanden bei der Felsenmauer gebückt dastehen. Ich blieb stehen und wußte nicht, was ich machen soll, aber über der Schulter hatte ich mein Gewehr. Ich bin doch der Heger und darf hier herumgehen, sage ich mir und gehe weiter. Die Gestalt stand immer noch geduckt da, um nicht gesehen zu werden, aber ich mußte doch der Sicherheit wegen wissen, was das für einer ist und was er im Schild führt, und so schreie ich: „Heda, Mensch, was tun Sie hier?"

Er erschrak und trat – es blieb ihm ja nichts anderes übrig – aus dem Schatten heraus. Es war Baumann, ein Müller aus dem Dorf hinter dem Wald.

„Ich bin Eislaufen gegangen", erklärte er.

„Und wo haben Sie die Schlittschuhe?"

Er schwieg und sah mich irgendwie merkwürdig an. „Und überhaupt", sagte er dann entrüstet, „wieso verhören Sie mich?"

„Ich bin Waldhüter, und hier treiben sich oft Wilderer herum. Haben Sie nicht Fußspuren von zwei Männern gesehen?"

Er wußte darauf keine Antwort und wandte verlegen den Kopf zur Höhle hin.

„Sie wissen von denen?" versuchte ich es.

„Ja. Sie auch?"

Ich nickte. Dann machte einer dem andern klar, daß wir den Männern Essen und Nachrichten zutragen. Sie waren so vorsichtig, weder mir noch dem Müller zu sagen, daß sie noch jemand besucht. Einmal bin ich mit dem Baumann direkt in der Höhle zusammengekommen. Dann, als alles aufflog, hat ihn die Gestapo verhaftet und erschossen. Er hat geschwiegen und micht nicht verraten, sonst könnte ich ja jetzt nicht vor Ihnen sitzen.

Und wie es im Steinbruch endete?

Einige Tage später komme ich von einem Rundgang ins Dorf zurück und sehe, daß vor der letzten Hütte ein deutsches Auto steht. Es hatte so einen Mast auf dem Dach, rundherum wimmelte es nur so von Deutschen, was sie da machten, weiß ich nicht.

Ich kam nach Haus, warf schnell mein Gewehr und den Rucksack über und eilte hinaus. Sie ließen mich passieren, waren ständig nur mit Messungen beschäftigt, der Teufel weiß, ob sie einen Sender oder sowas suchten. Zum Steinbruch gelangte ich auf Umwegen, und ich sage den Burschen, daß sie sich in acht nehmen müssen. Ihre Gesichter wurden ganz ernst, und sie fragten nach jenem Stollen, der vom Steinbruch nicht mehr als einen Kilometer entfernt ist. Wir warteten die Dämmerung ab, dann nahmen wir alle Sachen, die in der Höhle herumlagen, und machten uns auf den Weg. Aber sie waren enttäuscht und ich mit ihnen: Im Stollen stank es fürchterlich, überall lagen zerbrochenes Geschirr und Töpfe und schimmliges Zeug herum, und noch dazu war es entsetzlich feucht.

„Hier könnt ihr nicht übernachten“, sagte ich, „es ist zu naß hier.“

„Wir legen Stroh auf“, sagte der eine. Und so gingen wir zum nächsten Strohschober, wobei die beiden schimpften, um wieviel besser es in der Höhle war.

„Und die Deutschen sind schon weg?“

„Ja, aber niemand weiß, was sie gesucht haben.“ Die Männer wollten nicht in dem Stollen bleiben und lieber wieder in die Höhle zurückgehen, oder ich sollte ihnen sagen, ob ich nicht in der Nähe einen guten Bekannten habe. Ich erinnerte mich, daß ich manchmal ein paar Kilometer weit in einen Wald fahre, um von dort Reisig zu meinem Wildschuppen zu bringen. Dort war das Försterhaus von einem gewissen Bartoš, und zu ihm schickte ich sie. Ob sie bei ihm waren, weiß ich nicht.

Später hörte ich, daß sie in Schestajowitz einen Mann namens Starý aufgesucht haben, danach kamen sie auf irgendeine Weise nach Prag. Den Starý haben die Deutschen später hingerichtet, und ich kann immer wieder nur von Glück sprechen, denn fast alle, die den Männern geholfen haben, sind tot, und ich bin mit heiler Haut davongekommen. Das Leben ist voller Verwicklungen. Naja, und so bin ich am Leben geblieben.

Ein Gärtner erinnert sich

„Halt“, schrie der Gestapomann mit dem vorgehaltenen Revolver in der Hand.

Ich schaue meine Frau an, sie war ganz bleich und hatte die Gießkanne zu Boden fallen lassen.

Sie liefen auf uns zu, einer ergriff mich an den Rockaufschlägen, begann mich zu schütteln und etwas zu schreien.

Ich bekam Angst und ließ die Schaufel fallen.

Wenn ich heute darüber nachdenke, wo eigentlich alles angefangen hat, sage ich mir, ich hätte mich nicht gerade diesem Handwerk zuwenden sollen. Ich meine die Gärtnerei. Eine Sauarbeit. Schon als Lehrling in Aussig an der Elbe mußte ich erfahren, wieviel ein mit Wasser vollgefüllter Eimer wiegt. Dann war ich beim Volák in Prag, ich kann Ihnen sagen, das war ein Rosenzüchter ohnegleichen! Als in Groß-Nechwist meine Tante starb, übersiedelte ich hierher, wo sie mir ein Stück Boden hinterlassen hatte. Ich war siebenundzwanzig, und ein Jahr später begann der Krieg.

Geld zum Umzäunen der zwei Strich Boden hatte ich nicht, aber ich errichtete dort eine Wasserpumpe und zwei Hütten, züchtete vor allem Gemüse, daneben Chrysanthemen und Sommerblumen. Aber es brachte kaum was ein, weil das Grundstück zu weit vom Dorf entfernt war.

Wenn Schnee gefallen war, ging ich immer nach der Arbeit dorthin. Ich war damals nämlich bei TOS in Tschelakowitz als sogenannter „Total-Eingesetzter“ beschäftigt, man kannte das Werk unter dem Namen Wollmann-Fabrik. Na, und als ich wieder einmal, es war so um Silvester 1941 herum, den Garten besuchte, bemerkte ich, daß jemand in den Hütten gewesen war. In der einen lag eine Pappschachtel, und wenn ich mich gut erinnere, waren auch die Schlösser beschädigt. Aber so sehr ich auch herumschaute, ich konnte nicht feststellen, daß etwas fehlte.

Zu Hause erzählte ich es meiner Frau, und die riet mir, es anzuzeigen, und so ging ich zur Gendarmerie, daß ich wahrscheinlich Besuch von einem Landstreicher gehabt hatte. Der Wachtmeister verhörte mich, dann winkte er mit der Hand ab und meinte, die Hauptsache wäre, daß nichts gestohlen wurde. „Ich schick' mal gelegentlich einen Kollegen vorbei“, sagte er zum Abschluß.

Ich dachte, damit sei alles erledigt.

Einige Tage später, ich weiß nicht mehr, wann es war, komme ich von der Arbeit, und die Frau flüstert mir auf der Schwelle zu:

„Du hast Besuch."

„Ich?" wunderte ich mich, zog den Mantel aus, stampfte den Schnee von den Schuhen und ging in die Küche. Beim Tisch saß ein junger Mann mit einem kugelrunden Gesicht und lustigen Augen.

„Guten Abend!" sagte er und sprang auf.

Ich erwiderte den Gruß, wir standen uns gegenüber, und ich wartete, bis er zu sprechen begann. Er betrachtete mich, eine Weile schwieg er, dann sagte er etwas, was mich überraschte:

„Sind Sie ein guter Tscheche?"

„Das bin ich. Was soll sein?"

„Und haben Sie festgestellt, daß Sie in Ihrer Hütte Besuch hatten?"

„Natürlich. Und hab' es auch gemeldet. Wahrscheinlich irgendein Landstreicher." Aber dann fiel mir ein: „Wieso wissen Sie das?"

„Das waren wir. Ich und mein Kamerad."

Ich setzte mich hin und forderte ihn auf, auch Platz zu nehmen.

„Und was habt ihr dort gewollt?" war meine erstaunte Frage.

„Wir haben ein paar Sachen bei Ihnen versteckt und uns ausgeruht."

„Und gegessen!"

„Ja."

„Und einen Pappkarton zurückgelassen."

Er war ein wenig erschrocken. Anscheinend wußte er nichts davon.

„Und wer seid ihr?"

„Wir sind in der Nähe Ihres Dorfes abgesprungen. Wir kommen aus dem Ausland."

Das nahm mir für einen Augenblick den Atem, aber als ich merkte, daß er auf eine Antwort wartet, versuchte ich zu lächeln und sagte in aller Ruhe:

„Keine Angst! Was würdet ihr denn brauchen?" Mir war nicht gerade wohl zumute, aber rauswerfen konnte ich ihn doch nicht. Die Frau stand beim Herd wie versteinert.

Schließlich fragte sie: „Haben Sie Hunger?"

Und er sagte: „Nein, danke, ich bin wegen der Hütte gekommen. Damit Sie nichts anzeigen, wenn Sie unsere Sachen finden sollten, aber Sie waren ja schon auf der Gendarmerie. Was jetzt?"

„Es muß alles weg! Wenn doch ein Gendarm käme ..."

„Und wohin damit?" fragte die Frau.

„Heute ist eine dunkle Nacht, wir bringen die Sachen hierher. Und alles auf einmal, allzu viele Spuren wären zu auffällig."

Wir zogen uns an und verließen das Haus. Später war mir eingefallen, daß es ein Provokateur gewesen sein konnte, aber jetzt eben gingen wir zur Hütte, und an so was dachte ich im Augenblick überhaupt nicht.

Vom Himmel fiel dichter Schnee, er war schon knietief, und es wehte ein heftiger Wind. Wir kamen nur schwer vorwärts, ich als erster, der Fremde nach mir. Ich hörte, daß er etwas vor sich hinmurmelte, verstand ihn aber nicht. Zur Hütte waren es noch etwa hundert Meter. Ich sperrte auf, und er zeigte in eine Ecke, wo verschiedenes Gerümpel aufgehäuft war. Wir räumten etwas davon weg, und schon sehe ich einen Fallschirm und ein paar kleine Kisten, vielleicht mit Munition oder einem Sendegerät, ich weiß nicht. Auf dem Rückweg waren wir vollbepackt und zogen nur mit großer Mühe die Füße aus den Schneewehen heraus, aber nach einer halben Stunde waren wir wieder daheim.

Er bedankte sich und ging. Seinen Namen sagte er nicht.

Was das für Männer waren, wo sie wohnten und was sie hier zu tun hatten, war nicht herauszukriegen. Er kam dann noch einige Male mit seinem Kameraden, und immer nahmen sie einen Teil ihrer Sachen mit. Angeblich nach Prag. Ihre Gummihelme haben sie zurückgelassen, wir sollten sie verbrennen, was wir auch taten; dann waren da einige Gurte aus Gummi, vielleicht von den Kistchen, damit sie sich beim Aufprall auf den Boden nicht öffnen oder beschädigen. Ich weiß es nicht. Ich habe sie im Frühjahr 1942 unter den Dünger getan, ich dachte, sie könnten sie noch brauchen und sie sich holen kommen. Auch die kleinen Schaufeln, die sie zum Eingraben der Fallschirme verwendet hatten, ließen sie da, auch die habe ich unter den Dünger gelegt. Ebenso eine kleine Blechkiste.

Einmal, so im Sommer 1942, biegt von der Landstraße ein Auto zu uns ab und fährt auf unsere Hütte zu. Es war gegen Abend, ich arbeitete im Garten und sehe: Gestapomänner! Vor Schreck blieb mir fast das Herz stehen. Ich will schnell zum Düngerhaufen gehen, aber sie waren schon zu nah und haben mich gesehen.

„Halt!“ schrie einer von ihnen.

Ich blieb stehen, was sollte ich denn anderes tun. Meine Knie begannen zu zittern.

Aus dem Wagen stieg eine ganze Reihe von ihnen. Zuletzt zogen sie einen gefesselten und blutig geschlagenen Mann heraus.

„Kennen Sie ihn?“

„Nein. Ich habe ihn noch nie gesehen.“

Sie wendeten sich zu ihm um, stießen ihn vor mich und fragten drohend:

„Kennst du den Gärtner?“

Reden konnte er nicht, und so schüttelte er nur den Kopf. Ihre Gesichter wurden noch finsterer, eine Weile flüsterten sie miteinander, dann fragten sie ihn dasselbe noch einmal. Mich jagten sie zur Pumpe, sie selbst gingen in die Hütte. Dort warfen sie alles durcheinander, stöberten in meinem Handwerkszeug herum, zerschlugen einige Glaskästen, schließlich nahmen sie Schaufeln zur Hand und begannen, den Misthaufen zu durchwühlen.

Wenn ich so richtig beten könnte, in diesem Augenblick hätte ich es getan. Aber mehr als ein Stück vom Vaterunser kenne ich nicht, und so stand ich da, über den Rücken lief mir kalter Schweiß, und ich mußte zusehen, wie die Schaufeln tiefer und tiefer griffen. Nach einer Viertelstunde wechselten sie sich ab. Den gefesselten Mann hatten sie wieder in den Wagen gestoßen.

Meine Angst, daß sie die Gummigurte entdecken würden, war entsetzlich. Es wäre unser Ende gewesen.

Nach einer Stunde gaben sie es auf. Noch einen Meter tiefer, und sie hätten die Sachen finden müssen. So stiegen sie wieder in den Wagen und fuhren ab.

Etwas später habe ich erfahren, daß der Mann, den sie mitbrachten, ein Müller namens Baumann war. Aber mehr weiß ich nicht. Bis heute kann ich mir nicht erklären, warum sie uns aufgesucht haben und wieso alles so ausgefallen ist.

Der erste „Sokol“-Funktionär erzählt

Über ihre Ankunft und Anwesenheit in unserer Gegend sind immer noch die widersprüchlichsten Gerüchte im Umlauf. Ich war damals Leiter einer „Fünfergruppe“ der illegalen Sokol-Organisation Jindra in Lissa an der Elbe*, Bruder Starý aus Schestajowitz, ein guter Bekannter, führte eine Abteilung von Sokol-Vereinigungen, ebenfalls eine Fünfergruppe, im Gebiet von Schestajowitz und Groß-Nechwist an. In Schestajowitz besaß er eine Gärtnerei.

Er war ein guter Tscheche, ein Patriot, der aus dem Ersten Welt-

* Sokol = Falke; 1862 gegründete sportliche Vereinigung mit patriotischer Zielstellung, wurde 1938 aktiver Teil des antifaschistischen Widerstandes; nach 1948 nochmals der Verfolgung ausgesetzt.

krieg als britischer Legionär heimgekehrt war. Unmittelbar nach Neujahr 1942 tauchte er plötzlich bei mir auf, und als er sich überzeugt hatte, daß uns niemand zuhört, vertraute er mir an, daß bei Groß-Nechwist zwei Fallschirmjäger abgesprungen wären. Er habe es Baumann schon mitgeteilt, und jetzt möchte er von mir wissen, was er tun solle.

Sie können sich denken, wie überrascht ich war, und so fragte ich nach den näheren Umständen.

„Sie haben mich bei Nacht aufgesucht", erzählte er, „und um Hilfe gebeten. Sie erklärten, daß sie ‚von drüben' kämen und hier gewisse Aufgaben zu erfüllen hätten. Wer sie zu mir geschickt hatte, sagten sie nicht. Ich versprach, ihnen zu helfen. Darum komme ich zu dir, um deinen Rat zu hören."

Ich mußte nicht erst lange überlegen und sagte: „Bring sie nach Prag zum Jarda Piskáček." Warum gerade zu ihm? Unser Sokol-Gau namen Barák gehörte dem Prager Fünfergau an, der vor allem die Prager Gruppen Lieben, Karolinenthal, Wissotschan und Prag I-Altstadt vereinigte. Ich und Starý waren dem Piskáček aus Prag-Wissotschan und einem gewissen Strnad aus Lieben unterstellt.

Bruder Starý fuhr mit ihnen also zum Piskáček nach Prag, dessen Leute nahmen sich ihrer an und brachten sie unter. Ich glaube, daß damals Hejl, Jaroslav Smrž und Tonda Oktábec aus Karolinenthal am häufigsten mit ihnen zusammentrafen. Uns hatte die Prager illegale Leitung des Sokol zwar gelegentlich einberufen, aber von so etwas wie einem Attentat war überhaupt nie die Rede. Im Gegenteil, Oktábec hatte uns damals mit riesiger Freude und großem Optimismus informiert, daß „die Jungs" darum zu uns gekommen seien, weil die Alliierten einen mächtigen Luftangriff auf das ganze okkupierte Europa vorbereiten und der Krieg binnen drei, vier Monaten zu Ende sein werde. Wir bekamen die Aufgabe, aus unseren Reihen an verschiedenen Orten je dreißig militärisch ausgebildete Männer auszuwählen und nach Plätzen zu suchen, die für den Abwurf von Waffen und den Absprung weiterer Paraschutisten geeignet wären. Und die „Stunde H" würde man schon in den allernächsten Monaten für das ganze besetzte Europa verkünden.

Ein Arzt berichtet

Jeden Morgen stand ich um halb sieben auf, rasierte mich, um sieben Uhr gab es Frühstück, wobei ich die Zeitung las. Dann in die Ordination.

Die Vormittage verliefen immer gleich. Im Herbst und Frühling immer viele Erkältungen und Grippen, sonst Gallensteinanfälle, hie und da ein verletztes Knie, Rheumatismus – immer rund um die Uhr.

Nach dem Mittagessen Besuche. Ich kannte gut mein ganzes Revier, wußte, wo die einzelnen Patienten wohnen und was sie für Beschwerden haben.

Und vor dem Abendessen dann ein kleiner Spaziergang entlang einem Nebenarm der Moldau, wo an Nachmittagen Rentner spazierengingen, gegen Abend Fischer und bei Dunkelheit Liebespaare anzutreffen waren.

Sie sehen: das alltägliche Leben eines Vorstadtarztes, dem schon lange zu Bewußtsein gekommen war, daß aus ihm kein Wunderdoktor an einer Klinik werden würde, daß er kein Heilmittel gegen Krebs erfinden und auch keine internationalen Kongresse besuchen wird.

Es gab nichts als die tägliche Praxis und Krankenhausbesuche in demolierten Mietshäusern, wie es wohl für immer bleiben sollte. Nichts, was auf einen Wechsel in diesem gewohnten Tagesverlauf hätte hinweisen können.

Dann jedoch kam es zu jenem Vorfall.

Der Tag begann wie gewöhnlich.

Im Wartezimmer saßen zwei von Ischias geplagte alte Frauen. Ich verordnete ihnen eine Salbe, und als ich dem nächsten Patienten die Tür öffnete, erblickte ich Herrn Piskáček mit einem mir unbekannten kleingewachsenen jungen Mann.

Ich forderte sie auf einzutreten, und sie stellten sich an den Glasschrank mit den Injektionsspritzen.

„Na, was kann ich für Sie tun?" sagte ich den derart eingelernten Satz, daß er mir gar nicht mehr bewußt wurde.

Piskáček trat zwei Schritte vor, sah sich um, als ob er Angst hätte, daß ihn jemand hören könnte, und dann sagte er:

„Mein Freund da hat sich die große Zehe am linken Fuß verrenkt."

„Ziehen Sie den Schuh aus, ich will es mir ansehen!"

Der junge Mann gehorchte, zog auch die Socke vom Fuß und

zeigte mir ihn. Die Zehe war recht schön blau. Ich betastete sie vorsichtig, ebenso den Rist und die Sohle. Der Knochen schien heil, trotzdem aber sagte ich:

„Der Sicherheit wegen sollten Sie es röntgen lassen."

Der Mann zuckte zusammen und blickte den Piskáček fragend an. Der lächelte und meinte:

„Ist das nötig?"

Ich sah zu ihm auf, mit einem festen und prüfenden Blick. Er widerstand ihm, aber schwieg.

„Wie heißen Sie?" fragte ich den jungen Mann.

„Zdeněk Vyskočil", gab er ohne Zögern zur Antwort.

„Wo sind Sie beschäftigt?"

Er sagte nichts. Nur Piskáček meinte:

„Sagen Sie, Herr Doktor, würde nicht irgendein Umschlag genügen?"

Ich hob die Schultern und stellte ein Rezept aus, das Medikament weiß ich nicht mehr. Beide bedankten sich und verließen die Ordination. Ich gestehe, daß mir die ganze Angelegenheit irgendwie verdächtig vorkam, aber warum, das wußte ich nicht. Im Benehmen der beiden Männer war etwas Seltsames, Unnatürliches. Zumindest hatte ich einen solchen Eindruck. Als ich abends am Ufer des Moldauarms durch den Schnee watete, mußte ich immer noch daran denken, aber am nächsten Tag war alles wieder vergessen. Einige Zeit später kam Piskáček von neuem, diesmal allein.

„Wo haben Sie Ihren Patienten?" fragte ich.

„Es geht ihm schon gut", antwortete er, aber ich merkte, daß er mir noch etwas zu sagen hatte.

„Was haben Sie denn auf dem Herzen?" munterte ich ihn auf.

„Aber – das ist so eine verteufelte Sache. Dieser Mensch nämlich – verstehen Sie –, dieser Mann kommt aus dem Ausland. Und ich soll mich um ihn kümmern. Er ist noch mit einem zweiten da – und wir würden Ihre Hilfe brauchen."

„Meine Hilfe?" Ich erhob mich überrascht von meinem Stuhl und ging auf Piskáček zu.

„Ja. Ausweise haben sie, das ist in Ordnung. Aber jetzt müssen wir Arbeitsbücher für sie beschaffen. Und dabei könnten Sie uns helfen."

Ich schwieg. Hier ging es um Kopf und Kragen, denn die Nazis kannten in solchen Fällen kein Erbarmen. Was also tun? Sollte ich Piskáček einfach abweisen? Ich hatte mich niemals besonders um Politik gekümmert, mir immer gesagt, daß es völlig genügt, wenn ein Arzt Mandeln ziehen und Grippen heilen kann. Wozu sich in öffentliche Kontroversen einlassen. Nur – hier ging es nicht um Mandeln oder Erkältungen. Ich liebe nicht hochtrabende Worte, aber in diesem Augenblick wurde mir bewußt, daß es höhere Dinge gibt.

Und so nickte ich zustimmend.

Piskáček atmete auf: „Ich habe gewußt, daß Sie uns nicht enttäuschen werden."

Ich schickte ihn zu meinen Bekannten in der Kreis-Krankenversicherung in Prag 2, die ihm bereitwillig ein Arbeitsbuch beschafften.

Dann kam Piskáček wieder, diesmal mit beiden jungen Männern. Ich gab ihnen gefälschte Krankenscheine, die sie als arbeitsunfähig auswiesen. Den ersten meldete ich unter dem Namen Josef Strnad mit der Diagnose „Geschwür am Zwölffingerdarm" an, wohnhaft bei der Familie Khodl in der Waldeckstraße in Wissotschan. Dem zweiten gab ich den Namen František Procházka, Diagnose „Gallenentzündung". Auch er wohnte in Wissotschan, bei Piskáčeks in der Straße Am Ufer.

Jetzt konnten sie schon furchtlos in Prag umhergehen. Sie hatten ihre Personalausweise, waren behördlich krankgeschrieben, und nun ging es nur noch darum, ihre „Leiden" auf längere Zeit hinauszuziehen. Darum mußte ich in die ganze Angelegenheit meinen Freund, Dr. Lyčka aus Karolinenthal, einweihen, der in der Kreis-Krankenversicherungsanstalt Kontrollarzt war. Jede Woche stellte er ihnen einen neuen Revisionsbefund aus, und in ihren Ausweisen bestätigte er die weitere Arbeitsunfähigkeit. Damit sie nicht mehr zu mir kommen mußten, machte ich zum Schein Krankenbesuche bei Herrn Piskáčeks Schwiegermutter, die „ganz plötzlich" von Gelenkrheumatismus heimgesucht worden war. Den Großteil des Tages zogen die beiden Männer in Prag umher, was sie taten und wonach sie suchten, war uns damals noch nicht bekannt. Bei Khodls waren sie wie zu Hause. Einmal schickte ich den Josef Strnad – ihre richtigen Namen habe ich nie erfahren – mit Frau Khodl zu Herrn Formáček in Wissotschan, einem mir gut bekannten Schneider, der ihm einen schönen Anzug nähte.

Jeden Sonntag kamen wir, die wir von den beiden Fallschirmjägern wußten, auf dem Fußballplatz des Sportklubs Wissotschan zusammen, um zu beraten, wie wir ihnen noch weiter helfen könnten.

Dort hat mir Herr Piskáček auch einmal erzählt, wie er zu den zwei Jungens überhaupt gekommen war. In der ersten Januarhälfte 1942 habe ihn angeblich ein Bekannter aus einem Dorf bei Prag aufgesucht und ihm anvertraut, daß sich in seinem Haus zwei polizeilich nicht gemeldete junge Männer aufhielten, die unbedingt nach Prag wollten. Und eben damit nahm die mühevolle tägliche Arbeit ihren Anfang, die Sorgen um ihre Unterkunft und Verköstigung, um ihre Ausweise und anderes. Unzählige Menschen waren darin einbezogen, ohne auch nur zu ahnen, woher die Burschen eigentlich kommen, ob aus dem Osten oder Westen, und was sie hier zu tun haben. Erst nach dem Attentat wurde mir bekannt, daß sie in Wahrheit Jan Kubiš und Josef Gabčík hießen.

Fast alle, die ihnen geholfen hatten, mußten es mit ihrem Leben bezahlen. Die ganzen Familien Piskáček, Khodl, Lyčka wurden ermordet, ich selbst bin dem nur durch Zufall entgangen.

Wenn ich abends manchmal wieder am Moldauufer entlanggehe, steigen in mir Erinnerungen und Überlegungen auf. War es richtig, was sie getan hatten? Notwendig? Vielleicht doch ... Ich weiß es nicht.

Der zweite „Sokol"-Funktionär erzählt

Damals übte ich in unserer Vereinigung in Karolinenthal die Funktionen eines Sozial-Berichterstatters sowie des Vorsitzenden der Schi-Sektion aus. Eines Morgens im Januar 1942 rief mich Bruder Pecháček an. František war Mitglied unserer Gruppe, Leiter der Turnschulen des Sokol und Organisator unseres zuletzt stattgefundenen öffentlichen Programms von Leibesübungen. Er kündigte mir einen Besuch an, den ich empfangen und dessen Bitte ich nach Möglichkeit nachkommen sollte. Kaum eine Stunde später kam der Besucher und stellte sich unter dem Namen Hajský als Sokol-Angehöriger vor. Ohne längere Formalitäten teilte er mir mit, daß ich ihm von mehreren Personen empfohlen worden sei und daß er meine Hilfe brauche. Er sprach den Wunsch aus, ihm bei einwandfrei zuverlässigen Leuten für gewisse Personen vorübergehend Unterkünfte zu beschaffen, wozu es dann noch öfter kommen könnte. Außerdem brauche er eine größere Menge von Lebensmittelkarten, solche für Fleisch habe er selbst schon besorgt, aber für Brot fehlten sie ihm noch. Die gab ich ihm gleich und dann noch etliche Male, ich war damals in einem großen Bäckereiunternehmen beschäftigt. Als drittes verlangte er, im Interesse der

Sache nicht nach seiner wahren Identität zu forschen, sein Name Hajský sei ein Deckname.

Betreffs der Wohnungen nahm ich mir einige Tage Bedenkzeit, ich mußte ja den diesbezüglichen Möglichkeiten bei verschiedenen Sokol-Familien erst nachgehen. Und was den Namen Hajský anbetrifft? Ich hatte den Eindruck, den Mann schon irgendwann und irgendwo gesehen zu haben, aber an Genaueres erinnerte ich mich nicht mehr. Und wie es der Zufall wollte: Als er mich verließ, begleitete ich ihn bis zur Hälfte des Treppenaufganges, und bevor ich wieder mein Büro betrat, hörte ich vom Erdgeschoß her, wie ihn dort jemand als „Bruder Vorstand" anspricht. Es war Schwester Hájková, die Korrespondentin unserer Firma, die mich gleich darauf in meiner Kanzlei aufsuchte und fragte, was Bruder Zelenka bei mir zu tun gehabt hätte. Erst jetzt wurde ich mir bewußt, daß es sich um den Vorstand des Sokol-Gaues im Erzgebirge handelte, der nach dem Münchner Diktat 1938 aus den Sudeten nach Prag flüchtete und damals auch eben Frau Hájková bei uns einführte, die als Tschechin gleichfalls aus dem Grenzgebiet hatte fliehen müssen. Bruder Zelenka hatte damals mitgeholfen, diesen Flüchtlingen Brot zukommen zu lassen und ihnen in Prag Arbeit verschafft. Er war ein liebenswürdiger, opferbereiter Mann. Als er mich aufsuchte, hatte er schon vergessen, daß bei meiner Firma Schwester Hájková beschäftigt ist und daß er zufällig hier mit ihr zusammentreffen könnte. Unmittelbar nach seinem Besuch hatte er mich angerufen und sich dazu bekannt.

Am gleichen Nachmittag ersuchte mich Dr. Břetislav Lyčka, ein Arzt in Karolinenthal, ihn nach den Ordinationsstunden zu besuchen. Ich war etwas verwundert, aber ich ging hin. Und es erwartete mich eine Überraschung: Neben dem schon erwähnten Bruder Pecháček waren noch Antonín Oktábec, der Leiter des dortigen Sokol, und František Hejl, der stellvertretende Gauvorsteher, anwesend. Sie alle wußten schon besser Bescheid um die Dinge als ich, denn eben sie hatten den Zelenka alias Hajský zu mir geschickt. Man teilte mir mit, daß es darum ginge, unseren Landsleuten aus England, die bei uns abgesprungen waren, Hilfe und Unterkunft zu geben. Welche Aufgabe sie hier hatten, wußten wir anfangs nicht. Unsere Zusammenkünfte wiederholten sich ungefähr jede zweite Woche, abwechselnd bei Dr. Lyčka und in meiner Wohnung. Auch Jarka Piskáček, Leiter des Sokol in Wissotschan, kam gelegentlich, auch Václav Novák, der ebenfalls aus den Sudeten stammte; beider Familien waren nach dem

Attentat ermordet worden, mit ihnen Piskáčeks fünfzehnjähriger Sohn und die vierzehnjährige Tochter des Novák.

Das Oberhaupt von allen und allem war Zelenka-Hajský, mit dem unser Oktábec aus Karolinenthal in ständiger Verbindung stand und der sogar von dem Versteck der Paraschutisten in der Krypta der Kirche in der Resselgasse Kenntnis hatte.

In meiner Wohnung übernachteten die Burschen im ganzen viermal, dreimal stets je zwei und zuletzt nur einer. Es war vereinbart, daß sie sich zuvor immer telefonisch anmelden sollten, dies unter dem Vorwand, daß sie an Briefmarken, die ich zum Schein verkaufen wollte, interessiert wären. Ein solcher Anruf bot mir immer die Möglichkeit, meine Frau außer Haus, zumeist zu ihren Eltern, zu schicken.

An Hand der später in der Presse veröffentlichten Fotografien erkannte ich, daß bei uns Gabčík und Kubiš übernachtet hatten, jeder von ihnen stets in Begleitung eines mir unbekannt gebliebenen zweiten Mannes. Auch den dritten, der damals allein kam, kannte ich nicht und weiß nicht, welcher von den Attentätern es gewesen sein konnte.

Wir, die Angehörigen der Sokol-Gemeinden in Karolinenthal, Wissotschan und Lieben, kümmerten uns mit großer Sorgfalt um sie, niemals aber sagte einer dem andern, wann und bei wem sie über Nacht gewesen waren und aufgrund welcher Vereinbarungen sie sich abgewechselt hatten.

Von uns neun Männern bin ich als einziger am Leben geblieben.

Vielleicht durch Fügung des Schicksals, vielleicht infolge eines kleinen Wunders.

Zelenka-Hajský, Oktábec, Piskáček, Novák, Lyčka, Pecháček, Hejl und Strnad, alle haben bis zu ihrem gewaltsamen Tod geschwiegen.

Ich kann das Gefühl einer gewissen Ungerechtigkeit nicht loswerden: warum sie und ich nicht? Wurden doch ihre gesamten Familienmitglieder ausgerottet, und ich, ein Mann ohne Kinder, bin dageblieben.

Von jener Zeit an finde ich fast keinen Schlaf mehr.

Die ersten Vorbereitungen

„Wollen wir wetten?“ sagte Zdeněk mit einem spitzbübischen Lächeln und sah mir in die Augen. Das Bein schmerzte ihn nicht mehr.

„Sie wissen es mit Sicherheit?“ fragte ich.

„Hundertprozentig! Bis zu Ihrem Namenstag ist der Krieg zu Ende. Und dann werden wir zusammen darauf anstoßen!“

Wir besiegelten es durch Handschlag. Mein Namenstag ist – ich heiße Antonie – am 13. Juni. Zdeněk war ein großer Optimist, aber uns tat es gut. Wer hätte denn nicht gern gehört, daß der Krieg vorbei sein wird.

„Und Sie haben keine Angst?“ fragte er mich noch.

Ich schüttelte den Kopf. Dann begann ich, über seine Frage nachzudenken. Was ist das eigentlich: Angst? Manchmal tun Sie etwas, was gefährlich ist, und trotzdem fürchten Sie sich nicht. Sie lassen eben die Angst nicht aufkommen. Sie denken an nichts dergleichen. Ein anderes Mal wieder drehen Sie alles hin und her, und je mehr Sie darüber spekulieren, um so gefährlicher erscheint es Ihnen. Wahrscheinlich darf man nicht allzu weit vorausdenken. Ich habe in allem gern Ordnung. Auch in meinen Gedanken. Nur keine Verwirrungen. Und so überlegte ich auch nicht lange, als mir meine Schwester Ema Khodlová etwa im Januar 1942 sagte, daß Paraschutisten bei uns abgesprungen wären und Hilfe brauchten. Sie waren gekommen, um den Nazis Schaden zuzufügen.

Gut, dann müssen wir ihnen eben helfen. Und das taten wir auch.

Wir waren fünf Geschwister. Ema war die älteste, dann kamen Václav, Jarda und ich. Josef war im ersten Weltkrieg gefallen. Ema war mit einem gewissen Khodl verheiratet, der als Monteur in der Kolben-Fabrik beschäftigt war, ein braver Mensch. Er reiste oft zu Montagearbeiten ins Ausland, war in Persien, in Bulgarien, ich weiß nicht, wo noch. Nach Hause kam er nur selten, meistens am Wochenende, in ihrer Wohnung war also Platz mehr als genug. Wie wir eigentlich von den Fallschirmjägern erfahren haben, weiß ich nicht mehr genau. Vielleicht durch unseren Bruder Jaroslav, der Sattler war. Er hieß Smrž, wie ich vor der Heirat. Wahrscheinlich hatte ihm der Piskáček aus Wissotschan, der für die Männer Nachtlager suchte, davon erzählt. Jarda bot ihnen die geräumige Wohnung bei Ema an, wo sie eines

Tages auch wirklich auftauchten. Wir hatten keine Ahnung, wie sie hießen. Wir nannten sie Dulich und Dulíšek.

Ema, Jarda und ich mit meinem Mann wohnten in Wissotschan, alle nicht weit voneinander entfernt, und so besuchten wir uns häufig. Und so wußten wir alle um die Burschen Bescheid.

Die Khodls hatten einen Sohn, Vašík, Student und so um die zwanzig. Bald hatte er sich mit den Paraschutisten angefreundet, ging mit ihnen in Prag umher, zeigte ihnen, was sie sehen wollten. Die Burschen von drüben waren froh, einen Begleiter und Führer zu haben, der Neffe wiederum, ich meine Vašík, freute sich, mit echten Fallschirmjägern herumzuspazieren, die in der Tasche scharfgeladene Pistolen hatten und schweigsam waren wie das Grab.

In den ersten Tagen sagte mir Ema, daß sie anfangs Furcht gehabt hatte. Zwei fremde Mannsbilder im Haus zu haben, vor allem wenn man nichts Näheres über sie weiß, das war keine Kleinigkeit. Allerdings hatte der eine den Fuß verletzt, und als man ihn brachte, schleppte er sich nur mühselig einher. Angeblich mußten sie seinen Schuh aufschneiden, sonst hätten sie ihn überhaupt nicht vom Fuß ziehen können. Meine Schwester war sehr mütterlich veranlagt, und als sie seine große Zehe sah, machte sie ihm das Bett zurecht und ließ ihn überhaupt nicht mehr aufstehen. Aber schon ein paar Tage später war er dank der vielen heilenden Umschläge dazu imstande und ging mit Piskáček zu einem Arzt, einige Tage später führte er beide Männer zu dem Fotografen Tyll. Näheres weiß ich darüber nicht. Einmal kam Jaroslav zu Václav, meinem zweiten Bruder, um ihn zu fragen, ob er in das Küchensofa einen Fallschirm einnähen dürfte.

Václav fragte erstaunt nach dem Grund.

„Die Burschen wissen nicht, was sie damit machen, wo sie ihn verstecken sollen."

„Was wäre mit dem Haus in Sweprawitz?" sagte Václav.

Jaroslav überlegte kurz, dann leuchteten seine Augen auf, und er gab Václav einen Rippenstoß:

„Eine gute Idee!"

Die Khodls hatten nämlich in Sweprawitz eine kleine Villa, in deren Dachgeschoß für Václav ein Zimmerchen bereitstand, das im Winter, da nie jemand von ihnen hierherkam, verschlossen war. Und hier versteckten sie die Fallschirme.

Ema hatte an den Burschen großen Gefallen gefunden. Sie ließ nichts auf sie kommen, die jungen Männer wiederum sagten zu ihr „mámo", also Mutter. Am schönsten waren die Abende: Da saßen wir alle um den Tisch herum, die Burschen erzählten oder spielten Mariage*. Vašík hatte sich in ein paar Wochen, seit die Burschen bei Khodls wohnten, in dem Spiel so vervollkommnet, daß er es bald besser beherrschte als mein Bruder Václav. Manchmal führte Ota – das war einer von den Jungens – auch Zauberkunststücke vor. Und sie sprachen vom Krieg, aber heiter und zuversichtlich, weil sie überzeugt waren, daß er bald zu Ende sein würde.

Meine Schwester hörte solchen Gesprächen gerne zu, denn sie waren imstande, sie wenigstens vorübergehend die Gefahr vergessen zu lassen, in der die ganze Familie lebte. Die Burschen hatten ihr zwar zugesagt, daß sie für den Fall, daß die Gestapo hier auftauchen sollte, vorher meine Schwester, Vašík und sich selbst erschießen würden, damit die Nazis keinen von ihnen lebend in die Hände bekämen, aber – was war denn das schon für ein Trost! Da hörten sich die Reden von einem baldigen Kriegsende doch besser an. Vielleicht würden wir wirklich alles überleben.

Wenn aber jemand die Burschen fragte, was sie hier eigentlich zu tun haben, lächelten sie nur, und Ota fertigte die Neugierigen mit den Worten ab: „Wir zählen die Enten auf der Moldau!"

Und sie schwiegen.

Oft geschah es, daß sie für einige Tage verschwanden, und niemand wußte, wo sie sich herumtrieben und was sie vorhatten. Einmal fragten sie meinen Bruder Václav, ob er ihnen nicht ein Fahrrad beschaffen könnte, das sie angeblich dringend brauchten; bis jetzt hatten sie es sich immer von Ema oder meinem Bruder Jaroslav, dem Sattler, geliehen. Warum sie es wollten, wußten wir damals nicht, aber Václav besorgte ihnen eines. Er arbeitete damals in der Avia-Fabrik, wo sie für ihre Angestellten neue Fahrräder hatten, und so nahm er einen Ogar – das war die Farbikmarke – und brachte es ihnen. Um keinen Verdacht aufkommen zu lassen, änderte er die Herstellungsnummer, und auch auf das Rad meines Bruders Jaroslav gab er eine andere. Dabei half ihm ein Kollege aus der Fabrik, gemeinsam haben sie die alten Nummern weggefeilt und neue eingestanzt.

Jetzt trieben sich die Burschen noch mehr herum, abends kamen sie müde und schmutzig zurück, und immer wieder kam es vor, daß sie nach so einem Tag, nachdem sie gebadet hatten, auch vierzehn Stunden lang durchschliefen.

Alle lebten wir in so einer sonderbaren Spannung. Die Khodls, Jardas und Václavs Familien und die meine auch. Es war nicht

* Kartenspiel; ähnlich dem deutschen „Skat".

Angst, eher Nervosität, daß ihnen ihr Plan, über den wir überhaupt nichts wußten, gelingen möge. Ich habe damals immer nur einen einzigen Tag voraus gedacht, niemals überflüssige Gedanken zugelassen. Sie waren nun einmal da, wozu dann irgendwelche Überlegungen! Entweder Leben oder Tod. Nach Möglichkeit natürlich das Leben. Aber der Tod, der einer nützlichen Sache gedient hat, kann nicht gar so schlimm sein. Daß ihr Vorhaben den Menschen nicht zum Vorteil gereichen sollte, ist uns überhaupt nicht in den Sinn gekommen. Hätte man sie denn hierhergeschickt, um uns Schaden zuzufügen? Und so lebten wir von einem Tag zum andern. Gelegentlich überraschten sie uns mit irgendeinem Wunsch. Einmal wollten sie, Václav möge ihnen helfen, einen passenden Platz für ihren Sender zu finden. Er hat ihnen den neuen Friedhof in Dablitz vorgeschlagen, aber dann kam ihnen wahrscheinlich etwas dazwischen, und sie sprachen nicht mehr davon.

Ein anderes Mal baten sie meinen Schwager Khodl, ihnen ein etwa dreißig bis vierzig Meter langes Seil zu besorgen. Es sollte ungefähr fünfzehn Millimeter stark sein, Václav bot ihnen eines von acht Millimetern an; in der Avia-Fabrik, wo er arbeitete, stellte man Flugzeuge her, es gab dort Seile zur Genüge, aber sie sagten, es müsse dicker sein. Und so kamen sie zu Khodl, der eben auf Montagearbeiten in Hlinz war; er beschaffte ihnen das gewünschte Seil, packte es in eine Kiste und gab sie zur Post. Václav holte sie mit dem Wagen auf einem Prager Bahnhof ab und brachte sie zu Khodls. Die Burschen waren damit zufrieden, aber wieder sagten sie nichts über den Zweck des Seils. Ich dachte mir, daß sie es vielleicht dazu brauchten, um es über eine Straße zu spannen und einen Wagen zum Halten zu bringen. Zdeněk und Ota untersuchten es gründlich, hatten Freude, und Zdeněk, der kleinere von ihnen, meinte:

„In Ordnung!"

Die Sache ging mir ziemlich lange im Kopf herum, dann begegnete mir eines Tages meine Schwester und sagte aufgeregt:

„Weißt du, was wegen des Seils geschehen ist?"

Ich dachte schnell nach, ob ich in der Zeitung von einem Sabotageakt oder was Ähnlichem gelesen hatte, aber ich erinnerte mich nicht.

„Was denn?"

„Sie haben meinen Mann aus der Fabrik entlassen! Man hat entdeckt, daß er das Seil gestohlen hat. Konnte er denn erzählen, warum und für wen er es gebraucht hat? Außerdem hat er es ja selbst nicht gewußt. Und so mußte er den Mund halten, und sie haben ihn nach fast vierzigjähriger Dienstzeit auf die Straße geworfen. Und die Leute reden über uns, daß wir Diebe sind."

Ich habe Ema getröstet, daß Zdeněk und Ota sich das Seil bestimmt nicht ohne Grund gewünscht hätten. Niemand von uns konnte damals auch nur ahnen, wie geringfügig alle Unannehmlichkeiten wegen des Seils gegen das waren, was uns erwartete.

Der Schwager war verzweifelt und verließ kaum das Haus. Er schämte sich. Wir mußten ihn bewachen, damit er nicht irgendeine Dummheit machte. Er wollte sich wegen der ganzen Sache das Leben nehmen. Es wäre ein Schandfleck auf seiner Arbeiterehre, sagte er, wenn man von ihm glaubt, daß er ein Dieb ist.

Dann wieder einmal wurde Václav von Zdeněk angehalten, der ihm vertraulich zuzwinkerte und fragte: „Na, Kamerad, könnten Sie nicht ein Auto für uns heranschaffen?"

„Ein Auto? Euch genügen die Fahrräder nicht mehr, die ich besorgt hab'?" wehrte Václav mehr im Scherz ab. Zdeněk schüttelte den Kopf: „Wir bereiten eine große Aktion vor, in der Nähe der Straßenkreuzung Melnik–Kralup beim Gasthof ‚Tůmovka'. Und wir würden einen Wagen brauchen, der uns hin und zurück bringt."

Was konnte Václav machen? Er versprach es, suchte den Kommandanten der Betriebsfeuerwehr in der Avia auf und sagte: „Du, Josef, ich brauch' ein Auto."

„Na und?"

„Was soll ich dir darauf antworten? Kurz und gut, zwei junge Burschen, die in einem Flugzeug aus dem Ausland zu uns gekommen sind, planen irgendwas. Wir wissen zwar nichts Näheres, aber es wird sich angeblich lohnen. Und dazu brauchen sie ein Auto."

Josef war ein braver Mann, ihm genügte, was ihm Václav sagte.

„Gut! Du sollst es haben."

Etwas später erkrankte Václavs Frau schwer und wurde in ein Krankenhaus gebracht, wo sie bis zum Herbst 1942 verblieb – und das hat ihm möglicherweise das Leben gerettet. Er hatte nicht mehr so viele freie Zeit wie früher, und so blieb alle Sorge um die Burschen meiner Schwester Ema, Jaroslav und ein wenig auch mir überlassen.

Einmal kam Dulich, also Zdeněk, zu uns und sagte: „Frau Antonie, mein Bruder wird Sie besuchen und Ihnen für mich einen Koffer übergeben. Nehmen Sie ihn bitte von ihm!" Ich versprach es, und tatsächlich erschien bald darauf ein Mann mit dem Koffer. Es war ein Stoff aus hervorragendem Material darin. Ich übergab ihn Ema, die einen ihr bekannten Schneider bat, zu Khodls zu gehen, dem Dulich Maß zu nehmen und ihm einen schönen Anzug zu nähen. Er saß wie angegossen. Dulich hat ihn gleich angezogen und mir den alten Anzug, in dem er bis jetzt herumgegangen war, zur Verwahrung übergeben. Nach dem Krieg habe ich den Anzug auf das Ministerium für nationale Verteidigung gebracht und eine Bestätigung darüber bekommen.

Dann zogen die Burschen um. Sie sagten, daß sie die Unterkünfte wechseln müßten, um nicht auffällig zu werden. Bei Khodls zeigten sie sich erst wieder am Muttertag, der im Mai gefeiert wird, und brachten für Ema einen großen Blumenstrauß mit. Sie hat sich sehr gefreut und immer wieder gesagt: „Ich weiß, daß ihr brave Jungens seid. Sie haben mit Blumen an mich gedacht, hörst du, Václav?" Und sie suchte nach einem Taschentuch und machte sich dann ans Backen eines Gugelhupfs.

Zdeněk und Ota standen an der Tür und meinten: „Aber, mámo, das muß doch nicht sein!"

Nach der Feier gingen sie wieder.

Als es zu dem Attentat kam und bei Khodls die Gestapo erschien, beschlagnahmten sie sogar den Blumenstrauß.

Tag für Tag haben wir dann daran gedacht, was die Burschen wohl jetzt machen. Aber die Tage vergingen, der Mai war langsam zu Ende, und nichts rührte sich. Josef von der Feuerwehr fragte Václav immer wieder nach dem Auto, ob sie es noch brauchen würden, auch das Seil lag immer noch bei Khodls; dann mußte ich es mit Fanynka, das war Vašíks Freundin, auf einen Karren legen und mit ihm nach Unter-Potschernitz fahren, wo wir es bei Bekannten in einen Brunnen warfen. Aber Genaueres hat niemand von uns gewußt, zumindest ich nicht und, wie ich glaube, Ema auch nicht. Und wenn die Burschen manchmal bei uns auftauchten, schwiegen sie. Sie waren vorsichtig und wollten uns nicht unnötig in Gefahr bringen. Aber zum Schluß hat ohnehin alles nichts genützt. Kurzum: Fürs Frühjahr 1942 wurde etwas vorbereitet, und nur mein Bruder Jaroslav war in den Plan eingeweiht. Und angeblich hat er ihnen dabei auch geholfen.

Ich hatte eine Pikiermaschine

Den Jaroslav Smrž – man nannte ihn Jarda – habe ich aus der Sokol-Vereinigung in Wissotschan gekannt, wo er Leiter des turnerischen Nachwuchses war. Vorsteher war ein gewisser Piskáček, ein hochgewachsener, strenger, wortkarger, dabei aber sehr kameradschaftlich gesinnter Mann. Trotzdem hatten wir, die Jüngeren, vor ihm manchmal auch Angst.

Ich war damals Schneider, meine Werkstatt war unweit von Piskáčeks Wohnung, und im Winter 1942 nähte ich für Vašek Khodl zum Abitur einen Anzug. Einige Zeit später tauchte bei uns Vašeks Kamerad auf, Jirka, ein braver Junge, der mitteilte, daß Vašek mich um etwas bitten möchte.

„Soll er doch kommen", sagte ich.

Er kam.

Eine Weile zögerte er, dann ließ er stotternd den Wunsch hören, ich möchte ihm einen Anzug nähen, den Stoff dazu würde er mir liefern, aber ich möchte niemandem davon was sagen. Er ging dabei wie die Katze um den heißen Brei herum, was mir nicht gefiel, und so sagte ich: „Wenn du solches Vertrauen zu mir hast, dann sag mir klar und deutlich, worum es geht, sonst mache ich nichts."

Daraufhin rückte er verlegen damit heraus, daß sich bei ihnen Fallschirmjäger einquartiert haben.

„Das ist was anderes. Wann soll ich kommen, um Maß zu nehmen?"

„Ich werd' Ihnen Bescheid geben."

Dann besuchte mich eines Tages Frau Khodlová und bat mich, zu ihnen zu kommen. Ich stellte weiter keine Fragen mehr und habe dem kleineren von zwei jungen Männern Maß genommen. Was es für ein Anzug war, erinnere ich mich nicht mehr. Aber weil kleinen Menschen zweireihige Anzüge nicht gut stehen, schneiderte ich ihm wahrscheinlich einen Einreiher zurecht. Der Stoff war, glaube ich, graublau. Ich legte alle anderen Bestellungen beiseite und habe sofort mit der Arbeit begonnen.

Einige Tage später ließ ich ihm sagen, er möchte zur Anprobe kommen.

Die Bestellung führte ich in meinem Buch unter einem Decknamen. In den fertigen Anzug nähte ich nicht meine Firma ein. Sicher ist sicher. Zu jener Zeit hatte ich eine Pikiermaschine, mit der man die Roßhaareinlage im Brusteil eines Herrensakkos durchnäht; aber ich sagte mir, daß eine solche Maschine allzu regelmäßige Stiche macht, an denen man erkennen könnte, welcher Schneider den Anzug genäht hat. Und so durchnähte ich die Einlage mit der Hand und ließ es mir daran sehr gelegen sein. Auf eine andere Weise konnte ich ihm nicht beistehen, so sollte er wenigstens einen schönen Anzug von mir haben. Und er bekam einen, der ihm sein ganzes Leben lang Dienste geleistet hätte.

Monolog eines Chemieprofessors

Wenn ich die Augen schließe, sehe ich mich noch heute vor dem Katheder stehen und vortragen.

Die Chemie erheischt Präzision. Später benötigte ich diese Präzision auch bei meiner illegalen Tätigkeit. Und dennoch liegt darin ein Unterschied: In der Chemie arbeiten wir mit Elementen, bei der illegalen Betätigung mit Menschen, die der Vernichtung anheimfallen können. Und ein Menschenleben ist durch nichts ersetzbar.

Als ich ein kleiner Junge war, fuhren wir öfters zu meinem Großvater nach Trebitsch. Es gibt dort schöne Hügel, und wenn wir auf einem von ihnen Platz nahmen, sagte mir der Vater:

„Was du hier um dich herum siehst, das ist unser Land! Unsere Heimat."

Als dann in Wischau, wo ich später lebte, die Nazis einfielen, erinnerte ich mich oft an diese Worte meines Vaters. In jenen Tagen erhielten sie plötzlich Bedeutung.

Eine der Regeln eines illegalen Lebens besagt, daß man sein Haus verlassen und jede Verbindung mit seinen Lieben aufgeben muß. Bei mir nahm diese Zeit im Jahre 1941 ihren Anfang. Ich unterrichtete damals am 4. Realgymnasium in Brünn und wohnte in Schlakau. Tagtäglich mußte ich zur Schule fahren. Mein Schwiegervater war ein pensionierter Oberlehrer, der eine schöne Bibliothek und Vorliebe für den Turnunterricht hatte. Ebenso meine Frau. Sie wurde im Oktober 1941 verhaftet. Nach mir fahndete die Gestapo in der Schule, wo ich aber zum Glück nicht mehr war. Ich hielt mich damals bereits in Prag auf und hatte das Leben eines Menschen begonnen, der niemals und nirgends Ruhe und Frieden findet. Im Grunde genommen hatte ich aufgehört zu existieren, zumindest von Amts wegen. Und trotzdem ging ich auf den Straßen umher, hungrig, aber mit der Lust zu leben wie die andern.

Ich wohnte bei Šenolds, König-Georg-Straße 12. Und dort beteiligte ich mich an der Organisierung der illegalen Sokol-Gruppe JINDRA.

Bei der Familie Šenold hielt ich mich etwa sechs Wochen auf, dann lebte ich einige Zeit in Dewitz, schließlich übersiedelte ich auf die andere Seite von Prag, in die sogenannte Gartenstadt, wo ich auch Weihnachten 1941 feierte.

Ich wohnte da bei einer Frau Helena, der Gattin eines ehemaligen Mitschülers, der ins Ausland geflüchtet war. Schon zuvor war verabredet worden, daß ich seinen Platz einnehmen und einen Ausweis mit seinem Namen, selbstverständlich aber mit meiner Fotografie, bekommen sollte. Und so war der Chemieprofessor verschwunden und wohnte weiterhin in der Gartenstadt als „Offizier Aleš".

Ich ließ mir unter der Nase einen Schnurrbart wachsen und trug die Kleidungsstücke meines Freundes. Ich war ein anderer Mensch geworden. Statt chemischer Formeln lehrte ich die Art und Weise eines neuen Lebens kennen, und statt meiner Schüler prüfte ich die Wachsamkeit der deutschen Geheimpolizei.

So begann das Jahr 1942.

Die illegale Organisation JINDRA hatte schon damals eine feste Struktur. Zu ihrem Leiter war der Sokol-Wettkämpfer Pecháček ernannt worden, mit dem einige andere zusammenarbeiteten, zum Beispiel ein gewisser Piskáček in Wissotschan; Mähren unterstand dem Sokol-Anführer Stěpán Drásal. Meine Aufgabe war, die Organisation JINDRA auf unserem gesamten Gebiet zu führen. Wir trafen entsprechende Vorbereitungen, gründeten ein Nachrichtennetz und nahmen mit einigen Mitgliedern der Zentralen Leitung der heimischen Widerstandsbewegung Verbindung auf; man nannte sie abgekürzt ÚVOD (Ústřední vedení odboje domácího). In ihr waren die militärische Gruppe Obrana národa (Nationale Verteidigung), der Petitionsausschuß Věrni zustaneme (Wir bleiben treu) und andere illegale Gruppen vereinigt. Ursprünglich stellte ÚVOD eines der Zentren des heimischen Widerstandes dar, aber zu meiner Zeit hatten es die nazistischen Repressalien bereits stark dezimiert. Ich lernte den Stabskapitän Václav Morávek kennen, einen von der Dreiergruppe Balabán/Mašín/Morávek.

Er war ein interessanter Mann. Mutig, so daß Legenden über ihn erzählt wurden, organisierte er verschiedene Sabotageakte, beschaffte illegale Ausweise, knüpfte Kontakte zwischen den einzelnen Widerstandsgruppen und leistete vor allem hervorragende Nachrichtendienste.

Seit Beginn der Okkupation, also ab 1939, befand er sich in der Illegalität. Er hatte ein Sendegerät und Verbindung mit London. Er plante gewaltige terroristische Aktionen, aber ihm war klar, daß er sie allein – oder auch nur mit Hilfe von Mašín und Balabán – nicht ausführen konnte. Darum (wie aus seiner Zeugenschaft hervorging) hatte er London aufgefordert, Paraschutisten bei uns abzusetzen, die auch „größere Dinge" vollbringen könnten.

Sie werden sich jetzt im Geist wohl sagen, wie irgendein Morávek die Führung in London beeinflussen konnte. Immerhin stand er in Verbindung mit Paul Thümmel, dem höchsten Vertrauensmann des Wehrmacht-Nachrichtendienstes für die böhmischen Länder und den Balkan. Thümmel war ein Spion großen Stils, von internationalem Format. Morávek ließ ihm hohe Geldsummen zukommen, für die Thümmel wichtige Geheimnachrichten der deutschen Wehrmacht an uns weitergab.

So zum Beispiel hatte er im Juni 1940 Einzelheiten über die von den Nazis geplante Landung in England eruiert und auch das genaue Datum des Einsatzes ermittelt. Nun, und diese Nachrichten gingen weiter nach London, was Morávеks Verdienst war.

Wir haben oft über die gegenwärtige Situation gesprochen. Er lebte unter dem Namen Leon. Einmal forderte er mich auf, ihm ein Gift zu beschaffen, das erst nach mehreren Stunden den Tod herbeiführt. Das war Morávеks ausdrückliche Bedingung. Ich fragte ihn, warum er auf so etwas bestehe.

„Um ihnen, wenn ich verhaftet werde, noch wenigstens zwei, drei Stunden ins Gesicht lachen zu können ..."

Thümmels Berichte gab er nicht nur in den Westen weiter, sondern auch den sowjetischen Freunden, um – wie er sagte – „keine Gefahr wegen Verzugs" aufkommen zu lassen.

Einige Male war er von Gestapoleuten umzingelt worden, aber immer hatte er sich freigeschossen. Einmal, das war in Nusl, von wo man gerade sendete, sah es schlimm aus: die Gestapo war ins Haus und dann in die Wohnung eingedrungen, aber Morávek glitt an einem Drahtseil des Blitzableiters nach unten und entkam ihnen wiederum. Dabei hatte ihm das Seil einen Finger durchschnitten. Als ich später einmal mit ihm sprach, zeigte er mir an Stelle des Zeigefingers eine Prothese, eine Art von Handschuh, in der der fehlende Finger ausgestopft war; die Prothese hatte sieben Nähte, vier große und drei kleinere.

„Warum diese Nähte?" fragte ich.

Er verzog spöttisch das Gesicht: „Vier tote und drei verwundete Gestapomänner!"

Ihm war bewußt, daß er nicht lange werde durchhalten können. Darum sagte er mir eines Tages, daß er mich mit einem geheimnisvollen „René", das war Thümmel, in Verbindung bringen möchte, um seine – Morávek – Arbeit fortzusetzen, wenn er selbst dazu nicht mehr fähig sein werde. Renés wahren Namen kannten wir damals nicht.

Im Januar 1942 – das genaue Datum weiß ich nicht mehr – teilte mir Pecháček mit, daß sich zu unserer Organisation JINDRA Fallschirmspringer hinzugesellt hätten.

„Wie hast du davon erfahren?"

Er erzählte mir von jenem Piskáček, von dem Absprung in dem nahe gelegenen Dorf und von dem vorübergehenden Aufenthalt der beiden Männer in einer Felsenhöhle.

„Woher kommen sie?"

„Angeblich aus England."

„Und was alles weißt du über sie?" Ich war ungeduldig, so etwas ist ja kein Kinderspiel.

„Eigentlich nichts", gab Pecháček mißmutig zur Antwort.

„Und unsere Leute schenken ihnen Vertrauen?"

„Bis jetzt ja."

„Und wenn es Provokateure sind?"

„Sie sind doch bei uns abgesprungen. Und haben ihre Fallschirme dort versteckt."

„Und woher weißt du, daß jene, die absprangen, mit denen identisch sind, von denen Piskáček gesprochen hat? Oder wie, wenn vielleicht die Deutschen selbst sie abgesetzt haben und sie sich jetzt unser Vertrauen erringen wollen?"

Pecháček schwieg. Und mir gefiel die ganze Sache nicht besonders. Es kam mir seltsam vor, daß sich Fallschirmspringer so benehmen wie jene beiden. Niemand wußte Näheres über sie. War es nicht besser, die Finger davon zu lassen?

Ich überlegte hin und her, durchdachte sämtliche Eventualitäten, dabei machte mich der – bildlich gesprochen – Tumult, mit dem sie immer kamen, besonders stutzig.

Dann aber sagte ich mir: Wenn sie wirklich aus dem Ausland gekommen sind, haben sie natürlich keine Ahnung, wie die Faschisten hier wüten. Und ich erinnerte mich daran, daß ja Morávek selbst London aufgefordert hatte, jemanden hierherzuschicken.

Ich zögerte einige Zeit, bevor ich Pecháček vorschlug, persönli-

Der opferbereite Zelenka-Hajský, der zu den Hauptorganisatoren der ganzen Aktion gehörte.

che Bekanntschaft mit ihnen zu schließen, sie mit eigenen Augen zu sehen und möglichst viel von ihnen und über sie zu erfahren.

Wir kamen zusammen.

Ich wartete auf sie mit Pecháček in seiner Wohnung. Wir saßen beim Tisch und sprachen kein Wort. In solchen Augenblicken ist jeder mit seinen eigenen Gedanken beschäftigt. Dann klingelte es. Ich blieb im Zimmer, Pecháček ging öffnen. Gleich darauf kam er mit Zelenka-Hajský zurück, ihnen folgte ein unbekannter junger Mann. Der zweite war nicht erschienen.

Hier ist angebracht, ein paar Sätze über Zelenka-Hajský zu sagen.

Er war Oberlehrer, der zuvor im Grenzgebiet wohnte und im September 1938 flüchten mußte, weil die Sudeten dem Deutschen Reich einverleibt worden waren. In unserer Organisation war er zu unserer vollen Zufriedenheit tätig, er hatte die Aufgabe, sich um in der Illegalität lebende Freunde zu kümmern. Seine Gruppe hieß

„Říjen", also „Oktober", er selbst trug den Decknamen „Říha". Manchmal nannte er sich Hajský nach der Gemeinde Háje, wo er vorher tätig war. Er war es, der von uns den Auftrag bekommen hatte, die beiden Unbekannten zu uns zu bringen.

Der Fremde war von untersetzter, stärkerer Statur, hatte ein wenig hervortretende Backenknochen und schmale Lippen. Er sah sich eilig um, als wollte er sich orientieren, als er mich allein im Zimmer sah, schien er beruhigt.

„Ich bin Ota", sagte er.

„Ich heiße Jindra", entgegnete ich.

Wir reichten uns die Hände und betrachteten einander. Pecháček hatte inzwischen Tee gebracht, wir tranken, das Gespräch stockte.

Dann sagte ich mir: Heraus damit!

„Ich möchte Sie darauf aufmerksam machen", waren meine ersten Worte, „daß das Haus unter Beobachtung steht. Und so trägt jeder von uns in der Tasche ..."

Er unterbrach mich lächelnd und zog einen Revolver hervor: „Auch ich liebe solche Dinge."

„Von wo kommen Sie?"

„Das kann ich nicht sagen."

„Warum nicht?"

„Unsere Sendung ist geheim."

„Aber einigen Leuten haben Sie schon erzählt, daß sie aus England kommen."

„Und wenn dem so wäre?"

„Sie dürfen sich nicht wundern, daß wir mißtrauisch sind. Es gibt bei uns allzu viele Provokateure."

Sein Gesicht verfinsterte sich.

„Kennen Sie in England den einen oder andern der tschechischen Offiziere?" Er begann etwas zu erzählen, ich war bemüht, ihn mit weiteren Fragen in Widersprüche zu verwickeln. Pecháček zeigte ihm ein Foto seines unehelichen Sohnes, der im Ausland tätig war. Der Besucher wußte brillant zu antworten, aber das konnte für den Fall, daß er ein deutscher Provokateur war, auch gut eingelernt sein.

Dann fiel mir auf, daß er mährischen Dialekt sprach.

„Sie sind aus Böhmen?" fragte ich ihn.

„Nein, aus Mähren."

„So ein Zufall! Ich auch."

Wieder war es still.

„Können Sie mir sagen, von wo in Mähren?"

„Aus der Nähe von Trebitsch", sagte er etwas unwillig.

„Dort kenne ich mich aus", brachte ich mit Freude zum Ausdruck. „Wissen Sie zufällig, was es mit dem Bahnhof in Ladislau für eine seltsame Bewandtnis hat?"

Der junge Mann antwortete, ohne zu zögern: „Es ist dort alles voll von Rosen. Einer von den Eisenbahnern züchtet sie."

Allmählich begann ich ihm zu vertrauen, es schien, als wären unsere Befürchtungen überflüssig gewesen. Zelenka-Hajský und Pecháček hatten aufmerksam zugehört und auch ab und zu eine Frage gestellt.

„Seien Sie nicht bös, daß ich Ihnen über meine Aufgaben nichts Näheres sagen kann", meinte der Fremde. „Vielleicht nur den Decknamen: Wir nennen uns Anthropoid."

In diesem Augenblick durchzuckte mich wie ein Blitz der Gedanke: „anthropos" – das ist griechisch und heißt „Mensch". Und „Anthropoid" – was ist das? Eine Gruppe mit diesem Namen muß doch etwas mit einem Menschen im Sinn haben. Oder mit jemanden, der bereits aufgehört hatte, ein Mensch zu sein?

Und Morávek hatte oft und oft gesagt, man sollte ein Attentat begehen ...

Ich versuchte es auf gut Glück: „Seid ihr vielleicht gekommen, um ein Attentat auf Heydrich ..."

Der junge Mann sprang auf. „Woher wissen Sie das?"

Es war ein Versprecher, der uns mit einem Male näherbrachte. Was gibt es nicht für Zufälle! Von diesem Augenblick an war er weit offenherziger, dabei konnte er nicht begreifen, wie wir es in Erfahrung gebracht hatten.

Schließlich erklärte er deutlich: „Wir brauchen eure Hilfe!"

Ich nickte zustimmend.

Von da an nahm alles einen glatten und ruhigen Verlauf. Jeder einzelne von uns wurde mit bestimmten Aufgaben betraut. Zelenka-Hajský zum Beispiel hatte sich um ihre Unterkunft zu kümmern, die immer wieder gewechselt werden mußte. Auch die Vermittlung von weiteren Mitarbeitern gehörte zu seinen Pflichten.

„Wie steht es um die Verbindung mit London?" fragte ich noch.

„Wir sind hier mehrere. Mein Kamerad aus unserer Gruppe hat ein verletztes Bein, darum bin ich allein gekommen. Außer uns wurden in jener Nacht noch andere Fallschirmspringer abgesetzt. Und die haben einen Sender, mit dem uns weitere Aufträge erteilt und wir wiederum Nachrichten übermitteln werden."

Zelenka war von seiner Offenheit beeindruckt. „Die Burschen sind in Ordnung! Ich habe ihnen gesagt, daß sie aber vorsichtiger sein müssen."

Wir tranken eine zweite Tasse Tee. Draußen dunkelte es bereits, im Januar ist es schon früh finster. Als wir uns verabschiedeten, drückten wir einander die Hände, alles war in Ordnung. Seinen wahren Namen hat er uns jedoch nicht verraten.

Der erste Monolog eines Historikers

Wir wollen in unseren Erinnerungen ein wenig zurückgehen.

Am 27. September gab das Tschsl. Pressebüro bekannt, daß der Reichsprotektor, Freiherr Konstantin von Neurath, es für angezeigt gehalten habe, Hitler vorzuschlagen, ihm aus gesundheitlichen Gründen einen längeren Urlaub zu gewähren. In der amtlichen Meldung hieß es weiter: „Der Führer konnte unter diesen Umständen dem Ersuchen des Reichsprotektors nicht widersprechen und hat für die Zeit seiner Erkrankung mit der Ausübung der Funktion des Reichsprotektors von Böhmen und Mähren den SS-Obergruppenführer und General der Polizei Reinhard Heydrich betraut.“

Auf der Prager Burg wehten SS-Standarten, Heydrich übernahm die Verwaltung des Protektorats und verkündete am 28. September (wohl vorsätzlich an diesem Tag des Gedenkens an Fürst Václav, den Patron und Schutzheiligen des Landes Böhmen) das Standrecht. Die ersten Todesurteile waren schnell unterschrieben: Auf der Hinrichtungsstätte standen die kommunistischen Funktionäre und Journalisten O. Synek, Fr. Tausig, Vl. Haken, J. Krejčí, V. Křen, Vr. Šantroch – und ihre Zahl wuchs immer mehr. Auch Dutzende von nichtkommunistischen Angehörigen der Widerstandsbewegung wurden hingerichtet, zum Beispiel die Generale Vojta, Bílý, Horáček, Doležal und Sára, die Offiziere Balabán, Dvořák, Kasper. Intellektuelle und Arbeiter, Handwerker, Lehrlinge, Studenten.

Namen über Namen – Mandlík, Vávra, Kábrt, Blažek, Pechlát, Černý, Jelínek, Škvor, Vítek, Malý, Veselý, Preininger ...

Ein Bäckerjunge, ein Vergolder, ein Redakteur, ein Handlungsgehilfe, Typograph, Briefzusteller, Schlosser, Maurer, Lagerverwalter, Schneider, ein Schutzmann neben einem Architekten, ein Bergarbeiter mit einem Elektriker, ein Beamter, ein Forellenzüchter, ein Handschuh- und ein Büchsenmacher. Tschechen.

So fing es an: Am 15. März 1939 marschierten die faschistischen Hitlergruppen in die Tschechoslowakische Republik; hier im Vorhof der Prager Burg.

Hunderte von Hingerichteten.

Hier wäre vielleicht die Antwort auf die Frage zu suchen, warum eigentlich Heydrich ins Protektorat gekommen war. Hitler brauchte hier einen gebieterischen, rücksichtslosen Mann. Neurath war kein solcher, die Situation bröckelte unter seinen Händen mehr und mehr, während die 1939 entstandene Untergrundbewegung an Stärke zunahm. Anfangs war es nicht einfach, über die einzelnen Gruppen genauer orientiert zu sein. Mit der Zeit bekam die Politische Zentrale (PÚ = Politické Ústředí) die Oberhand, aber gleichzeitig mit ihr arbeitete auch der sogenannte Petitionsausschuß „Wir bleiben treu!" (PVVZ = Petiční výbor „Věrni zůstaneme!"). Unter den militärischen Organisationen war „Volksverteidigung" (ON = Obrana národa) die wichtigste.

Im Frühjahr 1940 kam es zur Gründung der Zentralen Leitung des heimischen Widerstandes, in der sämtliche damals existieren-

Aufruf an die Bevölkerung!

Auf Befehl des Führers und Obersten Befehlshabers der Deutschen Wehrmacht habe ich im Lande Böhmen mit dem heutigen Tage die vollziehende Gewalt übernommen.

Hauptquartier Prag, den 15. März 1939.

Der Oberbefehlshaber der Heeresgruppe 3
Blaskowitz
General der Infanterie.

Rozkas pro Obyvatele!

Na rozkas Votze a neivrsiho Prezidenta nèmecke Armady převzal sem v zemi česke s nešnim dnem celou moc.

Hlavni-Quartier Praha, dne 15. Brèzna 1939

Vrchni Komandant Armadni-Odil 3
Blaskowitz
General Pjechoty

Der berüchtigte „Aufruf an die Bevölkerung!" vom 15. März 1939.

Hitler in Prag. Die Deutschen in Prag jubeln dem Führer, der sich am Fenster der Burg zeigt, zu (März 1939).

Die Übernahme des Reichsprotektorats von Böhmen und Mähren durch Freiherr von Neurath in Prag am 6. April 1939 (Bildmitte rechts; links Generaloberst von Brauchitsch).

den Zentralorganisationen mit je zwei ihrer Mitglieder vertreten waren; die Abkürzung ÚVOD (= Ústřední vedení odboje domácího) wurde damals schnell berühmt. Nach Eintritt der Sowjetunion in den Krieg wurde auch die illegale Kommunistische Partei der ČSR aktiv, die sich bis zu dieser Zeit streng an die Instruktionen aus Moskau gehalten hatte. Von dort kam zum Beispiel am 26. Oktober 1939 eine Radiodepesche mit der Mitteilung: „Beneš ist in Diensten der westlichen Imperialisten zum Feind der Sowjets geworden und kämpft für die Rettung des Kapitalismus." Eine Depesche vom 3. März 1940 enthielt den Hinweis: „Die Entstehung einer tschechoslowakischen Armee im Ausland lehnen wir grundsätzlich ab." Drei Tage später: „Unsere Vorkriegsleitsätze müssen geändert werden: ‚Erneuerung der Tschechoslowakei' birgt heute imperialistische und antisowjetische Pläne in sich." Erst ab Sommer 1941 änderte sich die Einstellung der Kommunisti-

Heydrich in der Uniform eines faschistischen SS-Gruppenführers (12. Dezember 1938).

schen Partei, die jetzt Streiks und Sabotagen, wie in Kladno, Nutschitz, Rakonitz oder Witkowitz, aktiv zu unterstützen begann.

Überdies wurde im September 1941 (ab dem Todestag T. G. Masaryks, vom 14. bis zum 21.) ein Boykott der Protektoratspresse bzw. der gesamten Tagespresse durchgeführt. Prokop Drtina, Initiator dieser Aktion, schrieb darüber später: „Haufen von Zeitungen blieben in Geschäften und an Verkaufsständen liegen, nicht ein einziger wahrer Tscheche war mit einer Zeitung in der Hand zu erblicken! Die Aktion und ihre perfekte Durchführung fanden einen großen Widerhall auch im Ausland und in den anderen okkupierten Ländern. Es war kein Wunder, daß diese Tat, vor allem im Hinblick auch auf die einwandfreie Zusammenarbeit mit dem Londoner Rundfunk, die Nazis in Angst und Wut versetzte."

Dies wurde übrigens von ihnen selbst bestätigt. K. H. Frank erklärte später einmal: „Von deutscher Seite aus wurde die Situation im Protektorat während des Sommers und Spätsommers 1941 als außerordentlich ernst angesehen ..."

Aus diesem Grund kam es am 17. September 1941 zu einer Beratung einiger Funktionäre der Gestapo, des Sicherheitsdienstes und der SS, die den Entschluß faßten, über die ganze Lage Hitler benachrichtigen zu müssen. Und auch eine breitangelegte nazistische Gegenaktion zu veranstalten, die einen eventuell geplanten bewaffneten Aufstand verhindern sollte.

Darum trat am 27. September 1941 der Stellvertretende Reichsprotektor, General der Polizei und SS Reinhard Heydrich, in Funktion. Einige Tage später, am 11. Oktober, brachte er Martin Bormann zur Kenntnis, daß „die Widerstandsbewegung, sofern man ihr auch nur vierzehn Tage Zeit ließe, den überwiegenden Teil der Bevölkerung aktivieren könnte".

Heydrich war da. Er hatte sich schon zuvor als Chef des Reichssicherheitsamtes in einigen besetzten Staaten als rücksichtsloser Mörder bewährt, der unbarmherzig den ihm anvertrauten Aufgaben nachging. Ein echter Nazi. Vom Beginn der dreißiger Jahre an hatte ihn Himmler auf immer verantwortlichere Posten gesetzt; dieses jugendfrische Raubtier hatte nämlich verschiedene Trümpfe in der Hand; u. a. kannte er eine Akte der österreichischen Polizei über den Tod der G. Raubal*, an dem auch Hitler beteiligt gewesen sein sollte. Kurz vor seinem Amtsantritt in Prag hatte Heydrich gemeinsam mit einigen ihm Untergeordneten eine interessante Nachricht ausgearbeitet. Er betitelte sie „Über die Tätigkeit der Kommunisten in Deutschland und den besetzten Gebieten vor und nach Beginn des Krieges mit der Sowjetunion" und überreichte sie Himmler und Hitler am 2. August 1941. Unter anderem erklärt er darin, daß von allen okkupierten Ländern wahrscheinlich Böhmen und Mähren die stärkste kommunistische Bewegung aufweise. Auch dies trug dazu bei, daß Hitler eben Heydrich hierhergeschickt hatte, „um Ordnung zu schaffen".

Einige Tage nach seiner Ankunft berief der Stellvertretende Reichsprotektor ins Černín-Palais die nazistischen Oberhäupter ein, um ihnen im Verlauf einer vertraulichen und streng geheimen Beratung seine Vorhaben bekanntzugeben. Laut einer stenographischen Aufzeichnung erklärte Heydrich:

„Die zum Teil von Slawen besiedelten Ostgebiete sind Räume, von denen man wissen muß, daß dort Güte als Schwachheit aufgefaßt wird, Räume, wo der Slawe selbst durchaus nicht will, daß

* Geli Raubal – eine der „Frauen um Hitler".

man mit ihm wie mit einem gleichberechtigten Menschen umgeht, und nicht gewohnt ist, ohne Beihilfe seines Herrn auszukommen. Es sind Gebiete, in denen zukünftig die oberste deutsche Schicht die Herrschaft übernehmen muß, Gebiete, die der weiteren militärischen Entwicklung zufolge bis tief nach Rußland, tief bis zum Ural reichen werden; sie werden unsere Basis für Rohstoffe, die Einwohner unsere Arbeiter bilden – und wenn ich es ganz drastisch sagen soll: Sie werden uns als Sklaven dienen!"

Reinhard Heydrich erregte mit seinem Zynismus fast Entsetzen. Er brachte es unverhüllt zum Ausdruck:

„Grundsätzlich, wenn auch nicht in Worten weiter ausgesprochen, gilt es: Dieses Gebiet hier wird in Zukunft ein deutsches sein, in dem ein Tscheche schließlich und endlich nichts mehr zu suchen haben wird!"

Und in einem Nachsatz wiederholte er es noch einmal: „Dieser Raum muß einmal definitiv von Deutschen besiedelt sein. Dieser Raum ist das Herz Europas!" Anschließend brachte er Erwägungen vor, was mit dem „tschechischen Gesindel" zu geschehen hätte:

„Um einen Überblick zu bekommen, welche der Leute in diesem Gebiet verdeutscht zu werden fähig sind, müssen wir im Hinblick auf Rasse und Nationalität eine zusammenfassende Liste aufstellen. Das bedeutet, an Hand der verschiedensten Methoden und auf den verschiedensten Umwegen von diesen beiden Standpunkten aus die gesamte Bevölkerung zu bewerten. Sei es mit Hilfe von Röntgenbildern und Untersuchungen in den Schulen, sei es an Hand von Überprüfungen der Rasse von Jugendlichen unter scheinbarer Auferlegung von Arbeitsdiensten. Ich brauche ein Gesamtbild dieser Nation, um dann sagen zu können, so und so sieht die Bevölkerung aus. Es gibt hier unterschiedliche Menschen: die einen von guter Rasse und guter Denkungsart, bei denen ist es einfach, die können wir germanisieren; dann haben wir die andern, die auf dem Gegenpol stehen: von schlechter Rasse und schlechter Denkungsart. Die müssen weg, im Osten ist genug Platz!" (In seiner Rede am 4. Februar 1942 sagte es Heydrich noch deutlicher: „Jene, die zur Eindeutschung noch nicht fähig sind, schicken wir möglicherweise nach der Öffnung weiterer Gebiete in die Gegend des Eismeers, wo sie in den vorgesehenen Konzentrationslagern eine ideale Heimstätte finden werden ...") Dann fuhr er fort: „Zwischen diesen zwei Gruppen gibt es eine Mittelschicht, die wir genauestens überprüfen müssen. Es geht um gutdenkende Leute von schlechter Rasse und um schlechtdenkende von guter Rasse. Bei den ersteren wird man es wohl so einrichten müssen, daß wir sie im Reich oder anderwärts zur Arbeit einsetzen und dafür sorgen werden, daß sie kinderlos bleiben, um sie nicht zu einer weiteren Entfaltung zu bringen. Dann bleiben noch die schlechtdenkenden von guter Rasse. Die sind am gefährlichsten ..." Aber auch hier wußte sich Heydrich Rat: „... eindeutschen oder sie in ihrer Denkweise umerziehen – oder, wenn es nicht anders geht, sie schließlich an die Mauer stellen ..."

So eine Zukunft hatte die tschechische Nation vor sich, so hatte es sich Reinhard Heydrich in seiner Konzeption gedacht. Schon am 11. Oktober 1941 gab er nach Berlin bekannt, daß er „die Arbeit aufgenommen" habe. Was bedeutete das?

Wir sagten es schon: Hinrichtungen, Hinrichtungen, Hinrichtungen.

Er hatte es eilig, wollte schnelle beachtenswerte Erfolge erzielen, er wußte, daß die illegale Bewegung in den böhmischen Ländern an Gewicht zunimmt, daß im Gebiet von Wsetin Partisanengruppen entstehen. Auch die Zahl der Streiks hatte in den letzten Monaten zugenommen, so z. B. in Königgrätz und Nachod. Gestreikt wurde auch in der Schiffswerft von Prag-Lieben, bei Kolben-Daněk, in Schlan, in der Textilfabrik Upitz, in der Automobilfabrik Walter, in Ninonitz, in der Mährisch-Ostrauer Grube „Dreifaltigkeit", in den Bergwerken von Swatonowitz, in der Pardubitzer Telegrafia oder in der Flugzeugfabrik Avia in Prag.

Die Alliierten waren über die Lage in Böhmen und Mähren beunruhigt und suchten nach einer Erklärung. Damals – genau am 30. September 1941 – kam der britische General Gubbins mit General Ingr, dem Minister für nationale Verteidigung unserer Regierung in London, zusammen. Als sich Gubbins nach der Lage im Protektorat erkundigte, bekam er von Ingr laut seinen – Gubbins – Aufzeichnungen zur Antwort:

„Ihm (Ingr) war mit allergrößter Wahrscheinlichkeit bekannt, daß Neurath für den 12. Juni eine Beratung aller deutschen leitenden Funktionäre des Protektorates, der Armee, Polizei, Eisenbahn, Industrie usw. einberufen hatte. Grund zu dieser Zusammenkunft war die in den letzten Monaten alarmierende Zunahme von Sabotageakten im Protektorat, deren Urheber nicht festzustellen waren. Sie senkte die industrielle Erzeugung bis um 30 % herab und übte einen überaus ungünstigen Einfluß auf das Programm der deutschen Kriegsindustrie aus. Darüber hinaus benötigten Züge mit Kriegsmaterial aus österreichischen Industriezentren zum Passieren des Protektorates bis zu 21 Tagen statt der üblichen drei vor dem Krieg. Die Beratung endete mit der Aufforderung an Herrn von Neurath, alleräußerste Vorkehrungen einschließlich Massenverhaftungen und unbarmherzigen Strafen zu treffen. Neurath lehnte dies entschieden ab und verlangte Beweise und zumindest ein fiktives Gerichtsverfahren zwecks Überführung der Täter. Die Folge war, daß er in die Lage geriet, durch jemand anderen mit weniger Gewissensskrupeln ersetzt werden zu müssen. Bei der Erwähnung der jüngst stattgefundenen Hinrichtungen berichtete Ingr seinem britischen Kollegen, daß drei der Hauptverdächtigen, durchwegs Generale, zweifellos mit illegalen Oganisationen in Verbindung gestanden hatten, aber obwohl sie schon über ein Jahr, einer von ihnen sogar achtzehn Monate, in Haft waren, hatten die Deutschen keine Beweise gegen sie entdecken können, die Neurath befriedigt hätten. Ingr gab seiner Überzeugung Ausdruck, daß die Terrorherrschaft nunmehr viele Monate anhalten würde, weil Heydrich ein überaus rücksichtsloser Mann sei."

In Gubbins Aufzeichnungen wird im Grunde nur wiederholt, was wir bereits wissen: daß Neurath der Lage ratlos gegenüberstand und ausgetauscht werden mußte. Warum wir es dann von neuem zitieren? Weil es um Aufzeichnungen des Brigadegenerals Gubbins geht.

Wer war General Gubbins?

Der Befehlshaber der SOE.

Was sich hinter dieser Abkürzung verbirgt? Hier kommen wir zum Kern der Sache: Special Operations Executive, also Exekutive für spezielle Operationen ... Man muß noch eine zweite wichtige Abkürzung kennen: SIS – Secret Intelligence Service, unter der man die Zentrale Nachrichten-Organisation Großbritanniens verstand, deren militärische Abteilung (Military Intelligence, abgekürzt MI) den gewohnten Partner unseres Exil-Nachrichtendienstes darstellte. Sie war – methodisch und materiell – an der Ausbildung unserer Paraschutisten beteiligt, zu welchem Zweck sie über spezielle Sammelstellen verfügte.

In die Realisierung der „Aktion Attentat" war vor allem die SOE eingeschaltet, was aus ihrer praktischen Zielrichtung hervorging. Die SOE war dank der Initiative Winston Churchills am 16. Juli 1940 auf Grund einer Entscheidung der britischen Regierung entstanden, politisch unterstand sie dem Minister für wirtschaftliche Kriegführung, Hugh Dalton. Sie war nicht der Armee untergeordnet, denn dort hatten Tradition und Vorschriften die Vorherrschaft, während die SOE eben durch ihre Traditionslosigkeit hervorragte und das feindliche Hinterland durch die verschiedenartigsten Aktionen störend beeinflußte: durch Desinformationen, Attentate, Provokationen, Anstiftungen zu Aufständen, aber auch Geldfälschungen – durch all das, was einer regulären Kriegführung bisher unbekannt gewesen war.

Churchill hatte für die Aufgaben der SOE die Metapher geprägt: das von den Nazis besetzte „Europa in Brand zu stecken".

An der Spitze der SOE stand der Brigadegeneral Colin McVean Gubbins. Er hielt „auf gleicher Ebene" Unterhandlungen mit Generalstabsoberst František Moravec, dem Vorstand der II. Sektion des Ministeriums für nationale Verteidigung, bei großen Aktionen dann mit Minister Ingr selbst ab.

Moravec unterstanden die 1. Abteilung des *offensiven* Nachrichtendienstes (dessen Leiter und gleichzeitiger Stellvertreter von Moravec der Oberstleutnant des Generalstabs Emil Strankmüller war), ebenso die 2. Abteilung des *defensiven* Nachrichtendienstes mit Oberstleutnant Josef Bartík an der Spitze.

Strankmüllers 1. offensive Abteilung hatte insgesamt vier grundlegende Gruppen: die erste (A) für Nachrichtendienste mit Major František Fryč als Leiter, die zweite (B) zu Studienzwecken, die dritte (C) für Geheimschriften und die letzte (D), die uns besonders interessieren wird, für Sonderaufgaben. Ihr Vorstand war der Stabskapitän des Generalstabs Jaroslav Šustr, auf dessen Namen wir noch etliche Male stoßen werden. Er war wegen Unstimmigkeiten mit Moravec abgesetzt worden, weil er mit dessen Versendung großer Gruppen von Fallschirmspringern nicht einverstanden war. Wurde eine solche Maschine von der deutschen Luftabwehr abgeschossen, starben zu viele Menschen auf einmal. Moravec soll ihm darauf geantwortet haben, daß er selbst „breitere Schultern habe und fähig wäre, für Menschenleben jedwede Verantwortung zu tragen". An Strankmüllers Stelle wurde dann Oberstleutnant Karel Paleček zum Leiter der Gruppe D ernannt.

Hat demnach alles auf Grund der Unterredung am 30. September 1941 zwischen dem tschsl. Minister Ingr und General Gubbins, dem Oberhaupt der SOE, seinen Anfang genommen?

Keineswegs, denn eine Zusammenarbeit bestand schon vorher. Eine der ersten Aufzeichnungen über Paraschutisten ist im Kriegstagebuch des Londoner Ministers für nationale Verteidigung unter dem Datum 30. April 1941 nachzulesen:

„Vom W. O. (War office, britisches Kriegsministerium – Anm. d. A.) ist die Genehmigung eingetroffen, in den Kurs für Paraschutisten vier Offiziere und fünf Unteroffiziere zu entsenden. Es wurden junge Offiziere und Unteroffiziere ausgewählt. Der Kurs beginnt am 4. 5. d. Js. und wird drei Wochen dauern. Das W. O.

beabsichtigt, einen Offizierskader von Paraschutisten in der Zahl von etwa 14 Offizieren und 22 Unteroffizieren auszubilden. In diesem Sinn wurde der Brigadekommandant und Generalstabsoberst Moravec informiert."

Ein weiteres Dokument, abgefaßt am 19. Mai 1941 auf einem Amtsbogen des Ministeriums für nationale Verteidigung in London, Gesch.-Nr. 1229, als sehr eilig und vertraulich bezeichnet, gibt bekannt:

„Generalstabsoberst Moravec, Vorstand der Nachrichtenzentrale (noch nachträglich sei erwähnt, daß er, František mit Vornamen, mit dem kollaborierenden Minister der Protektorats-Regierung Emanuel Moravec nichts gemein hatte – Anm. d. A.), verhandelte mit dem W. O. über eine weitere Ausbildung von Instruktoren für Paraschutisten. Ab 25. Mai sollte ein zum Vorschlag gebrachter Bund von Instruktoren in zwei Turnussen geschult werden, der erste von ihnen mit sechs Offizieren und sechs Unteroffizieren ab 25. Mai in der Dauer von drei Wochen, der zweite von gleicher Dauer und mit der gleichen Teilnehmerzahl ab 16. Juni. Die Betreffenden hatten sich stets in Manchester zu melden, wo sie von Offizieren der Nachrichtenzentrale erwartet wurden. Die Ausbildung weiterer Personen sollte später abgesprochen werden."

Des weiteren gibt es einen Antrag des Befehlshabers der 1. tschsl. Brigade, der die Namen der sorgfältig ausgewählten Kandidaten enthält. Er spricht von einigen Alternativen mit dem Zusatz: „. . . für den Fall, daß das Ministerium für nationale Verteidigung bestimmte Änderungen im Sinne hätte. In den Beilagen sind die angemeldeten Teilnehmer in einer Reihenfolge angeordnet, die ich als vorteilhafteste betrachte."

In der ersten Aufstellung ist einer von jenen erwähnt, die dann bei dem Überfall der Prager Kirche in der Resselgasse gefallen sind. Unter den 36 Kandidaten ist er jedoch erst an letzter Stelle genannt: Josef Gabčík.

Erst im zweiten Verzeichnis, der sogen. Alternative Nr. 1, finden wir in einem mit II. bezeichneten Absatz den Namen des Oberleutnants der Kavallerie, Alfréd Bartoš, der dann Kommandant der Paraschutistengruppe Silver A war.

In der letzten Aufstellung, in der jene Erwähnung finden, die unter gewissen Umständen in Frage kämen, sind Oberleutnant Adolf Opálka angeführt, später Befehlshaber der Prager Paraschutisten, sowie Oberleutnant Oldřich Pechal.

Im Laufe von zwei Mai-Turnussen und einem nachfolgenden

Die Ausbildung der zukünftigen tschechoslowakischen Paraschutisten erfolgte in Schottland.

im Juni absolvierten im Zentrum der britischen Fallschirmspringereinheiten in Wilmslow bei Manchester die Ausbildung 16 Offiziere und 19 Unteroffiziere. Sie sollten den Kader der Instrukteure und Kommandanten bilden. Damit fing es an, innerhalb kurzer Zeit bekam alles seine geregelte Ordnung, wobei auch ein Schema der Paraschutistenkurse von mehreren Etappen ausgearbeitet wurde. Bis Ende September 1942 absolvierten die Kurse etwa 150 Angehörige der tschsl. Brigade – jeder Name ein Schicksal für sich. Einige kamen, ohne das Protektorat zu erreichen, in abgeschossenen Flugzeugen ums Leben, andere, von der Gestapo umzingelt, verübten Selbstmord, manche versuchten, die Gestapo während ihrer Haft „an der Nase herumzuführen“, viele wurden hingerichtet, die Mehrzahl aller war bemüht, nach dem Absprung die ihnen anvertrauten Aufgaben ehrlich und gewissenhaft zu bewältigen. Es gab auch einige Verräter unter ihnen, die Spitzel der Gestapo wurden und nach 1945 ihre gerechte Strafe erhielten

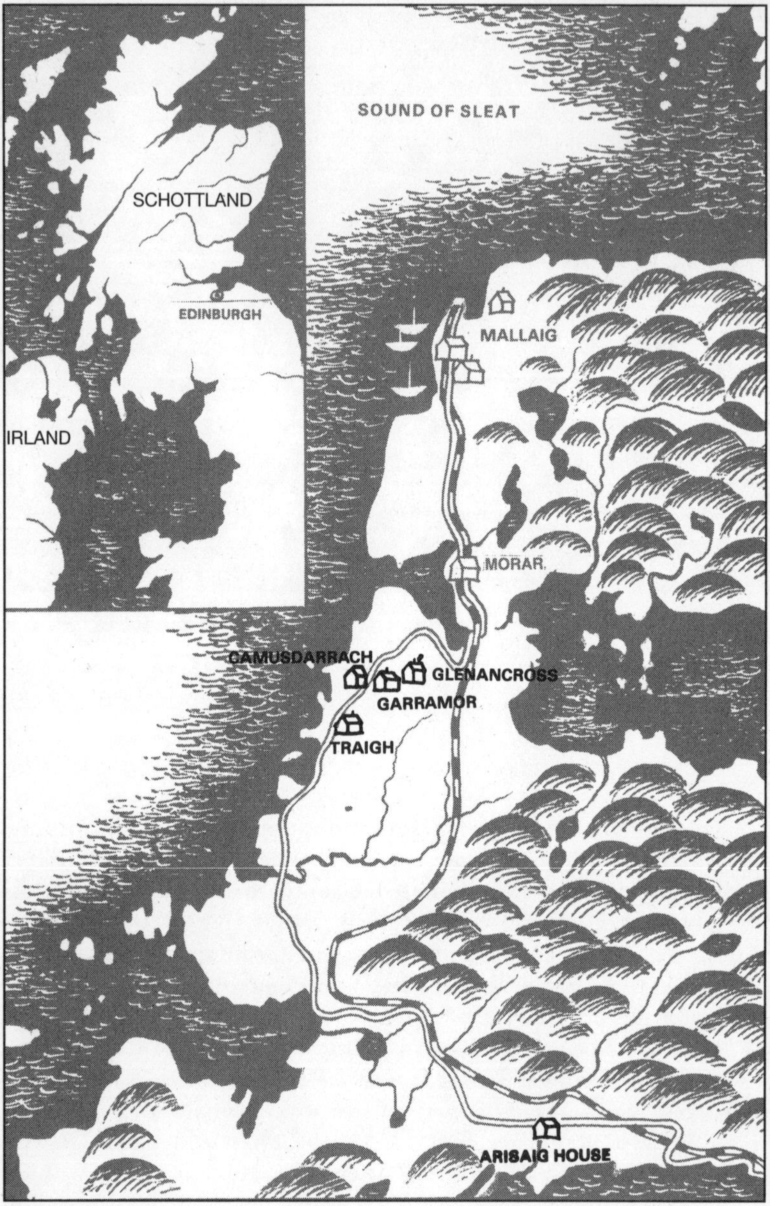

Karte 1
In diesem Ausläufer Schottlands befand sich das Ausbildungslager der zukünftigen Paraschutisten.

(Čurda, Gerik), während ihr ehemaliger Gefährte Jaromír Nechanský dagegen, Schwiegersohn des Ministers Laušman, nach dem „siegreichen Februar" vom kommunistischen Regime zum Tode verurteilt und aufgehängt wurde. Jene, die aus der Tschechoslowakei nicht flüchten konnten, endeten als „Agenten des Imperialismus" in jahrelanger Kerkerhaft.

Die Ausbildung verlief zumeist in schottischen, aber auch englischen abgelegenen Gegenden, wo die SOE ihre Special Training Schools (STS) hatte. Es gab drei Etappen: eine grundlegende, eine konstante und eine spezielle.

Über die spezielle Etappe wollen wir am Beispiel der Paraschutisten Gabčík und Kubiš, die mit der Ausführung des Attentates auf Heydrich beauftragt waren, einiges sagen. Laut Aufzeichnungen der SOE (die meines Wissens nach bei uns noch nicht zitiert wurden) fand deren Ausbildung in der STS 17 statt: „Der Plan sah vor, daß der Angriff auf Heydrich zu einer Zeit erfolgen sollte, da er in seinem Wagen von seinem Wohnort aus zu seiner Prager Amtsstätte oder an einen anderen bekannten Ort fahren sollte, wobei die Tat an irgendeiner Straßenkreuzung, wo der Wagen die Fahrt verlangsamen muß, durchgeführt werden soll." So hieß es in der englischen Darlegung.

In einem Band der SOE ist unter dem Datum 20. Oktober 1941 die Anmerkung „von Versuchen mit Handgranaten bei einem Angriff auf Motorfahrzeuge" (!) zu lesen. Bald darauf, am 22. und 23. Oktober, fanden „weitere Experimente mit Handgranaten" statt, auf die Kubiš und Gabčík spezialisiert wurden: Einübung des Angriffs auf ein fahrendes Auto unter Anwendung von Granaten. Die SOE empfahl nämlich die Kombination einer Granate mit einer Schießwaffe, deren Wirkung auf kurze Entfernung hin tödlich war und aus der innerhalb einer Minute bis zu 550 Schüsse abgegeben werden konnten. Was die Granate anbetrifft, so ging es um kein Standarderzeugnis, sondern mehr um speziell hergestellte Bomben, wie sie auf einer gegen Panzerwagen im Mittleren Osten angewendeten Konstruktion beruhten, bei denen man zuerst die Bakelithülle abschrauben, dann die Sicherung lösen und werfen mußte.

In den Aufzeichnungen der SOE wird noch davon gesprochen, daß Gabčík und Kubiš die Versuche an einem alten Wagen der Marke Austin anstellten; er rollte von einer Rampe herunter, die anscheinend nach unten geneigt sein mußte, weil davon die Rede ist, daß der Wagen in einer Kurve „nach unten" fuhr ...

Das alles hing mit der Aufzeichnung eines Gesprächs von Stabskapitän Šustr mit einem Vertreter der SOE vom 10. Oktober 1941 zusammen, in der berichtet wird, daß der Aktion Anthropoid, wie diese zwei Mitglieder zählende Abteilung benannt wurde, „eine weitere spezielle Ausbildung zuteil werden muß", dies abgesondert von allen übrigen tschsl. Teilnehmern. An einer anderen Stelle der SOE-Aufzeichnungen ist von „Instruktagen durch Spezialisten" die Rede, wie es Kapitän Fairbarn und Major Clark von der STS 1 für je einen Tag sowie Kapitän Bush und Kapitän Sykes in Arrisaid für je sechs Tage waren. Die Ausbildung war hart. Kapitän Bill Sykes zum Beispiel hatte zuvor bei der Polizei in Schanghai gedient, jetzt leitete er in Arrisaid den Kurs für „stilles Töten".

Ursprünglich bestand die Gruppe aus den Rottmeistern Josef Gabčík und Karel Svoboda, der jedoch bei einer der speziellen Para-Übungen in Ringway am 10. Oktober eine Gehirnerschütterung erlitt und durch Rottmeister Jan Kubiš ersetzt werden mußte.

Die Ausbildung stellte hohe Ansprüche. In der Mehrzahl waren es junge, grundehrliche Männer, politisch nicht eben gereift, aber Patrioten im besten Sinn des Wortes. Dies geht auch aus einer Meldung der deutschen Geheimpolizei in Prag vom 25. Juni 1942 hervor, also bereits nach dem Attentat, in der von Paraschutisten die Rede ist:

„Polizeiliche Verhöre von verhafteten und bei der Staatspolizei eingelieferten Paraschutisten, ferner Aussagen von Mitarbeitern inzwischen verstorbener Agenten haben einstimmig ergeben, daß fast sämtliche Fallschirmspringer kurz nach Errichtung des Protektorates illegal zu der tschechischen Legion nach Polen und später über Danzig in französische Hafenstädte gelangt sind oder nach Beendigung des Feldzuges in Polen über die Balkenstaaten, Konstantinopel, Kairo, Marseille zu der damaligen tschechischen Legion in Frankreich kamen, von wo sie nach dessen Einnahme mit Resten britischen Militärs nach England transportiert wurden. Die Mehrzahl dieser Agenten war mit der Errichtung des Protektorates nicht einverstanden und wollte mit Hilfe Englands und Frankreichs mit der Waffe in der Hand zu Deutschlands Untergang beitragen, um nach dem Sieg die Entstehung einer neuen Tschechoslowakischen Republik durchzusetzen. Bis heute sind nur zwei Fälle bekannt, in denen junge Tschechen die Legion nur aus Begierde nach Abenteuern aufgesucht haben."

An dieser Stelle eine kurze Bemerkung: Eben diese beiden

wurden zu Verrätern (Čurda und Gerik), durch deren Hinzutun es im Frühjahr und Sommer 1942 den Nazis gelang, die Mehrzahl der Paraschutisten zu liquidieren.

In der oben zitierten Meldung der deutschen Geheimpolizei heißt es weiter:

„Die Paraschutisten absolvierten vorerst in einer Schule in Manchester mit Hilfe von ausschließlich englischem Lehrpersonal einen speziellen Ausbildungskursus im Gebrauch von Waffen und lernten auch die Radiotelegraphie und das Morse-Alphabet kennen; auch Fallschirmabsprünge wurden hier eingeübt. Nach diesem kurzen Kursus wurden sie vorübergehend für sechs Monate zu ihrer militärischen Stammeinheit zurückbeordert und anschließend zu einem sechwöchigen Spezial-Lehrgang in die Sabotage-Schule in Cammus Darrahu bei Mallaiga in Schottland einberufen, wo ebenfalls nur englische Ausbilder unterrichteten. Deren Aufgabe bestand darin, mit der Verteidigung bei Nahkämpfen, mit den Morsezeichen, dem Lesen von Landkarten, mit Explosivstoffen, Sprengungen von Eisenbahngeleisen und Brücken sowie dem Vergiften von Trinkwasserleitungen bekanntzumachen. Nach Beendigung des Kurses kehrten die Teilnehmer wieder für sechs Wochen zu ihren Stammeinheiten zurück. Dann wurden sie in die Villa Bellasis in Dorking, etwa 40 km südöstlich von London, gebracht und von dort im Fall ihres Einsatzes zu verschiedenen Flughäfen. Die Funker mußten nachträglich einen einwöchigen Spezialkursus in der tschechischen Station in der Villa Tuny Neuk in Woldingham bei London absolvieren.

Unter normalen Umständen werden Fallschirmspringer in Dreiergruppen abgesetzt, jede von ihnen führt ein tschechischer Offizier an. Die zu Spionagezwecken eingesetzten Gruppen bekamen Kurzwellensender und -empfänger, dazu in ausreichender Menge Ersatzteile. Einige dieser Dreiergruppen waren mit einem ganz speziellen Kurzwellensender ausgerüstet, der den Decknamen ‚Rebekka' trug. Er ist so eingerichtet, daß er sich auf einer bestimmten Wellenlänge mit britischen Flugzeugen im Umkreis von 100 bis 150 km verständigen kann, selbsttätig arbeitet und die Funktion eines übertragbaren automatischen Rundfunkmastes versieht. Die zu Sabotagekaten bestimmten Dreiergruppen hatten viele Explosivstoffe der verschiedensten Sorten bei sich. In einigen Fällen wurden Agenten auch einzeln abgesetzt, die jedoch nur die Aufgabe hatten, Geldbeträge, Ersatzteile für die Funkgeräte, Gift und Dechiffrierschlüssel weiterzugeben.

Bis jetzt haben wir Kenntnis von zwei Gruppen zu je fünf Männern. Im ersten Fall ist bekannt, daß drei von ihnen Spionagezwekken dienten und zwei für das Attentat ausersehen waren. Über die zweite Fünfergruppe sind noch Ermittlungen im Gange."

Vereinzelt tauchten in dieser erst nach dem Attentat verfaßten deutschen Meldung zwar Irrtümer auf, aber einige verräterische Paraschutisten trugen dazu bei, daß die Nazis doch viele wichtige Tatsachen in Erfahrung brachten.

Am Ende des Berichtes wird angeführt, daß – wie gesagt – die für das Attentat bestimmte Gruppe aus zwei Männern bestand. Und hier kommen wir zum Kern der Sache.

Im Herbst 1941 fand in London eine Zusammenkunft statt, bei der entschieden wurde, gegen Reinhard Heydrich ein Attentat zu verüben. Es sollte dazu am 28. Oktober 1941 kommen, also ein halbes Jahr früher, als das Ereignis tatsächlich geschah.

Die ganze Aktion begann am Vorabend des 2. Oktober. Damals traf in Tatten Park bei Manchester, wo tschechische und slowakische Freiwillige, Teilnehmer eines Para-Ausbildungskurses, ihren Aufgaben entgegensahen, Major Paleček ein. Er nahm zwei von ihnen, den Slowaken Gabčík und den Tschechen Svoboda, mit, und sie erreichten noch den Nachtzug nach London. Paleček schwieg fast die ganze Zeit über, die beiden jungen Männer ahnten, daß ihr „Tag D" gekommen war. Am Morgen betraten sie gemeinsam mit Paleček das Büro des Generalstabsobersten Moravec in der Porchester Gate, wo eine kurze Besprechung stattfand. Ein amtlicher Vermerk vom 3. Oktober 1941 nennt deren Teilnehmer: neben den Offizieren Moravec und Paleček sowie den beiden jungen Männern noch Oberstleutnant Bartík und Major des Generalstabs Krček. Oberst František Moravec sagte damals den zwei Paraschutisten:

„Über Presse und Rundfunk seid ihr von den irrsinnigen Morden bei uns zu Hause informiert. Die Deutschen töten wahllos die Allerbesten von unseren Besten. Auch dies ist eine Begleiterscheinung des Krieges, also kein Wehklagen, keine Tränen, sondern – handeln! Die Unsrigen daheim haben gute Arbeit geleistet, befinden sich zur Zeit jedoch in einer Situation, die viele Möglichkeiten eingeschränkt hat. Die Reihe ist an uns, von auswärts zu helfen. Eine der Aufgaben, von hier aus Hilfe zu leisten, wird euch anvertraut. Der Oktober ist der Monat unseres Nationalfeiertages, unserer Befreiung. Zu einer Zeit, da unser Volk den traurigsten Freudentag seiner Befreiung ‚feiern' wird, ist es in unserer Situation nötig, diesen Festtag auf irgendeine Weise zu unterstreichen. Eine solche Hervorhebung soll – so lautet der Entschluß – vermittels einer Tat erfolgen, die in unsere Geschichte ebenso eingehen soll wie das erwähnte Töten und Morden, das in Prag von zwei Hauptpersonen verkörpert wird, von K. H. Frank und dem neu hinzugekommenen Heydrich. Unserer und auch der uns leitenden Persönlichkeiten Meinung zufolge ist der Versuch zu unternehmen, einen von ihnen für alles ‚bezahlen' zu lassen, um zu zeigen, daß wir Gleiches mit Gleichem vergelten. Das wäre prinzipiell auch die Aufgabe, die euch anvertraut wird. Morgen werdet ihr verreisen, um Absprünge bei Nacht von neuem einzuüben. In die Heimat fliegt ihr zu zweit, um euch gegenseitig Hilfe zu leisten, was um so nötiger sein wird, als ihr aus euch gewiß erklärlichen Gründen eure Aufgaben ohne Unterstützung unserer Leute in der Heimat bewältigen müßt. Wenn ich das Wörtchen ‚ohne' anwende, will ich damit sagen, daß eine solche Unterstützung bis zu dem Tag des Attentates nicht in Frage kommt. Danach wird euch von den Unseren zu Hause voller Schutz und Hilfeleistung gewährt werden. Art und Zeit der Durchführung eurer Aufgabe müßt ihr entsprechend euren eigenen Vorstellungen festlegen. Ihr werdet in einem Raum abgesetzt, der maximale Möglichkeiten einer Landung garantiert, und mit der besten Ausrüstung, die wir euch bieten können, versehen sein. Wie wir die Situation bei uns kennen, wird euch von allen guten Menschen, an die ihr euch wenden werdet, Hilfe zuteil werden. Ihr selbst allerdings müßt in jeder Einzelheit Vorsicht und Besonnenheit walten lassen. Ich muß nicht wiederholen, daß es um eine historisch bedeutsame Aufgabe geht und das Risiko groß ist. Es ist an eurer Klugheit gelegen und daran, welche Vorbedingungen ihr euch schafft. Wir werden auf die Angelegenheit noch zurückkommen, sobald ihr von der nachträglichen letzten Ausbildung zurückgekehrt seid. Wie ich sagte: Eure Aufgabe ist bedeutsam, sie erfordert ein Herz auf dem rechten Fleck. Sofern gewisse Einwände zu dem von mir Gesagten entstanden sind, meldet sie an.

Gabčík und Svoboda geben übereinstimmend bekannt, die Aufgabe übernehmen zu wollen. Der Abflug wird für die Zeit um den 10. Oktober festgesetzt."

Anschließend wurden die beiden Männer nach Ringway zur letzten Kontrolle der Absprünge abkommandiert. Hier wurde Svoboda verletzt und nach einer Beratung mit Gabčík ein neuer Mann ausgewählt, Jan Kubiš, Gabčíks Kamerad aus Mähren. Die Ausbildung mußte wiederholt werden. Erst dann kamen die beiden nach STS 2, wo sie sich den andern Paraschutisten (angeblich zwölf) anschlossen, die zu ihren Aktionen im Protektorat vorbereitet waren und auf den Abflug warteten. Einige Zeit später tauchten in dieser Gruppe, wo der eine mit dem andern nicht über seine Aufgaben sprechen durfte, verschiedene Mutmaßungen auf, die dadurch entstanden waren, daß Kubiš und Gabčík eine Ausbildung zu Zwecken des „Tötens“ absolvierten. Die Frage lautete: Wer sollte das Ziel sein? Die beiden wurden im Dezember 1941 nach London gebracht und lebten hier – mehr oder weniger verborgen – im Gebäude des tschsl. Nachrichtendienstes in der Stanhope Terrace, und zwar im ersten Stockwerk, während ihre Ausrüstung (Waffen, Explosivstoffe) im Erdgeschoß aufbewahrt waren.

Noch bevor wir in der Schilderung der Aktion selbst fortfahren, möchte ich eine wichtige Angelegenheit erwähnen, die Fr. Moravec, Vorstand der II. Abteilung des Ministeriums für nationale Verteidigung, in seiner zitierten Ansprache den beiden Fallschirmspringern angedeutet hatte. An jener Stelle, wo er von dem Attentat sprach, hatte er Formulierungen wie „man hat entschieden“ und „unserer sowie der leitenden Persönlichkeiten Meinung nach“ angewendet.

Wer hatte entschieden, und wer war mit dem Ausdruck „leitende Persönlichkeiten“ gemeint?

Antwort auf diese schwerwiegende Frage finden wir in den Memoiren des Oberstleutnants und späteren Generals František Moravec, wo es ganz eindeutig heißt:

„Der Präsident (Dr. E. Beneš) wußte selbstverständlich, daß ich Paraschutisten in die Heimat entsende, um mit der Untergrundbewegung den Kontakt aufrechtzuerhalten. Zu einer späteren Zeit des Jahres 1941 kam er dann mit dem Vorschlag, hier Gelegenheit zu einer großartigen Aktion gegen die Nazis zu finden – zu einem von unseren Fallschirmspringer-Kommandos ausgeführten völlig geheimen Attentat. Diese Aktion würde zwei Zwecke verfolgen. Zum einen werde es ein machtvolles Zeichen des Widerstandes sein, welches das Stigma der Passivität verwischen und der Tschechoslowakei international von Nutzen sein würde; zum andern werde es zur Erneuerung der Widerstandsbewegung dadurch beitragen, daß daraus ein Funke entspränge, der die Volksmassen in Bewegung setzen sollte ... Der Preis für Heydrichs Leben wird hoch sein, sagte ich zu Beneš, als ich eine Bewertung der Angelegenheit traf; er hörte aufmerksam zu und meinte dann, daß er als oberster Befehlshaber der Armee zu diesem festen Entschluß gekommen wäre, denn die Aktion, auch wenn sie sicherlich Menschenleben kosten werde, sei für das Wohl des Vaterlandes unerläßlich. Er trug mir auf, sie durchzuführen. Die erste grundlegende Notwendigkeit meiner Aufgabe war deren Geheimhaltung. Sollte dieser Versuch als spontane Tat der nationalen Verzweiflung angesehen werden, war es von Vorteil, so wenig Personen wie nur möglich darin verwickelt zu sehen. Wir trugen uns mit der Hoffnung, daß eine solche Spontaneität tatsächlich nach Heydrichs Tod zum Ausdruck kommen, die Nation ihre Reihen dichter schließen und sich gegen den nazistischen Terror auflehnen werde. Infolgedessen waren außer dem Präsidenten und mir die einzigen Menschen in London, die um den ganzen Plan Bescheid wußten, mein Vertreter, Oberstleutnant Strankmüller, und Kapitän František Frič, einer der Offiziere meines Stabes ..."

An dieser Stelle sagt Moravec nicht die Wahrheit, wir wissen einem Dokument zufolge (von dem er voraussichtlich annahm, daß es niemals veröffentlicht werden würde) von einer Zusammenkunft, an der auch Oberstleutnant Bartík, Major Paleček und Major Krček teilnahmen.

In den Erinnerungen von General Moravec heißt es weiter:

„Der Präsident kümmerte sich nicht um technische und strategische Einzelheiten. Als die Zeit gekommen war, wurden ihm die Namen der mit der Aufgabe betrauten zwei Soldaten mitgeteilt, und er kam mit ihnen erst kurz vor dem Abflug persönlich zusammen. Außer ihm war kein anderes Mitglied der tschsl. Exilregierung über die Aktion informiert."

Das sind überaus gewichtige Mitteilungen. Aus den zitierten Zeilen geht eindeutig hervor, daß der Mann, der „zu einer späteren Zeit des Jahres 1941 mit dem Vorschlag gekommen war", ein Attentat auf Heydrich auszuüben, Präsident Dr. Edvard Beneš gewesen war. Weil jedoch die Erinnerungen von General Moravec sehr ungenau sind (was wir selbst gleich nachstehend, wo von dem Abflug der beiden Paraschutisten die Rede sein wird, feststellen werden), kann die Frage gestellt werden: Irrt er sich nicht?

Schon die Formulierung „zu einer späteren Zeit" ist seltsam, wissen wir doch, daß es zu einer Unterredung zwischen Gubbins, dem SOE-Chef, und unserem Minister Ingr am 30. September, zu der Zusammenkunft der tschsl. Armeeleitung mit den beiden Fallschirmspringern am 3. Oktober gekommen war – können wir demnach Moravec' Formulierung „zu einer späteren Zeit des Jahres 1941" mit Ende September und Anfang Oktober in Beziehung bringen?

Um uns zu dem Problem, wer den Wink bzw. Auftrag zu dem

Attentat gab, äußern zu können, ist es nötig, Kenntnis von den aus Londoner Archiven stammenden Unterlagen zu haben. Sind sie bekannt?

Als 1947 in Böhmen das erste Buch über das Attentat erschien (Drejsels „Za Heydrichem stín"), war es klar, daß es lediglich von einer engen Zahl von Dokumenten ausgehen konnte, konkret von jenen, die 1945 nach Kriegsende als Teil des Archivs des Londoner tschsl. Ministers für nationale Verteidigung von dort herübergebracht worden waren. Nach dem „siegreichen Februar 1948" kam diese Thematik für mehr als zehn Jahre zum Verstummen, denn die Fallschirmspringer wurden vom damaligen Regime als „Agenten des Imperialismus" angesehen.

Die Lage begann sich im Jahre 1964 zu ändern, als es in Washington zu einer Reihe von Vorträgen kam, in denen bedeutende Persönlichkeiten des tschsl. Exils über die Jahre 1938–1948 berichteten. *Im Februar 1964* sprach über das Attentat General František Moravec persönlich. Er erinnerte daran, daß das britische Kriegsministerium jeden Monat eine Art von Rangordnung der europäischen okkupierten Staaten im Hinblick darauf angefertigt hatte, wie aktiv sich diese an den Bestrebungen der Verbündeten, das nazistische Deutschland zu besiegen, beteiligten. In der zweiten Hälfte des Jahres 1941 stand die Tschechoslowakei *an der letzten Stelle*, der Präsident war unzufrieden und wollte eine andere Situation herbeiführen: „Schließlich kamen wir auf den Einfall eines politischen Attentates", erklärte Moravec. Nach weiteren Erwägungen gab ihm der Präsident den Wink, an die Organisierung der ganzen Aktion heranzugehen. (Meine Anmerkung: Dazu steht allerdings in scharfem Gegensatz der von den Nazis verkündete Grund für den Austausch von Neurath durch Heydrich; vertraulichen deutschen Meldungen zufolge war es Neurath nicht gelungen, den tschechischen Widerstand zu unterdrücken.)

Im Sommer 1964 ergänzte General Moravec seine Informationen vom Februar in dem Sinne, daß das Attentat ausschließlich eine tschechoslowakische Angelegenheit gewesen war. Zur gleichen Zeit (1964) erklärte Dr. Juraj Slavík, ein ehemaliger Minister der tschsl. Exilregierung in London, daß ihm Beneš eine vertraute Mitteilung über die Vorbereitungen eines Attentates gemacht hatte. Slavík war Slowake, und die Tatsache, daß das bereitstehende Paar tschechisch-slowakischer, nach Kubiš' Eintreffen mährisch-slowakischer Herkunft war, faßte Slavík als einen klugen politischen Schachzug auf.

Zusammengefaßt: Der Präsident hatte ganz eindeutig von dem

Plan des Attentates von vornherein gewußt. Trotzdem erklärte er später, nach dem Krieg, bei einem Zusammentreffen mit Vertretern der heimischen Widerstandsbewegung (z. B. dem Botschafter Dr. Arnošt Heidrich, Prof. Vladimír Krajina oder Dr. Jaroslav Drábek, dem öffentlichen Ankläger im Prozeß mit K. H. Frank), daß er von diesem Plan nicht im voraus informiert war.

Im Frühjahr 1965 sprach ich mit General Josef Bartík, einem von jenen, die sich am 3. Oktober 1941 in London an der Zusammenkunft beteiligt hatten, bei der Moravec an Gabčík und Svoboda den Auftrag zur Durchführung des Attentates gab. Schon einige Zeit zuvor hatten wir das Buch „Černý dostal mat" („Der Schwarze wurde mattgesetzt") beendet; der General erzählte von seinen Spionage-Erlebnissen, ich hatte sie literarisch verarbeitet und er dazu ein Vorwort verfaßt. Wir waren uns nähergekommen, und ich brachte den General, der ein steifes Bein hatte, damals öfters mit dem Wagen in meine Wohnung, wo er auf Tonband über sein Leben sprach. Auf die Frage, ob der Präsident von den Vorbereitungen zum Attentat gewußt habe, schwieg er lange, bevor er sagte: „Ich stehe unter Diensteid. Es ist meine Pflicht, den Ruf des Präsidenten zu schützen. Vergessen Sie nicht, daß es Lidice und Ležáky gegeben hat . . ." Das genügte mir als Antwort.

Im Mai 1947 gab Oberstleutnant Emil Strankmüller, Moravec' Vertreter in London, ein Interview. Er erklärte, daß Ende 1941, als Moravec einmal von einer der täglichen Beratungen mit dem Herrn Präsidenten zurückkam, er angeblich dessen Worte „Es muß etwas geschehen!" zitiert und sie sich „in einen realen Rahmen eingesetzt" hatte. Er habe den ganzen Abend gesprochen, meinte Strankmüller, bis dann die Namen K. H. Frank und Heydrich fielen. Dann betonte er – Strankmüller – nachdrücklich, daß das Attentat von den Briten weder bestellt noch inspiriert worden sei.

In den siebziger Jahren begann das Problem, wer den Auftrag zu dem Attentat gegeben hatte, auf breiteres internationales Interesse zu stoßen. Britische und andere Publizisten hielten es nicht für nötig, Beneš unter Umständen in Schutz zu nehmen, trotzdem waren ihre Beurteilungen nicht immer eindeutig. Während die Briten das Attentat zumeist für eine Angelegenheit „ihrer" Spionagearbeit hielten, wobei ihnen tschsl. Armeegruppen „geholfen" hatten, brachten andere Autoren ein breites Spektrum verschiedenartiger Meinungen zum Ausdruck.

Im Jahre 1970 erschien ein Buch des französischen Autors A. Brissaud unter dem schlichten Titel „Canaris". F. Moravec gewährte Brissaud ein Interview, bei dem er bekannte, daß er aus seiner Heimat ein Telegramm bekommen habe (ich werde später noch darüber sprechen), in dem die heimischen Widerstandsgruppen verlangten, das Attentat nicht auszuüben, weil es mehr Schaden als Nutzen bringen werde. Moravec sagte Brissaud, er habe die Depesche sowohl Dr. Beneš als auch dem SIS-Befehlshaber Stewart Menzies vorgelegt; der Präsident habe ihn angeblich ersucht, darauf nicht zu antworten, der SIS-Chef schwieg. Menzies wußte demnach von dem geplanten Attentat; gab er jedoch – wie einige Publizisten andeuten – dazu auch den Ausschlag? Eben hier fehlen entsprechende Unterlagen. Was immerhin interessant ist: Menzies soll in Verbindung mit Admiral Canaris, dem Chef der nazistischen Abwehr, gestanden haben, also mit Heydrichs Widersacher. Heydrichs eventueller Tod wäre Canaris von Nutzen gewesen. (Meine Anmerkung: Zu Kontakten zwischen Canaris und Menzies war es vermutlich erst später gekommen, also im Jahre 1941, als der Plan des Attentates schon feststand.)

Im Jahre 1975 hat Anthony Cave Brown das Buch „Bodyguard of Lies" herausgegeben, in dem er von den im Widerstand tätigen tschechischen Offizieren Balabán, Mašín und Morávek spricht, von ihrer antinazistischen Tätigkeit und auch davon, daß Morávek angeblich London informiert habe, daß ihm – und auch Thümmel, dem Agenten A 54, der ihm für die Verbündeten Nachrichten zukommen ließ – die Gestapo auf der Spur wäre. Brown hat geantwortet: „London reagiert überaus nachdrücklich auf diese Warnung. Im Auftrag der tschsl. Exilregierung hat der Koordinationsausschuß der britischen Geheimdienste (Joint Intelligence Committee) eine paraschutistische Mission autorisiert, in Prag ein Attentat auf Heydrich auszuüben und – Thümmel zu retten ..." Demnach sogar also „im Auftrag"! In seinem weiteren Buch „Das geheime Leben von Sir St. Graham Menzies" schreibt Brown, daß „Menzies dem Chef der Londoner SOE-Gruppe angedeutet habe, er werde nichts dagegen einwenden, wenn Gubbins mit dem Vorschlag käme, gegen Heydrich ein Attentat zu verüben."

War es so? Brown zufolge soll sich – in einem Gespräch mit Journalisten – Gubbins geäußert haben, daß Menzies in das Attentat „verwickelt" war.

Ein anderer britischer Schriftsteller, Charles Whiting, behauptete *im Jahre 1976*, daß den Plan zum Attentat mit Wissen von Menzies' SIS die SOE unter Gubbins' Leitung ausgearbeitet habe; für die SIS soll sich Oberst Wilson an der Ausbildung beteiligt haben.

Auch noch andere Namen tauchen auf, deren einige zur Ergänzung des gesamten Mosaikbildes beitragen. Z. B. schreibt die Autorin Jean Overton Fuller in ihrem Buch *vom Jahr 1975* „German Penetration in SOE" von ihrem Gespräch mit Oberst Spooner, der erklärte, daß er das Attentat gegen Heydrich „persönlich organisiert" habe. Wer ist dieser Oberst Spooner? Der Kommandant des SOE-Ausbildungszentrums in Beaulieu, dem Sitz der STS 17 – und wir erinnern uns, daß eben in dieser Special Training School Gabčík und Kubiš ihre Spezialausbildung erhalten hatten.

Damit sind wir von neuem bei dem SOE-Archivmaterial angelangt, aus dem wir bereits zitiert haben. Dennoch wollen wir noch für einen Augenblick bei einem bestimmten Publizisten haltmachen: *Im Jahre 1977* hat der deutsche Autor Günther Deschner Reinhard Heydrichs Lebensbeschreibung herausgegeben; er versuchte, aus englischen Archiven zu schöpfen und bekam damals von der historischen Abteilung des britischen Ministeriums für Verteidugung eine Antwort, in der es hieß: „Es liegt die Voraussetzung nahe, daß Beneš als Haupt der tschsl. Exilregierung in London mit dem Gedanken (eines Attentates auf Heydrich) gekommen war und daß die Rolle der SOE sich auf die Ausbildung und den Transport der Paraschutisten beschränkte ..."

Wiederum also war der Name Beneš gefallen.

Uns ist bekannt, daß am 3. Oktober 1941 eine Zusammenkunft von Offizieren mit den zwei ausersehenen Paraschutisten stattfand, denen ihre Aufgabe mitgeteilt wurde: das Attentat auszuführen. Im Kriegstagebuch General Ingrs, des tschsl. Ministers für nationale Verteidigung, ist dessen knappe Anmerkung vom Vortag, also vom 2. Oktober 1941, zu lesen: „Um 14.30 Uhr ist der Minister für n. V. zum Präsidenten der Republik gegangen, von dem er empfangen wurde." Mit anderen Worten: Der Minister für nationale Verteidigung war zum Präsidenten mit der Mitteilung gekommen, daß am kommenden Tag den beiden Paraschutisten der Auftrag zur Durchführung des Attentates gegeben werden würde. Als ich auf diese Bemerkung im Kriegstagebuch stieß, fühlte ich mich begreiflicherweise erregt. Ich suchte weiter, ich wußte, daß am 12. Mai 1941 eine Depesche in London eingetroffen war, in der die einheimische Widerstandsbewegung verlangte, das Attentat zu widerrufen. Gleich am nächsten Tag, dem 13. Mai, fand ich im Kriegstagebuch abermals eine kurze Mitteilung: „Um 13 Uhr ist der Herr Staatsminister mit dem Präsidenten der Republik zu einem privaten Mittagessen gegangen." Warum dieser plötzliche Besuch? Wir können es uns denken: Der Minister war mit der Frage gekommen, was man mit dem unerwarteten Telegramm tun solle.

Der Sekretär des Präsidenten, Dr. Eduard Táborský, führte damals ein Tagebuch. Nachdem Himmler bekanntgegeben hatte, daß die Paraschutisten liquidiert worden wären, verzeichnete Táborský am 22. Juni 1942 in seinem Tagebuch: „Ich erinnere mich, daß eben zu jener Zeit, in die laut Himmler der Tag des Absprungs der Fallschirmjäger fällt, Oberstleunant Moravec eines Morgens auf den Grosvenor Place einige junge Männer in Zivilkleidern mitgebracht hatte, mit denen ich im Programm (des Präsidenten) nicht gerechnet hatte. Sollten das Gabčík, Kubiš und Valčík gewesen sein? Ich stellte damals keine Fragen, da ich wußte, daß es um ein Geheimnis geht, nach dem zu forschen mir nicht zusteht, so daß ich der Versuchung auch diesmal widerstand. Aber als ich von der Angelegenheit mit dem Präsidenten sprach, kam ich zu der sicheren Erkenntnis, daß ihm die Namen, die Himmler erwähnt hatte, gut bekannt sind.“ Táborksý war von dem jugendlichen Alter dieser Burschen überrascht: „Einer von ihnen sah eher wie ein Junge denn wie ein Soldat, geschweige denn wie ein Paraschutist aus, der bereit ist, in diese Hölle zu fahren.“

Im gleichen Sinn sprach auch General Fr. Moravec am 19. Juni 1964 bei einer Sitzung in Washington unter Anwesenheit von Dr. Arnošt Heidrich, Dr. J. Drábek, Dr. L. Feierabend, Dr. J. Slávík, Dr. E. Koepl und anderen prominenten tschsl. Exilpolitikern: „Einen Tag vor dem Abflug wurden beide Paraschutisten vom Präsidenten Beneš empfangen. Er betonte die historische Wichtigkeit der Aktion. Er wußte, daß sie dabei mit ihrem Tod zu rechnen hatten, und ich merkte, daß der Präsident – so wie ich – erschüttert war angesichts der heroischen Schlichtheit, mit der sie ihrem Schicksal entgegensahen. Als er ihnen ade sagte, hatte er Tränen in den Augen.“

Ähnliches bezeugt auch der nazistische Kriminalrat H. Pannwitz, der zum Chef einer Sonder-Untersuchungskommission ernannt worden war. In seinem im März 1959 erstandenen Elaborat „Attentat gegen Heydrich“ beschreibt er u. a. die Erstürmung der Krypta, in der sich die Paraschutisten verborgen hielten, und sagte: „Zeugen, die tags zuvor festgehalten worden waren und bei denen Agenten bzw. die Attentäter selbst längere Zeit sich versteckt gehalten hatten, sagten aus, daß Gabčík und Kubiš vor dem Abflug von Beneš und Churchill persönlich empfangen wurden ...“ (Meine Anmerkung: Churchill hat sich jemand wahrscheinlich „hinzugedacht“.)

Und die letzte, ein wenig humorvolle Zeugenaussage: J. Valčíks Kameraden erinnern sich, daß er den Vorschlag, seinen alten Sweater gegen einen neuen auszutauschen, mit den Worten ablehnte: „Der ist bis ins Grab gut genug! Auch für eine Million würde ich ihn nicht hergeben, hat doch den Ellbogen unsere Frau Präsidentin persönlich zusammengeflickt!"

Der Kanzler des Präsidenten, J. Smutný, hat acht Monate nach dem Attentat den Vermerk niedergeschrieben: „1943, Januar 24., London. Auf Antrag von Moravec beschlossen, (Emanuel) Moravec zu beseitigen. Einverständnis des Präsidenten, es ist ‚Tötung', aber nötig, damit die Nation *wieder* (unterstrichen vom Autor) mit irgendeiner Aktion hervortritt . . ."

Aus all dem geht hervor, daß die Zustimmung des Präsidenten zu jedwedem Attentat notwendig war. Das Wörtchen „wieder" führt den Kontakt mit dem Heydrich-Attentat herbei.

Die Schlußfolgerung ist eindeutig: Präsident Dr. Beneš war als Haupt der tschsl. Emigration in die ganze Aktion eingeschaltet (siehe den Besuch des Verteidigungsministers Ingr am 2. Oktober, das Mittagessen mit ihm am 13. Mai, die Eintragung des Sekretärs Dr. Táborksý, jene des Kanzlers Smutný, die Zeugenschaft von Fr. Moravec, Chef der II. Abtlg.) und hatte darüber zu entscheiden – sicherlich mit Wissen und im Zusammenwirken sowohl der SIS als auch der SOE. Sofern im SOE-Archiv, Abschnitt Tschechische Sektion, vermerkt ist, daß „sämtliche sogenannten konspirativen Instruktionen und die Instruktagen über die nach Rückkehr in die Heimat zustehenden Aufgaben von Mitgliedern des Stabes von Oberstleutnant Moravec durchgeführt wurden", ist dies als allgemein gültig aufzufassen. Nicht jedoch im Falle Kubiš/Gabčík. Wenn im SOE-Archiv behauptet wird, daß „es der SOE nicht gestattet war, diese Instruktionen kennenzulernen", bezieht sich dies nicht auf die Aktion Anthropoid, bei der beide Paraschutisten zielbewußt und perfekt in Attacken auf ein fahrendes Auto ausgebildet wurden.

Ohne Hilfe der SOE wäre Beneš' Plan von der „Tötung" nicht zu realisieren gewesen.

Eine sichtbare Zusammenarbeit begann im Jahre 1941. Im Frühjahr wurde der erste Fallschirmspringer abgesetzt, im Frühjahr nahmen auch in der zur SOE gehörigen STS die ersten Kurse ihren Anfang.

Erinnern wir uns doch: Wann sind Moravec und drei tschechische Offiziere mit den zur Ausführung des Attentates bestimmten Männern zusammengekommen? Am 3. Oktober 1941.

Wann taucht im SOE-Archiv die alleräIteste Nachricht von der Operation Anthropoid auf? Am 3. Oktober 1941!

Jawohl, es geht um eine interne Eintragung der tschechischen

SOE-Sektion, die von „Hintergründen" dieser Aktion spricht, „deren Absicherung die tschechische Zentrale von uns verlangt ..."

Im Text heißt es weiter: „Die einheimische Organisation im Protektorat *ist nicht* über diese Operation informiert. In der tschechischen Zentrale wissen darüber nur Oberstleutnant M. und Major Str. Bescheid. Zweck der Aktion ist die Ausführung eines Totschlags mit Hilfe zweier Männer. Sie wissen, daß sie den Versuch nicht überleben können. Es ist unerläßlich, die Operation noch in diesem Monat zu vollbringen." Ferner wird gesagt: „Der Flug kann in der Nacht vom 8. zum 9. Oktober zustande kommen", dazu werden Informationen über den Ort des Absprungs und ein Verzeichnis der Ausrüstung beider Männer angeführt. Es wird auf die Bedingung Wert gelegt, daß Stabskapitän Šustr „an dem Flug teilnehme, weil ihm die örtliche Lage bekannt sei". Die Operation wurde intern als eine zur Bestimmung der SOE gehörige Aufgabe betrachtet. Hinterlassene Dokumente zeigen, daß „CD" (Deckbezeichnung für Sir Frank Nelson) von der Operation wußte.

In jenem Text gibt es noch einen weiteren interessanten Satz: „Auf Wunsch der Beteiligten wurde die Operation derart geplant, daß kein Versuch um ein Entkommen veranstaltet wird, solange nicht Heydrichs erfolgreiche Liquidierung geschehen ist. Die Genannten haben eindeutig erklärt, daß sie beide, sofern die erste Aktion nicht von völligem Erfolg begleitet sein wird, mit Heydrich den Tod teilen werden."

Wozu es nicht kam.

In SOE-Materialien, die erhalten geblieben sind, findet sich keine Anmerkung über irgendeine Art von Aufklärung, mit der die Tschechen die Durchführung der Aktion Anthropoid begründet hätten. Und auch in keiner Akte ein Anzeichen dafür, daß der einheimische Widerstand in dem oder jenem Stadium durch London über die Sendung von Anthropoid informiert oder nicht informiert gewesen wäre. Ebenso ist im SOE-Archiv keinerlei Beweis zurückgeblieben bzw. hat sich ein solcher bisher nicht gefunden, der andeutete, daß die Tschechen über die Einwände der heimischen illegalen Organisationen gegen das Attentat jemals die SOE informiert hätten. Weil die Tschechen in diesem Stadium mit völlig verdeckten Karten spielten (im englischen Original: „mit Karten dicht an der Brust"), informierten sie nicht laufend die SOE von dem Inhalt der mit den heimatlichen Organisationen ausgetauschen Depeschen. Im Archiv gibt es auch keine offizielle Bewertung der Nachwirkungen von Heydrichs Tod auf das deutsche Sicherheitssystem.

Nach der Liquidierung der Paraschutisten in der Krypta der Kirche in der Resselgasse, wovon noch in allen Einzelheiten die Rede sein wird, lesen wir: „Es ist nicht bekannt, ob der Verlust dieser wertvollen Männer auf Grund des unverzeihlichen Fehlers ihrer Zentralisierung (an *einem* Ort – Anm. d. A.) den Glauben von Oberstleutnant Moravec an die Wirksamkeit der konspirativen Instruktionen an die Agenten von Seiten der Angehörigen seines eigenen Stabes erschütterte; in jedem Fall wurde im Sommer 1942 der allgemeine Entschluß gefaßt, tschechische Teilnehmer zur endgültigen Ausbildung in unsere Schulen zu schicken." Dann weiter: „Obgleich die Tschechen das Ausmaß der erlittenen Schäden nur zögernd der SOE und vielleicht auch sich selbst zur Last legten, waren Oberstleutnant Moravec und auch wir selbst untereinander vor die Aufgabe gestellt, der Untergrundorganisation an Hand britischer Auffassungen eine neue Form zu geben." Was die tschechische Sektion der SOE bis Kriegsende hinausschob.

Wir wollen jedoch auf die erste Erwähnung von dem Attentat im SOE-Archiv zurückkommen. Ein interner Vermerk der tschechischen SOE-Sektion vom 3. Oktober 1941 spricht von „Töten", wichtig ist hier der einführende Satz, daß „die tschechische Zentrale verlangt, durch uns, also die SOE, den Hintergrund (‚background') der Aktion absichern zu lassen." Unter dem Begriff „tschechische Zentrale" ist die II. Abteilung des Ministeriums für nationale Verteidigung zu verstehen, an deren Spitze Oberstleutnant des Generalstabs František Moravec stand. Dieser Satz deutet an, daß der Plan der „Tötung" tatsächlich aus tschechsischen Kreisen hervorging, konkret beim Präsidenten Beneš, der zweimal (am 2. Oktober 1941 und am 13. Mai 1942) die Möglichkeit hatte, die Situation zu beeinflussen und der Entwicklung eine andere Richtung zu geben.

Und weitere Indizien? Wir lesen von neuem jene Eintragung anläßlich der Zusammenkunft vom 3. Oktober, da die ausgewählten Männer den Auftrag zur Durchführung des Attentates bekamen: Es wird dort ganz eindeutig von K. H. Frank und Heydrich gesprochen. Moravec sagt doch: „Es gibt in Prag *zwei Hauptpersonen* . . . es muß der Versuch unternommen werden, *eine von ihnen* dafür (die Ermordungen – Anm. d. A.) büßen zu lassen . . ." Wäre denn dem SIS-Chef, dem renommierten Menzies, an irgendeinem K. H. Frank gelegen gewesen? Ganz gewiß nicht.

Wir wissen bereits, daß es bei der Ausbildung in Ringway zu Svobodas Verletzung kam und statt ihm Kubiš der Gruppe zugeteilt wurde. Dadurch verzögerte sich der Start, und es kam zu Änderungen, da die SOE entgegen den ursprünglichen tschechischen

Anforderungen für Verbesserungen sorgte. Vielleicht hatte dazu auch die Spezialausbildung beigetragen, in deren Verlauf sich bei der STS 17 erwies, daß die Aufgabe bessere Sicherheitsmaßnahmen verlangt. Wir wissen auch, daß Major Clark etwas Neues vorgeschlagen hatte: eine spezielle Sprengladung, die Major Wood von der STS 12 zusammengesetzt hatte. All das setzte eine vollkommene materielle Absicherung voraus. Und so erhielten Gabčík und Kubiš einen Feldsack mit folgendem Inhalt: 2 COLT-Pistolen von Kaliber 9 mm, 4 volle Reservemagazine, weitere 100 Patronen in Kartons, 6 mit plastischem Sprengstoff geladene Panzerdurchschlagbomben, 2 Magazine mit Sprengkapseln, 4 Granaten MILLS, 2 Yards Detonationsschnur, 4 Nebelbomben, 3 Zeitzündungs-Bleistifte, 1 Bombenwerfer mit 1 Bombe, 1 Rolle mit einer Stahlseite, 2 Spezialzünder, 1 Verzögerer, 4 Magnete, 4 elektrische Zünder, Leitdraht mit Batterie, 1 automatische Pistole und 100 Patronen, 1 Injektionsspritze, 32 Pfund plastischen Sprengstoffes und einen Karton mit Lebensmitteln.

Eine unübertreffliche Ausrüstung. Vielleicht hatte man an alles gedacht; einige dieser Dinge lassen bis heute Fragen offen.

Die Operation konnte beginnen. Schon im Sommer 1941 – am 12. August – nahm der illegale Sender „Sparta I" in Prag eine Depesche entgegen, in der London versprach: „Mit Beginn des Monats September werden von England aus Flüge über euer Gebiet stattfinden, deren Aufgabe es sein wird, euch spezielles Material und Männer zuzuführen, die für Sabotage, *terroristische* Aktionen (vom Autor unterstrichen), für Nachrichten- und Verbindungsdienste ausgebildet sind." Und wir haben jetzt Herbst!

Es ist wahrscheinlich, daß damals doch etwas von der geplanten Aktion unter unseren Armeeangehörigen bekannt wurde, vielleicht hatte die spezielle Sonderausbildung der zwei vorgesehenen Paraschutisten die Aufmerksamkeit ihrer Kameraden geweckt. Dazu kam, daß sie abgesondert von den andern stattfand. Kurz und gut, es geschah, daß es am 16. November 1941 zu einem außergewöhnlichen Ereignis kam: In den nicht eben gut abgesicherten Landsitz des Präsidenten Dr. Beneš drang einer der Angehörigen unserer ausländischen militärischen Einheiten ein und überreichte hier seinen schriftlichen Antrag, daß auch er ein Attentat gegen bedeutsame Personen verüben möchte. Die Angelegenheit wurde natürlich sofort untersucht und am 2. Januar 1942 (nach dem Abflug der neu formierten Gruppe) abgeschlossen. In dem zuständigen Dokument wird gemeldet: „Soldat Kaminský Petr, F 3311, geb. 27. 6. 1919 in Olublo in der Slowakei, dorthin zuständig,

Muttersprache slowakisch, Handelsgehilfe, ledig, röm.-kath., 5 Klassen Volks-, 3 Bürgerschule, Handelskurs, spricht polnisch, ungarisch und deutsch. In die ausländische Armee eingetreten am 7. 5. 1940."

Der Kommandant der 2. Rotte des 1. Bataillons erstattet über den Genannten folgende Beurteilung: „Persönliche Eigenschaften: durchtrieben, arglistig, unkameradschaftlich, heuchlerisch. Militärische Eigenschaften: unentschlossen, unordentlich, gut ausgebildet, aber arbeitswillig nur unter Aufsicht, unzuverlässig."

Die Abschrift eines Strafregisters war beigelegt.

Die Untersuchung seines Eindringens in den Landsitz des Präsidenten ergab:

„Der Soldat Kaminský hatte vor zwei Monaten mit der 2. Rotte des 1. Bataillons am Sitz des Präsidenten Wachdienst und dabei örtliche Kenntnisse erlangt. Er gibt an, daß er am Samstag, dem 15. 11. 1941, kurz nach Mittag per Anhalter nach Banbury gefahren wäre, von dort mit dem Zug nach Oxford und weiter mit dem Bus nach Aylesbury, wo er in der städtischen Nachtherberge geschlafen habe. Am nächsten Tag zwischen 13.20 und 14 Uhr betrat er das Gebäude des Sitzes des Präsidenten durch die Einfahrt für Autos und gelangte, ohne von jemandem gesehen zu werden, in das obere Stockwerk; hier traf er auf die Gattin des Herrn Präsidenten, der er einen Brief mit der Bitte überreichte, ihn an den Herrn Präsidenten weiterzugeben. Die Rückfahrt trat er auf die gleiche Weise an und kehrte am 16. 11. gegen 20 Uhr zu seiner Einheit zurück.

Den Landsitz des Präsidenten der Republik hatte Sold. Kaminský ohne Urlaubsschein aufgesucht, lediglich mit einer Erlaubnis über den Zapfenstreich hinaus bis 7 Uhr des 16. 11. 1941.

Sold. Kaminský befaßt sich andauernd mit phantastischen Vorstellungen darüber, auf welche Weise er führende nazistische Persönlichkeiten in Deutschland beseitigen könnte. Z. B. wollte er per Flugzeug in die Slowakei geschafft werden, wo er angeblich einen guten Bekannten, Major der Reserve Švarc, von Beruf Handelsreisender, hätte, mit dessen Hilfe er von Karmasin* eine Empfehlung zum Besuch führender Nazis in Deutschland herauslocken könnte, um dann dort bei irgendeiner Versammlung sein Vorhaben mittels einer Handgranate zu verwirklichen.

Aus diesem Grund hatte er bereits an den Präsidenten und dann

* Politiker der slowakischen Faschisten.

an dessen Sekretär Briefe abgeschickt. Als er ohne Antwort blieb, fuhr er mit seinem Brief an den Präsidenten am 15. 11. zu dessen Landsitz persönlich. Sold. Kaminský hatte zwar seinen Plan geheimgehalten, aber dem Stabskapitän Divoký vertraulich mitgeteilt, daß er – Kaminský – sich mit Absicht auf eine Weise benehme, die zu seiner Bestrafung und Hinstellung als unzuverlässig führen würde; deshalb sollte nach seinem Verschwinden die Nachricht verbreitet werden, daß er zum Feind übergelaufen sei, weil eine solche Fama ihm die Situation zur Durchführung seines Planes, über dessen Einzelheiten er mit dem Präsidenten verhandeln möchte, erleichtern würde.

Nach entsprechenden Erläuterungen versprach Sold. Kaminský, seine Ideen aufzugeben und sich wieder vorschriftsmäßig zu verhalten. Die ganze Angelegenheit erweckt den Anschein, daß der Genannte nicht ganz normal ist.

Brigadekommandant Miroslav e. H."

Die Erklärung, daß Kaminský „nicht ganz normal" sei, war mehr als billig und einfach. Seine Tat deutet an, daß unter den Armeeangehörigen von der Möglichkeit eines Attentates die Rede war. Gabčík diente bei der 3. Rotte des 1. Bataillons und war slowakischer Nationalität, auch Kaminskýs Muttersprache war – wie es in der Meldung heißt – slowakisch, und er diente bei der *zweiten* Rotte dieses Bataillons. Es ist mehr als wahrscheinlich, daß sich die beiden kannten. Ob so oder so, Tatsache bleibt, daß sich das Dokument von Kaminskýs Einfall als kurioses, vielsagendes Beweisstück erhalten hat.

Inzwischen war von übergeordneten Stellen der Befehl gekommen, daß als erste die Gruppe von Oberstleutnant Alfréd Bartoš (Kommandant), Deckname Emil Sedlák, den Flug anzutreten habe; zu ihr gehörten Rottmeister Josef Valčík, Deckname Zdeněk Toušek, und als Funker Unteroffizier Jiří Potůček, Deckname Alois Tolar. Die Gruppe erhielt den Namen Silver A und hatte ein Sendegerät namens „Libuše", von Moravec so benannt nach dem Vornamen der Gattin des tschsl. Majors Josef Bartík, Teilnehmer der Beratung vom 3. Oktober 1941.

Man mußte günstige Witterung abwarten, überdies erforderte die weite Entfernung einen tüchtigen Piloten. Die Flüge konnten nur „innerhalb langer Nächte" vor sich gehen, also etwa fünf Tage vor und fünf Tage nach Neumond. Die SOE hatte „für Sonderzwecke" das Geschwader RAF 138 zugeteilt, insgesamt sechs Flugzeuge mit langem Anflug, darunter im Jahre 1941 nur ein einziges Bombenflugzeug, die zweimotorige Whitley, die bei den Besatzungen keinen guten Ruf hatte; man nannte sie „den fliegenden Sarg". Im Oktober 1941 stellte die RAF der SOE drei moderne Bomber zur Verfügung, viermotorige Halifax, die allerdings zu paraschutistischen Zwecken erst speziell hergerichtet werden mußten, z. B. nachträglich mit einer Tür im Rumpf, aus der die Paraschutisten abspringen konnten. Ursprünglich war für sie jene unrühmliche Whitley vorgesehen, mit ihr kam es auch am 7. November 1941 zu einem ersten Versuch, der jedoch mißglückte.

Bereits am Nachmittag fuhren die Fallschirmspringer der Gruppe Silver A zum Flugplatz, wo sie ihre Begleiter, Stabskapitän Šustr, erwartete. Der Absprung sollte bei Hermannstädtel erfolgen. Das Flugzeug startete um 18.00 Uhr. An Hand des Bordtagebuches können wir den Flug verfolgen: 19.21 über der belgischen Grenze, 20.34 Überflug des Rheins, 22.10 südlich von Prag mit Richtung gegen Nordosten. Jetzt sollte es zum Absprung kommen, aber ein Schneesturm kam auf, dem der Pilot vergeblich auszuweichen suchte. Schließlich kehrte er nach England zurück.

Auch der zweite Versuch am 30. November 1941 endete nicht besser. Das Flugzeug verirrte sich und mußte umkehren. Daran knüpft sich eine interessante, jedoch auf keine Weise beglaubigte Erinnerung von Stabskapitän Šustr, der 1980 erzählte: „Wir starteten um 18 Uhr und landeten 3.30 Uhr; der Pilot Anderle war auf meinen Befehl zurückgeflogen. Wir meldeten, daß die Aktion wegen schlechten Wetters und auch im Hinblick auf das überaus heftige Feuer der Flugabwehr nicht zu Ende geführt werden konnte. Der wahre Grund war ein anderer: In der Maschine befand sich auch eine Gruppe, der Vilém Gerik angehörte. Ich hatte bei ihm das Foto eines britischen Panzers gefunden und Oberstleutnant Moravec telefonisch mitgeteilt, daß ich jenen Gerik nicht in der Gruppe haben möchte, weil ich ihn wegen unehrenhafter Handlungen verdächtige. Der Befehl lautete: Sie fliegen ab oder ... Wir starteten, und ich forderte Anderle auf, die Nordsee zu überfliegen, ohne zu versuchen, den Kontinent zu erreichen, dann den Rückflug anzutreten und zu melden, daß die Witterung und die Flugabwehr die Durchführung der Aktion unmöglich machten. Vorerst zögerte Anderle, aber als ich ihm sagte, daß ein ernster Grund vorläge, der unsere Sicherheit beträfe, und daß ich als befehlshabender Offizier die völlige Verantwortung übernähme, war er einverstanden. Nach der Landung meldete ich die Angelegenheit dem Kontaktmann zur Gruppe des Generals Gubbins, der J. Kearry hieß. Ich verlangte Hilfe. Einige Tage später sagte mir Kearry, daß die britischen Stellen die Ansicht vertreten, es gehe um eine tschechoslowakische Aktion, in die sie nicht eingreifen könnten."

Die gesamte Lage sah nicht gut aus. Whitley hatte sich nicht bewährt, die Tage vergingen, und Präsident Beneš merkte, daß der Plan bedroht war. Und er brauchte ein solches Vorhaben dringend, um die Verbündeten von der Aktivität des tschsl. Widerstandes zu überzeugen. Er stellte damals die Forderung nach Zuteilung einer der neuen Halifax-Maschinen, aber das Ministerium für Flugwesen zögerte, obwohl er von Minister Eden und auch Dalton unterstützt wurde. Und so brachte Beneš eine Vereinbarung mit den Polen zum Vorschlag, wonach wir uns bei der Ausnützung einer für paraschutistische Aktionen eingerichteten Halifax mit ihnen abwechseln sollten; aber das Schicksal griff ein: Bei der Rückkehr von einer Operation über dem polnischen Gebiet stürzte die Halifax ab. Was tun? Von neuem entschied das Schicksal: Am 28. Dezember morgens erhält ein Leutnant von der 138. Fliegerstaffel endlich den Befehl, sich auf dem Flugplatz Northolt eine für Abwürfe geeignete neue Halifax-Maschine abzuholen. Dann überstürzten sich die Ereignisse.

Oberstleutnant Moravec fährt zur Stanhope Terrace, läßt sich Kubiš und Gabčík vorführen und besucht mit ihnen noch ein Restaurant; er erinnert sich später, wie es den beiden schmeckte, wie sie „kleine Witze" rissen und mit keinem einzigen Wort erwähnten, was sie in den nächsten Stunden erwartete. Am Nachmittag fahren alle drei zum Flughafen, wohin von der STS 2 Stabskapitän Šustr auch die Gruppen Silver A und Silver B gebracht hatte. Der Entschluß steht fest: die Situation, daß eine neue, zurechtgemachte Halifax zur Verfügung ist, auszunützen und alle drei Gruppen zugleich loszuschicken. Vor allem Silver A, die mit Alfréd Bartoš, Josef Valčík und Jiří Potůček schon seit Anfang November auf den Einsatz wartet. Auch Silber B steht bereit, mit Jan Zemek und Vladimír Škacha, Decknamen Vladimír Vrba, und Jan Novák. Schließlich auch Anthropoid: Rottmeister Josef Gabčík, Deckname Zdeněk Vyskočil, Schlosser, und Jan Kubiš, Deckname Ota Strnad, Arbeiter. Sie erhalten Adressen von Kontaktpersonen in der Umgebung von Pilsen, wo sie abspringen sollen: von Václav Král, Polizeiinspektor in Pilsen IV., von Václav Skalický, Werkmeister der Pilsner Staatsbahnen, und schließlich von Václav Stehlík, Eisenbahner i. R. in Rokitzan. Aus dem SOE-Material vom 3. Oktober 1941 geht noch hervor, daß Zielpunkt der Operation „der Flugplatz Borek in der Nähe von Sbirow“ sein sollte, zusätzlich hieß es „unbenützt, unbeschützt und unbewacht“. Der Bericht von der Aktion führt dann als Ziel einfach „Flugplatz Borek Pilsen“ an, aber jemand hatte die Anmerkung „Aktionsziel unauffindbar“ hinzugefügt, denn „der Bergkamm, auf dem sich das Ziel befindet, war von Wolken bedeckt, so daß die Männer samt Ausrüstung etwa 10–15 Meilen vom Ziel entfernt abgesetzt wurden“. Dieser Vermerk im SOE-Archiv räumt mit dem Streit auf, ob es zum Absprung bei Eipowitz oder Borek kommen sollte.

Insgesamt also sieben Männer und Begleitung. Ein jeder von den sieben hatte eine Erklärung unterschrieben, wonach „ich nach meinem besten Wissen und Gewissen alles tun werde, um die Aufgabe, zu deren Durchführung ich mich freiwillig gemeldet habe, erfolgreich zu erfüllen.“

Es wurde beschlossen, nach dem Absprung mittels des Senders „Libuše“ den Versuch einer Verbindung mit London anzustellen; falls dies nicht gelingen sollte, wollte man in die tschechische Nachrichtensendung des Londoner Rundfunks an zwei aufeinanderfolgenden Tagen den Satz einfügen: „Die ganze Welt begreift euer schmerzvolles Schweigen!“

Zum Abflug kam es am 28. Dezember 1941 um 22 Uhr. Und hier komme ich zu einer frappierenden Angelegenheit. In den „Erinnerungen“ von Oberstleutnant František Moravec, Chef der Abteilung des tschsl. Nachrichtendienstes, ist nämlich ein völlig anderes Datum angeführt! Wir wollen die entsprechenden Passagen zitieren:

„In London wurde ein detaillierter taktischer Plan des Attentates ausgearbeitet und nunmehr den beiden Männern erläutert. Danach sollten Gabčík und Kubiš mit dem Fallschirm etwa dreißig Meilen (48 km) südöstlich von Prag in ein bewaldetes, hügeliges Gebiet abspringen, wo sie sich gut verbergen konnten und von wo aus auch direkte Landstraßen nach Prag führten. Prag sollte ihr Hauptquartier bilden, wo sie, ausreichend mit Geld ausgestattet, während ihrer Aufklärungstätigkeit leben sollten, ohne irgend jemandem ihre Identität oder den Zweck ihrer Anwesenheit zu verraten. Diese letzte Bedingung war überaus wichtig: In Prag befanden sich Mitglieder auch anderer Spezialgruppen, ebenso Mitglieder der Widerstandsbewegung, Gabčík und Kubiš sollten jedoch selbständig vorgehen. Uns waren Nachrichten zugekommen, wonach die Mehrzahl der Widerstandsgruppen, soweit sie noch existierten, durch und durch von Provokateuren der Gestapo durchsetzt war. Aus diesem Grunde hatten Kubiš und Gabčík den Auftrag, mit niemandem Kontakte aufzunehmen. Beiden Männern war klar, daß ein mißglückter Versuch nur Energievergeudung und überflüssigen Einsatz ihres Lebens bedeutete. Wir hatten ihnen zu verstehen gegeben, daß über die endgültigen Einzelheiten der Durchführung des Attentates erst direkt an Ort und Stelle entschieden werden könnte. Der genaue Zeitpunkt der Operation konnte nicht in London festgesetzt werden, die Entscheidung darüber blieb Gabčík überlassen. Sein und Kubiš' Abflug wurde auf Anfang April festgelegt, wegen schlechter Witterung mußte jedoch dieser Termin etliche Male verschoben werden. Das endgültige Datum wurde schließlich auf Ende April bestimmt. Auf dem Flughafen der RAF wartete ein Bombenflugzeug des Typs Halifax mit dem tschechischen Piloten Kapitän Anderle.

Nach seiner Rückkehr meldete er mir, daß die beiden Männer während des Fluges guter Laune gewesen wären und daß er sie über dem vereinbarten Gebiet abgesetzt hätte. Meinen Berechnungen zufolge sollten etwa zumindest zehn Tage verstreichen, bevor die beiden Männer die nötigen Vorkehrungen getroffen haben konnten. Es vergingen zwei, dann drei Wochen, als ein Monat vorüber war, begann ich mir Sorgen zu machen. War etwas dazwischengekommen? Dann, am Nachmittag des 27. Mai 1942, gab der Prager Rundfunk bekannt, daß Reichsprotektor Heydrich schwer verletzt worden sei . . ." (Originaltext.)

Aus dem zitierten Abschnitt geht zweifellos hervor, daß es zum Abflug von Kubiš und Gabčík – Moravec zufolge – Ende April gekommen war; wir aber wissen mit Sicherheit, daß er am 28. Dezember 1941 vor sich ging!

Was hatte Moravec zu der Verwechslung des Datums geführt? Das Bestreben zu zeigen, wie schnell die Paraschutisten an ihr Werk herangingen? Oder senile Vergeßlichkeit? Im ersten Fall war dies von ihm recht kurzsichtig, er mußte doch wissen, daß Depeschen vom 5. März 1942 aufbewahrt blieben, in denen die Londoner Führung aus der Heimat über die Paraschutistengruppe Kubiš und Gabčík und sogar darüber informiert wird, daß Gabčík beim Absprung eine Verletzung erlitt. In zweiten Fall hätte der peinliche Irrtum dadurch gutgemacht werden können, daß Moravec in seine damalige Aufzeichnungen Einblick genommen hätte, oder auch in einige Bücher, die bis zu jener Zeit (bis zum Jahr 1966, da der grundlegende Text von Moravec' „Erinnerungen" entstand) verfaßt worden waren. Auch der Umstand, daß den endgültigen Wortlaut dieses Buches seine Tochter, Hana Moravcová-Disher, im Juni 1976 „aus dem englischen Manuskript ausgewählt, zusammengestellt und übersetzt hat", während der General im Juni 1966 gestorben ist, konnte zu jenem Irrtum führen. Immerhin gibt es zuweilen grundsätzliche Irrtümer, die in diesem Fall schwerlich von der Tochter begangen wurden. So z. B. da, wo der General von Kapitän Anderle spricht, dem Piloten der Maschine mit den zwei Fallschirmspringern; sein Name mußte in dem Originaltext, den die Tochter erweiterte, angeführt sein. Anderle war allerdings nicht Pilot des Flugzeuges NF VL 9613, das die schwierige Aktion durchführte, es ging um die Maschine des Leutnants R. C. Hockey, in dessen Bordbuch wir folgende Sätze finden:

„Im Hinblick auf den tiefen Schnee, der alle Straßen und Wege, Geleise, Flüsse und kleine Städte verdeckte, war es unmöglich, den genauen Ort des Absprungs festzulegen ..."

Jawohl, die Lage wurde riskant, die Maschine mußte in eine Höhe von etwa 200 m unter die Wolken herabsteigen, so daß die Gefahr eines Zusammenstoßes mit den Berghügeln drohte. Stabskapitän Šustr hat in einem offiziellen Dokument die ganze Aktion in ihren Einzelheiten beschrieben, seine Eintragungen hat auf mein Ersuchen hin in den sechziger Jahren ein Mitglied der Gruppe Silver B, Zugführer Vladimír Škacha, der überlebte, beglaubigt. Šustr führt an:

„Am 28. Dezember 1941 wurden bei *einem* Flug drei Operationen verwirklicht, u. zw.:

1. Silver A
2. Silver B
3. Anthropoid.

Alle Gruppen wurden im Lauf des Nachmittags am 28. Dezember mit Kraftwagen zum Flughafen Tangmere gebracht.

Um 12.30 Uhr erhielten wir die telefonische Nachricht, daß die Operation Silver A stattfinden soll. Später wurde dies geändert, und die Engländer verlangten weitere zwei Gruppen, um den Flug auszunützen, zu dessen Durchführung eine Halifax-Maschine mit der Besatzung F. (Lt. R. R. Hockey) zugeteilt worden war. Zur Aktion war im voraus alles so vorbereitet, daß die geänderte Entscheidung keinerlei Schwierigkeiten mit sich brachte.

Alle drei Gruppen samt Material wurden bequem in die geräumige und beheizte Maschine geladen. Als Dispatcher nahm Stabskapitän Šustr an dem Flug teil. Zusammen mit der englischen Besatzung waren im Flugzeug insgesamt 16 (sechzehn) Personen und das zur Operation nötige Material.

Der gesamte Flug dauerte zehn Stunden vierzehn Minuten, die Halifax-Maschine steuerte eine britische Besatzung. Die durchschnittliche Flughöhe betrug 10 000 Fuß, die Absprünge wurden aus einer Höhe von 900 Fuß vorgenommen. Die Durchschnittsgeschwindigkeit war 187 Meilen je Stunde, bei Absprüngen 120 Meilen/Std.

Nach seiner Landung teilte mir der Pilot mit, daß er die Gruppe Anthropoid im Raum Eipowitz–Kischitz etwa 7–8 km südlich von Pilsen abgesetzt habe. Den ihm vor dem Start angegebenen Raum (3 km nordöstlich von Eipowitz) konnte er wegen Nebels nicht finden. Auch die Gruppen Silver A und Silver B konnte er in dem ihm bestimmten Raum nicht absetzen, da er angeblich über den Rand des Eisengebirges, das völlig vernebelt war, nicht hinauskam. Wenn er – wie er sagte – über den Wolken geflogen wäre, hätte er den ihm angeordneten Raum überhaupt nicht gefunden, abgesehen davon, daß er über dem Eisengebirge nicht unter die Wolken hätte herabsteigen können, weil die Bergspitzen völlig verdeckt waren.

Laut Angaben des Piloten hatte er Silver A im Raum östlich von Tschaslau, die Gruppe Silver B südwestlich von Schdiretz abgesetzt.

Zu einer Bombardierung kam es nicht, weil im Hinblick auf die schwere Belastung der Maschine durch Menschen und Material keine Bomben mitgenommen werden konnten."

Šustr kommt dann zu der Bewertung der seelischen Kondition der einzelnen Gruppen während des Fluges und kurz vor dem Absprung. Daraus geht hervor, daß es um Gabčík „merklich besser" als um die andern bestellt war. Šustrs Vermerk geht weiter:

„Zuführer Škacha sagte auf die Frage, ob er betreffs seines persönlichen Eigentums irgendeinen Wunsch habe: ‚Lassen Sie es da, wo es ist. Sollte es dorthin kommen, wohin ihr es gebt, würde ich es ohnehin nicht mehr wiedersehen.' Auf die Frage, wie er das meine, winkte er nur mit der Hand und ging.

Die Gruppen Silver A und auch Anthropoid gaben kurz vor dem Absprung dem Dispatcher die Hand und sagten voller Überzeugung: ‚Ihr werdet bald von uns hören, wir werden alles tun, was in unseren Kräften steht.'

London, am 29. Dezember 1941 — Stabskapitän Šustr"

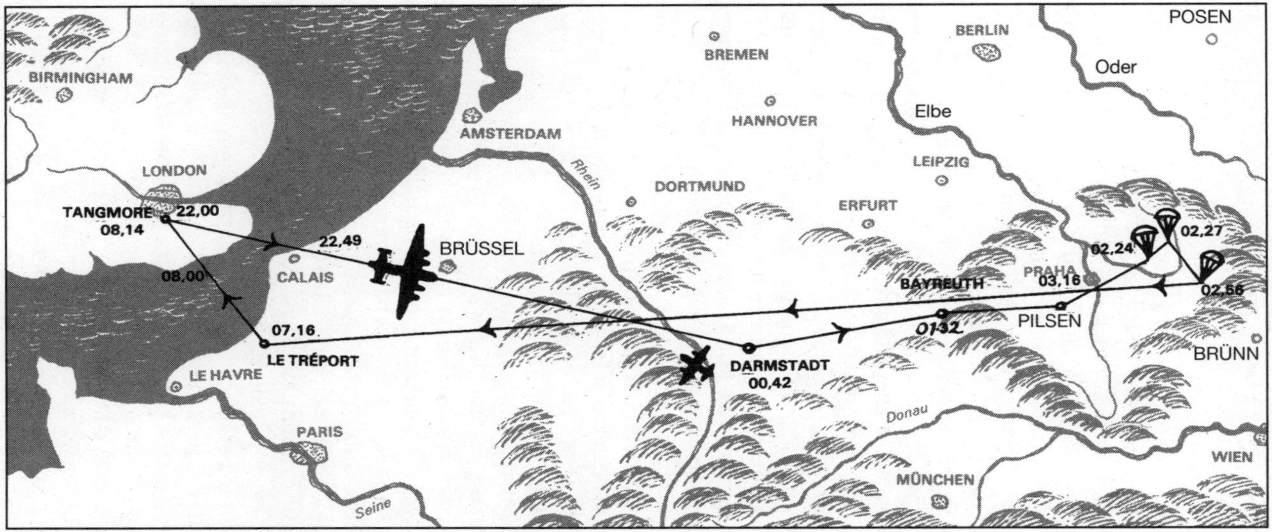

Karte 2
Die Trasse des Flugzeuges, das am 29. Dezember 1941 drei Gruppen von Paraschutisten mit sich führte: Silver A, Silver B und Anthropoid.

Wir standen nebeneinander

Jawohl, so etwa hätte ich mich angeblich ausgedrückt, wie später Šustr erklärte. Aber zu der Begegnung war es auf dem Flugplatz gekommen, kurz bevor man uns zum Besteigen der Maschine aufforderte. Als man uns nämlich die Möglichkeit anbot, vor dem Abflug unser persönliches Eigentum im Lager des Ministeriums für nationale Verteidigung in London zu hinterlegen, hatte mir einer von denen, die hier Dienst taten, angeraten, meine Sachen, sofern sie irgendwo gut aufbewahrt seien, dort zu lassen; es wäre besser so, weil in den militärischen Lagerräumen eine gewisse Tendenz dazu bestehe, daß zuweilen etwas verlorengeht.

Im großen und ganzen hatte ich nichts Wertvolles, ein paar Fotos aus Afrika, Frankreich und England, dann einige Dinge, die als Erinnerungen oder Dokumente für mich von Bedeutung waren. Ich hatte sie deshalb bei einer bekannten englischen Familie hinterlegt. Als man mich also fragte, ob ich etwas im Armeelager deponieren möchte, sagte ich, ich hätte nichts.

Auf dem Flugplatz fragte mich Šustr danach von neuem und bot sich an, die Sachen bei jener Familie abzuholen und im Militärlager unterzubringen. Ich lachte und sagte, daß ich sie da lassen wollte, wo sie wären. Šustr fühlte sich – ich weiß nicht warum – betroffen und fragte, wie ich das meine. Ich winkte mit der Hand ab, weil die ganze Angelegenheit wirklich nicht der Rede wert war. Das Flugzeug wartete, und wir hatten ganz andere Gedanken.

Neben mir standen Kubiš und Gabčík, daneben noch andere.

Der Letzte Wille, den wir auf dem Flugfeld niederschrieben, kam mir damals – wie soll ich sagen – seltsam vor. Ich reagierte darauf ganz einfach mit einem Lächeln. Zur Widerstandsbewegung war ich mit neunzehn Jahren gekommen. Ich stammte aus einer Familie, deren sämtliche Angehörige froh waren, gerade so ihren Lebensunterhalt zu verdienen. Das bedeutet, daß auch ich nichts weiter besaß. Zu den Fallschirmjägern hatte ich mich aus solch rein patriotischen Motiven heraus gemeldet, daß es mir heute romanhaft übertrieben erscheint. Man erzählte uns, daß das unmittelbare Ende des Krieges bevorstünde, und dafür, daß wir uns an dieser Aktion beteiligten, hatte uns niemand irgendeine Belohnung versprochen, und wir hatten auch nichts verlangt. Ich betrachtete mich als Soldaten, der einen Befehl erhalten hat und dessen Belohnung, sofern er seine Aufgabe gut erfüllt, eine Belobigung sein wird.

Das Nichts, das ich besaß, hinterließ ich also meinen Eltern, mit irgendeiner Anmerkung, die als Scherz gemeint war. Šustr, ein tapferer Mann von der Sorte, die man als „gute Soldaten" bezeichnete, war kein Psychologe und legte sich meine Bemerkungen anders aus, als sie gemeint waren. Er war ein typischer aktiver Offizier, der auf seinen Rang großen Wert legte. Ich mochte ihn nicht, weil ich bei verschiedenen Gelegenheiten bemerkt hatte, daß er nicht eben verantwortlich handelte. Wenn er auf konkrete und sachliche Fragen keine entsprechende Antwort wußte, verbarg er sich hinter militärischer Schroffheit. Ich vermißte bei ihm eine aufrichtige Beziehung zu seinen Mitmenschen, und seine Handlungsweise rief in mir das Gefühl wach, daß ich für ihn nichts als eine Art von Faktor wäre, den man entweder hinzuzählen oder abziehen muß. Der Umgang mit Menschen war ihm fremd.

Unsere Gruppe – Silver B – war mit einem Sendegerät ausgerüstet, wir hatten Taschenmesser, Pistolen mit je zwei Magazinen, also mit zwölf Patronen, bekommen, ferner jeder eine Ampulle mit Gift, ein Stück Schokolade, irgendwelche Tabletten, wahrscheinlich mit einem Fleischextrakt, ein paar Rasierklingen und einen Personalausweis; er war im Grunde einwandfrei ausgeführt, und ohne eine chemische Untersuchung hätte kaum jemand erkannt, daß er eine Fälschung war. Da aber Šustr die Ausweise für mich und Zemek, ein zweites Mitglied der Gruppe Silver B, in unser Ausbildungszentrum unausgefüllt brachte, mußte nachträglich ein Foto eingeklebt und abgestempelt werden. In diesem Augenblick stellte Šustr fest, daß er ein frisches Stempelkissen ohne Farbe mitgebracht hatte. Was tun? Schließlich glich er diesen Fehler großzügig dadurch aus, daß er sich Tinte bringen ließ, mit ihr das Kissen befeuchtete und dann die Ausweise abstempelte. Das Ergebnis war katastrophal. Schon auf den ersten Blick war zu erkennen, daß mit dem Stempel etwas nicht in Ordnung war.

Die Schokolade, die Rasierklingen und alles andere, was wir auf den Weg mitbekommen hatten, war speziell für uns hergestellt worden und ohne jedwede Bezeichnung. Sofern vielleicht Kubiš und Gabčík oder auch andere einige Konserven mit englischen Aufschriften hatten, waren sie von ihnen „privat" mitgenommen worden. Aber ich bezweifle es.

Die Anzüge, die wir trugen, hatte man uns aus dem Lager für Zivilbekleidung der Angehörigen unserer Armee zugeteilt, sie waren demnach in der Tschechoslowakei erzeugt worden. Auf derartige Einzelheiten legte man großen Wert. Lediglich die Schuhe stammten in einigen Fällen aus England.

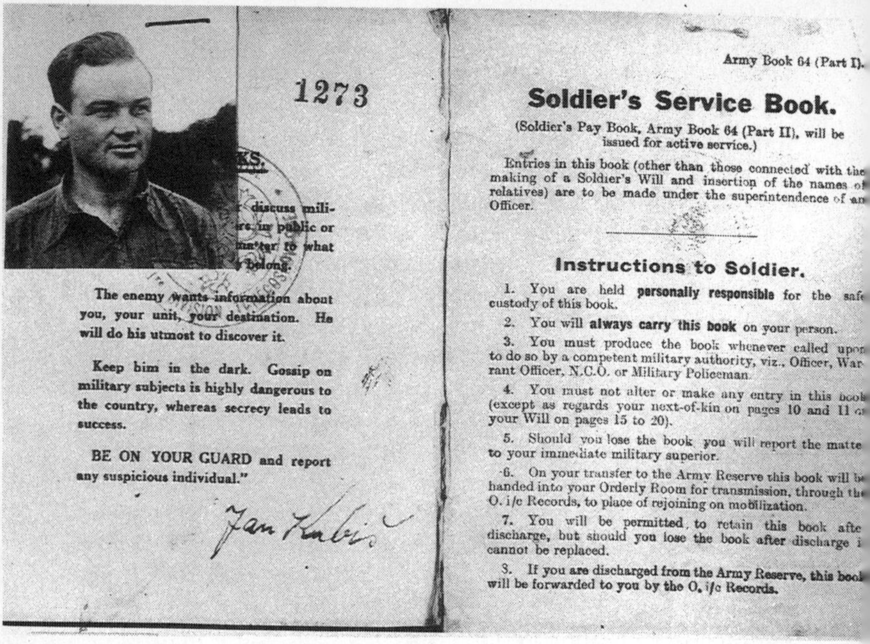
1273

KS.

discuss mili-
rs in public or
matter to what
belong.

The enemy wants information about you, your unit, your destination. He will do his utmost to discover it.

Keep him in the dark. Gossip on military subjects is highly dangerous to the country, whereas secrecy leads to success.

BE ON YOUR GUARD and report any suspicious individual."

Jan Kubiš

Army Book 64 (Part I).

Soldier's Service Book.

(Soldier's Pay Book, Army Book 64 (Part II), will be issued for active service.)

Entries in this book (other than those connected with the making of a Soldier's Will and insertion of the names of relatives) are to be made under the superintendence of an Officer.

Instructions to Soldier.

1. You are held **personally responsible** for the saf custody of this book.

2. You will **always carry this book** on your person.

3. You must produce the book whenever called upon to do so by a competent military authority, viz., Officer, Warrant Officer, N.C.O. or Military Policeman.

4. You must not alter or make any entry in this book (except as regards your next-of-kin on pages 10 and 11 or your Will on pages 15 to 20).

5. Should you lose the book you will report the matte to your immediate military superior.

6. On your transfer to the Army Reserve this book will be handed into your Orderly Room for transmission, through the O. i/c Records, to place of rejoining on mobilization.

7. You will be permitted to retain this book afte discharge, but should you lose the book after discharge i cannot be replaced.

8. If you are discharged from the Army Reserve, this book will be forwarded to you by the O. i/c Records.

Jan Kubiš Militärausweis.

Das Flugzeug stand in der Nähe, es herrschte große Kälte.

Šustr kam zu uns und kontrollierte noch einmal alles. Auch den Inhalt unserer Taschen mußten wir ihm vorweisen.

Bis zum letzten Augenblick vor dem Start wußten wir nicht, daß wir, also Silver B, noch gemeinsam mit anderen Gruppen fliegen würden. Auf dem Flugplatz wurden wir für die Aktion einzeln abgefertigt, also Anthropoid separat, Silver A separat und auch wir auf einem abgesonderten Startplatz. Erst kurz vor dem Besteigen der Maschine sagte man uns, daß noch weitere Fallschirmspringer mit uns fliegen würden. Wir bekamen den Befehl, während des Fluges mit niemandem zu sprechen.

Auch den andern wurde dies angeordnet. Und so schwiegen wir alle, auch wenn einer den andern, Potůček ausgenommen, gut kannte. Es fiel nicht ein einziges Wort, abgesehen von „Ahoi, Jungens!" und „Hals- und Beinbruch!" Alles andere, was irgendwo geschrieben steht, ist reine Erfindung. Von einer Unterhaltung im Flugzeug konnte überhaupt nicht die Rede sein, auch darum nicht, weil es eine Kampfmaschine ohne Schalldämpfer war und wir dazu noch Gummihelme auf dem Kopf hatten. Und die Motoren brüllten aus vollen Kräften.

Niemand von uns kannte den Decknamen der anderen Gruppen, nur den eigenen. Davon, daß Kubiš mit Gabčík Anthropoid und die Bartoš-Gruppe Silver A hießen, erfuhren wir erst nach dem Krieg.

Auch die Aufgaben und Ziele der andern waren uns nicht bekannt.

Immerhin – bei Kubiš und Gabčík ahnten wir, daß sie ein Attentat ausführen sollten. Jawohl, es ist so, wie ich sage, auch wenn es vielleicht überraschend klingt. Es ist heute schwer zu erklären, von wo diese Informatin herrührte. Offiziell wußten wir nichts, es war vielleicht die spezielle Art ihrer Ausbildung, deren Zeugen wir waren, möglicherweise auch eine von jemandem nur so nebenbei unvorsichtig geäußerte Bemerkung, die uns zu dieser Schlußfolgerung führte. Sie selbst schwiegen, aber unter den Kursteilnehmern ging das Gerücht herum, daß sie es „auf Heydrich abgesehen hatten".

Ich kannte beide schon lange, noch bevor wir ahnen konnten, daß wir unter solchen Umständen einmal in einem Flugzeug zusammenkommen würden. Es waren einfache, schlichte Burschen, jeder von ganz verschiedener Art und doch in manchem einander ähnlich. Vielleicht in ihrer Disziplin und Begeisterung. Kubiš war als ruhiger, gutmütiger Mensch bekannt, der auch einem Tier kein Leid zugefügt hätte, Gabčík war voller Temperatment, lebhaft, leicht erregbar, dabei aber auch besonnen und ausgeglichen. Beide bildeten ein unzertrennliches Freundespaar. Es waren Menschen, wie man sie in kritischen Augenblicken gern neben sich sieht. Als Soldaten betrachteten sie jeden Befehl als etwas, worüber nicht diskutiert wird. Über alle Nachrichten aus der Heimat, in denen von Mord und Folterungen die Rede war, zeigten sie sich überaus beunruhigt. Ich erinnere mich, daß ich einmal darüber mit Kubiš sprach, er schüttelte den Kopf und sagte: „Wie ist das nur möglich, wie ist so was nur möglich!" Anthropoid hatte kein Sende- und Empfangsgerät mitbekommen, das hatten nur wir und die Gruppe Bartoš. Wer die andern Gruppen auswählte und zusammensetzte, weiß ich nicht. Daß man mich mit Zemek entsenden wird, wurde erst etwa zwei Monate zuvor entschieden, ursprünglich sollte ich mit Jaromír Sedlák fliegen, der aus Tischnowitz bei Brünn stammte und Kommunist war. Bei einem Übungsabsprung hatte er sich jedoch den Fußknöchel verrenkt, so daß er aus der geplanten Aktion ausschied. Den Namen unserer Gruppe – Silver B – erfuhren wir erst kurz vor dem Abflug. Die Aufgabe lautete:

1221

...KS.

...discuss mili-
...re in public or
...matter to what
...belong.

The enemy wants information about you, your unit, your destination. He will do his utmost to discover it.

Keep him in the dark. Gossip on military subjects is highly dangerous to the country, whereas secrecy leads to success.

BE ON YOUR GUARD and report any suspicious individual."

Ein Teil von Jozef Gabčiks Militärausweis.

„Ihr werdet im Raum Swratauch–Swratka in Böhmen abgesetzt. Mit Hilfe der mitgeführten Adressen verbindet ihr euch mit der heimischen Widerstandsbewegung, der das Sendegerät und der Code zu übergeben und deren Anforderungen im weiteren zu befolgen sind."

Wir sollten bei einer der mitgegebenen Anschriften Aufenthalt nehmen und dort warten, bis in eine der tschechischen Sendungen aus London der Satz eingefügt wird: „Jeder hat kompromißlos dem ihm bestimmten Ziel nachzugehen!" Daraufhin sollten wir in Chrudim einen Mann aufsuchen, der uns weitere Verbindungen vermitteln wird.

Davon, daß wir den Gruppen Bartoš oder Anthropoid helfen sollten, wurde kein Wort gesprochen.

Noch ein letztes Mal zwinkerten wir einander zu und klopften uns auf die Schultern. Es war Abend, im Dezember. Wir standen nebeneinander, vorläufig noch, aber binnen weniger Stunden sollten wir Abschied nehmen. Kubiš und Gabčík hatten ein gespanntes Lächeln aufgesetzt.

Wir bestiegen das Flugzeug, die Tür klappte zu. Der Flug war unruhig, schreibt Šustr in seiner Meldung. Lärm, Hitze, Nervosität.

Zuerst wurden Anthropoid, dann Silver A abgesetzt. Wir nickten ihnen zu. Sie winkten mit der Hand und sprangen ab. Wir haben sie nie mehr wiedergesehen. Kubiš und Gabčík sollen irgendwo in Prag Unterschlupf gefunden haben. Die Gruppe Silver A, die den Sender „Libuše" hatte und der außer Bartoš noch Valčík und Potůček angehörten, hatte möglicherweise mit Pardubitz Kontakt aufgenommen.

Es waren durchweg tapfere Burschen. Sehr brave Burschen.

Was war mit „Libuše"?

Ich habe mich nie in was eingemischt, Hauptsache, es gab Kartoffeln und eine gute Ernte. Bei uns ist das Land voller Hügel und fast immer Kälte, man steht auf und fragt sich, ob es wohl heute besseres Wetter geben wird, die Mistjauche muß weggefahren, der Stall ausgebessert werden, und was so der Dinge mehr sind. Na ja, es gab schon auch Agrarier bei uns, aber ich habe zuerst die Sozialdemokraten gewählt und dann, als mein Sohn im Steinbruch zu arbeiten begonnen und das Rudé právo immer nach Hause gebracht hat, habe ich für die Kommunisten gestimmt. Mit meiner kleinen Baracke habe ich mich nie in die Agrarpartei gedrängt. Und warum auch, wenn der Mensch sich von früh bis in die Nacht auf dem Feld abschindet!

An jenem Tag wollte ich nachsehen, ob die Fröste nicht zu sehr dem Getreide geschadet haben, aber es war Schnee gefallen, viel Schnee, und so bin ich bald wieder nach Hause gegangen. Ich war schon in der Nähe des Dorfes, als ich auf einmal den Kněz erblickte. Er ging langsam und schob ein Fahrrad vor sich her, ab und zu rutschte er aus. Er hatte seine Uniform an, ich habe vergessen zu sagen, daß er Kommandant der Gendarmeriestation war.

„Wohin denn?“ fragte er. Wir kannten uns aus dem Wirtshaus. Er war nie bösartig. Einmal habe ich ihn auch auf einer Versammlung der Kommunisten gesehen. Es war vor den Wahlen, und mein Sohn hat mich mitgenommen. Es gab nicht viele Kommunisten bei uns, aber diesmal waren sie auch aus der Umgebung da, wir haben hier viele Steinbrüche. Kněz stand schweigend am Eingang. Der Sohn hat mir dann gesagt, daß es viele gibt, die schlimmer sind als dieser. Sie versuchen, sich in alles einzumischen, aber der da ist wenigstens still.

Ab und zu besuchte er, wie gesagt, das Wirtshaus. Wir debattierten da miteinander über dies und jenes. Über das Wetter, die Ernte, in letzter Zeit auch über die Deutschen. Er war, obwohl er die Uniform eines Gendarmen hatte, ein guter Tscheche. Auch wenn wir uns in vielem nicht einig waren, auf die Nazis schimpften wir gemeinsam.

„Nach Hause“, antwortete ich auf seine Frage. „Ich war auf dem Feld.“

„Sie kriegen doch nur lahme Beine. Überall so viel Schnee, da gibt's doch nichts zu tun. Das Getreide wird schon nicht einfrieren.“

Ich habe einen Graben übersprungen, bin zu ihm gegangen, und wir machten uns zusammen auf den Heimweg. Er hat geschwiegen und sein Fahrrad vor sich hergeschoben. Wir hatten etwa zweihundert Meter hinter uns, als ich ihn unerwartet fragte:

„Was gibt's denn? Ist Ihnen was passiert?“

„Was soll mir ... Nichts!“

Aber ich habe gemerkt, daß ihm was im Kopf herumging. Das erkennt man. Auf den Feldern krächzten Krähen, ich mag sie nicht, und so habe ich auf sie gezeigt und gesagt, daß ich sie alle, wenn ich eine Flinte hätte, erschießen würde.

Kněz lachte: „Sehen Sie, ich habe eine Flinte und schieße nicht.“

„Das ist Ihre Sache, Sie wären, glaub’ ich, gar nicht imstande zu schießen.“ Ich wollte ihn ein wenig verspotten.

„Es kommt darauf an, auf wen oder auf was. Krähen und Krähen – das ist ein Unterschied.“

„Mit so was verschonen Sie mich! So was will ich lieber gar nicht gehört haben“, sagte ich.

„Und auf Menschen? Würden Sie auch auf Menschen schießen?“ fragte er plötzlich.

„Ich sprech’ doch von Krähen“, gab ich zur Antwort. Aber dann ist mir was eingefallen, und ich habe ihn gefragt: „Haben Sie ein Raubtier hier?“ Er hat mich angeschaut und ein wenig, nur so mit den Mundwinkeln, gelächelt: „Weiß der Teufel, ob es ein Raubtier ist. Manchmal ist das nicht zu erkennen.“

Wir sind weitergegangen, und er hat langsam zu reden begonnen.

„Stellen Sie sich vor, ich soll hier Ordnung aufrechterhalten, damit dem ‚Reich‘ nichts passiert, und inzwischen ... Manchmal habe ich einen ganz schweren Kopf von all dem. Aber wenn doch diese Burschen ...“

„Was für Burschen?“

„Wie soll ich es Ihnen sagen? Mit Fallschirmen abgesprungene Paraschutisten. Hätten Sie was zum Essen für sie?“

„So ist das also!“ brachte ich überrascht hervor.

Kněz blieb stehen. „Können Sie schweigen?“

„Natürlich! Wenn es um Kopf und Kragen geht! Und was zu essen wird sich auch beschaffen lassen.“ Ich habe ihm angesehen, daß es ihn reut, mir die Sache verraten zu haben, aber er beruhigte sich langsam.

„Und was machen sie bei uns?“ fragte ich neugierig.

Kněz zuckte mit den Schultern.

„Das müssen Sie doch wissen.“

„Alles mögliche. Sie sammeln Nachrichten, stellen Fragen, was in den hiesigen Fabriken erzeugt wird ...“

Auf dem ganzen Heimweg hat er kein Wort mehr gesprochen. Erst später habe ich erfahren, daß sie einen illegalen Sender hatten, den sie „Libuše“ nannten.

„Und könnte ich Ihnen irgendwie helfen?“

„Das ist schwer. Ich habe Angst, was geschehen wird, wenn die Sache auffliegt.“

„Dazu könnte es kommen?“ staunte ich.

Er winkte mit der Hand: „Es wissen schon zu viele Leute davon, und das ist immer sehr gefährlich."

„Hören Sie, sagen Sie mir wenigstens . . ."

„Je weniger Sie davon wissen, um so besser für Sie. Sie könnten es mal bedauern. Und wie ist das mit dem Essen?"

„Kommen Sie abends. Klopfen Sie ans Fenster."

Er ist weitergegangen, ich nach Haus. Ich habe lieber niemandem davon erzählt. Dann habe ich einmal den Kněz mit einem jungen Mann gesehen, dem er was erklärte. Ich habe sie gegrüßt. Später habe ich gehört, daß der Sender in einem Steinbruch bei Dachau in der Nähe von Hlinz versteckt war, dann in Ležáky. Als die Dorfbewohner dort verhaftet wurden, hat sich Kněz erschossen.

Das Essen habe ich für ihn an jenem Abend bereitgestellt, später dann noch einige Male.

Monolog eines Zeugen aus Pardubitz

Wenn ich so zurückblicke, habe ich das Gefühl, mein eigenes Ende überlebt zu haben.

In der Zugehörigkeit zur Widerstandsbewegung sah ich meine patriotische Pflicht. Schon in meiner Jugend beobachtete ich die Henlein-Ordner bei ihrer „Arbeit" – wir lebten nämlich im Randgebiet, wo es mehr als genug Zusammenstöße zwischen den Angehörigen der tschechischen Minderheit und den Nazis gab. Im Jahre 1937 absolvierte ich die Militärakademie. Dann kam es zur Mobilmachung, zum Münchner Abkommen und zur endgültigen Desillusionierung. Alles, an das ich geglaubt hatte, alle Gewißheiten und Überzeugungen stürzten ein und brachen zusammen, und man wußte nicht ein noch aus. Ich dachte an die Flucht ins Ausland und suchte nach entsprechenden Wegen und Möglichkeiten.

Ich wollte gemeinsam mit einigen Kameraden flüchten, war bei der französischen Botschaft in Prag und verabredete alle Einzelheiten. Sofern Sie den Steilhang in der Nähe von Hohenbruck kennen – dort haben wir auf das verabredete Signal gewartet. Aber dann ist alles schiefgegangen, und ich habe geheiratet.

Meine zukünftige Frau hatte ich im Winter 1940 kennengelernt. Wir befreundeten uns und wurden nach sechs Monaten ein Ehepaar. Ich gebe zu, daß von da an alles andere für mich zu existieren aufgehört hat.

Ich hatte mein Zuhause, meine Ruhe.

Wir lebten zufrieden. Gelegentlich kamen wir mit einigen Familien zusammen oder gingen ins Kino. Wir wohnten ständig in Pardubitz, wo ich beim Ostböhmischen Elektrizitätsverband beschäftigt war. Den ganzen Tag lang freute ich mich auf den Augenblick, da ich endlich meinen Bürotisch absperren und nach Hause eilen konnte. Hanka fragte lächelnd: „Was gibt es Neues?" Ich gab ihr einen Kuß und sagte irgendeine Dummheit.

Ich war der typische junge Leutnant, wie ihn die erste Republik aufgezogen hatte. Sie verlangte von uns eine apolitische Einstellung, weil sie das brauchte, und ich richtete mich ernsthaft danach. Ja, die Nazis haßte ich, ich wollte gegen sie kämpfen, aber um Politik hatte ich mich vorher nie gekümmert.

Wie oft habe ich seit dieser Zeit darüber nachgedacht, ob es nicht besser gewesen wäre, damals umzukommen. Nein, ich habe nicht den Eindruck, mir etwas vorwerfen zu müssen, ich habe kor-

Der Steinbruch Hluboká bei Ležaky, wo der Sender „Libuše“ seinen Standort hatte.

rekt gehandelt, keinen Verrat begangen und kann jedem fest in die Augen schauen. Aber ich frage mich, mit welchem Recht ich alles überlebt habe. Fast alle sind tot, nur ich bin dageblieben, und dabei tat ich doch genau soviel wie die anderen. Es sind keine beruhigenden Gedanken.

Zu Silvester 1941 war ich – als leidenschaftlicher Sportler – mit meiner Frau bei Bekannten in Politz skifahren.

Ich fuhr dann allein nach Pardubitz zurück, weil im Büro Arbeit auf mich wartete. Meine Frau blieb noch einige Tage in Politz, sie hatte Angina und Fieber bekommen, und als sie zurückkam, suchte sie ihre auch in Pardubitz lebenden Eltern auf, die sich um sie kümmerten.

Damals wurde meine Frau von ihrer Freundin Tatjana Hladěnová besucht, und diese sagte ihr, daß ihr Mann Franta mit mir sprechen möchte. Hanka versprach, mir Bescheid zu geben und tat dies gleich, als ich sie zum ersten Mal besuchte. Franta Hladěna, sagte sie, wolle sich am Abend in unserer Wohnung einfinden und mir etwas Wichtiges mitteilen.

Er kam in großer Eile, und bevor er noch den Mantel abgelegt hatte, flüsterte er mir zu:

„Sie sind da, Vašek! Paraschutisten!"

Ich blickte ihn überrascht an, aber er sah ganz ernst aus.

„Tatsache! Einer von ihnen kennt dich und möchte mit dir sprechen."

„Mit mir? Und wer ist das?"

„Kennst du einen gewissen Bartoš?"

„Mit einem Bartoš bin ich in Pardubitz in die Realschule gegangen, er war etwas jünger. Ist er das?"

„Du wirst dich selbst überzeugen können. Komm morgen zu mir, er wohnt inzwischen bei uns. Und zu niemandem ein Wort!"

Dann ging er wieder. Mich hat die Sache sehr aufgeregt. Ich schritt im Zimmer auf und ab, dachte an die Zeiten, da ich aus dem Protektorat flüchten und den Kampf gegen die Nazis aufnehmen wollte.

Jetzt war er in unmittelbare Nähe gerückt. Der große Kampf, an dessen Ende auch der Galgen auf mich warten konnte.

Am nächsten Tag konnte ich es im Büro kaum aushalten. Ich schaute immer wieder auf die Uhr, der Nachmittag zog sich unendlich dahin. Hanka hatte bereits das Krankenlager verlassen, und so erwartete sie mich bei der Rückkehr aus der Kanzlei zu Hause.

Meine Mitteilung, daß wir heute Hladěnas besuchen würden, nahm sie mit Zustimmung zur Kenntnis. Als wir bei ihnen angelangt waren, ging Tatjana mit meiner Frau in ein Nebenzimmer, wo sie plauderten, mich führte der Hausherr ins Wohnzimmer. Hier wartete Freda.

Sie sollen verstehen: Er hieß Alfred, aber schon als Kinder nannten wir ihn „Freda", weil es so kurios klang.

Als er mein Gesicht sah, lachte er: „Da staunst du, was?"

„Wo kommst *du* her, Freda?"

„Aus den Wolken gefallen ..."

„Wieso? Du bist doch damals nach Frankreich gefahren."

„Richtig! Einer meiner Bekannten, ein tschechischer Offizier in Oran, hat mir aus Frankreich einen Brief schicken lassen, daß ich dort etwas geerbt hätte. Die Nazis haben sich täuschen lassen und mir eine Ausreisebewilligung gegeben. So bin ich auf legalem Weg ins Ausland gelangt. Aber jetzt bin ich hier und brauche dich."

„Wozu?"

IDENTITY CARD

(FOREIGN OFFICER)

Serial **Nº** 06093

This is to Certify that

Alfred BARTOŠ

is a Czechoslovak Subject who is on approved duty in the United Kingdom in the Official Capacity of

2nd lieutenand

He is exempted from the provisions of the Aliens Order and should be afforded all facilities necessary for the discharge of his Official Duties.

Department recommending: Western Command

CAMP COMMANDANT'S OFFICE, CHOLMONDELEY CAMP.

Issued and Registered by

Date August 10th 1940.

Signature of Bearer: Bartoš Alf.

Official Address of Bearer: NO. 114 Parkstreet London

CONDITIONS

1. This Pass is an Official Document issued and held subject to the provisions of Section 1 of the Official Secrets Act, 1920, and of the Defence Regulations. Its unauthorized use, retention, alteration, destruction, or transfer to another person are penal offences.
2. This Pass must be presented for inspection on the demand of a person on duty who is a member of His Majesty's Forces, a Policeman, or an Employee of the Official in Charge of a Prohibited or Protected Place or Area, duly authorized for this purpose.
3. This Pass must be returned to the Issuing Office on demand and without demand in the event of the Bearer ceasing to hold any appointment or occupation on account of which this Pass was issued.
4. The Bearer should carry this Pass in an addressed envelope to facilitate its restoration if mislaid, and should make a separate note of the Number of the Pass.
5. The loss or finding of this Pass should be reported at once to the Issuing Office or to the Police.
6. *This Pass is not to be taken out of the United Kingdom and must be surrendered before embarkation.*

IDENTITY CARD

FOREIGN OFFICER

Serial **Nº** 06093

AVAILABLE IN GREAT BRITAIN AND NORTHERN IRELAND

D.R. Form 10 (a)

Alfred Bartoš' Identifikationskarte.

„Das ist nicht mit einem einzigen Satz zu beantworten."

Ich setzte mich. Er bot mir eine Zigarette an und fragte: „Habe ich mich verändert?"

„Ein wenig. Du bist sehr gebräunt. Und irgendwie älter."

Hladěna hatte es sich inzwischen auf dem Diwan bequem gemacht. Wir begannen zu erzählen. Freda Bartoš forderte mich auf, Mitarbeiter seiner Gruppe zu werden, die vor kurzem aus England gekommen war. Er war Oberleutnant und hatte noch zwei Männer zur Verfügung. Aber das sagte er mir erst später. Einer von ihnen hat sich mir dann als Toušek vorgestellt, nach einiger Zeit erfuhr ich, daß es Valčík war. Der zweite war Funker und hieß Potůček. Man nannte ihn Tolar.

„Und was verlangst du eigentlich von mir?" fragte ich Bartoš.

„Verschiedenes. Ich habe die Aufgabe, mit Prag Kontakt aufzunehmen, dann regelmäßig Nachrichten nach London zu schicken und von dort zu empfangen, die ganze Berichterstattertätigkeit zu organisieren – und dazu brauche ich die Hilfe hiesiger Leute. Um gefälschte Dokumente zu beschaffen, Personalausweise, polizeiliche Anmeldungen, Arbeitsbücher, Lebensmittelkarten und viele andere Dinge. Dir würden Nachrichtendienste zufallen, die Errichtung von Aufnahmestationen für neue Mitarbeiter und von speziell angeordneten Unterkünften."

Ich mußte nicht lange überlegen und gab mein Einverständnis.

„Auch deine Frau könnte uns behilflich sein", sagte Ferda weiter.

Das war mir nicht eben recht. „Es ist zu gefährlich", wendete ich ein.

„Unsere Tatjana da hilft uns auch. Frauen als Kontaktpersonen sind weniger auffällig", überzeugte mich Bartoš.

Hladěna schloß sich ihm an, und so wurde schließlich entschieden, daß wir beide eingesetzt werden. Als ich Hanka das sagte, war sie hell begeistert, so etwas lockte sie.

Bald darauf fuhren wir – Freda und ich – in Hladěnas Wagen zu meinen Eltern nach Daschitz. Sie besorgten bei einem befreundeten Schuhmacher für Bartoš eine Untermiete, meine Mutter verschaffte Kohlen. Freda brachte ein Rundfunkgerät mit, dann einige seiner privaten Sachen, und sie war der Meinung, daß es besser sei, sich hier in Daschitz, wo ihn niemand kannte, zu verbergen, als in Partubitz, wo seine Mutter lebte und er viele Freunde und Bekannte hatte.

Obwohl ich ihn den Eltern als Ota Motyčka vorgestellt hatte, erkannte Vater ihn. Er versprach zu schweigen – und sein Versprechen hat er gehalten.

Paraschutist Bublík, der den Sender „Libuše" betreute.

Es vergingen einige Tage. Ich lernte dann auch persönlich Jirka Potůček kennen, den Funker, der sich angeblich irgendwo im Eisengebirge aufhielt, von wo aus er versuchte, die Verbindung mit London herzustellen.

Bartoš legte mir nahe, Spionagedienste zu leisten. Ich überbrachte ihm Informationen über Truppenverteilungen in Ostböhmen, über an die Front abgehende Transporte, daneben beschaffte ich einige illegale Unterkünfte und führte ihm weitere Mitarbeiter zu. Auch Hanka, meine Frau, war schon aktiv eingesetzt.

Eines Tages erzählte mir Freda von seinem Absprung. Nach dem Krieg erfuhr ich weitere Einzelheiten, so daß ich heute weiß, daß die Gruppe Bartoš die Bezeichnung Silver A hatte und bei Hermannstädtel abgesetzt werden sollte, wozu es unglücklicherweise infolge falscher Orientierung des Piloten nicht kam, so daß sie unweit von Podiebrad landeten.

„Und wie seid ihr von dort weitergekommen?" fragte ich ihn.

Bartoš hob die Hand. „Jeder von uns ist an einer anderen Stelle gelandet, und einer wußte nichts vom andern. Erst nach längerer Zeit bin ich auf Jirka Potůček gestoßen, aber mit Valčík sind wir nicht zusammengekommen. Der ist anderswo gelandet, hat niemanden von uns gesehen, und so hat er den Fliegeranzug abgelegt und ihn mit dem Fallschirm in einem Feld eingegraben. Zum Glück für die ganze Gruppe ist ganz in der Nähe von Valčík unser Empfangs- und Sendegerät gelandet. Er hat beides an sich genommen und wollte es ursprünglich ebenfalls dort eingraben. Aber dann sagte er sich, daß die Sachen jemand entdecken könnte, bevor wie sie uns holen, und so hat er die ‚Libuše' ein Stück weiter getragen, bis zur Landstraße, wo er sie in einer ausgehöhlten Grube versteckte. Weil er wußte, daß er da, wo man ihn abgesetzt hatte, nicht allzu lange bleiben dürfe (es hätte ja eine Gendarmeriestreife vorbeikommen oder jemand die Landung beobachten und es den Deutschen melden können), ging er auf der Landstraße weiter, ohne zu wissen, wohin sie führt.

Wir haben mit Potůček noch einige Zeit gewartet, ob sich Valčík nicht doch noch zeigen würde. Aber der ging und ging, bis er zu einer Kreuzung kam, wo er dann feststellte, daß sie an einem falschen Ort abgesetzt worden waren, über einem Dorf namens Senitz oder so ähnlich."

Und Bartoš erzählte, was weiter geschah.

Potůček und er hatten Angst, bei der Morgendämmerung auf einem der Felder gesehen zu werden, und so machten sie sich auf den Weg über die gleiche Landstraße, auf der eine Viertelstunde zuvor Valčík gegangen war. Sie kamen zu der gleichen Kreuzung und waren angesichts des Wegweisers, der ihnen ihre Situation klarmachte, ebenfalls beunruhigt. Ins Dorf waren es ein paar Schritte, auf dem Weg dorthin konnten sie sich nicht einig werden, bei wem sie anklopfen sollten, ob am Pfarrhaus oder an der Schule. Schließlich entschieden sie sich für die Schule. Als sie an eines der Fenster pochten, zeigte sich erst nach längerer Zeit ein Mann. Es war der Schuldirektor, der sie nach wenigen Worten einließ. Sie bekamen zu essen, schliefen und waren ausgeruht.

Valčík war inzwischen in Podiebrad angelangt, nahm ein Taxi (für das er dem Fahrer angeblich einige Tausender hinblättern mußte) und fuhr nach Chrudim. In London hatte man ihnen die Adressen einiger Leute gegeben, bei denen sie sich melden sollten. Eine von ihnen lautete auf den Namen des Chrudimer Beamten Burša, aber als ihn Valčík aufsuchen wollte, mußte er feststellen, daß Burša schon vor längerer Zeit von der Gestapo verhaftet worden und die Sache damit „geplatzt“ war. Er schickte das Taxi zurück nach Podiebrad und machte sich zu Fuß auf den Weg zu einem Dorf, das vielleicht Mikulovitz hieß und wo er sich für den Fall, daß der erste Adressat nicht helfen konnte, melden sollte. Hier lebte ein gewisser Švadlenka, der Valčík bei sich aufnahm, aber erst, als er voll und ganz überzeugt war, daß es sich um keinen Provokateur handelte. Valčík war schon sehr ruhebedürftig, die Füße schmerzten ihn, er sehnte sich nach Essen und Schlaf – hier hatte er Asyl gefunden.

Švadlenka hat angeblich auch dem Dichter Stanislav Kostka Neumann, der in der Nähe wohnte, mit Lebensmitteln ausgeholfen. Švadlenka also führte den Valčík nach Pardubitz zu dem Lehrer Janáček, und alle drei ließen sich dann mit dem Zug nach Podiebrad bringen, um den Sender und Empfänger zu retten. Sie kauften einen Schlitten, und Valčík ging mit den beiden zu der Stelle, wo er gelandet war. Die in einem kleinen Koffer untergebrachten Geräte fanden sie glücklicherweise, schlimmer war es um den Fallschirm und die Fliegeruniform bestellt. Wahrscheinlich hatte sie ein neugieriger Bauer ausgegraben, und als dies Valčík feststellte, kam er zu der Ansicht, daß sein ursprünglicher Plan, die Geräte auf dem Schlitten nach Podiebrad und von dort mit dem Zug nach Pardubitz zu bringen, viel zu gefährlich war. Und so führte er Švadlenka in das allernächste Gasthaus, ließ ihn dort mit dem kleinen Koffer zurück und fuhr mit Janáček wieder nach Pardubitz, um sich nach einem Wagen umzusehen. Hladěna trafen sie zu Hause nicht an, und so nahmen sie schließlich wieder ein Taxi, mit dem sie die Apparate zurückbrachten.

Inzwischen hatten sich Bartoš und Potůček ausgeruht und gingen weiter, ohne zu wissen, was mit Valčík und „Libuše“ geschehen war. Sie gelangten in ein Dorf bei Hermannstädtel, wo die Familie Kostelecký wohnte. Bartoš kannte sich hier ein wenig aus, weil er vor dem Krieg mit seiner Freundin Věra Jungová, einer Verwandten der Kosteleckýs, schon einige Male dagewesen war.

Von der Familie, der sie nicht sagten, woher sie kämen, wurden sie freundlich empfangen und bewirtet, später kam aus Pardubitz die Jungová angereist, und erst sie machten die beiden mit allem vertraut. Věra verhalf ihnen zur Fahrt nach Pardubitz, und dort kamen sie endlich mit Valčík zusammen.

Auch über seinen Aufenthalt im Ausland hat mir Freda viel erzählt. Einmal gedachten wir unserer Jugendjahre, und er begann ganz von selbst. Auf welche Weise er nach Frankreich und in die Fremdenlegion gelangt war, von da aus nach Algerien, wo es ihm schlechtging, dann kämpfte er in den Reihen einer tschechoslowakischen Einheit, nach der Niederlage der französischen Armee kam er in ein Sammellager und von da nach England.

Ich vergaß hinzuzufügen, daß er in der Stadt Agde, wo sie vorübergehend einquartiert waren, ein Mädchen kennenlernte, das er dann heiratete.

„Vašek", sagte er mir, „wenn ich vorzeitig enden sollte, laß es sie wissen, und schick ihr etwas als Andenken."

„Das sind aber dumme Einfälle", erwiderte ich.

In Agde gab es angeblich einen Spion, der in einem Gemüsegarten einen Sender errichtet hatte und mit den Nazis in Verbindung stand, erzählte Bartoš. Wann immer er von dieser Stadt sprach, versank er fast in Träumereien, was bei ihm ganz außergewöhnlich war.

Unsere Zusammenkünfte ließen mich mit der Zeit zu der Vermutung kommen, daß er sich nach Kriegsende der politischen Laufbahn widmen wollte. Ich weiß zum Beispiel, daß er, als er später bei uns wohnte, politische Geschichte studierte. Als wir wieder einmal über die augenblickliche Lage sprachen, teilte er mir mit, daß er von London beauftragt worden sei, die Tätigkeit der Kommunisten und anderer illegaler Organisationen im Protektorat zu verfolgen und entsprechende Berichte weiterzugeben. Sicherheitshalber durfte er jedoch keinen Kontakt mit ihnen aufnehmen, hauptsächlich nur Informationen sammeln und sich mit der Prager Morávek-Gruppe verbinden.

Er erzählte weiter, daß zu Beginn des Widerstandes die Konzeption eines tschechisch-polnischen Blocks vorherrschend war, später sprach man von einer Föderation mitteleuropäischer Staaten, in der Tschechen die leitende Stellung einnehmen sollten. Bartoš befolgte augenscheinlich die von Zeit zu Zeit aus London kommenden Instruktionen. Soviel ich weiß, erhielt er Anordnungen politischen Charakters auch direkt von unserem Präsidenten Beneš, der unter dem Namen „Svoboda" („Freiheit") auftrat.

Einmal berichtete mir Freda, wie er den Kurs für Paraschutisten absolvierte und sich dann an britischen Manövern beteiligte, bei denen er als Kommandant Erfolge erzielte. Deshalb wurde er mit einer verantwortlichen Aufgabe betraut: den Posten des Befehlshabers der in die Tschechoslowakei entsandten allerersten Fallschirmspringertruppe zu übernehmen.

Wie ich anfangs sagte, fuhren wir mit Bartoš nach Daschitz, wo er seinen „Stab" hatte. Er war gut untergebracht, das Fenster seines Zimmers führte in den Garten, sein Hausherr, ein Schuhmacher, war ein braver Mann, der keine Ahnung hatte, wer „Herr Motyčka“, in Wirklichkeit war. Dennoch gefiel es Bartoš hier nicht. Er fühlte sich nicht wohl, weil sein Aufenthaltsort zu abgelegen war und er Kontakte nach allen Seiten brauchte. Und so kehrte er bald wieder nach Pardubitz zurück. Die Untermiete in Daschitz behielt er und sagte seinem Hauswirt, daß er Versicherungsagent und viel auf Reisen wäre.

Bartoš schickte mich damals an die verschiedensten Stellen, ich knüpfte Verbindungen an, sammelte Daten und Berichte. Auch meine Frau reiste umher, besuchte einige Adressen, die Freda aus London mitgebracht hatte oder später in Depeschen mitgeteilt bekam. Als Berichterstatter arbeiteten wir recht intensiv, es verging kein Tag, an dem ich nicht Freda neue Nachrichten überbracht hätte. Valčík war inzwischen von Herrn Koštál, dem Besitzer des Hotels „Veselka“ in Pardubitz, als Kellner angestellt worden.

Und was war mit Potůček?

Soviel ich weiß, überlegte man andauernd, wo der Sender am günstigsten unterzubringen wäre. Die Sache betraf mich persönlich nicht, und so kann ich auch nicht sagen, wer die letzte Entscheidung traf. Erst nach dem Krieg habe ich erfahren, daß die Geräte vorübergehend in Bochdanetsch und später in einem Steinbruch bei Dachau in der Nähe des Dorfes Ležáky versteckt waren. Dort waren sie in Sicherheit, vor allem auch darum, weil der Kommandant der nahe gelegenen Gendarmeriestation, Karel Kněz, von „Libuše“ wußte, sie hütete und um ihre Absicherung bemüht war.

Es war auch nötig, zumindest am Anfang. Als nämlich Jirka die Antenne herauszog und mit London sprechen wollte, stellte er fest, daß sich niemand meldete. In der Nacht darauf versuchte er es von neuem, aber wieder erfolglos. Potůček schickte Morsezeichen aus, aber die Londoner schwiegen. Niemand kannte den Grund.

Nach längerem Suchen hatte man dann angeblich festgestellt, daß die entstandene Störung nicht am Sender, sondern am Empfänger lag. Erst als man aus dem Steinbruch das entsprechende Ersatzteil herbeischaffte, konnte die Verbindung aufgenommen werden, etwa um den 15. Januar 1942 herum.

Von nun an sendete „Libuše“ Nachrichten fast ohne Unterbrechung. In London waren sie sicherlich sehr zufrieden, es war für regelmäßige Berichterstattung gesorgt und endlich auch der Kontakt mit dem heimischen Widerstand wieder hergestellt.

Einen Teil seiner Aufgaben hatte Freda demnach erfüllt. Und so wurde in einer der ersten Depeschen den Paraschutisten mitgeteilt, daß er zum Kapitän befördert worden war.

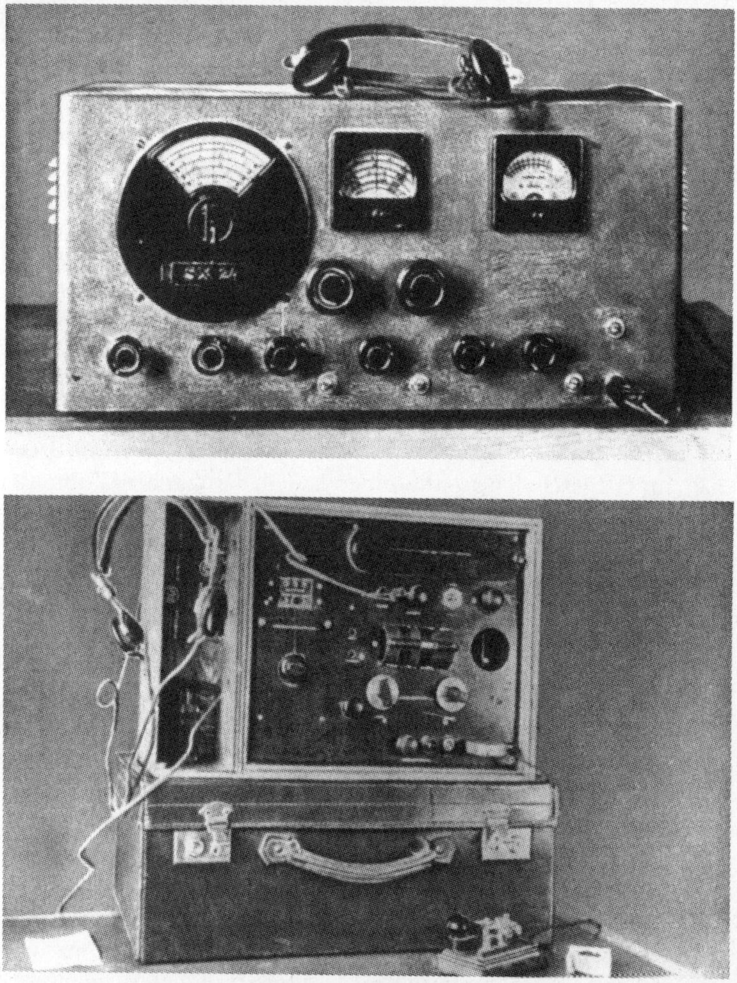

Der Sender „Libuše", der die Verbindung zwischen London und dem tschechoslowakischen Widerstand organisierte, hatte seinen Standort in einem Steinbruch bei Ležáky.

Die Verbindung mit London erleichterte den Kontakt mit Prag. Ich kenne keine näheren Einzelheiten und weiß nur, daß Freda aus London Winke bekam, an wen er sich in Prag wenden sollte. Wahrscheinlich an die Gruppe „Leon", was der Deckname des Stabskapitäns Morávek war, durch dessen Vermittlung Bartoš sich wohl auch mit Thümmel verbinden sollte. Dessen Berichte waren für London – wie wir heute wissen– verhältnismäßig wichtig. Zum Zustandekommen des Kontaktes verhalf meine Frau. Freda hatte sie zu Tatjana Hladěnová nach Prag geschickt, beide sollten eine gewisse Frau Bočková aufsuchen, die Gattin eines Offiziers, der in der Londoner Emigration lebte. Freda setzte voraus, daß Frau Bočková einen Weg zu Morávek kennen würde. Aber es verlief alles ganz anders. Die Bočková war meiner Frau und Tatjana gegenüber mißtrauisch, trotzdem sich beide legitimierten, und sagte, sie kenne keinen Morávek. Sie wohnte bei ihren Eltern in Breunau, im Erdgeschoß hatten sie einen Laden, darüber die Wohnung.

Meine Frau war redegewandter als Tatjana, und so führte sie alle Gespräche selbst. Allmählich wich Frau Bočkovás Argwohn, und sie stellte eine Bedingung: Falls ein von ihr bestimmter Satz in einer der nächsten Sendungen des Londoner Rundfunks auftauchen würde, wollte sie meiner Frau Glauben schenken.

Tatjana und meine Frau fuhren eiligst aus Prag zurück und meldeten alles Bartoš. Er sendete die Losungsworte nach London, und als bald darauf im dortigen Rundfunk Oberst Boček selbst (damals unter dem Namen Chodský) sprach, war der gewisse Satz zu hören. Alles war in Ordnung: Frau Bočková war überzeugt, daß es keine Provokation gewesen war, und setzte Bartoš mit Morávek in Verbindung. Diese Einzelheiten waren mir damals nicht bekannt und sind mir erst später von meiner Frau mitgeteilt worden.

Zu jener Zeit half sie, wiederum gemeinsam mit Tatjana Hladěnová, Bartoš beim Dechiffrieren von Depeschen. Den Umschlag mit den Ziffern brachte uns immer – zumeist in den Morgenstunden, weil London nur nachts sendete – Jirka Potůček. Er kam auf einem Fahrrad, klingelte unten an der Haustür (als Signal hatten wir tü-tü-tü-ta vereinbart, also drei Punkte und ein Strich), sagte ein paar Worte und verschwand wieder. Die Ziffern mußten auf bestimmte Art und Weise verarbeitet werden, was Bartoš konnte. Dechiffriert wurde an Hand verschiedener, zuvor in England abgesprochener Bücher. Ich erinnere mich, daß ich zu diesem Zweck eine Gedichtesammlung von Svatopluk Čech beschaffen mußte. Freda sagte mir, es müsse – das war Bedingung – die Ausgabe von Ottos Weltbibliothek sein.

Zwischen Hladěna und Freda kam es mit der Zeit zu einem persönlichen Hader, der Tatjana betraf, und Freda mußte damals aus Hladěnas Wohnung ausziehen. Zuerst wohnte er in einem Haus mit zwei Eingängen, dann quartierte er sich bei uns ein; ich war immer noch im Büro tätig, Bartoš blieb mit meiner Frau tagsüber allein. Als Versicherungsagent der Gesellschaft „Sekuritas", deren ihm bekannter Direktor ihm diese Stellung vermittelt hatte, hatte er mehr als genügend Zeit. Damit war er uns gegenüber im Vorteil. Hladěna, Koštál, ich und andere waren fest angestellt und konnten unseren Aufgaben meistens nur während unserer kargen Freizeit nachkommen. Bartoš hatte sich um nichts anderes als um seine Arbeit in der Widerstandsbewegung zu kümmern. Er hatte sich verschiedene Arten von Mappen zugelegt, die er – jede für ein anderes Material bestimmt – sortierte, separat das politische, kulturelle und wirtschaftliche.

Langsam hatten wir uns an die Gefahren gewöhnt. Wenn sich solche um einen herum zahllos häufen, verbreiten sie keinen Schrecken mehr, dies um so weniger, als die Deutschen bisher immer noch keinen Verdacht schöpften. Nur einmal stockte uns wirklich das Blut in den Adern. Wir hatten erfahren, daß es in der Kaserne in Pardubitz zu einem kleinen Aufstand unter den deutschen Soldaten gekommen war. Augenblicklich meldeten wir es nach London, und der dortige Rundfunk brachte es gleich darauf in seiner Nachrichtensendung. Wir wurden uns bewußt, wie unvorsichtig das von ihnen war, weil die Nazis ja daraus den Schluß ziehen würden, daß in diesem Gebiet ein Sender arbeitet. Vorläufig jedoch stellten sich keine unliebsamen Folgen ein, und so waren wir nach einigen Tagen wieder beruhigt. Wenn uns Valčík aufsuchte, herrschte immer eine fröhliche Stimmung. Er war ein bedächtiger und braver Junge, der stets gute Laune und Lachen um sich verbreitete. Er erzählte zum Beispiel von seiner Tätigkeit als Kellner, der Gestapoleute bedient, ihnen voller Respekt Zigaretten anzündet und dabei ihren Gesprächen zuhört.

Freda hatte bei uns festen Fuß gefaßt und dachte überhaupt nicht daran, in seine Untermiete in Daschitz zurückzukehren. Unsere Wohnung hatte allerdings keine guten Bedingungen und Voraussetzungen für eine illegale Arbeit. Das vierte Stockwerk in einem Mietshaus ohne Möglichkeit eines Entkommens war nicht eben günstig. Die Besuche von Leuten, die ich nicht kannte, häuften sich, Bartoš empfing sie, beriet sich mit ihnen und entfernte sich oftmals in ihrer Begleitung. Ich erinnere mich zum Beispiel an den Drucker Vojtíšek aus Bielohrad, einen besonders häufigen Gast. Auch aus Prag kamen oft Kontaktpersonen, die an Bartoš Berichte über die dortigen Fallschirmspringer übermittelten.

Wer heile Hände hatte ...

„Also, meine Liebe, es sind Studenten und jugoslawische Sokol-Mitglieder“, sagte aufgeregt mein Mann, als er vom Wilson-Bahnhof nach Hause zurückkam. Er setzte sich an den Tisch, und ich sah ihm an, daß er Sorgen hatte.

„Bestimmt?“ fragte ich ungläubig.

„Die Šrámková hat es gesagt, und ich soll dich von ihr auch grüßen. Die Männer brauchen eine Unterkunft. Aber sie sind nicht polizeilich gemeldet.“

Ich wischte mir die Hände ab, eben hatte ich etwas zum Essen vorbereitet, ich war erst kurz vor meinem Mann gekommen, setzte mich nieder, und wir begannen zu überlegen. Vor allem: Wo soll man sie unterbringen?

„Schade, daß Mutter bei uns ist“, sagte mein Mann, und ich wußte, was er damit meinte. Von November bis Mai hatten wir immer unsere alte Mutter bei uns.

„Und wie steht's um die andern Schwestern?“ Er dachte an die freiwilligen Schwestern vom Roten Kreuz, ich war nämlich seit 1935 in Veitsberg Vorsitzende und Frau Moravcová Protokollführerin. Brave Frauen. Und sehr opferwillig.

„Möglich. Einen Versuch ist es wert. Wenn Frau Šrámková meint ...“ Schwester Šrámková war Vorsitzende der freiwilligen Schwestern für ganz Prag, wohnte in Smíchow, ihr Mann war Professor und hielt Vorträge an der tschechischen Hochschule, und wir, Frauen aus dem ganzen Prager Umkreis, kamen etwa einmal im Monat bei ihr zusammen und erzählten, was es Neues gibt und was zu unternehmen nötig wäre. Zum Beispiel sammelten wir Lebensmittelkarten für jene, die nicht gemeldet waren. Und weil wir zu Hause kein Telefon hatten, aber die Familie Moravec eines besaß, gab Schwester Šrámková telefonische Berichte an sie und Frau Moravcová dann an uns weiter. Wir veranstalteten auch verschiedene Aktionen, zum Beispiel im Herbst 1938 für die Flüchtlinge aus den Sudeten.

Auch von hier aus – Bad Bochdanetsch – wurde gesendet.

Von unseren Zusammenkünften bei Frau Šrámková wußte niemand. Einmal nahm ich die Moravcová mit, sie war doch Protokollführerin und sollte wissen, wie alles zugeht. Es kamen etwa vierzehn oder fünfzehn Frauen zusammen, und die Šrámková hatte ein Medium eingeladen, eine uns bekannte Frau, die von der Schwester Moravcová nach ihrem Sohn Mirek befragt wurde; er hatte in Tschakowitz gearbeitet, als Hitler kam, verschwand er von dort ins Ausland, und niemand wußte etwas von ihm. Als dieser ältere von zwei Söhnen – der jüngere hieß Atja und besuchte uns manchmal – geflüchtet war, hatte Frau Moravcová oft geweint, jetzt wurde sie von dem Medium getröstet. Als die Mutter sagte: „Ich habe einen Sohn, aber ich weiß nicht, wo er sich aufhält", gab das Medium zur Antwort: „Er ist beschmutzt, ich sehe ihn in den Diensten einer Fliegertruppe." – „Meiner Seel und Gott, so hat das Medium gesagt!", fügte Frau Moravcová hinzu. Und dann sagte noch das Medium: „Es wird zu einem Attentat kommen, und viele Menschen werden ihr Leben verlieren." Wir waren völlig erstarrt.

Als wir gingen, sagte Frau Moravcová an der Tür: „Wenn ich irgendwie helfen kann, stehe ich zur Verfügung."

Irgendwann im Winter 1942, vielleicht im Februar, ich weiß es nicht mehr genau, kam Frau Šrámkovás Schwester aus Wissotschan zu Besuch und sagte, daß sie für gewisse junge Männer eine Unterkunft brauche. Sie hieß Piskáčková oder so ähnlich.

„Was sind das für Leute?" fragte die Šrámková.

Frau Piskáčková wurde rot und gab keine Antwort, dann suchte sie nach einer Ausrede, daß sie erst nähere Einzelheiten feststellen müsse; oder sie klärte die Šrámková erst auf, als wir gegangen und die beiden allein waren. Einige Tage später telefonierte die Šrámková der Schwester Moravcová, sie möge mir ausrichten, an dem und dem Tag um zehn Uhr vormittags auf dem Wilson-Bahnhof zu sein, weil sie mir etwas zu sagen hätte; aber ich war gerade beschäftigt und hatte keine Zeit, so daß ich meinen Mann hinschickte. Als er nach Hause kam, teilte er mit, was ich anfangs sagte: daß wir für Studenten und jugoslawische Sokol-Mitglieder Nachtlager besorgen sollen. Ich fragte mich, was jetzt, unsere Wohnung war klein, dazu die alte Mutter im Haus. Als wir hin und her überlegten, erschien Schwester Moravcová und überfiel meinen Mann sofort mit der Frage, was die Šrámková von ihm gewollt habe.

Er sagte es ihr, und sie zeigte sich sofort bereit, alles einzurichten, sie habe viele gute Bekannte und nehme die Angelegenheit auf sich, wir könnten unbesorgt sein. Sie schien voller Tatkraft, bekam leuchtende Augen und war anscheinend in ihrem Element, ich kannte sie seit vielen Jahren, immer unermüdlich. Während die andern Rote-Kreuz-Schwestern kaum mehr die Augen offenhalten konnten und vor Müdigkeit fast umfielen, zeigte Frau Moravcová die Kräfte eines Zugpferdes.

Worin mein Mann und ich ihr an die Hand gehen konnten, das taten wir und auch die andern Schwestern. Eine gewisse Kaliberová war mit einem der jungen Männer bis nach Radotin zu einem Arzt gefahren, um ihn behandeln zu lassen. Und ich glaube, daß auch Leute von der Liga gegen Tuberkulose und aus anderen Organisationen mithalfen. Wer heile Hände hatte, trug das Seine dazu bei.

Monolog eines Hausverwalters

Das ist ein Denar Boleslavs des II., ich habe ihn gegen ein paar Prager Groschen Wenzels des II. getauscht, vielleicht kennen Sie die: in der Mitte die böhmische Krone und auf der Kehrseite der Löwe. Prächtig ausgeführt, es ist eigentlich die berühmteste böhmische Münze, die in ganz Europa Gültigkeit hatte. Ja, mein Herr, damals ging der Ruhm Böhmens um die ganze Welt. Eben daran habe ich in der Zeit des Protektorates oft gedacht, wenn man uns alles mögliche über unsere Vergangenheit einreden wollte. Ich weiß, Sie denken sich jetzt, was ich da für Reden führe, ein ehemaliger Hausmeister, jetzt im Ruhestand, und fanatischer Numismatiker. Aber diese Blechplättchen, die da vor Ihnen auf dem Tisch liegen – die können Ihnen am besten vom ehemaligen böhmischen Ruhm erzählen. Ich sammle sie seit vielen Jahren und habe schon einen schönen und wertvollen Haufen davon. Darunter auch einen Ferdinandstaler aus der Joachimsthaler Münzstätte.

Auch dieser Ferdinand übrigens machte sich bei uns unmäßig breit und wirtschaftete auf unsere Kosten. So wie die Deutschen im letzten Krieg. Als sie kamen, waren sie ausgehungert, jeder stopfte sich voll mit Schlagsahne, und dann wollten sie uns etwas erzählen von einer höheren Rasse. Ja, Konzentrationslager, davon verstanden sie was. Und Menschen martern. In unserem Haus ist eine ganze Familie umgekommen. Sie hießen Moravec und waren sehr anständige Menschen. Wir wohnen hier schon seit 1931, und

Die Deutschen in Prag. Schnell eine Postkarte nach Hause: „Es geht uns gut“ (17. 3. 1939).

sie lebten hier auch schon so lange. Sie hatten zwei Söhne, Mirek und Atja. Sie gingen noch zur Schule, es waren brave Kinder.

Dann waren sie plötzlich erwachsen, und Mirek floh über die Grenze. Damals gab es schon das Protektorat. Frau Moravcová hat lange geweint, weil sie nichts von seinem Schicksal wußte. Hier habe ich ein Foto, im Jahr 1944 haben ihn die Nazis abgeschossen. Er war nämlich Pilot geworden und kämpfte in unserer ausländischen Armee.

Die Familie Moravec wohnte im zweiten Stock, sie hatten zwei Zimmer mit Küche und noch einem kleinen Raum. Ursprünglich gehörte zu ihrer Wohnung noch ein weiteres Zimmer, aber das wurde dann abgesondert, ein seperater Eingang hinzugebaut, und Herrn Moravec’ Mutter zog mit ihrer Tochter dort ein. Als dann die alte Frau starb, blieb ihre Tochter da wohnen, und damit sie nicht so einsam war und weil sie auch Geld brauchte, vermietete sie das Zimmer an zwei junge Frauen. Sie selbst hatte sich hinter einer spanischen Wand eine Schlafnische eingerichtet. Moravec, in einer Kanzlei bei der Bahn angestellt, wurde während des Kriegs in den Ruhestand versetzt, er war ein ruhiger, gemäßigter Mann, das ganze Gegenteil von seiner Gattin. Frau Moravcová war nämlich die Energie selbst, braunhaarig und etwas dicklich. Sehen Sie, ich erinnere mich, als ob es gestern geschehen wäre: Ich sitze beim Tisch und betrachte den Boleslav-Denar, den ich eben an diesem Tag erworben hatte. Plötzlich klingelt jemand. Ich schiebe den Karton mit meiner Sammlung beiseite und gehe öffnen: Frau Moravcová mit einem jungen Mann.

„Dürfen wir eintreten?“ fragte sie.

„Kommen Sie ruhig weiter“, forderte ich die beiden auf.

Der junge Mann konnte um die zwanzig sein, er hatte blaue Augen und helles Haar.

„Herr Verwalter“, sagte ohne jede Einleitung die Moravcová, „können wir Ihnen vertrauen?“ Ich sah wohl etwas erstaunt aus, dann sagte ich: „Natürlich!“

„Der hier ist Zdenda. Er wird öfters zu uns kommen. Sollte mal die Haustür verschlossen sein, öffnen Sie ihm. Er ist nämlich nicht polizeilich gemeldet.“

Ich schluckte.

Zdenda lachte: „Wir werden manchmal Mariage spielen. Können Sie das?“

Frau Moravcová faßte mich am Ellbogen und flüsterte vertraulich: „Er ist ein Fallschirmspringer. Und ich habe noch andere bei mir, Herr Verwalter, und so wollte ich Sie bitten, bei allem die Augen zuzudrücken und lieber nichts zu sehen.“

„Und wie werde ich sie erkennen, wenn die Haustür versperrt ist und sie läuten werden?“ fragte ich.

„Wir benützen das Kennwort ‚Jan‘, wer es ausspricht, den können Sie einlassen, auch um Mitternacht“, antwortete die Moravcová. Meine Frau war neugierig und wollte was fragen, aber ich sagte, sie möge schweigen.

„Seien Sie unbesorgt“, meinte ich zu Frau Moravcová, „es wird alles in Ordnung gehen. Ich werde nichts wissen und nichts sehen.“

Sie bedankten sich und gingen.

Die beiden andern Burschen habe ich erst zwei Tage später gesehen, sie wohnten einige Zeit bei dem Ehepaar Moravec, später erfuhr ich, daß es Gabčík und Kubiš waren. Der mit den blauen Augen, den Frau Moravcová als ersten zu uns brachte, hieß Valčík, er kam immer von irgendwo angereist und fuhr wieder ab. Einmal sagte er mir, er sei aus Pardubitz. Zu dem kleineren von ihnen, Gabčík, sagten wir „der kleine Ota“ und zu Kubiš – wir kannten ja ihre richtigen Namen nicht – „der große Ota“. Wo sie bis zu der

Zeit, da sie in unserem Haus aus und eingingen, gewohnt hatten, weiß ich nicht.

Im Haus uns gegenüber lebte ein Lehrer namens Zelenka, der wußte es bestimmt; Frau Moravcová schickte mich zuweilen zu ihm mit einer Botschaft oder einem Zettel. Sie hatte uns auch die Schlüssel zu ihrer Wohnung überlassen, und gelegentlich geschah es, daß der große Ota bei uns läutete und um die Schlüssel bat, weil bei den Moravec' niemand zu Hause war und er sich ausruhen wollte. Einmal hat bei Moravec' auch Zdenda übernachtet, und der große Ota klingelte vergebens, so daß wir ihm die Schlüssel gaben. *Wann* das alles war? Im Winter 1942, vielleicht im Februar. Ja, bestimmt im Februar, weil sich im März Zdenda, also Valčík, endgültig hier einquartierte. Er brachte einen Hund mit, den er oft ausführte. Immer wieder kam er mit Herrn Zelenka zusammen, um etwas mit ihm zu besprechen.

Monolog einer Frau aus einem Mietshaus in Veitsberg

Meinem Alten was zu sagen, das heißt so viel, wie Erbsen an die Wand werfen. Wie oft hab' ich ihm geraten, sich alles so, wie es abgelaufen ist, zu notieren, die Jahre gehen schnell vorüber, und das Gedächtnis beginnt zu versagen.

Ich erinnere mich noch jetzt ganz genau an das Datum. Heute weiß ich, daß es am 27. Februar 1942 geschehen ist, aber werde ich das noch nach zehn Jahren wissen?

An jenem Tag hat mich Herr Zelenka, der seine Wohnung über uns hatte, zu einem Besuch eingeladen. Er war mir als braver Mensch bekannt, der in Werschowitz Lehrer war und vorher im Grenzgebiet gelebt hat, von wo er, als die Deutschen die Sudeten besetzten, mit seiner Familie flüchten mußte.

Sie hatten einen Sohn, den einzigen und einen sehr braven, er hieß Jan, und wir sagten zu ihm Jenda. Er war mit dem Sohn einer gewissen Familie Růt befreundet, die auch erst kurz vor dem Krieg nach Prag kam und vorher in der Slowakei lebte. Beide Jungen besuchten die Schule in Lieben. Zuerst nämlich – da lebten die Zelenkas noch in den Sudeten – haben sie den Jungen allein nach Prag geschickt, und er wohnte bei seinem Onkel in Lieben. Und als dann der Herr Lehrer Zelenka nach Prag übersiedelte, wollte er nicht, daß der Sohn die Schule wechselt, so daß der Junge weiter die in Lieben besuchte. Als es dann zu unserem Leidensweg kam, haben wir gehört, daß sich Jenda im Wald bei Krtsch vergiftet hat, später erzählte jemand, er soll sich erschossen haben. Aber das alles ist erst nach allem andern geschehen.

Ich habe also am 27. Februar Herrn Zelenka aufgesucht und ihn freundlich gegrüßt, er forderte mich auf, in sein Zimmer zu kommen, und sagte: „Na, wie geht es Ihnen, liebe Frau?"

Ich antwortete, daß ja Krieg ist und es niemandem von uns gutgehen kann. Er nickte, ging einige Male im Zimmer auf und ab, ich habe in so einem Lehnstuhl gesessen und gewartet, was kommen wird. Endlich blieb er stehen und fragte:

„Haben Sie Angst vor den Deutschen?"

„Ich? Warum?"

Zelenka antwortete nicht, es war zu merken, daß ihm was im Kopf herumgeht, dann auf einmal sagte er mir: „Ich würde eine Unterkunft für zwei Personen brauchen. Sie verstehen – damit sie wo zu schlafen und zu essen haben. Wäre das nicht bei Ihnen möglich?"

„Was sind das für Leute?"

„Schwer zu sagen. Sie sind nicht von hier, können sich nicht polizeilich anmelden und sind auf fremde Hilfe angewiesen."

„Geht in Ordnung, Herr Oberlehrer, Sie können sie ruhig zu uns schicken, aber mein Mann muß auch davon wissen."

„Das ist klar, ich werde selbst mit ihm sprechen. Aber sonst zu keinem ein einziges Wort, auch nicht zu den Eltern, Freunden, einfach zu niemandem!"

„Ich hab' doch den ganzen Jirásek* gelesen und weiß, was die Böhmischen Brüder erleiden mußten, als man sie verfolgte."

„Also dann denken Sie sich, daß die beiden wie jene sind", sagte der Herr Oberlehrer und lächelte ein wenig.

Na, und dann sind sie gekommen.

Weil wir in der Küche nur einen Diwan hatten, borgte uns Zelenka ein Klappbett, das die Burschen jeden Abend auseinanderlegten. Sie waren jung, anständig. Wir wußten über sie überhaupt nichts. Wenn sie manchmal spät in der Nacht nach Hause kamen, klopften sie ans Fenster, wir wohnten nämlich und wohnen noch heute im Erdgeschoß. An manchen Abenden spielten wir Karten und hörten ausländische Nachrichten, aus London oder Moskau,

* Alois Jirásek, tschechischer Klassiker, Verfasser vieler historischer Romane

bis ein Uhr in der Nacht, um zu wissen, was in der Welt los ist; dabei machten sie ab und zu Pausen beim Kartenspielen und hörten gespannt zu, aber nie sagten sie was. Früh konnten wir lange schlafen, mein Mann hatte es nicht eilig, weil er mit Hausarbeit beschäftigt war; er hatte eine kleine Werkstatt und stellte aus Metall getriebene Gegenstände her, die wir in einen Laden lieferten, wo man die Sachen verkaufte. Einmal geschah es, daß der größere von beiden – später haben wir erfahren, daß es Kubiš war – früh um halb sieben ganz durchnäßt und schmutzig heimkam. Angeblich hatte er irgendwo in einem Wassergraben gelegen und auf etwas gewartet.

Ich brachte ihm trockene Wäsche zum Umziehen. Als er das Hemd anzog, habe ich gesehen, daß er um den Leib einen Gürtel mit einem Revolver trägt, einen zweiten hatte er im Ärmel versteckt. Ich bin erschrocken, aber er hat mich beruhigt, das habe nichts zu bedeuten, die Waffen hätten sie nur zu ihrer Verteidigung, sie selbst eine bestimmte Aufgabe, und ich soll mich nicht fürchten.

Es war ein Vorteil, daß wir im Erdgeschoß wohnten. Oft geschah es, daß wir die beiden Burschen kommen sahen, und so ist mein Mann ihnen öffnen gegangen, und sie mußten nicht erst läuten. Im Haus wußte kein Mensch was von ihnen, nur die Zelenkas.

Auch der Herr Oberlehrer ist einmal zu uns gekommen, ob wir nicht ein Fahrrad haben, er würde es brauchen. Wir hatten keins, und so lieh er es sich von Moravec, aber das war erst zu einer Zeit, als die beiden Burschen von uns schon weggezogen waren. Herr Zelenka nämlich hat gemeint, daß sie nicht allzulang an ein und demselben Ort wohnen dürfen, um nicht allzusehr aufzufallen. Sie waren bei uns von Ende Februar bis zum 11. März 1942. Unter welchen Namen sie bei uns lebten? Der kleine nannte sich Zdeněk Vyskočil, später haben wir erfahren, daß es Gabčík war, der größere hatte den Namen Ota Navrátil. Und das war Kubiš.

Als dann Valčík aus Pardubitz flüchten mußte, kam er auch zu uns, und wir haben ihn aufgefordert, bei uns zu wohnen, aber Zelenka sagte ihm, er soll sich bei der Familie Moravec einquartieren, von wo Kubiš und Gabčík wieder zu einer andern Familie übersiedelt waren. Ich habe Valčík den Roman „Das letzte Gericht" von Baar geborgt, aber wo das Buch geblieben ist, weiß ich bis heute nicht. Kubiš und Gabčík sind mit Herrn Zelenka öfters bei uns zusammengekommen, manchmal war auch Valčík dabei. Wovon sie miteinander sprachen, haben wir nie erfahren.

Eine Kontaktperson erzählt

Ich war nur so ein kleines Rädchen. Niemanden durfte ich nach etwas fragen, nur Nachrichten übermitteln. Ich hielt für Jindra Verbindungen aufrecht, bereiste verschiedene Orte, zum Beispiel Prerau oder Walachisch-Meseritsch, und brachte ihm von überall alle nur möglichen Hinweise und Angaben.

Einmal, im Dezember 1941, fragte mich ein Bekannter namens Bílek, ob ich nicht einen Jungen, den er Leon nannte, verbergen könnte. Angeblich sei ihm die Gestapo auf den Fersen. Ich war einverstanden, ich hielt es für meine Pflicht. Er kam gerade zu Silvester, ein kleiner, magerer, blondhaariger Bursche. Angeblich wäre er schon seit vielen Monaten vor den Nazis auf der Flucht, aber sie könnten ihm nicht auf die Spur kommen. Niemand hätte ihm dergleichen zugemutet. Er trug ein bayerisches grünes Hütchen mit Schnüren und einem Gamsbart, und auch an warmen Tagen Handschuhe, weil ihm – wie ich bald feststellte – ein Finger fehlte; im Handschuh war die Stelle mit Tuch ausgestopft. Einige Tage später führte ich ihn nach Smichow in die Bahnhofstraße zu einem Bekannten, dem ich Leon als meinen Bruder Jiří Vraný vorstellte. Bei ihm war er gut aufgehoben. Im Frühjahr 1942 kam ich noch einige Male mit ihm zusammen, wenn ich ihm Geld oder Essen brachte. Zuletzt war es im März, und soweit ich mich erinnere, sagte er damals:

„Sie haben Major H. freigelassen, bestimmt nur deshalb, um mich zu erwischen. Ich werde es bei einer Zusammenkunft mit ihm feststellen."

„Wenn du ihm mißtraust, dann laß das lieber sein!" Er schüttelte nur den Kopf, und ich merkte, daß ich ihn nicht überzeugen konnte.

„Ich muß es überprüfen!"

Das waren die letzten Worte, die ich von ihm hörte. Er sprach stets kurz und bündig, er verstand es, Menschen zu durchschauen, und wußte, wem er vertrauen und wer ihn verraten könnte. Er kannte keine Furcht, keine Unentschlossenheit, von allem überzeugte er sich persönlich, auch wenn es noch so gefährlich war. Mehr kann ich Ihnen über Morávek – um den ging es nämlich – nicht erzählen. Wenig später nach unserem Gespräch fiel er Gestapoleuten in die Hände und erschoß sich. Auch über Jindra weiß ich nicht viel. Wie schon erwähnt, bereiste ich mit seinen Nachrichten verschiedene Orte in Mähren und brachte von dort immer mancherlei Berichte mit. Einmal waren es auch Kristalle für seinen Sender, ein anderes Mal traf er in meiner Wohnung mit Dorfbewohnern zusammen, aber worüber sie sprachen, weiß ich nicht. Zum ersten Mal trafen wir uns in der Podiebrader Straße. An jenem Tag entschied sich mein Schicksal. Auf Jindras Veranlassung nahm ich Kontakt zu dem Oberlehrer Zelenka auf, der Fallschirmspringern Unterkunft gewährte. Ich hatte ihn nie zuvor gesehen und kannte auch seinen Namen nicht. Jindra selbst sprach ich immer nur mit seinem Vornamen an. Paraschutisten bin ich kein einziges Mal begegnet und habe – das ist die Wahrheit – nicht einmal von ihnen gewußt.

Zu der Bekanntschaft mit Zelenka, der vor mir als Herr Hajský auftrat, kam es im Frühjahr 1942 in Veitsberg an einem Ort, den man *Am Zaun* nannte, das war an der Endhaltestelle der damaligen Straßenbahn Nummer 10. Er übergab mir für Jindra ein Päckchen mit Schriftstücken. Dann traf ich mit Hajský regelmäßig zusammen, und zwar jeden Dienstag und Freitag an der Grenze Veitsberg–Karolinenthal. Immer am späten Abend. Ich muß gestehen, daß mir diese nächtlichen Verabredungen in den fragwürdigen Stadtvierteln Grauen einflößten. Wenn wir aus irgendwelchen Gründen nicht zusammenkamen, ließen wir auf Masten der elektrischen Leitungen Zeichen zurück.

Auch mit Jindra kam ich an Abenden zusammen, und zwar beim Jüdischen Friedhof in Veitsberg. Er pfiff immer das Liedchen „Boleráz, Boleráz“ vor sich hin, und so wußte ich gleich, daß er in der Nähe ist. Einmal beteiligte ich mich auch an einer Unterredung zwischen Morávek und Jindra.

Am 7. April 1943, also ein Jahr nach dem Attentat auf Heydrich, wurde ich verhaftet und im Zusammenhang mit Morávek und Jindra Verhören unterzogen. Ich leugnete alles. Bis Kriegsende war ich in einem Konzentrationslager. Es war eine schwere Zeit mit grausamen Kreuzverhören, und ich spreche nicht gern darüber. Vor ein Gericht hat man mich niemals gestellt. Das ist alles, was ich Ihnen über meine Tätigkeit als Kontaktperson erzählen kann. Ich heiße Lída.

Der zweite Monolog des Zeugen aus Pardubitz

Unsere Wohnung wurde Mittelpunkt der Bartoš-Gruppe. Fast täglich wurden für Jirkas Sender „Libuše" Nachrichten bearbeitet, täglich eingegangene Berichte dechiffriert. Von Bartoš bekam ich die verschiedenartigsten Aufgaben. Ich hatte einen Lageplan der Sprengstoff-Fabrik in Semtin zu beschaffen, wobei mir der Kommunist Čihai behilflich war. Ende Februar oder Anfang März 1942 schickte mich Freda nach Olmütz-Lutin, wo eine chemische Fabrik war, um dort festzustellen, welchen Inhalts die Kisten waren, die von hier abgeschickt wurden und nur auf ausdrücklichen Befehl des „Führers" geöffnet werden durften. Es gelang mir, die Aufgaben zu erfüllen.

Um jeden Verdacht von mir abzulenken, begann ich, eine schwere Erkrankung vorzutäuschen. Ein Arzt in Pardubitz, der in alles eingeweiht war, stellte mir für meinen Arbeitgeber eine Bestätigung aus, und so war es mir möglich, gelegentlich zu Hause zu bleiben und Fredas Aufträgen nachzukommen.

Ich erinnere mich, daß er mich eines Tages aufforderte, dem Potůček bestimmte Nachrichten in einer Tube von einem Klebemittel für Fahrradreifen zu überbringen. Ursprünglich nämlich brachte Potůček – wie ich schon sagte – aus London eingegangene Chiffren jeden Morgen in einem Umschlag in unsere Pardubitzer Wohnung persönlich. Hier übernahm sie von ihm Bartoš, wir fürchteten allerdings, daß Potůček in Pardubitz bald allzu auffällig sein würde; er war nämlich von der Sonne wunderbar gebräunt, weil er nur nachts tätig war und tagsüber in der Sonne liegen konnte, und so fuhren wir ihm den halben Weg entgegen, übernahmen von ihm die Nachrichten und gaben ihm die Texte, die er senden sollte.

Wenn ich mich gelegentlich an meiner Arbeitsstelle krank gemeldet hatte, nahm ich das Fahrrad und machte mich auf den Weg. Auf der Landstraße Slatinian–Nassaberg blieb ich stehen und tat, als würde ich an dem Rad etwas reparieren.

Wenig später kam aus der Richtung Nassaberg Jirka, ich hielt ihn an, lieh mir von ihm eine Fahrradpumpe und steckte ihm bei dieser Gelegenheit die Tube mit den Nachrichten zu, die er dann nach London weitergab. Auf ähnliche Weise übergab auch meine Frau Nachrichten an Jirka, wenn ich mich gut erinnere, war es auf der Landstraße Semtin–Bochdanetsch.

Eines Tages erschien bei uns Jirka aus Prag, um mit Freda etwas zu besprechen, und damals verabredete er mit meiner Frau, daß sie in Zukunft alle Nachrichten von einer Prager Kontaktperson erhalten werde, deren Name Lída war. Bis heute weiß ich nicht, um wen es ging.

Die Fallschirmspringer, mit denen ich zusammenkam, also die Gruppe Bartoš und später auch andere, zum Beispiel Opálka und Dvořák, waren überzeugt, daß der Krieg bald enden werde. Alle glaubten fest daran, daß es zur Invasion der westlichen Verbündeten im Jahre 1942 kommen werde. So hatte man es ihnen zumindest in London vor dem Abflug angedeutet. Die Jungens wußten, daß ein Paraschutist sich nicht jahrelang verbergen kann, und so waren sie nach Böhmen in der Überzeugung gestartet, daß sie einige wenige Wochen durchhalten würden, ohne den Nazis in die Hände zu fallen. Als ich zum ersten Mal mit Bartoš sprach, meinte er:

„Es wird kein Problem sein, eine gewisse Zeit zu überstehen."

Je länger sie jedoch mit uns und unter uns waren, je besser sie die Verhältnisse im Protektorat kennenlernten, desto schneller begannen sie zu begreifen, daß es mit einem absehbaren Kriegsende keine so einfache Angelegenheit war. Es schien, als ob sie wie aus einem Traum erwachten. Vorerst winkte Potůček immer nur unbekümmert mit der Hand ab und erklärte mir lächelnd, daß es sich noch um höchstens fünf Monate handeln könnte, die Nazis dann klein beigeben würden und alles ein Ende finden werde. Aber der Winter ging vorüber, die Lage entwickelte sich weiterhin nur ungünstig, den westlichen Alliierten kam es überhaupt nicht in den Sinn, eine zweite Front zu riskieren, und so wurde es den Burschen nach und nach klar, daß sie nur auf sich selbst und auf die Hilfe ihrer Mitarbeiter angewiesen waren.

Und sie waren doch jung und wollten leben. Ja, sie hatten sich freiwillig gemeldet, aber nicht, um sich zu opfern. Sie wollten kämpfen, Mut beweisen, das konnte ihnen niemand ableugnen, aber die Erfahrung, daß man ihnen in London ein baldiges Ende in Aussicht gestellt hatte und in Wirklichkeit jetzt alles ganz anders aussah, beunruhigte sie immer mehr. Zuweilen kam es mir vor, als wollten sie dem Leben alles, was nur möglich war, abgewinnen.

Bemerkenswert war auch Bartoš' Entwicklung. Ich kannte ihn schon von früher, noch vor dem Krieg, aber jetzt hatte ich die Möglichkeit, fast täglich seine Ansichten und Stellungnahmen zu verfolgen. Das war vom Januar 1942 bis zu seinem Tod im Juni 1942. Er wohnte bei uns, ich begleitete ihn bei der Erledigung verschiedener Angelegenheiten, bei allem boten sich viele Möglichkeiten, mir eines wichtigen Umstands gewiß zu werden: Bartoš vom Juni 1941 unterschied sich in vielem von jenem Bartoš vom Januar 1942. Er hatte sich von der Mentalität unserer Menschen überzeugen können, ihr Benehmen, die Atmosphäre des geknechteten Landes, die ganze Situation kennengelernt und begriffen, daß zwischen dem, was man ihnen in London gesagt hatte, und dem Leben hier ein großer Unterschied war.

Manche Angelegenheiten verrichtete er einwandfrei, bei andern unterliefen ihm wie uns allen gewisse Fehler. Er war voller Tatkraft, energisch, zuweilen etwas zerfahren. Er machte sich Aufzeichnungen, die in einer roten Mappe in unserem Schrank lagen. Ich hielt es für unvorsichtig und gefährlich.

Leider kam es dazu, daß ihn einige Leute in Pardubitz bald erkannten. Es war nicht verwunderlich, er hatte vor dem Krieg da gewohnt, studiert, und so erfüllten auch eine dunkle Brille und ein schwarzes Schnurrbärtchen nicht ihren Zweck.

In der Stadt tauchte bald das Gerücht auf, daß sich Fallschirmspringer hier aufhielten.

Angeblich hatte es eine Zeitungsverkäuferin verbreitet. Bartoš' Mutter selbst hatte sie dann vielleicht überzeugt, daß es nicht wahr sei, aber nähere Einzelheiten kenne ich nicht.

Es war nur noch eine Frage der Zeit, wann die Gestapo Wind davon bekommen werde.

Valčík war inzwischen fleißig im Hotel „Veselka" tätig. Wir nannten ihn Mirek, obwohl er richtig Josef hieß. Es gab eine Unmenge solcher Decknamen. Aber schließlich nützten alle nichts, und eben der Name Mirek – Miroslav Šolc – sollte Valčík dann zum Verhängnis werden.

Weil alle drei – Bartoš, Valčík und auch Potůček – sich neue Personalausweise beschafft hatten, wurde entschieden, daß sie sich ordnungsgemäß polizeilich anmelden sollten. Zu diesem Zweck besorgte ihnen Helena, eine ehemalige Mitschülerin meiner Frau, Blanko-Anmeldeformulare, die von der Polizei bereits bestätigt waren. Einige von Fredas Mitarbeitern behaupteten, so wäre es am günstigsten und schwer dahinterzukommen, überdies bekämen sie Lebensmittel- und Tabakkarten zugeteilt.

Und eben da griff etwa Anfang März der Zufall ein. Die Pardubitzer Polizei mußte von Zeit zu Zeit neue Anmeldungen von Bürgern der Gestapo zustellen, und dann wurden Stichproben durchgeführt. Meistens wurde alles in Ordnung befunden, aber – weiß der Teufel, warum – einer der Gestapoleute, dem an jenem

Tag die Kontrolle oblag, notierte sich in seinem Block den Namen des Kellners Miroslav Šolc im Hotel „Veselka". Ich weiß nicht, warum gerade ihn, kann auch nicht sagen, ob es ein Verdacht oder einer jener Zufälle war, die oft über ein Menschenleben entscheiden. Tatsache jedoch ist, daß die Gestapo plötzlich für Šolc Interesse zu zeigen begann.

Der Hotelbesitzer Košťál, Mireks Arbeitgeber, erzählte dann, daß er zur Gestapo vorgeladen und verhört wurde: wer dieser Šolc eigentlich sei und was er über ihn wisse, woher er käme, mit wem er verkehre und ob er gelegentlich Reisen unternehme. Es schien, als habe ihn jemand angezeigt.

Košťál verlor nicht seine Ruhe und sagte, daß Šolc aus Ostrau käme, wo dessen Vater ein Hotel besäße. Die Beamten schienen mit der Antwort zufrieden und bedankten sich. Und als sie Košťál entlassen hatten, riefen sie augenblicklich in Ostrau an, wo selbstverständlich niemand einen Hotelier Šolc kannte. Košťál wurde abermals vorgeladen, und mit ihm sollte sich auch Šolc einstellen. Košťál ahnte Böses. Weil Šolc-Valčík gerade nicht anwesend war, ließ ihm der Hotelier den Bescheid zukommen, er möge fliehen, weil die Gestapo nach ihm aus sei. Alles das habe ich erst am Abend jenes Tages erfahren. Košťál wurde abermals auf der Gestapo verhört, mußte Valčíks Aussehen und Kleidung beschreiben, auf die Frage, warum nicht auch Šolc gekommen wäre, sagte er, daß er ihn entlassen hätte, weil er eine Unmenge von Tellern zerschlagen habe und auch sonst ein Nichtsnutz gewesen sei. Wir waren erstaunt, daß ihm die Gestapo Glauben geschenkt hatte, aber dann ist uns klargeworden, daß man ihn nur deshalb gehen ließ, um weitere Spuren aufzudecken.

Als bald darauf Košťál mit meiner Frau zusammentraf, sagte er sofort, daß Valčík Gefahr drohe. Meine Frau gab die Nachricht an Freda weiter, und wir hielten Rat, was zu tun wäre. Wir wußten nicht, wo sich Valčík zur Zeit aufhielt, was er plante – aber eben in diesem Augenblick ergab ein glücklicher Zufall, daß er bei uns anläutete. Freda erteilte ihm sofort die nötigen Aufträge, und Mirek ging wieder. Aus dem umzingelten Pardubitz wurde er von der Lehrerin Malá auf geheimen Wegen hinausgeführt, er reiste zu Verwandten nach Mähren, um abzuwarten, ob sich nicht ein neues geeignetes Versteck für ihn finden werde.

Der ganze Vorfall hatte uns sehr erregt. Es war zum ersten Mal, daß die Gestapo in unser Netz eingedrungen war, aber auch wenn es ihr nicht geglückt war, Valčík zu fangen, so blieb doch der Verdacht auf dem Hotelier haften, und wir waren zu erhöhter Vorsicht und Wachsamkeit gezwungen. Zu jener Zeit – vielleicht auch schon etwas früher, ich machte mir damals keine Aufzeichnungen, und das genaue Datum ist heute schon schwer festzustellen –, zu jener Zeit also war ich mit Freda Bartoš zweimal in Prag. Er wollte da jemanden treffen und mit ihm etwas verabreden. Später erfuhr ich, daß es sich um Leon gehandelt hatte.

Als wir mit dem Zug ankamen, sagte mir Bartoš noch auf dem Bahnhof, er müsse mit einem Mann zusammenkommen, den er Král nannte, den Ort der Verabredung habe ich vergessen, vielleicht im Stadtviertel Weinberge. Ich selbst suchte einen bekannten Beamten namens Sedlák auf, mit Freda kam ich dann wieder in der „Holländischen Mühle", einem exquisiten Lokal in der Herrengasse, zusammen. Es war im ersten Stock gelegen, überall Kopien holländischer Maler, als Gäste eine Menge deutscher Offiziere – und eben darum hatten wir uns diese Gaststätte zum Ort unserer Zusammenkunft ausgewählt, getreu dem Sprichwort „Wo viel Licht ist, ist auch viel Schatten".

Die Gäste saßen da in Boxen zusammen, auf jedem Tisch stand ein Rundfunkgerät, so daß die Leute an den Nebentischen, wenn man es einschaltete, nicht verstanden, was man sprach.

Freda machte einen zufriedenen und ruhigen Eindruck.

Einige Zeit später waren wir wieder in Prag, Bartoš war diesmal in der Bar „Juliš" am Wenzelsplatz verabredet, ich kam erst später.

Manchmal fuhr Bartoš nach Prag allein, er konnte in der Wohnung von Morávec übernachten, zu der er die Schlüssel hatte. Soviel ich aber weiß, hat er dies nie ausgenützt, er wußte, daß die Gestapo nach Morávec fahndet, und es schien ihm demnach zu gefährlich.

Ich selbst übernachtete meistens bei meinem Onkel oder bei der Familie Sedlák, die uns später sehr behilflich war, als wir nähere Angaben zu der geplanten Bombardierung der Pilsner Škoda-Werke benötigten.

Von Valčík kam die Nachricht, daß er in Mähren gut angekommen sei und sich in der Nähe von Miroschau aufhielte. Das war so um den 20. März herum. Vorher kam es noch zu einer weiteren Unannehmlichkeit, die fast tragisch geendet hätte.

Als die Gestapo auf Valčíks Spuren gelangt war, erließ sie den Befehl, im ganzen Bezirk Kontrollen der polizeilichen Anmeldungen vorzunehmen. Bartoš drohte somit unmittelbare Gefahr. Er war unter dem Namen Motyčka in Wildenschwert gemeldet, in einer Wohnung, die ihm sein ehemaliger Kriegskamerad Hrdina verschafft hatte, bei dem wir einmal alle auf einem Skiausflug waren. Der Name Oto Motyčka war nicht erfunden, so hatte einst ein Mann aus dem Dorf Werda-Buschitz geheißen, der vor fünf Jahren verstorben war und auf dessen Dokumente Bartoš einen Ausweis ausgestellt bekommen hatte.

Wieder griff der Zufall ein. Die Gendarmen von Wildenschwert waren überaus pflichtbewußt, und als sie die Anmeldung des Versicherungsagenten Motyčka überprüften, wollten sie sich in Buschitz beglaubigen lassen, daß die Angaben stimmen. Und was geschah? Von der dortigen Gendarmeriestation kam die Nachricht, daß der betreffende Motyčka schon fünf Jahre nicht mehr lebe, und der Hinweis, die unter diesem Namen auftretende Person zu verhaften.

Die Gendarmen von Buschitz begaben sich sofort in Motyčkas Wohnung, fanden aber zum Glück dort niemanden. Er hielt sich in dieser Untermiete nur ganz selten auf. Nach diesem Mißerfolg ermittelten sie, wer ihm die Wohnung verschafft hatte, und erfuhren den Namen Hrdina. Sie verhafteten ihn sofort. Hrdina war kein „hrdina", deutsch „Held", und wußte sich keinen anderen Rat, als mit allem herauszurücken: daß Motyčka mit dem Fallschirm hier abgesprungen wäre und daß die Gendarmen darüber schweigen sollten. Sie überlegten eine Weile. Die meisten Gendarmen während der ersten Republik waren nichts wert, aber diese bildeten wohl eine Ausnahme, denn sie waren mit Hrdinas Vorschlag einverstanden; dies allerdings unter der Bedingung, daß am nächsten Tag in Buschitz alles liquidiert sein müsse, was sie bedrohen könnte. Hrdina versprach es – was blieb ihm auch anderes übrig.

Es war schon später Abend, als es bei uns klingelte. Meine Frau ging öffnen, vor der Tür stand Frau Hrdinová mit einem angeblich wichtigen Brief von ihrem Mann. Weil Hrdina den ausdrücklichen Wunsch ausgesprochen hatte, seine Frau in allem aus dem Spiel zu lassen, waren wir überrascht.

„Sie sollen ihn morgen besuchen", teilte sie uns mit.

Bartoš beauftragte mich also, am nächsten Tag zu Hrdina nach Hohenmauth zu fahren, wo er in der städtischen Bücherei beschäftigt war. Ich sollte ihm Gift bringen und mich von ihm über alles aufklären lassen.

Ich machte mich früh auf den Weg, suchte Hrdina in der Bibliothek auf und sagte ihm, daß ich in einer nahe gelegenen Gastwirtschaft auf ihn warten werde. Bald darauf kam er, setzte sich und machte eine mürrische Miene.

„Wahrscheinlich stecken wir in einer Klemme, Vašek."

„Wieso?"

„Ich mußte den Gendarmen versprechen, irgendein Übereinkommen mit denen in Buschitz zu treffen, wo sie die Eintragung haben, daß Motyčka schon seit fünf Jahren tot ist. Wenn es uns nicht gelingt, die Angelegenheit dort zu klären, werden wir die Gendarmen aus Wildenschwert auf dem Hals haben, die es dann weitermelden müssen. Und weißt du, was das bedeutet?"

Ich wußte es nur zu gut.

„Sorg dich nicht, wir werden alles Nötige veranlassen", versuchte ich, ihn zu beruhigen. „Ich fahre jetzt gleich zurück und lasse dir dann eine Nachricht zukommen. Vor allem Fassung, und hier für alle Fälle Gift."

Um keine Zeit zu verlieren, wartete ich nicht auf den Zug, der erst nach langer Zeit kommen sollte, sondern eilte auf der Landstraße zu einer Bushaltestelle, von wo nach Pardubitz eine bessere Verbindung war.

Genauer gesagt: Ich eilte nicht, sondern setzte mich in Lauf. Es ging um jede Stunde.

Einige Autos fuhren an mir vorbei, auch eines aus meinem Betrieb. Man war sicher erstaunt, mich an einem normalen Arbeitstag, an dem ich im Büro sitzen sollte, über eine Landstraße galoppieren zu sehen.

„Was machen Sie hier?" rief mir einer aus dem Wagen überrascht zu. Wenn die Situation nicht so ernst gewesen wäre, hätte ich wahrscheinlich gelacht, aber mein Kopf dröhnte, der Schweiß lief mir übers Gesicht, und so winkte ich nur mit der Hand, machte einige Gesten, aus denen sie ohnehin nicht klug werden konnten, und lief eilig weiter.

In Pardubitz angekommen, fand ich Bartoš zu Hause und erzählte ihm alles. Das Gehabe der Gendarmen erregte ihn außerordentlich, und ich mußte ihn lange beruhigen. Meine Frau machte sich inzwischen auf den Weg, um Franta Hladěna zu holen, der einen Wagen besaß, und wir hielten Kriegsrat ab.

Bartoš wollte, daß wir sofort nach Buschitz fahren, die ganze Sache dort erledigen und im Notfall auch die Waffen gebrauchen.

Hladěna und ich zögerten.

Bartoš bestand auf seinem Vorschlag. „Wenn sie es melden, sind wir alle in Gefahr. Der einzige Weg ist, den ganzen Fall resolut zu beenden."

„Und ginge es nicht auf friedlichere Weise?"

„Ich bitte dich! Wie möchtest du das anstellen?" wandte Bartoš ein.

Hladěna antwortete: „Nach Buschitz können wir fahren, um an

Ort und Stelle die Lage zu ermitteln. Ich und Venda werden draußen bereitstehen, und du, Bartoš, wirst versuchen, die Sache zu regeln. Erst einmal fordere sie auf, die Kopie der Meldung, die sie nach Wildenschwert geschickt haben, zu vernichten. Sage ihnen, daß man es auf der dortigen Gendarmeriestation auch getan hat. Erst wenn sie sich weigern, dann ..."

Wir fuhren.

Hladěna war ein vortrefflicher Fahrer. Er hatte sich früher an Motorradrennen beteiligt und wußte um Autos Bescheid wie nur selten jemand. Die ganze Fahrt über schwiegen wir. Franta sah auf die Landstraße vor sich, Freda kontrollierte seine Pistole und blickte zuweilen aus dem Fenster.

Ich weiß nicht mehr, wie lange die Fahrt dauerte und wann wir ankamen. Hladěna blieb wachsam beim Wagen stehen, ich glaube, er hatte den Motor laufen lassen, ich und Freda stiegen aus und verteilten die einzelnen Aufgaben.

Soweit ich mich erinnere, blieben wir unbeachtet. Das Erkennungsschild des Wagens hatten wir vorsichtshalber vor der Einfahrt ins Dorf abgeschraubt.

Ich nahm in der Nähe der Gendarmeriestation Aufstellung, um Freda im Notfall mit der Pistole zu schützen, und wartete ab. Hladěna saß jetzt im Wagen und blickte in meine Richtung, Bartoš war im Innern des Hauses verschwunden. Ab und zu ging jemand vorbei, aber ich tat, als wartete ich auf den Bus, dabei aber behielt ich den Eingang zur Gendarmeriestation ständig im Auge.

In dieser Situation kam mir jede Minute unendlich vor. Ich konnte es vor Spannung kaum mehr aushalten und zählte immer wieder die Fenster des Gebäudes vor mir. Jeden Moment rechnete ich mit der Möglichkeit, einen Schuß zu hören.

Als meine Erregung fast schon ihren Höhepunkt erreicht hatte, tauchte Bartoš wieder auf, ruhig und bedächtig blickte er sich um, winkte mir zu und ging zum Wagen. In diesem Augenblick verspürte ich eine entsetzliche Müdigkeit, mein ganzer Körper begann zu schmerzen, die Pistole in meiner Tasche wurde immer schwerer, die Füße waren wie aus Blei. Wir stiegen schweigend ein, Franta gab Gas, und erst nach der Ausfahrt aus dem Dorf fragte er:

„Nun? Was hat er gesagt?"

Bartoš lächelte selbstsicher: „Er hat geschwiegen und sich nur gewundert. Ich habe ihm erklärt, wer ich bin und warum ich mir den Namen des verstorbenen Motyčka angeeignet habe. Ich zeigte ihm meinen Revolver und sagte, er könne sich auswählen: Entweder würde er die Nachricht nach Wildenschwert vernichten und durch eine andere ersetzen – oder ich würde abdrücken. Ich machte auf ihn wohl einen sehr wütenden Eindruck, denn er entschied sich für die erste Möglichkeit. Es scheint jetzt alles in Ordnung, und Ota Motyčka kann beruhigt weiter existieren."

Wirklich schien alles ein gutes Ende genommen zu haben. Trotzdem mußte noch weiteres veranlaßt werden. Bartoš war der Meinung, es wäre besser, wenn alle drei – er, Valčík und Potůček – zur Sicherheit neue Ausweise mit anderen Namen bekämen. Wir verschafften uns deshalb verschiedene Personaldokumente sowie Fotos, und Bartoš fragte in Prag an, ob man uns dort neue Ausweise ausstellen lassen könnte.

Etwa im März kam Frau Moravcová aus Prag angereist, wir nannten sie „Tante". Ich kannte sie schon, einige Zeit vorher hatte mich Bartoš mit einem Brief zu ihr nach Veitsberg geschickt. Freda vereinbarte mit ihr, daß wir ihren Mann aufsuchen und ihm die Fotografien jener Männer übergeben werden, die er für die neuen Ausweise benötigen würde. Die „Tante" war mit allem einverstanden und reiste wieder ab.

Kurz darauf fuhren Freda und ich nach Prag. Bartoš hatte in seiner Aktenmappe wichtiges Material: die Fotografien. Ich trug eine Pistole in der Tasche. Wir kamen überein, daß wir bei dem Onkel auf den Weinbergen übernachten wollten, weil die Zusammenkunft mit Morávek erst für den späten Abend in den Chotek-Anlagen vereinbart war. Und so läuteten wir vor dem Abendessen bei meinen Verwandten an.

Die Übernachtung im Stadtviertel Weinberge

Wohl wie jeder damals während des Krieges hörte ich ausländischen Rundfunk. Ich freute mich über Nachrichten von flüchtenden Wehrmachtsangehörigen, gern hörte ich mir die eine oder andere gegen die Nazis gerichtete Anekdote mit an und gab sie unmittelbar wieder weiter – ich war wie die überwiegende Mehrzahl unserer Leute. Auf der einen Seite Haß gegen die Nazis und fester Glaube an unsere Befreiung, auf der andern Woche für Woche die gleiche Lebensweise: morgens ins Büro, nachmittags nach Hause, an Sonntagen Spaziergänge, bei schönem Wetter Besuche unseres Wochenendhäuschens an der Sasau. Dort gab es Ruhe, Wälder, im Sommer Obst und Pilze, der Fluß zog dahin, meine Frau und ich gingen am Ufer spazieren und schmiedeten Pläne, was wir nach Kriegsende tun werden.

Eines Tages, im Frühjahr 1942, klingelte es an unserer Tür.

„Geh öffnen, das wird einer der Nachbarn sein", sagte ich zu meiner Frau.

Ich las eben die Zeitung. Als ich im Vorzimmer fremde Stimmen hörte, stand ich auf, um nachzusehen, wer da gekommen war. Im Krieg war in uns allen eine gewisse Unsicherheit und Unruhe, die Gestapo war nicht gerade allzu wählerisch.

Im Vorzimmer erblickte ich in Begleitung eines unbekannten Mannes meinen Neffen Venda aus Pardubitz.

„Onkel, ich bringe Besuch", sagte Venda. „Das ist mein Kamerad, ein Versicherungsagent, wir sind nach Prag gekommen, um etwas zu erledigen. Könnten wir hier übernachten?"

Ich reichte ihnen die Hand und sagte, daß ich natürlich nichts dagegen hätte.

„Ich heiße Motyčka", sagte der Unbekannte. Dann legten sie ihre Mäntel ab.

„Mutter, mach uns was zum Essen", sagte ich meiner Frau und ließ die beiden ins Zimmer treten. Wir setzten uns an den Tisch und begannen zu reden. Die ersten Minuten des Gesprächs mit einem fremden Menschen verlaufen meist unsicher und verlegen, man kennt einander nicht, man weiß nicht, wie und wo anfangen, und im Krieg war alles um so schlimmer, als man seine Zunge hüten mußte, um nicht etwas zu plappern, was einen dann reuen könnte.

„Mein Kamerad hier ist ein guter Tscheche, Onkel, du brauchst keine Angst vor ihm zu haben", meinte Venda, als er meine Verlegenheit merkte.

Ich verwahrte mich dagegen, etwas anderes gedacht zu haben, aber Venda lächelte nur und verschwand nach einer Weile leise in der Küche.

Motyčka machte es sich bequem und fragte mich, wo ich beschäftigt wäre. Ich sagte: „In einem Werk für Keramik." Mit einem Mal war er sehr interessiert und fragte:

„Und was wird dort erzeugt?"

„Alles mögliche, zum Beispiel auch Schamotte, das ist feuerfester Ton, für die Pilsner Škoda-Werke."

„Wieviel Tonnen Schamotte liefern Sie dorthin im Monat?"

Ich schwieg. Warum wollte er das wissen? Sollte es ein Provokateur sein? Aber dann sagte ich mir: Du bist verrückt! Würde Venda denn einen arglistigen Menschen zu mir führen? Und ich sagte ihm die genaue Zahl.

Motyčka zog ein Notizbuch hervor, in das er sich meine Angaben eintrug.

„Das sollten Sie vielleicht nicht machen, es könnte bei Ihnen gefunden werden“, sagte ich kleinlaut.

„Keine Angst! Wer sollte das denn sein?“ Und er sprach und befragte mich weiter. Dann kam der Enkel aus der Küche, sie aßen etwas und erhoben sich.

„Wohin denn?“ fragte ich.

„Wir haben noch etwas zu erledigen“, antwortete Motyčka und lächelte dabei ein wenig sonderbar. In diesem Augenblick fiel mir ein, daß vielleicht nicht alles mit rechten Dingen zuging, aber Venda klopfte mir auf die Schulter und meinte: „Onkel, wir kommen vermutlich etwas später aus der Stadt zurück und hätten gern die Schlüssel.“

Ich gab sie ihm und bat ihn, sie gut zu bewahren. Sie zogen ihre Mäntel an, Motyčka griff nach seiner Aktenmappe, und sie gingen. Bei der Tür sagte ich ihnen noch: „Es ist schon spät, ich werde euch heute nicht mehr zur vorübergehenden Unterkunft anmelden. Was meinst du, Venda?“

Ich merkte, daß er erschrak: „Was fällt dir denn ein, Onkel? Das ist unnötig, morgen früh fahren wir zurück!“

Die Tür klappte hinter ihnen ins Schloß. Wann sie nachts wiederkamen, weiß ich nicht.

Am Morgen gab mir Vašek die Schlüssel mit einem vertraulichen Lächeln zurück.

„Na, was gibt es Neues?“ fragte er.

Ich wußte, daß mit unserem Gast nicht alles ganz in Ordnung war, aber vor ihm wollte ich keine Fragen stellen, und so sagte ich:

„Sieh mal, Venda, macht, was ihr für angebracht haltet, auf uns könnt ihr euch immer verlassen! Wenn ihr einen Unterschlupf braucht, ich habe an der Sasau eine Hütte.“

„Das geht nicht!“ erklärte Motyčka. „Auf dem Land kennt einer den andern, und wenn dort jemand auftaucht, der nicht polizeilich gemeldet ist, würde er sofort auffallen. In den Städten ist es günstiger.“ Dann gingen sie.

Im Treppenhaus trafen sie auf eine Nachbarin, die nicht versäumte, noch am gleichen Tag zu fragen, was für Gäste wir gehabt hätten. Meine Frau fertigte sie mit der Antwort ab, daß es Verwandte vom Land gewesen wären.

Ein paar Tage später erzählte man im Büro, daß Gestapoleute auf der Staubbrücke in Dewitz einen Mann angeschossen oder – Genaueres wußte niemand – erschossen hätten. Ich war zu Tode erschrocken. Wie, wenn es einer von jenen gewesen war, die bei uns übernachtet hatten? Gleich darauf ging in den Straßen von Haus zu Haus Polizei umher und fragte, ob nicht jemand Schlüssel verloren hätte. Ich erschrak zum zweiten Mal, aber dann beruhigte ich mich gleich wieder, weil mir Venda doch die Schlüssel ordentlich zurückgegeben hatte. Trotzdem wußte ich nicht, was ich von allem halten sollte, und war froh, als dann der Neffe erschien, dem ich von den Geschehnissen erzählte.

„Das war nicht Motyčka, Onkel, der ist in Ordnung. Aber die Schlüssel ... Gut, daß du mich daran erinnert hast. Die müssen wir verschwinden lassen", sagte Venda.

„Was denn für Schlüssel? Die hast du mir doch gegeben."

„Keine Angst, das betrifft dich nicht! Das sind andere, Schlüssel von der Wohnung des Erschossenen."

Ich verstand von allem kein Wort, ich ahnte nur, daß Venda und Motyčka den Nazis den Kampf angesagt hatten.

Erst nach langer Zeit sagte mir der Neffe, daß sie damals nachts in den Chotek-Anlagen mit einem gewissen Morávek zusammengekommen waren. Sie übergaben ihm die Fotos der Fallschirmspringer – dieser Motyčka war nämlich der Paraschutist Bartoš –, damit Morávek illegale Ausweise herstellen lassen könne. Und Venda paßte dabei auf, daß sie von niemandem überrascht würden.

Seitdem hatte sich Motyčka-Bartoš nie mehr bei uns blicken lassen.

Wie es in Wahrheit mit Morávek und den Fotografien ausgefallen ist, habe ich nie erfahren.

Der zweite Monolog des Historikers

Nachdem die Verbindung zwischen London und der Widerstandsbewegung in der Heimat im Herbst 1941 abgebrochen war, bemühte sich Kapitän Václav Morávek, mit ihm auch London, den Kontakt von neuem herzustellen.

Dies war einer der Gründe, warum vor Silvester 1941 Bartoš, Valčík und Potůček bei Podiebrad abgesprungen sind.

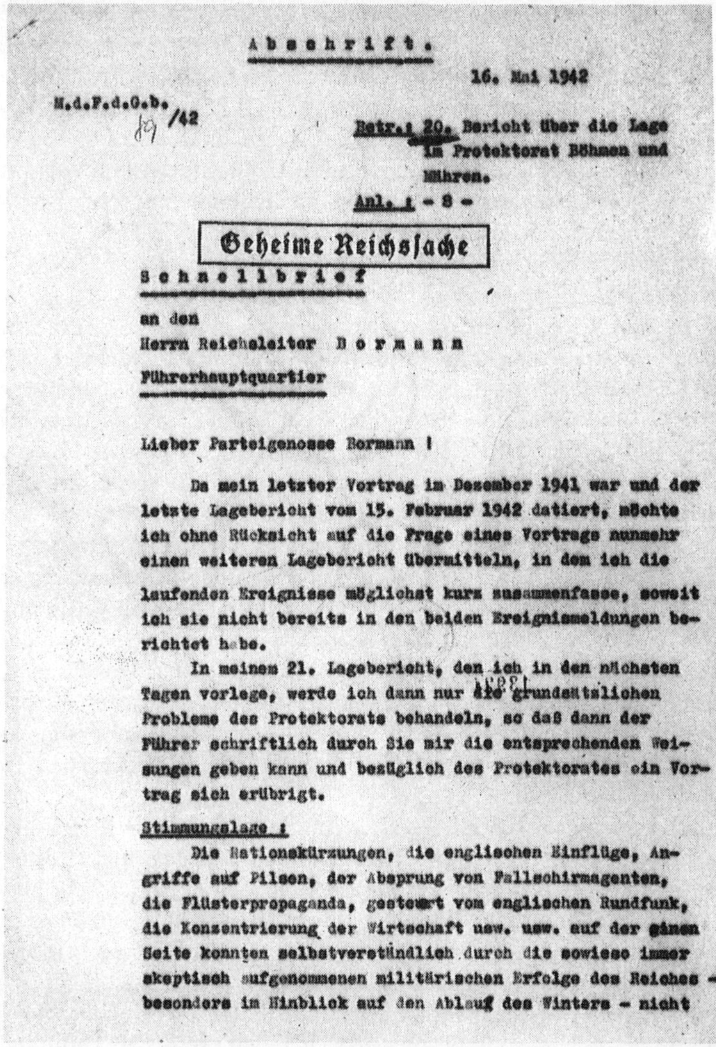
Abschrift.

16. Mai 1942

H.d.F.d.G.b. 89/42

Betr.: 20. Bericht über die Lage im Protektorat Böhmen und Mähren.

Anl.: - 8 -

Geheime Reichssache

Schnellbrief

an den
Herrn Reichsleiter Bormann
Führerhauptquartier

Lieber Parteigenosse Bormann !

Da mein letzter Vortrag im Dezember 1941 war und der letzte Lagebericht vom 15. Februar 1942 datiert, möchte ich ohne Rücksicht auf die Frage eines Vortrags nunmehr einen weiteren Lagebericht übermitteln, in dem ich die laufenden Ereignisse möglichst kurz zusammenfasse, soweit ich sie nicht bereits in den beiden Ereignismeldungen berichtet habe.

In meinem 21. Lagebericht, den ich in den nächsten Tagen vorlege, werde ich dann nur die grundsätzlichen Probleme des Protektorats behandeln, so daß dann der Führer schriftlich durch Sie mir die entsprechenden Weisungen geben kann und bezüglich des Protektorates ein Vortrag sich erübrigt.

Stimmungslage :

Die Rationskürzungen, die englischen Einflüge, Angriffe auf Pilsen, der Absprung von Fallschirmagenten, die Flüsterpropaganda, gesteuert vom englischen Rundfunk, die Konzentrierung der Wirtschaft usw. usw. auf der einen Seite konnten selbstverständlich durch die sowieso immer skeptisch aufgenommenen militärischen Erfolge des Reiches - besonders im Hinblick auf den Ablauf des Winters - nicht

Heydrichs Lagebericht vom 16. Mai 1942 zu Händen Bormanns in Hitlers Hauptquartier. Er berichtet auch von der Entlarvung und Verhaftung Paul Thümmels.

Morávek sammelte inzwischen Spionagenachrichten und wußte immer wieder der Gestapo zu entkommen. Er hatte verschiedene Wohnstätten, z. B. in Nusl, in Smichow, in Breunau (Zeyer-Allee Nr. 1450), wo er sich Nachrichten abholte, wie auch auf dem Altstädter Ring Nr. 26 oder in der Volksstraße (Národní) Nr. 15 bei Bertold Švarc. Er arbeitete auch mit Paul Thümmel zusammen, mit dem er mit Hilfe von bestimmten Signalen und eines toten Briefkästchens auf dem ehemaligen Soldatenfriedhof in Prag Zusammenkünfte vereinbarte.

Wer eigentlich war Paul Thümmel?

Reinhard Heydrich äußert sich über ihn am 16. Mai 1942 in einem Schreiben an Martin Borman im Führerhauptquartier, daß er Reichsdeutscher sei, geboren 1902, einst das Bäckerhandwerk erlernte und später – ab 1926 – im Nachrichtendienst tätig war. Als Angehöriger der NSDAP hatte er die Mitgliedsnummer 61-574 und war Träger des Ehrenabzeichens der Partei. Ursprünglich gehörte er den freiwilligen Mitarbeitern des damaligen nazistischen Nachrichtendienstes an, ab 1933 war er für den militärischen Spionagedienst tätig. Im Jahre 1934 wurde Thümmel erster V-Mann (Vertrauensmann – Anm. d. A.) des Fliegerabwehrkommandos in Dresden. Nach dem März 1939 und der Errichtung des Protektorats schickte Admiral Canaris, der Chef der Abwehr, d. h. des Spionagedienstes des Oberkommandos der Deutschen Wehrmacht, seinen Untergebenen Thümmel nach Prag mit einer umfassenden Vollmacht nicht nur für die böhmischen Länder, sondern auch für den Balkan.

Heydrich qualifizierte ihn als „wohl besten“ Agenten für tschechische Spionage, die ihm Zehntausende von Reichsmark ausbezahlte. Heydrich spricht von rund 40 000. Schon daraus geht hervor, daß Thümmels Tätigkeit nicht einem uneigennützigen Antifaschismus zuzuschreiben ist, sondern seiner Begierde nach finanziellen Belohnungen. Es ist deshalb nicht angebracht, Thümmels Arbeit zu glorifizieren oder sie kritiklos zu würdigen, wie es schon oft geschehen ist. Man muß sich bewußt sein, daß Thümmel als Angehöriger der Abwehr ein Doppelgesicht hatte. Tatsache ist, daß er nach seiner Verhaftung durch die Gestapo im Frühjahr 1942 nicht hingerichtet wurde, obwohl ihn Heydrich als „wohl besten“ tschsl. Agenten bezeichnet hatte. Vielleicht waren die Motive, die er bei der Gestapo im Laufe der Verhöre zu seiner Verteidigung anführte, so stichhaltig, daß den Untersuchungsorganen nicht eindeutig klar wurde, ob sie einen Gegner oder einen hervorragenden Agenten zur Verdeckung der Wehrmachtsmanöver vor sich hatten.

Bei seiner zweiten Verhaftung gestand Thümmel, mit dem Agenten René identisch zu sein, welcher der tschsl. Spionagetätigkeit behilflich war, und seit 1940 mit Stabskapitän Morávek zusammengearbeitet zu haben. Im Bericht der Gestapo heißt es: „Auf Grund dessen wurde mit dem RSHA (Reichssicherheits-Hauptamt) und dem Abwehrdienst vereinbart, unter Thümmels Mithilfe und Beibehaltung sämtlicher Sicherheitsvorkehrungen den Versuch zu unternehmen, Morávek zu fassen. Aus diesem Grunde wurde Thümmel am 2. März 1942 einstweilig in Freiheit gesetzt."

Beginnen wir jedoch von allem Anfang an. Mit dem tschsl. Nachrichtendienst knüpfte Paul Thümmel im Winter 1936 Kontakte an. Unter dem Namen Voral übergab er oft unseren Agenten, bei denen er unter der Deckbezeichnungen A-54 bekannt war, Material verschiedenster Art. Im Jahre 1938 machte er auf die unmittelbare Gefahr aufmerksam, die der Republik drohte; das nazistische Dritte Reich bereitete einen Überfall der Tschechoslowakei vor (die Regierung verkündete daraufhin die teilweise Mobilmachung). Voral war auch bei der Liquidierung der von der Henlein-Partei verabredeten Verschwörung anläßlich des X. Allgemeinen Sokol-Turnfestes 1938 behilflich, in dessen Verlauf die Tribünen des Stadions in die Luft gesprengt werden sollten.

Seine Nachrichten überbrachte er illegal auf unser Gebiet entweder persönlich (an einer bestimmten Stelle wurde er von tschsl. Offizieren des Nachrichtendienstes erwartet), oder er schickte sie an einige Adressen, z. B. nach Smichow in die Smetanagasse, wo ein Redakteur namens Ortlick wohnte, dessen Gattin aus Dresden stammte. Weil Thümmel dort gearbeitet hatte, konnte er sich Ortlicks Vertrauenswürdigkeit sicher sein; dessen Schwiegervater war nämlich Mitarbeiter der tschechischen Minderheit in Dresden und Vorstand der dortigen Sokol-Gemeinde.

A-54 informierte im vorhinein unsere Kundschafter darüber, daß Hitler für den 15. März 1939 die Besetzung des Restes der Republik plane. Auch nach diesem Tag arbeitete er weiter und schickte durch Vermittlung von Deckadressen in Haag, Zürich und Stockholm aus dem okkupierten Prag, wohin er von Dresden versetzt worden war, Nachrichten nach London.

Als die Nazis im Frühjahr 1940 Holland besetzten, mußte die Vermittlung in Haag ihre Tätigkeit einstellen, so daß London bemüht war, schnellstens eine neue Verbindung herzustellen. Schon am 29. Juni wurde Prag von London „um eine Nachricht über ‚Franz'" aufgefordert, was ein weiterer Deckname Paul Thümmels war.

Prag – ich meine die militärische Gruppe Balabàn-Mašín-Morávek – gab keine Antwort. London drängte darauf am 1. Juli 1940:

„Ich bitte erneut um Antwort, ob Ihr mit František (Franz) zusammengekommen seid. Nichts war bisher für unsere Spezialarbeit und damit für unser aller Ansehen in England von solcher Bedeutung wie die rechtzeitige und angebrachte Verwertung dieser Quelle. Es hängt davon sehr viel ab. Ich bitte, dieser Angelegenheit besondere Aufmerksamkeit zu widmen. MORA."

Prag schwieg weiter. Es gab Schwierigkeiten mit dem Sendegerät.

Am 11. Juli 1940 meldete sich London von neuem:

„Habt Ihr Verbindung mit František aufgenommen? Seine Nachrichten, die wir eben jetzt in der Zwischenzeit vor weiteren Ereignissen benötigen, sind für uns alle von grundlegender Bedeutung. Ich bitte um Beeilung unter allen Vorsichtsmaßnahmen, betrachtete diese Angelegenheit als allerwichtigste. Wir danken."

Warum ist London so ungeduldig? Es sickern die ersten Nachrichten durch, daß die Nazis die Invasion nach England vorbereiten. In jenen Tagen wären Thümmels Informationen überaus erforderlich gewesen. Und so fliegt nach Prag eine weitere Depesche:

„In Prag 1 wohnt bei Frau (1. Zusatz) einer unserer hervorragenden Männer, dessen Freundin sie ist, ohne von seiner Tätigkeit zu wissen. Besucht (2. Zusatz), sagt das Losungswort (3. Zusatz), und verlangt in tschechischer Sprache eine Unterredung mit Franta. Mit ihm sprecht ohne Zeugen deutsch, wiederholt das Losungswort und bestellt einen Gruß von Karel aus dem Westen (4. Zusatz). Er ist um die Vierzig, von kleinerer Statur, ausdrucksvollen Gesichtszügen mit leicht hervorstehenden Augen. Verlangt von ihm Berichte für den Westen und – falls möglich – zahlt ihn (5. Zusatz) aus. Fragt nicht nach seinem Namen. Beim Anknüpfen des Kontaktes seid vorsichtig und achtet darauf, daß stets ein und dieselbe, völlig verläßliche, aber nicht allzusehr exponierte Person mit ihm unterhandelt."

Am nächsten Tag kam nach Prag die Fortsetzung des Telegramms:

„In Euere eigenen Angelegenheiten ist er nicht einzuweihen. Behandelt ihn zuvorkommend, und gebt seinen finanziellen Anforderungen statt. Es handelt sich um einen alten Mitarbeiter mit außergewöhnlichen Möglichkeiten, der in vielem auch Euch direkt von Nutzen sein kann. An der Aufrechterhaltung einer abgesicherten Verbindung mit ihm haben wir prinzipielles sachliches Interesse. Der Kreis unserer in die Angelegenheit eingeweihten Leute hat so klein wie möglich zu sein."

Die Zusätze zu den Depeschen lauteten:

„1. Figarová aus der Langengasse 27, L. H. . . .

2. L. H.

3. Vorsicht –

4. an Voral

5. fünftausend Reichsmark."

Endlich kam es dann zur Kontaktaufnahme. Die Frau, bei der sich Morávek melden und die ihm ein Zusammentreffen mit Thümmel verabreden sollte (in der Depesche mit den Initialen L. H. bezeichnet), erzählt darüber heute:

„In meiner Wohnung erschienen zwei Tschechen, die ich nicht kannte und die mit Paul – sie nannten ihn Franta – sprechen wollten. Ich sagte ihnen zu, eine Zusammenkunft zu vereinbaren. Dazu kam es einige Tage später am Altstädter Ring. An jenem Tag kam einer der beiden Tschechen zu mir, ich führte ihn zu Paul, der uns in seinem Wagen vor der Sparkasse erwartete, und alle drei fuhren wir nach Julowischt in die Restauration ‚Hubertus'. Hier ging Paul mit dem Unbekannten in den Wald, als sie nach etwa einer Stunde zurückkamen, merkte ich, daß sie beide bei bester Laune waren. Das Mißtrauen, das Paul dem unbekannten Tschechen gegenüber gefühlt hatte (er hatte sich eine dunkle Brille aufgesetzt), war verschwunden, augenscheinlich hatten sie sich geeinigt."

Der Kontakt war also wiederhergestellt, und es folgten einige Depeschen, in denen vom Angriff der Nazis auf Großbritannien die Rede ist. Am 29. Juli kam aus London die Aufforderung:

„Fragt bei František an, ob er uns den Beginn der Aktion gegen England rechtzeitig mitteilen kann."

Im Laufe des Sommers 1940 vertieft sich der Kontakt: Thümmel, unter den Decknamen Eva, René u. a., gibt derart wichtige Nachrichten bekannt (wirklich wichtige oder nur verschleierte?), daß es London für nötig hält, am 2. August zu betonen:

„Im Augenblick der Absendung dieser Depesche ist in unserer Rundfunkstation Präsident Dr. Beneš mit seinen militärischen und politischen Mitarbeitern und unseren englischen Freunden anwesend. Der Präsident persönlich grüßt Euch von dieser Stelle aus herzlichst und dankt Euch und allen Euren Mitarbeitern für die genaue, aufopfernde und gefährliche Arbeit, die Ihr in dieser Hinsicht leistet."

Dr. Beneš wußte genau, warum er diesen Dank aussprach.

Thümmel meldete endlich den Abschluß der Vorbereitungen

zu dem Plan „Seelöwe". Schon zuvor hatte er bekanntgegeben, daß der Angriff auf Britannien am 15. September erfolgen werde.

Der Angriff gegen England wurde später verschoben (wegen bedeutender Verluste von Bombenflugzeugen der deutschen Luftwaffe in der Schlacht um Britannien, vor allem auch darum, weil es notwendig wurde, das Maximum an Kräften für den geplanten Angriff auf die Sowjetunion zu versammeln), und eben damals meldete sich Thümmel von neuem und gab die Änderung des Vorhabens bekannt.

In der ersten Hälfte des Jahres 1941 wurde immer deutlicher, daß die Faschisten Vorbereitungen zu einem Angriff auf die Sowjetunion treffen. Aus diesem Grunde wurde Thümmel um genaue Informationen ersucht.

Davon, daß seine Stellung und seine Möglichkeiten von Bedeutung waren, zeugt auch die Tatsache, daß es ihm gelang, das Datum des Überfalls auf die Sowjetunion in Erfahrung zu bringen. Ursprünglichen Bestimmungen zufolge sollte der Plan „Barbarossa" im Mai 1941 seinen Anfang nehmen. Weil sich die Kämpfe in Jugoslawien und Griechenland länger hinausgezögert hatten, als die Nazis annahmen, wurde die SU erst im Juni 1941 überfallen. Einige Militärhistoriker sind der Meinung, daß Thümmel eigentlich eine ungültige Variante des Angriffsplanes gegen die SU verraten hat: Weil er als Agent von Verdeckungsmanövern diente, brauchte der Canaris-Abwehrdienst, daß eben diese Version in die Hände von sowjetischen Fachleuten käme. Thümmel hatte alles so „eingerichtet", daß es dem Wunsch seines Vorgesetzten Canaris entsprach – oder er hatte von dem endgültigen Wortlaut des Planes keine Kenntnis erlangt. Wie war es tatsächlich? Die Antwort auf diese Frage bezieht auch andere seiner Informationen mit ein. Einige Nachrichten waren von hervorragender Qualität, so z. B. hatte er das genaue Datum des Überfalls auf Polen bereits am 23. 8. 1939 mitgeteilt, während es Hitler an Keitel erst am 25. 8., also zwei Tage später, bekanntgab; auf der anderen Seite waren Thümmels Berichte oft voller Irrtümer – mit Absicht oder ungewollt?

Die Mitteilung über den geplanten Angriff auf die SU übergab Thümmel an Morávek, der sie sofort an die tschsl. Regierung in London weiterleitete. In London hatte inzwischen Dr. Beneš die Nachricht Winston Churchill zugeleitet, der sie nach Moskau bekanntgab, die gleiche Information jedoch hatte auch das Prager sowjetische Konsulat. In London wurde der Wunsch laut, Morávek möge Thümmels Berichte ohne vorherige britische Kontrolle niemandem und nirgends übergeben. Schon viel früher – am 15. Juli

1940 – hatte man aus London ein Telegramm nach Prag geschickt, in dem es u. a. hieß:

„Aus sachlichen und taktischen Gründen sind Nachrichten von František keinem andern als uns zu übermitteln . . .“

Am 19. August 1940 äußert sich Dr. Edvard Beneš nachdrücklich auf ähnliche Weise. Im Interesse der Wahrheit sei festgestellt, daß Stabskapitän Václav Morávek diesem Wunsch nicht nachgekommen ist.

Früher oder später mußten jedoch die Nazis auf den Gedanken kommen, daß ihre Pläne verraten werden. Dieser Verdacht lag nahe, und so verhafteten und verhörten sie eine Reihe ihrer hohen Offiziere, aber jedwede Spur verlief im Sande.

Wann tauchte bei den Nazis jener Verdacht auf? In einem Bericht, den Heydrich im Mai 1942 an Bormann schickte, wird auch gesagt:

„Der Paraschutist Pavelka wurde einige Tage später verhaftet. Eine Überprüfung des Funkmaterials, das am Tatort gefunden und dechiffriert wurde, ergab, daß ein bedeutender britisch-tschechischer Agent existiert, der unter dem Namen ‚René‘ arbeitet. Am 27. Februar 1942 wurde ermittelt, daß es sich um den ersten V-Mann des Abwehrkommandos, Paul Thümmel, handelt . . .“

Soweit Heydrichs Schreiben.

Weil der Paraschutist Pavelka am 25. Oktober 1941 sichergestellt wurde, bedeutet dies, daß der Stellvertretende Reichsprotektor ab diesem Zeitpunkt von der Existenz des Spions René bestätigte Kenntnis hatte.

Heydrichs Brief an Bormann ist von größerer Bedeutung, als es auf den ersten Blick den Anschein hatte. Man kann sogar behaupten, daß er von grundsätzlicher Bedeutung für die Antwort auf die Frage ist, ob hinter dem Attentat Admiral Canaris, Chef der deutschen Abwehr, stand. In diesem Sinn haben westliche Publizisten dieses Problem schon etliche Male dargestellt, wobei sie von der Tatsache ausgingen, daß sich Heydrich und Canaris haßten. Weil Canaris – wie es hieß – in Diensten der englischen Spionage stand, hatte er sich – angeblich – dort das Attentat gegen Heydrich „bestellt“, um sich eines gefährlichen Gegners zu entledigen, der ihm dauernd auf die Fersen trat. Es klingt hübsch, aber der zitierte Ausschnitt aus Heydrichs Schreiben läßt anderes vermuten. Es geht aus ihm eindeutig hervor, daß erst nach Pavelkas Verhaftung durch die Gestapo am 25. Oktober 1941 festgestellt wurde, daß „ein bedeutender britisch-tschechischer Agent existiert, der unter dem Namen ‚René‘ arbeitet.“ Weil René bzw. A-54 oder Thümmel direkter Untergebener von Admiral Canaris war, sah sich dieser seit dem genannten Tag durch Heydrichs Nachforschungen bedroht, die in Thümmels Verhaftung am 27. Februar 1942 ihren Höhepunkt fanden. Wenn jene Kommission, die in London zwei Paraschutisten den Auftrag zu Heydrichs Liquidierung gab, Anfang März 1942 getagt hätte, könnte man voraussetzen, daß Canaris sämtliche Räder seiner Kontakte in Schwung gesetzt hätte, um sich seinen Gegner vom Hals zu schaffen. Wir aber wissen, daß die Kommission schon am 3. Oktober 1941 zusammenkam, als seine Position im Hinblick auf die Feststellung von Renés Existenz noch nicht geschwächt war. Aus diesem Grunde stützen sich alle Spekulationen westlicher Publizisten (auch einiger unserer Journalisten), daß hinter dem Attentat Canaris stand, nicht auf Tatsachen. Diese beweisen im Gegenteil, daß ab 25. Oktober 1941 Canaris von indirekter, ab 27. Februar 1942 von direkter Gefahr bedroht war. Dabei wurde der Befehl zum Attentat bereits am 3. Oktober 1941 erteilt.

Der Tag, an dem die Nazis (laut Heydrichs Schreiben) Paul Thümmel enthüllten, brachte für den tschsl. Nachrichtendienst in London einen schweren Schlag. Viele von Renés Berichten waren tatsächlich wertvoll und für die tschechische Widerstandsbewegung von Wichtigkeit. Er informierte z. B. darüber, wer sich als Spitzel betätigt, wem die Gestapo auf die Spur ist oder welche illegalen Wohnungen gefährdet sind. Dann aber kam es zu einem verhängnisvollen Ereignis. In der Nacht vom 3. zum 4. Oktober 1941 ermittelte die Gestapo mit Hilfe von fahrbaren Ortungsgeräten die Position des illegalen Senders, und es gelang ihr, die Funker Jindřich Klečka und Antonín Něměček zu ertappen. Es geschah in der Wohnung des Finanzbeamten Karel Prokop in Ninoniz, und der Kontakt mit London war abermals unterbrochen.

Paul Thümmel lieferte auch weiterhin Nachrichten, aber Morávek konnte sie nicht senden. Aus diesem Grunde schickte London ins Protektorat die Gruppe Silver A mit Bartoš, die den Sender „Libuše“ zur Verfügung hatte. So kam es zu jenem Flug in der Nacht vom 28. zum 29. Dezember 1941. Bartoš hatte die Aufgabe, mit Morávek und über ihn mit Thümmel in Verbindung zu treten. Schon am 19. Januar 1942 kam aus London eine für Bartoš bestimmte Depesche, in der Adressen angeführt waren, mit deren Hilfe Bartoš zu Morávek gelangen sollte. Im Telegramm heißt es:

„Sagt ihr (der Adressatin, an die sich Bartoš wenden sollte, Anm. d. A.), sie möge Euch mit Ota oder jedwedem Leiter des Widerstandes kontaktieren.“

Ota war Morávecks Deckname, einer von vielen.

Leider gab es bei diesen Anschriften nur Enttäuschungen. Anfang Februar meldet Bartoš nach London: „Trotz Angabe der Losungsworte schwören alle, von der Sache nichts zu wissen ..."

Bartoš' Aufgabe stand jedoch fest, wie es übrigens in einem Telegramm vom 39. Januar heißt:

„Neben Ihrer Hauptaufgabe, nämlich der Kontaktaufnahme mit einer militärischen Organisation, vergessen Sie nicht den Informationen betreffenden Bestandteil Ihrer Sendung, der in unserer derzeitigen Situation gleich wichtig ist ..."

In einer Depesche vom 11. Februar heißt es abermals:

„... Sie sind in Ihre Heimat geschickt worden, um den tschechischen Kontakt zwischen der auswärtigen und inländischen Gruppe wiederherzustellen. Zweck dieses Kontaktes ist einerseits die Vermittlung von Nachrichten über die Lage in der Heimat (politische, wirtschaftliche, kulturelle und konspirative Berichte), damit die Leitung im Ausland eine objektive Vorstellung von der materiellen und geistigen Lage unseres Volkes erlange, andererseits die Ermöglichung der Übergabe von politischen und militärischen Richtlinien und Instruktionen durch die ausländische Führung an die Heimat ..."

Auf welche Weise die Verbindung zwischen dem damals in Pardubitz wohnhaften Bartoš und Morávek schließlich hergestellt werden konnte, hat der Pardubitzer Zeuge bereits berichtet. Er erinnerte sich, daß Bartoš seine – des Zeugen – Gattin zu Frau Bočcková nach Prag geschickt hatte, die allerdings mißtrauisch war.

In einer Depesche vom 11. Februar meldet Bartoš:

„Bočková gefunden, aber auch sie ohne Reaktion auf Losungswort. Kennt weder einen Ota noch Vlk. Meiner Annahme zufolge sind militärische sowie politische Organisationen völlig desorientiert ..."

Einige Tage später – am 16. Februar 1942 – teilt Bartoš nach London mit:

„... Gruppen, die Ihr entsendet, sind bestens mit Geld und Kleidung auszustatten. Überaus geeignet erscheint ein kleiner Taschenrevolver und eine Aktenmappe, die hier schwer zu haben ist. Gift ist in einem geeigneteren (kleineren) Röhrchen vorzubereiten. Nach Möglichkeit sind die Gruppen in einem andern Gebiet abzusetzen als dort, wo sie tätig sein sollen, es erschwert die Nachforschungen der deutschen Sicherheitsorgane. Größte Schwierigkeiten gibt es im Hinblick auf Arbeit. Ohne Arbeitsbuch findet niemand eine Anstellung, wer dieses Buch hat, bekommt eine Arbeit vom Arbeitsamt zugeteilt. Besonders drohend wird die Gefahr der Arbeitspflicht in den Frühjahrsmonaten, somit besteht nicht die Möglichkeit, eine größere Zahl von Personen in den Arbeitsprozeß einzureihen, ohne sich dem Risiko des Verrates unseres ganzen Systems auszusetzen. Ich halte es darum für vorteilhafter, möglichst viele hiesige Personen auszunützen *und den Zugang neuer Personen auf das allerniedrigste nötige Maß zu beschränken.* ICE. (Hervorhebungen – d. A.)

Die Londoner Führung hat leider Bartoš' Anweisungen später nicht befolgt. Die Abkürzung ICE als Unterschrift stammt aus dem Stadtnamen PardubICE (Pardubitz).

Auch in einer Depesche vom 20. Februar wird gemeldet, daß „ein Besuch bei Frau Bočková wieder erfolglos blieb. Sie gibt zu, daß ihr Mann in England ist, von allem andern hat sie angeblich überhaupt keine Kenntnis. Einen Brief vom Dezember 1941 hat sie nicht erhalten, sie kennt auch keinen der ihr angeführten Offiziere und hat angeblich niemals von ihnen gehört. ICE."

Interessant ist ein Telegramm vom 24. Februar 1942, wo in einem Situationsbericht, der wahrscheinlich auf das amerikanisch-britische Debakel im Stillen Ozean und auch auf den erfolgreichen Gegenangriff der Roten Armee bei Moskau Bezug nimmt, gesagt wird:

„Die letzten Ereignisse haben bei der ganzen Nation eine neue Welle von Mißtrauen sowohl gegen England und Amerika als auch gegen Euch ausgelöst. Rußland und seine Armee ist unser aller einzige Hoffnung. Immer noch glaubt man an ein baldiges Ende des europäischen Krieges, der in Rußland entschieden werden wird, während die Geschehnisse im Westen mit einer gewissen Portion von Schadenfreude verfolgt werden ..."

Oder in einer für den Präsidenten Dr. Beneš bestimmten Depesche vom 15. und 16. April 1942 heißt es: „... und zu Ihrer Information fügen wir hinzu: Unter dem Volk verbreitet sich Unzufriedenheit mit England, dem zu Vorwurf gemacht wird: 1. Mißerfolge in Libyen, obwohl England im vorhinein die Vernichtung von Rommels ebenbürtiger Armee verkündet hat. 2. Unerhebliche Wirkung bei der Bombardierung Deutschlands. 3. Ungestörter Betrieb der Waffenfabriken im Protektorat, der bisher durch keinen einzigen Flugzeugangriff beeinträchtigt wurde. 4. Berlin völlig ruhig und unberührt durch Fliegerangriffe. 5. Abwesenheit gewichtiger englisch-amerikanischer Truppen an der russischen Front. 6. Verlust des gesamten Fernen Ostens. All das unterstützt die Aktivisten in der Anschauung, daß England für den von

Hitler offen vorbereiteten Krieg nicht gerüstet war und damit auch seine Unfähigkeit zur Führung Europas nach dem Krieg demonstrierte. Rußlands Kurs dagegen ist beträchtlich angestiegen, und der Glaube aller geht dahin, daß die Sowjets Deutschland besiegen werden. Dieser Umstand treibt die Agrarier, vor allem die begüterten, die um ihren Besitz fürchten, zur Mitarbeit mit den Deutschen. In dieser Richtung hat sich die Propaganda einzustellen. Falls Rußland nunmehr Mißerfolge haben wird, werden diese vom Volk vor allem Englands militärischen Mächten zur Last gelegt werden, die dies durch ihre ungenügende Unterstützung ermöglichten."

Anfang März 1942 gab Bartoš nach London bekannt, daß er auf eine Gruppe von Leuten gestoßen wäre, die Ota, also Morávek, kennen. Weil sie ihm nicht trauten, forderten sie ihn auf, durch den Londoner Sender folgendes verlauten zu lassen: „Die ganze Welt weiß, daß es deutsche Konzentrationslager gibt, vor allem Mauthausen und Auschwitz, wo zahlreiche tschechische Menschen zum Schweigen gebracht wurden. Für diese Grausamkeiten sind Hitler und seine Partner verantwortlich." Das war am 5. März 1942. Der Rundfunk brachte diese Sätze tatsächlich zur Ausstrahlung, und so teilte Bartoš am 14. März mit: „Aufgrund der Sendung vom Samstag und mit B.s Hilfe persönlicher Kontakt mit Ota aufgenommen ..."

Thümmels Nachrichten, die Morávek in Empfang nahm, konnten demnach wieder nach Großbritannien gesendet werden, und Bartoš' Vorgesetzte in England antworteten ihm:

„Durch die Kontaktaufnahme mit Ota haben Sie eine Ihrer Hauptaufgaben erfüllt, nämlich die Herstellung der Verbindung und Anbahnung der Zusammenarbeit mit ansässigen Organisationen. Ihr Vorgehen ist als unerschrocken, gewandt und planvoll zu bezeichnen. Wir sprechen Ihnen unseren Dank und Anerkennung aus ..."

Es schien demnach alles in bester Ordnung, und Thümmel arbeitete weiter. Allerdings wissen wir, daß Morávek von Bartoš (Deckname Motyčka) Fotografien der Paraschutisten erhalten hatte und entsprechende falsche Personalausweise anfertigen lassen sollte. Das konnten nur seine Mitarbeiter tun, und so vereinbarte Morávek für den 21. März 1942 einen Zusammenkunft, um ihnen die Fotos zu übergeben.

Damals kam es zu einer Tragödie.

Thümmel wurde – wie schon gesagt – Ende Februar von der Gestapo entdeckt, was Morávek anscheinend nicht wußte, auch wenn er ahnte, daß ihm selbst Gefahr drohte. Davon zeugt Moráveks Depesche vom 14. März nach London, in der er erwähnt, daß durch die Aussagen von „Vlk" (= Wolf) Franta gefährdet ist. Er macht auch darauf aufmerksam, daß „unten ein Verräter säße", was „das Ende unseres Informanten" bedeuten könnte. Franta jedoch wollte bis zum letzten ausharren, auch wenn seine Flucht in die Türkei oder die Schweiz erwogen wird. Hier stimmt etwas nicht überein. Laut Heydrichs Schreiben an Bormann wurde Thümmel bereits am 27. Februar überführt, Moráveks Depesche an London vom 14. März jedoch spricht davon, daß F. gefährdet ist, und eine Depesche vom 20. März – also einen Tag vor Václav Moráveks tragischem Tod – erwähnt, daß Franta auf einer Reise ist.

Diese „Reise" konnte immerhin auch Verhaftung bedeuten. Zu jener Zeit nämlich war Thümmel tatsächlich bereits in Haft.

Die Gestapo hatte ihn zum ersten Mal am 13. Oktober 1941 gefaßt, es kam zur Konfrontation mit „Vlk", dem verhafteten tschsl. Offizier Churavý, der angeblich behauptete, daß Thümmel nicht „Franta-René" wäre. Und so wurde Ende November 1941 Thümmel wegen Mangels an Beweisen in Freiheit gesetzt. Der Gestapomann Abendschön verdächtigte ihn weiter. Thümmel hatte gestanden, daß er Morávek kenne, dabei jedoch ausgesagt, daß er von ihm wichtiges Spionagematerial im Interesse des Reiches erhalten habe, so daß es angebracht sei, ihn nicht zu verhaften. Abendschön aber glaubte ihm nicht, und so gab „René-Franta", d. h. Thümmel, der Gestapo Moráveks Adresse bekannt. Zuvor hatte er ihn allerdings gewarnt.

Ein Handstreich der Gestapo gegen Morávek ging abermals daneben.

Zum zweiten Mal wurde Thümmel im Februar 1942 verhaftet. Abendschön hatte bereits Dokumente in Händen, die bestätigten, daß Thümmel verschiedene Angelegenheiten sowohl der Gestapo als auch seinem Amt, d. h. der Abwehr, verheimlicht. Abendschön war der festen Meinung, daß Thümmel für London tätig sei.

Thümmel verteidigte sich wiederum damit, daß er für die nazistische Spionage eine Sache von großem Format vorbereite und aus diesem Grunde seine Kontakte mit Morávek verschwiegen habe, was er so lange zu tun gedenke, bevor er nicht Moráveks ganzes illegales Netz aufgedeckt hätte.

Bei etlichen Gestapo-Funktionären fand er fast Glauben, seine Ausführungen schienen überzeugend. Sie trugen ihm deshalb auf, mit Morávek in einem Durchgang am Wenzelplatz ein Zusammentreffen zu vereinbaren, bei dem Morávek – ohne Rücksicht auf seine weiteren Kontakte – verhaftet werden sollte.

Thümmel erklärte sich zum Schein bereit, aber Morávek kam nicht.

Die Lage reifte heran: Thümmel – ebenfalls zum Schein – freigelassen, erhielt den Auftrag, mit Morávek eine weitere Zusammenkunft zu vereinbaren. Damit er ihn vorher nicht warnen konnte, übernachtete der Gestapomann Scharf – nomen est omen! – bei ihm. Er schlief in der Nähe der Tür, aber Thümmel gelang es, aus dem Fenster zu entkommen und alles Nötige zu veranlassen.

Damals kamen auch jene Gestapoleute, die zuvor seiner Verteidigung Glauben geschenkt hatten, zu der Ansicht, daß er ein Verräter wäre. Sie befahlen ihm, Morávek in seine Wohnung zu lokken, wo sie ihn verhaften würden. Thümmel zeigte sein Einverständnis, machte sie jedoch darauf aufmerksam, daß Morávek sich nur dann einfinden werde, wenn er – Thümmel – ihm zur Straßenbahn entgegenkäme. Als er dann allein, ohne Morávek, zurückkehrte, sagte er den überraschten Gestapoleuten, daß Morávek seine Einladung abgelehnt habe, weil er an diesem Tag keine Zeit hätte, daß er jedoch mit ihm für den nächsten Tag eine Begegnung vereinbart habe.

Abenschön verlor die Geduld und verhaftete „Franta" von neuem. Geschehen am 20. März; der kommende Tag brachte den Höhepunkt der Tragödie.

Heydrich schreibt darüber an Bormann, daß angeblich bei Verhören einiger Mitarbeiter Morávеks festgestellt wurde, daß es am 21. März 1942 um 19 Uhr in einem Prager Park – oberhalb der Remise in Streschowitz – zu einem Zusammentreffen Morávеks mit seinem Kontaktmann kommen sollte. Darum ließ Heydrich schon vor 19 Uhr den ganzen Park besetzen. Und man wartete. Wird diese Kontaktperson erscheinen?

Um 19.10 Uhr kam ein Mann und wurde trotz heftiger Gegenwehr festgenommen; er wollte seine Waffe benützen, woran er gehindert und zugleich seine Flucht unmöglich gemacht wurde. Gleich an Ort und Stelle wurde er verhört und festgestellt, daß er mit jemandem für 22 Uhr eine Zusammenkunft vereinbaren sollte, weil Morávek um 19 Uhr nicht kommen konnte.

Und hier wollen wir uns an die Worte erinnern, die Leon Morávek jener Frau sagte, die von seiner Unterkunft in Smichow erzählt hatte. Morávek schloß daraus, daß er in eine vorbereitete Falle gehen sollte. Ursprünglich war er mit jemandem für 19 Uhr verabredet. Mit wem wohl? Das Treffen sollte unweit von Thümmels Wohnung stattfinden. Weil er Verrat befürchtete, schickte Leon eine Kontaktperson, die dem Betreffenden mitteilen sollte, daß er nicht um 19 Uhr, sondern erst um 22 Uhr käme.

Es scheint jedoch, daß er sich nur überzeugen wollte, ob die Zusammenkunft nicht der Gestapo verraten worden wäre.

Heydrich schreibt, daß „etwa um 19.15 Uhr, als meine Beamten den Verhafteten abführten, aus einem Seitenweg unerwartet Morávek auftauchte und im gleichen Augenblick, da er den verhafteten Vertrauensmann erblickte, das Feuer eröffnete, das sofort erwidert wurde".

Leon wollte seinem Kameraden helfen und gab etwa fünfzig Schüsse ab, aber – so Heydrich – er traf niemanden. Die Polizisten dagegen – abermals laut Heydrich – waren erfolgreich. Sie schossen Morávek in die Wade und den Schenkel, insgesamt hatte er zehn Schußwunden. Als er sah, daß er umzingelt und eine Flucht unmöglich war, erschoß er sich.

Bei seinem Fluchtversuch verlor er einen Schlüsselbund und warf eine Aktenmappe von sich. In ihr befanden sich angeblich außer chiffrierten Dokumenten und Rundfunkdepeschen aus London auch Fotografien von Paraschutisten, die er von Bartoš bekommen hatte.

Einer anderen Version zufolge spielte sich alles so ab: Leon ging mit dem Kontaktmann – vielleicht sollte er, „Freier" genannt, von Morávek die Fotos übernehmen – auf seine Wohnung zu, plötzlich merkten sie, daß die ganze Umgebung umzingelt war, so daß Morávek versuchte, auf eine vorbeifahrende Straßenbahn aufzuspringen, es kam jedoch zu einem Schußwechsel mit dem gleichen Ende; die Aktenmappe fiel in die Hände der Gestapo.

Eine weitere Version berichtet, daß der „Freier", mit richtigem Namen Řehák, zu Thümmels Villa allein gegangen sei, dort habe er jedoch auf dem Gehweg nicht das verabredete Signal vorgefunden: ein kleines Kreidekreuz – Thümmel war ja schon verhaftet. Und so machte sich Řehák auf den Rückweg, wurde dabei von der Gestapo überfallen und verhaftet.

Interessant ist die Aussage eines Augenzeugen von Morávek Selbstmord. Er erinnert sich, daß er am Spätnachmittag, keineswegs abends (womit die Zeitangabe in Heydrichs Brief an Bormann widerlegt erscheint), spazierenging und plötzlich auf der Staubbrücke sah, wie aus der fahrenden Straßenbahn Nr. 20 ein erregter Mann sprang, ihm nach zwei Zivilisten, die auf den Flüchtenden das Feuer eröffneten. Er schoß zurück, wurde jedoch gleich darauf verletzt und tötete sich unweit der Brücke selbst durch einen Schuß.

Auch eine Augenzeugin, die aus ihrem Büro nach Hause ging, erzählte ungefähr das gleiche. Weil sie ihren Arbeitsplatz um 17 Uhr verlassen hatte, konnte sie bei der Staubbrücke maximal um 17.45 Uhr angelangt sein. Heydrich sind demnach bei der Zeitangabe und auch bei der Beschreibung der konkreten Situation Irrtümer unterlaufen.

Das also war das Ende Václav Moráveks, des tapferen Kämpfers Leon oder Ota. Paul Thümmel befand sich lange in Haft und wurde gegen Kriegsende, angeblich in Theresienstadt, hingerichtet. Er wußte zuviel, und seine Spionagetätigkeit hatte auch in das internationale Geschehen eingegriffen.

Welche Auswirkungen hatte der Fall Thümmel auf die Pläne der Paraschutisten?

Er hat die Bartoš-Gruppe unmittelbar gefährdet. Die Gestapo hatte jetzt Fotografien von Männern in Händen, deren Namen ihr zwar nicht bekannt waren, aber auf der Rückseite der Bilder befand sich der Name des Pardubitzer Geschäftes, das die Fotos angefertigt hatte. Die nazistische Maschinerie setzte sich also Richtung Pardubitz in Bewegung.

Der zweite Monolog des Chemieprofessors

Unsere Situation verschlimmerte sich. Die von der Gestapo verfolgte Spur führte zur Gruppe Bartoš, und darum reiste „Tante" Moravcová sofort nach Pardubitz, um hier die Nachricht von Moráveks Tod zu überbringen und damit auch von der unmittelbaren Gefahr für Silver A.

Die Gestapo in Pardubitz hatte unter den ihr vorliegenden Fotografien nur Valčík erkannt. Das ist doch der Kellner vom Hotel „Veselka", sagten sie sich und gaben unter der Zusicherung einer Belohnung die genaue Beschreibung des Kellners Šolc der Öffentlichkeit bekannt.

Von den übrigen Leuten, über die sie aus Moráveks Aktenmappe erfahren hatten, wußten sie nichts. Sie ahnten, daß es Paraschutisten waren, aber Genaueres war ihnen nicht bekannt.

Valčík, dem Gefahr drohte, wurde von Bartoš nach Mähren geschickt, später kam man überein, ihn in Prag unterzubringen, wo er eher einer unerwünschten Aufmerksamkeit entgehen konnte. Er war schon früher oft dort gewesen, manchmal auch über Nacht, diesmal jedoch ging es um einen dauernden Aufenthalt.

Auch Potůček und Bartoš waren gewissen Gefahren ausgesetzt. Ihre Fotos – ohne Namensnennung – hatten sämtliche Gestapobehörden in Böhmen und Mähren in Händen, und sie waren beauftragt, nach diesen Männern zu fahnden.

Valčík hatte sein Äußeres geändert: Die blonden Haare ließ er sich dunkel färben, und unter der Nase trug er einen kleinen schwarzen Schnurrbart. In Prag kam er zuerst mit Zelenka zusammen, der ihn, den man jetzt Zdenda nannte, zu Frau Moravcová schickte. Weil deren Wohnung zum Mittelpunkt aller Arbeit und sämtlichen Unternehmungsgeistes geworden war, konnte keiner der Paraschutisten sich hier längere Zeit aufhalten. Darum führte die „Tante" nach einigen Tagen Zdenda zu einem Eisenbahner. Zu dieser Zeit waren Kubiš und Gabčik bereits mit den Vorbereitungen zu dem Attentat beschäftigt, und so war es mehr als selbstverständlich, daß Valčík, der voller Tatendrang nach Prag gekommen war, ihnen zu helfen begann. Sie beschafften ihm eine fingierte Beschäftigung als Vertreter der Kunstwarenhandlung Topič, und so konnte er ungehindert in der Stadt umhergehen.

Ich lebte damals ständig unter dem Namen Aleš als Offizier i. R., der wahre Träger dieses Namens war ins Ausland geflüchtet, hatte mich aber zuvor noch mit Morávek bekannt gemacht. Neben diesem Namen benützte ich die Decknamen Sklenář, Dr. Vladimír Šimek, Bural oder Vačlav Zajíc (mit diesem hatte ich eigentlich angefangen) und selbstverständlich auch Jindra.

Alle drei Männer – Kubiš, Gabčík und Valčík – fuhren fast täglich in Richtung Jungfern-Breschan, wo Heydrich seinen Sitz hatte. Sie überprüften die Umgebung, jeden der kleinen Wälder, alle Straßenbiegungen, Straßengraben und Kurven. Das Schloß in Jungfern-Breschan hatte Heydrich renovieren lassen, ohne dabei weder mit Reichsmark noch mit den Kräften der Juden hauszuhalten, die auf Wunsch seiner Frau Lina hier arbeiteten. Sie verhielt sich ihnen gegenüber recht grausam.

Über die Tätigkeit der drei Burschen bekamen wir regelmäßig Nachrichten. Seit der Zusammenkunft mit Kubiš, von der ich schon berichtete, hatte sich vieles geändert. Man begann nämlich, über die einzelnen Eventualitäten eines Angriffs auf Heydrich ernsthafte Erwägungen anzustellen.

Über den Sinn eines Attentates konnten wir verschiedene Ansichten haben (was auch der Fall war), aber sobald einmal der Befehl zu dessen Durchführung erteilt war, mußte dies als militärische Order aufgefaßt werden, und unsere Pflicht war es, zu seinem Gelingen beizutragen. Insgesamt wurden drei Varianten des Planes ausgearbeitet. Laut der ersten sollte es zu einem Angriff auf Heydrichs Eisenbahn-Salonwaggon kommen. Ich weiß, es klingt ziemlich romantisch, aber wir hatten alles bestens durchdacht, den Plan in Gemeinschaft mit einem Eisenbahner abgesprochen. Einige zuverlässige Leute sollten uns den genauen Zeitpunkt der Fahrt von Heydrichs Zug bekanntgeben, der Lokomotivführer, der in den Plan eingeweiht war, würde ihn zum Halten bringen und die Attacke der Paraschutisten nachfolgen.

Wir lehnten dann dieses Vorhaben aus zwei Gründen ab: Vor allem erschienen uns nach Erkundungen des Terrains weder die Strecke noch der Bahndamm und die Böschung als besonders geeignet; ausschlaggebend für den Verzicht auf diesen Plan jedoch war, daß der Maschinenführer versetzt wurde und Heydrichs Zug nicht mehr bediente.

Wir mußten andere Möglichkeiten in Betracht ziehen.

Ein zweiter Plan rechnete mit der Landstraße bei Jungfern-Breschan. Aus diesem Grunde fuhren die Männer so oft dorthin, daß sie alles auch mit geschlossenen Augen erkannt hätten. Zelenka-Hajský kam mit dem Einfall, ein festes Seil, am besten aus Stahl, zu beschaffen und es kurz vor der Ankunft von Heydrichs Auto über die Straße zu spannen. Der Wagen würde anstoßen, und die Männer könnten diesen Augenblick der Überraschung ausnützen. Das Seil war dann da, genügend lang und fest, die Burschen probierten es einige Male aus, aber immer wieder kamen ihnen Bedenken. Das Gelände um Jungfern-Breschan herum schien ihnen nämlich ungeeignet. Es gab nichts, wo man sich verbergen und wohin man flüchten konnte. Hier einen Angriff zu unternehmen, bedeutete zu neunzig Prozent Selbstmord. Kubiš und Gabčík sprachen oft in diesem Sinn darüber, später debattierte mit ihnen auch Valčík. Sie hatten genau berechnet, wo jeder von ihnen stehen und was er zu tun haben werde. Einer von uns bekam die Aufgabe, bei der Firma Odkolek einen Wagen zu beschaffen, der ohne Nummernschild abseits stehen und mit den Männern wegfahren sollte. Allerdings: Würden nicht nach dem Angriff telefonische Anweisungen aus Jungfern-Breschan zur Umzingelung des ganzen Gebietes ausgegeben werden? Wenn der Wagen nicht rechtzeitig verschwinden wird, kann dies unvorhersehbare Folgen haben.

Mit der Aussicht auf solche dramatischen Umstände hatten wir auch Plan Nr. 2 endgültig verworfen.

Und somit schließlich kam der dritte Plan in Betracht.

Wir gingen von der Voraussetzung aus, daß die Attentäter genügend Zeit zur Flucht haben werden, sofern der Anschlag an einem Ort mit viel Häusern und Straßen zustande kommen sollte. Panik wird ausbrechen, die Straßenbahnen werden ihre Fahrt wenigstens vorübergehend unterbrechen, und bei allem Tumult sollte den Burschen die Flucht gelingen. Es leuchtet jedem – auch einem Laien – ein, daß auf einer geraden Straße, wo Heydrichs Wagen mit erhöhter Geschwindigkeit fahren kann, die ganze Aktion schwierig wäre. Es mußte deshalb auf dem Weg von Jungfern-Breschan nach Prag, den der Protektor tagtäglich befuhr, eine Biegung gefunden werden, vor welcher der Fahrer Gas abnimmt und ein wenig die Bremse betätigt. Der Wagen wird seine Fahrt verlangsamen, womit der rechte Augenblick gekommen sein wird. Wenn Sie sich den Stadtplan ansehen, stellen Sie sofort fest, daß eigentlich die einzige entsprechende Stelle die Straßenkrümmung in Kobilis ist, da, wo sie in eine Haarnadelkurve übergeht. Es war in einer Prager Vorstadt mit einem Gewirr von Gäßchen mit Villenbauten, in der Nähe weder eine Kaserne noch eine Polizeistation – mit einem Wort: ein Ort wie geschaffen . . .

Die Jungens hatten ihn mehrmals besichtigt und waren zufrieden. Sie vereinbarten, Fahrräder zu benützen, die sie unweit angelehnt stehen lassen würden, und besprachen auch die einzelnen Fluchtwege. Alles schien in bester Ordnung.

Aber noch ein wichtiger Punkt mußte in Erfahrung gebracht werden: genaue Angaben über Heydrichs Abfahrten aus Jungfern-Breschan und seine Ankünfte auf der Prager Burg. Die Jungens konnten doch nicht jeden Tag und den ganzen Tag über hier herumstehen, aber wir mußten fast auf die Minute genau wissen, um welche Zeit der Protektor von seinem Sitz abfährt, um wieviel Uhr er die Krümmung in Kobilis passiert und wer ihn begleitet.

Darum brauchten wir Kontakt zu jemandem, der direkt auf der Prager Burg beschäftigt war, zu einem zuverlässigen Menschen, der überall Zutritt hat.

Sofern Sie die vom Kleinseitner Platz zur Prager Burg führende Nerudagasse kennen: Von ihrer Biegung unterhalb der Burg geht zur „Brandstätte" (Pohořelec) eine Úvoz (Holzweg) genannte Gasse. Alte historische Häuser, bemooste Dächer und Miniaturwohnungen.

Hier hatte ein gewisser Josef Novotný einen kleinen Uhrenladen. Ich war oft zu Besuch bei seinem Bruder, Dr. Kamil Novotný, der über ihm im ersten Stock wohnte. Wir kamen hier zu geheimen Beratungen mit Widerstandskämpfern zusammen, zum Beispiel mit dem Maler Otík Mrkvička und anderen. Um nicht aufzufallen, betrat ich den Laden und ging durch ihn und die Küche zu den Stiegen in den ersten Stock. Aber ich habe noch nicht das Wichtigste erwähnt: Josef Novotný war seit vielen Jahren offizieller Burg-Uhrmacher.

Begreifen Sie, was das für wunderbare Möglichkeiten bot? Die Deutschen hielten seine Tätigkeit nicht für so wichtig, um ihn durch einen ihrer eigenen Leute zu ersetzen, und so ging Josef auf der Burg aus und ein, reparierte Turm-, Taschen und Armbanduhren und hielt dauernd die Augen offen. Ich sagte ihm immer wieder, er möge nicht auf sich aufmerksam machen, stets zuvorkommend und diensteifrig sein, und so brachte er im Interesse der Sache den deutschen Burgbeamten und Offizieren ihre Uhren – auch wenn es ihm widerstrebte – unentgeltlich in Ordnung. Dafür klopften sie ihm gelegentlich auf die Schultern, dachten sich dabei etwas von einem blöden Tschechen, der die Reparaturen umsonst machte, aber nicht einmal im Traum fiel ihnen ein, daß dieser Uhrmacher uns wichtige Nachrichten vom Geschehen auf der Burg überbringt.

Er teilte sie uns persönlich oder durch Vermittlung seines Bruders Kamil mit.

So kam es auch, daß wir genaue Angaben über Heydrichs Ankünfte auf der Prager Burg erhielten und mit Hilfe unseres Informanten über alle seine Schritte Bescheid wußten. Josef war sogar einmal nach Jungfern-Breschan eingeladen worden, um dort etwas in Ordnung zu bringen, und so hatten wir Nachrichten auch von dort. Ich erinnere mich, wie farbenreich er die Einrichtung der dortigen Räumlichkeiten schilderte, wobei er auch nicht Frau Heydrichs prächtiges Badezimmer vergaß. Er war es auch, der uns die Nachricht überbrachte, daß Heydrich am Mittwoch, dem 27. Mai, zu Hitler fliegen sollte. Kurzum: Er gehörte zu unseren besten Mitarbeitern. Mit seinen Informationen konnte ich die Angaben ergänzen, die Zelenka-Hajský bekam. Wenn ich mich gut erinnere, hatten wir auf der Burg noch einen Kontaktmann, mit dem ich jedoch nicht in Verbindung stand. Dieser Mann kam auch mit Kubiš und Gabčík zusammen, gab Nachrichten an Zelenka weiter und war bei der Verwaltung der Burgbauten angestellt. Auf diese Art und Weise verlief das seltsame Frühjahr 1942. Wir standen vor einer großen Aufgabe, und ich dachte darüber nach, ob wir eine gute und nutzbringende Sache vorbereiten.

Je näher der „Tag X“ rückte, um so mehr schwand meine Überzeugung von der Richtigkeit unseres Tuns.

Der zweite Monolog der Frau aus dem Mietshaus in Veitsberg

Ich habe „den Stummen“ getroffen, pflegte mein Mann von Herrn Zelenka zu sagen, der nämlich schweigen konnte wie selten jemand. Wir haben uns ab und zu gesehen, aber er tat, als ob zwischen uns nichts wäre. Er grüßte, sprach über das Wetter und ging weiter. Er wollte nicht, daß die Burschen ihn in seiner Wohnung aufsuchten, und so kamen wir alle öfter bei uns zusammen. Herrn Zelenka machte es keine Schwierigkeiten, er ging einfach, nachdem er sich vorsichtig umgesehen hatte, zwei Stockwerke tiefer und schlüpfte im Erdgeschoß schnell wie eine Maus zu uns.

Eines Tages kam er, ohne daß etwas verabredet war. Ich weiß nicht mehr, wann das war.

„Herr Meister“, sagte Zelenka zu meinem Mann, „könnten Sie mir einen kleinen Dienst erweisen?“

„Warum nicht?“

„Ich möchte, daß Sie auf die Burg fahren.“

„Auf die Burg?“

„Ja. Sie fragen nach einem Herrn Šafařík, der dort als Tischler arbeitet. Er soll Ihnen sagen, ob er sich noch erinnert, welcher Lehrer ihn einst in der Schule unterrichtete. Wenn er Ihnen meinen Namen sagt, bestellen Sie ihm, daß ich sehr gern mit ihm sprechen möchte, und vereinbaren Sie eine Zusammenkunft. Es ist sehr wichtig, worum ich Sie da bitte.“

Mein Mann war einverstanden, ließ sich den Betreffenden noch genauer geschreiben und fuhr zur Burg. Aber er hatte Pech, man sagte ihm, daß der Tischler erkrankt sei. Sie gaben ihm die Adresse, und so suchte er ihn in dessen Wohnung in Wokovitz auf. Aber dort traf er nur die Frau an, die ihm sagte, daß ihr Mann kurz zuvor zur ärztlichen Kontrolle gefahren war.

Die Angestellten der Burg hatten ihren Arzt auf dem zweiten Burghof. Meinem Mann blieb also nichts anderes übrig, als zurück zur Burg zu fahren, wo er diesen Menschen tatsächlich im Wartezimmer vorfand. Er stellte ihm die betreffende Frage, und der

Mann sagte: „Wer mich unterrichtet hat? Na doch, ein gewisser Zelenka.“ Die Antwort ließ darauf schließen, daß alles seine Richtigkeit hatte, und so fragte ihn mein Mann, ob er – der Tischler – irgendwann auf den Kleinseitner Platz kommen könnte, wo ihn sein ehemaliger Lehrer Zelenka erwarten und mit ihm sprechen möchte. Sie verabredeten das Datum, dann ging jeder seiner Wege. Herr Zelenka hat meinen Mann sehr gelobt. Für welchen Tag sie die Zusammenkunft auf der Kleinseite vereinbart haben, weiß ich nicht mehr. Aber ich erinnere mich, daß Zelenka den Wunsch hatte, die beiden Burschen – Kubiš und Gabčík – mitzunehmen.

Sonst hatten wir mit diesem Tischler nichts mehr zu tun.

Der Tischler erinnert sich

Den Herrn Oberlehrer Zelenka habe ich gekannt, natürlich erinnere ich mich an ihn. Er hat mich in der 5. Klasse der Volksschule unterrichtet, die ich in Libotz bei Prag besuchte, erst später ist er ins Grenzgebiet übergesiedelt.

Ja, und ich erinnere mich auch, daß er für Libotz Fußball gespielt hat und ein sehr strenger Lehrer war. Ich habe dann das Tischlerhandwerk erlernt und Zelenka viele Jahre nicht mehr wiedergesehen. Erst in jenem Winter 1942.

Ich war damals auf der Prager Burg angestellt, reparierte Möbel und alles andere, was nötig war, und als ich eines Tages über den Burghof ging, sah ich plötzlich den Zelenka. Ich habe ihn sofort erkannt, auch wenn er etwas abgemagert war und der Mantel um seinen Körper schlotterte, und er rief: „He du! Dich hab' ich doch unterrichtet!“

Und schon hat er gefragt, wie es mir geht, aber was konnte ich darauf antworten? „Wie allen andern“, sagte ich, „die Deutschen sind da und mit ihnen böse Zeiten gekommen.“

Zelenka hat zugestimmt und begonnen, mich auszuhorchen, wie ich über die heutige Lage denke. Und über Heydrich. Wieder so eine Frage, als würde er mich in der Schule prüfen. Ich sagte darauf: „Was möchten Sie denn?“ Der Herr Oberlehrer lachte, duzte mich und sagte, ich soll auch du zu ihm sagen. „Das geht doch nicht, Sie sind mein Lehrer“, meinte ich, aber Zelenka hat vorgeschlagen, daß er sich als mein Schwager ausgeben wird, den ich natürlich duzen kann.

„Und komm mit mir ein Bier trinken!" hat er mich eingeladen.

Dann ist er gegangen, aber kurz darauf habe ich ihn wieder getroffen. Und wieder diese Reden über die heutige Lage und daß man etwas unternehmen muß. „Den größten Schaden bereitet uns Heydrich, der sollte verschwinden", sagte er.

Ich bin erschrocken und habe gesagt: „Damit will ich nichts zu tun haben, ich hab' ein kleines Kind! Die Deutschen kennen kein Erbarmen." Zelenka hat gestutzt und dann gesagt: „Also, dann überleg' es dir noch. Du könntest mir helfen, auf dich wird kein Verdacht fallen."

Weil ich auf der Burg mit Möbelreparaturen beschäftigt war, hatte ich überall Zutritt. Einige Tage lang habe ich hin und her überlegt, dann sagte ich mir, daß ich eine Sau wäre, wenn ich nicht helfen würde. Bald darauf erschien im Warteraum des Burgarztes ein Mann, der sagte, ein Herr Oberlehrer habe ihn geschickt, um mich zu fragen, ob ich mich noch erinnere, wer mich unterrichtet hat.

„Natürlich! Zelenka", sagte ich, und so sind wir uns einig geworden. Wir haben ein Zusammentreffen vereinbart. Zuerst auf dem Kleinseitner Platz, wohin mit dem Herrn Oberlehrer noch zwei Männer kamen, heute weiß ich, daß es Kubiš und Gabčík waren, dann wieder in dem Park hinterm Museum und schließlich einmal im Wirtshaus „Zu den drei Katzen".

Sie wollten immer nur wissen, wann Heydrich auf die Burg kommt, die genaue Zeit seiner Ankunft am Morgen und der Abfahrt abends, und ob er in Begleitung fährt. Sie haben mir Geld angeboten, aber das hat mich beleidigt, und ich habe es abgelehnt. Nur meine Meinung habe ich ihnen gesagt: daß mir das alles nicht gefällt und nach einem Strick um den Hals aussieht.

Aber sie haben mich beruhigt, und der eine von ihnen, Morávek, hat gesagt: „Schau mal, Franta! Zu Haus kein Wort von allem, uns genügt, wenn du uns etwas an die Hand gehst und zum Beispiel zeigst, wo er seinen Wagen besteigt. Wenn wir ihn zur Strecke bringen, wirst du ohnehin nicht dabeisein." Sie sind oft mit Mädchen herumgezogen, und ich habe sie gewarnt, daß sie von ihnen verraten werden könnten. Aber sie haben geantwortet, ich soll keine Angst haben, wenn sie mit Frauen beisammen sind, ist das nicht so auffällig, als wenn sie allein herumlungern würden.

Die eine hatte schwarzes, die andere blondes Haar.

Einmal zeigte ich den Burschen, wo Heydrich täglich aus seinem Wagen steigt. Sie besprachen untereinander, daß sie sich hinter einer Ecke verstecken und ihm vor dort aus eine Kugel verpassen wollten, aber ich hatte ihnen gesagt, daß sie nach dem Attentat kaum mehr die Burg werden verlassen können. Und so haben sie die Nerudagasse unterhalb der Burg besichtigt, wo eine geeignete Krümmung ist, dann auch die Serpentine beim Friedhof in Libotz, die Heydrich bei Fahrten zum Flugplatz passierte.

Sie verlangten, daß ich ihnen diese Zeitangaben schriftlich übergebe. Ich habe sie also zum Zelenka nach Veitsberg gebracht, aber das war von einem Ende der Stadt zum andern, von der Burg also viel zu weit, und so habe ich dem Herrn Oberlehrer gesagt, ich möchte nicht mehr nach Veitsberg fahren, und er soll es anders einrichten. Was er auch getan hat. Die Freundinnen von Kubiš und Gabčík wohnten unter den Schloßstiegen, also fast unterhalb der Burg, in der Sonnenbergstraße Nr. 2. Ich kam, klopfte ans Fenster, es öffnete sich, meistens war es die Schwarzhaarige, die den Umschlag von mir übernommen hat und hinter der sich manchmal einer der Burschen zeigte. Ich habe kein Wort gesagt und war weg. Auf ein Blatt Papier in dem Kuvert habe ich immer die bestimmte Uhrzeit geschrieben, zum Beispiel „9 Uhr – 5 Uhr nachmittags. Mit ihr." Oder „ohne". Die Zahlen bedeuteten die Stunden, in denen Heydrich auf die Burg kam oder von dort abfuhr. Die Wörtchen „mit ihr" oder „ohne" haben bedeutet, ob er von einem Wagen begleitet, also mit einer Suite, oder allein fuhr.

Wie oft ich in diesem Fenster einen solchen Umschlag abgegeben habe, erinnere ich mich nicht mehr.

Erst lange nach dem Krieg habe ich erfahren, daß die zwei Frauen Kovarníková und Soukupová hießen, daß es Schwestern waren und daß beide von den Nazis hingerichtet worden sind. Sie haben nichts verraten – und so haben sie mir das Leben gerettet. Der Verwalter des Hauses, in dem sie wohnten, hat sie angezeigt.

Von den Kameraden Kubiš und Gabčík weiß ich nichts und hatte auch keine Ahnung, daß es mehrere dieser Paraschutisten gab, daß die einzelnen Gruppen bestimmte Namen hatten und daß im Frühjahr 1942 noch weitere abgesprungen sind.

Meine Aufmerksamkeit war nur auf Heydrich gerichtet, ich habe seine Ankünfte und Abfahrten notiert und diese Angaben in die Sonnenbergstaße gebracht. Das war alles.

Der dritte Monolog der Frau aus dem Mietshaus in Veitsberg

Und dann kam der Frühling. Von Zeit zu Zeit tauchte bei uns in Begleitung des Herrn Zelenka ein Unbekannter auf, der bei uns übernachtete und dann sofort wieder weitergeschickt wurde. Einmal kam er, blieb über Nacht und wurde am nächsten Tag von Frau Moravcová abgeholt. Als ich dann das Bett machte, habe ich unter dem Kopfkissen einen Revolver gefunden. Ich hatte Angst, ihn anzurühren, damit er nicht losgeht, aber mein Mann lachte über meine Dummheit und sagte, man muß erst abdrücken, sonst macht er nichts. Und so habe ich die Waffe vorsichtig in ein Taschentuch verpackt und zu Frau Moravcová getragen. Angeblich hat der Bursche Bublík geheißen. Einmal, als eben zwei Feiertage hintereinander waren, ich weiß nicht mehr, ob Ostern oder der 1. Mai, kam Zdenda, ich meine Valčík, und hat gesagt:

„Da bring' ich euch einen Gast, einen Kameraden von mir."

Ich habe ihnen Kaffee gekocht, und Herr Zelenka hat Zdendas Freund bei uns gelassen, damit er ein paar Tage hier schlafen kann. Er hat etwas mit seinem Bein gehabt, vielleicht war es verletzt worden beim Absprung aus dem Flugzeug. Stellen Sie sich nur vor: Er hat Zelinka geheißen, was wir manchmal mit Herrn Zelenka verwechselt haben. Als er sich bei uns heimisch zu fühlen begann, erzählte er, daß seine Gruppe auseinandergefallen war. Nach seinem Absprung und der Landung hat er ein Pferd wiehern gehört, sich aus Angst versteckt und nicht gerührt, um sich nicht zu verraten. Was dann aus seinen Kameraden geworden ist, wußte er nicht. Er hat viel Geld mitgebracht, um die 45 000 Reichsmark, es war ein schöner Haufen, den er da bei uns vor Herrn Zelenka auf den Tisch gelegt hat. Der hat einen Bruder gehabt, der in einer Bank in der Hibernergasse angestellt war und ihm angeblich später die Mark gegen Protektoratsgeld umgetauscht hat.

Der Neue – ich meine den Zelinka, der vielleicht Švarc hieß, wie wir später erfahren haben – hat von Herrn Zelenka irgendeine Arbeit verlangt, weil er angeblich nicht gewöhnt war, untätig zu sein. Aber der Herr Oberlehrer hat gesagt, daß Zelinka zuerst wieder gesund sein muß. Er hat also sein Bein heilen lassen, und als es dann halbwegs wieder in Ordnung war, haben wir ihn zu Spaziergängen auf den St. Veitsberg mitgenommen, wo ein Park ist. Wir sind immer ein Stück gegangen und haben uns dann wieder auf eine Bank gesetzt. Er war ein braver Bursche. Einmal hat er in die Tageszeitung Národní politika ein Inserat gegeben – warten Sie, wie war denn der Text . . .? Ich glaube so: „VERLOREN WURDE IM SCHWARZEN BRÄUHAUS EIN RING." Das Schwarze Bräuhaus war ein Prager Restaurant.

Und er hat auch regelmäßig die Seite mit den Anzeigen gelesen und ein bestimmtes Inserat gesucht, machmal habe ich ihm dabei geholfen. Es sollte da jemand eine alte Geige kaufen oder verkaufen wollen, was das für einen Sinn hatte, kann ich Ihnen nicht sagen.

Einmal im Mai kam Kubiš, um Zelinka-Švarc mitzunehmen. Er sollte öfter die Wohnungen wechseln, um nicht aufzufallen. Und so hat Zelinka seine Sachen gepackt, viel war es ja nicht, eine Tasche mit Wäsche, und ist gegangen.

Kubiš hat uns dann erzählt, daß Zelinka in der Nähe des Karlsplatzes im Appartement eines Bankbeamten gewohnt hat. Aber Zelinka hat uns auch später oft besucht, in Veitsberg hat er eine Schwester gehabt, die er manchmal aufsuchte.

Es ist schon wahr, daß wir bei all dem genug Angst gehabt haben, es war ja keine Kleinigkeit, aber konnte man denn anders?

Von Zelinkas Kameraden weiß ich überhaupt nichts, ich erinnere mich nur, daß einmal der Herr Oberlehrer zu uns gekommen ist und gesagt hat, daß noch weitere Männer abgesprungen sind, aber wieviel es waren, wußte er selbst nicht.

Der dritte Monolog des Historikers

Es ist angezeigt, sich mit den aus London eingeflogenen und über unserem Gebiet abgesetzten einzelnen Gruppen bekannt zu machen.

Der erste Paraschutist – Rottmeister Otmar Riedl – wurde im April 1941 statt über Böhmen irrtümlich in Landeck in den Alpen abgesetzt. Er war mit den Aufgaben eines Kuriers betraut, denen er selbstverständlich nicht nachkommen konnte. Die Aktion hieß Benjamin.

Bei der zweiten unter dem Namen Percentage wurde ebenfalls nur *ein* Mann abgesetzt. Es war der Gefreite František Pavelka, Offiziersaspirant und ehemals Hörer der philosophischen Fakultät.

London verließ er am 3. Oktober 1941, schon am 25. Oktober konnten ihn die Nazis verhaften und aus dem bei ihm beschlagnahmten Material Näheres über einen Spion René in Erfahrung bringen, der später als Thümmel enthüllt wurde, Pavelka war nach der Schließung der Hochschulen einige Zeit als Arbeiter bei dem Telegraphen-Bauamt in Brünn beschäftigt. Von da flüchtete er am 31. März 1940 nach Frankreich, nach dessen Fall dann nach England.

Des weiteren sind Männer der Gruppe Silver A (Bartoš, Valčík und Potůček) abgesprungen, der Gruppe Silver B (Zemek und Škacha), gleichzeitig auch Anthropoid (Kubiš und Gabčík), alle aus *einem* Flugzeug am 29. Dezember 1941.

Anthropoid landete bei Groß-Nechwist und hatte von Anfang an Glück. Schon am 4. Januar kamen aus Prag Piskáček und Novák angereist, die jemand (vielleicht der Müller Baumann?) auf Anthropoid aufmerksam gemacht hatte.

Die beiden nahmen zu Kubiš und Gabčík Kontakt auf und halfen ihnen, nach Prag zu gelangen. Váša Khodl hatte sich einst notiert, daß beide Paraschutisten schon am 8. Januar 1942 zu ihnen gekommen waren.

Einige Tage später, am 12. Januar, fuhr Kubiš zurück nach Groß-Nechwist, um hier die Fallschirme und andere Sachen beiseite zu schaffen. Dann waren sie vielleicht kurze Zeit in Pilsen, wohin man ihnen in London einige Adressen mitgegeben hatte und wo sich ein Polizeiinspektor namens Václav Král um sie kümmerte. Die in der gleichen Maschine fliegende Gruppe Silver B erfüllte ihre Aufgabe nicht. Im Gegensatz zu Kubiš und Gabčík, denen alles glückte, hatten die Paraschutisten von Silver B ausgesprochenes Pech. Die ihnen in London übergebenen Adressen waren falsch, ihr Sendegerät zerbrach, und Škacha wurde von der Gestapo gefaßt. Sie fügten ihm Schußwunden zu und schickten ihn, als er geheilt war, ins Konzentrationslager Mauthausen. Zemek war im Herbst 1944 zu den Partisanen übergegangen.

Im Frühjahr 1942 folgte die zweite Welle der Paraschutisten, eingeleitet von den Gruppen Out distance und Zinc. Sie setzten sich aus sechs Männern verschiedenartiger Anlagen und Charaktere zusammen, die in unserem Bericht noch eine wichtige Rolle spielen werden. Zum ersten Versuch ihres Absetzens kam es am 25. März. Die Maschine mußte jedoch wegen dichten Nebels zurückkehren. Ein neuer Versuch – am 28. März – mit einer Halifax und polnischer Besatzung glückte, auch wenn die Landung der Männer an einer ganz anderen Stelle als der vorhergesehenen vor sich ging.

Ursprünglich sollte Out distance eine Gruppe für Sabotagen (u. a. mit der Aufgabe, das Gaswerk in Prag-Michle auszuschalten) sein, die mit Adressen von bestimmten Orten der Aufenthalte von Alfréd Bartoš, dem Kommandanten von Silver A, ausgestattet war. Als man jedoch in London erfahren hatte, daß die Gruppe Silver B abhanden gekommen war und man mit ihr nicht mehr rechnen konnte, kam es auch zur Änderung der Aufgabe von Out distance; jene auf Sabotagen ausgerichtete wurde verschoben, ihr Destruktionsmaterial sollte erst später nachgeschickt werden, und sie selbst bekam als allererstes Versorgungsaufgaben zugeteilt, wobei sie eine zusätzliche Rundfunkstation MARK III, Depeschenschlüssel, Voltmeter, Kristalle, den Radiopeiler BEACON mit einer zusammenlegbaren Antenne, eine 12-V-Batterie und andere Dinge mit sich führte. Von ihrem Kommandanten Adolf Opálka wird noch die Rede sein, er gehörte zu den besten. Auch ein zweites Mitglied der Gruppe, Karel Čurda, hat sich in die Historie eingetragen, wenn auch auf erschütternde Art und Weise. Der dritte von Out distance, Ivan Kolařík, wurde von der Gestapo umzingelt und verübte Selbstmord.

Die in der gleichen Maschine wie Out distance fliegende Gruppe Zinc ist im SOE-Archiv unter der Bezeichnung „Kommunikations-Operation" eingetragen. Diese diente als Code im Stadium der Vorbereitungen von Silver C, woraus logisch hervorgeht, daß diese Gruppe ursprünglich mit Silver A und B Kontakte aufrechterhalten sollte. Sie führte drei Sendegeräte, ein Empfangsgerät und Ersatzteile mit sich. Auch beim Absprung von Zinc kam es zu einem Versehen, ein fataler Zufall führte die Gruppe bis nach Egbel in der Slowakei. Sie setzte sich aus Oberleutnant Oldřich Pechal, Rottmeister Arnošt Mikš und dem Gefreiten Vilém Gerik zusammen. Alle drei fanden ein böses Ende. Pechal wurde lange von der Gestapo verfolgt, schließlich gefaßt und, weil er das Angebot einer Mitarbeit ablehnte, hingerichtet. Mikš hat man in der Nacht vom 30. April zum 1. Mai 1942 bei Pürglitz erschossen.

Gerik hatte sich Anfang April selbst der Gestapo gestellt und den Nazis wichtige Angaben zukommen lassen. In einer Depesche des Senders „Libuše" nach London vom 23. April heißt es:

„Auf der Polizeidirektion in Prag hat sich am 8. April ein junger Mann eingefunden, der erklärte, Paraschutist zu sein. Er zog 140 000 Mark, eine Pistole und Granaten hervor und erklärte, sich unseren Behörden zur Verfügung stellen zu wollen, weil er erkannt hatte, daß England verfault, jüdisch usw. sei. Er wäre angeblich in der Nähe von Egbel gelandet, wo er mit seinen Kameraden einen Sender vergraben hat (der an dem angeführten Ort gefunden wurde). Mit seinen Kameraden sollte er in Prag XII, Hradeschiner Straße 15, zusammenkommen. Er hatte einen 1940 in Brünn ausgestellten falschen Ausweis auf den Namen Ber (Baer) oder Berger (Barger). In der Nähe der mährisch-slowakischen Grenze wurden zwei tote deutsche Finanzbeamte aufgefunden, in der nahen Umgebung dann ein Bündel deutscher Banknoten (fast eine Million K) und ein Schlafsack, wie wir ihn benützen ..."

An gewissen Stellen hat die Depesche ihre Richtigkeit, an anderen keineswegs. Der Ausweis lautete auf den Namen Vilém Gertík, 22 Jahre alt und slowakischer Herkunft. Der englische Kommandant des Parakurses hatte einst über Vilém Gerik geschrieben:

„Noten zumeist gut, in Kontakten ausgezeichnet. Auch wenn in gewisser Hinsicht etwas unreif für sein Alter, ist er überaus intelligent, schnell und enthusiastisch. Hat sich in allen Zweigen des Kurses sehr bewährt. Beliebt, populär."

Bald darauf wird er sich als Spitzel der Gestapo „bewähren". Das Leben liebt Ironien – auch bei einem „überaus intelligenten, schnellen und enthusiastischen, beliebten, populären" Menschen.

Zum Glück gab es von derartigen Paraschutisten bei uns nicht viele, obwohl es über dreißig dieser Gruppen waren, die aus Großbritannien (dann aus Italien) kamen.

Die meisten von ihnen landeten an anderen Zielen als den festgesetzten, was stets große Schwierigkeiten mit sich brachte.

Die Gruppen hatten zumeist die Aufgaben, die Nachrichtendienste, Sabotagen und Diversionen betrafen. Vor allem sollten sie Verbindung mit illegalen heimischen Widerstandsorganisationen aufnehmen und dann mit Hilfe ihres Senders militärische, wirtschaftliche, politische Nachrichten nach London geben. Während die Sabotageaufgaben nicht wie geplant gelangen, entwickelte sich der Nachrichtendienst erfolgreicher. Aus diesem Grund wurde der Sabotageplan erweitert. „Was tschechische Fabriken an Waffen für Deutschland ausspeien, die ein Drittel der in den okkupierten Gebieten hergestellten bilden, stellte die Quelle der Verzweiflung der tschsl. Exilregierung dar", behauptete der britische Historiker McDonald. Gleichzeitig drohte damals eine weitere Gefahr: Laut McDonald „wurden die für das Frühjahr vorgesehenen neuen Operationen voraussichtlich unter dem Druck des sowjetischen Nachrichtendienstes geplant, der verlangte, Beneš möge etwas im Hinblick auf das Problem der Kollaborationstätigkeit im Protektorat unternehmen ..."

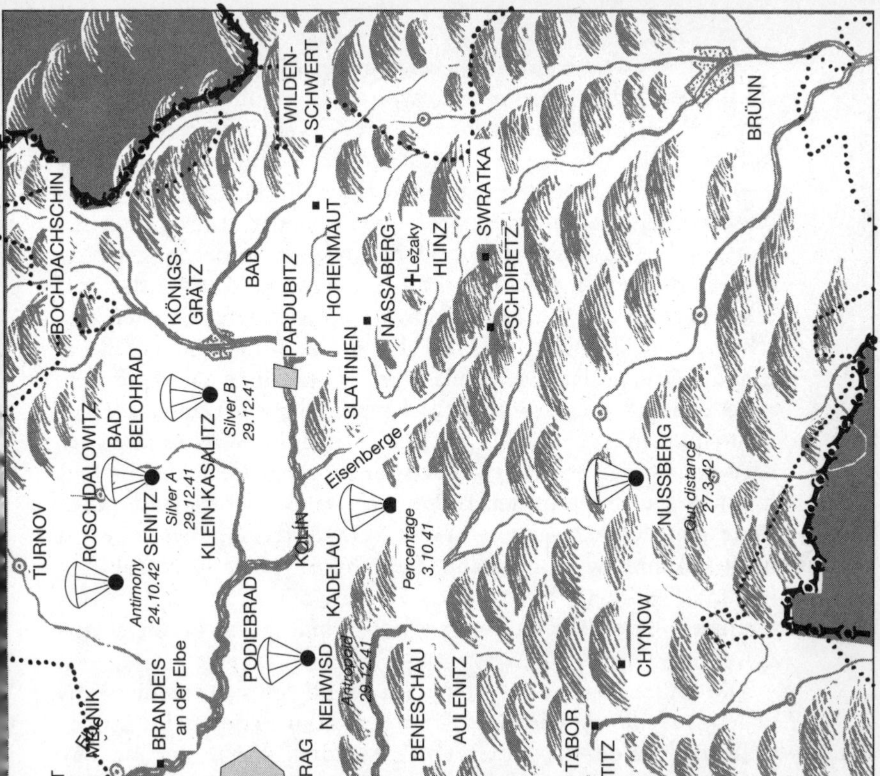

Karte 3
Orte, von denen in diesem Buch die Rede ist. Die Schreibweise folgt der Eindeutschung von 1942.

Auch wenn „die auf ihre nationale Souveränität überaus empfindlichen Tschechen es nicht gewohnt waren, über Fragen der internen Politik und einer jedweden Art des Geheimdienstes zu diskutieren", hat sich dennoch im SOE-Archiv eine vom 24. Januar 1942 datierte Nachricht erhalten, wonach die SOE von der tschechischen Seite aufgefordert wird, zwei Gruppen zu Angriffen gegen „lokale Quislinge" auszubilden: Tin (Zinn) und Iron (Eisen).

Die Gruppe Tin sollte den kollaborierenden Minister der Protektoratsregierung Emanuel Moravec und andere Verräter ausschalten. Im SOE-Archiv ist in aller Kürze festgehalten, daß das Ziel der Gruppe Tin „vier Quislinge" waren, ohne daß diese Aufgabe näher konkretisiert wird. Ursprünglichen Plänen zufolge sollte mit Tin noch die Gruppe Iron fliegen, im SOE-Archiv wird dazu erklärt, daß es „um zwei persönliche Angriffe gegen die heimischen Quislinge in der Tschechoslowakei" gehen wird. Noch Ende Januar 1942 heißt es in den SOE-Aufzeichnungen: „Es ist nicht bekannt, wie und wann diese Angriffe zur Durchführung kommen werden." 1942 jedoch verschwindet Iron aus dem Aktenmaterial, der Plan wurde verschoben und später – wahrscheinlich – annulliert.

Die Angehörigen der Gruppe Tin beteiligten sich an einer ähnlichen Ausbildung wie einst Anthropoid. Im Bericht wird festgestellt, daß beide, die Unteroffiziere Ludvík Cupal und Jaroslav Švarc, „ihre Spezialausbildung durch Kapitän Sykes erhielten". Es ist jener Mann, der einstmals in Schanghai diente und jetzt den Kurs des „stillen Tötens" leitet. Und welches war das Schicksal von Tin? Švarc verletzte sich beim Absprung und suchte Heilung bei einer Familie in Veitsberg, später kam er mit Kubiš und Gabčík in der Krypta ums Leben. Cupal, der zweite aus dieser Gruppe, die in der Nacht zum 30. April 1942 in der Umgebung von Rosenthal abgesetzt worden war (zum ersten, mißglückten Versuch war es am 25. März gekommen, als Tin mit Out distance flog) – Cupal also suchte nach der Landung Verwandte in Mähren auf, wo ihn die Gestapo ausfindig machte und ihn bei Welehrad in einer Ziegelfabrik umzingelte. Er wählte (am 15. Januar 1943) den Freitod, um den Nazis nicht lebend in die Hände zu fallen.

So kam es, daß das Attentat auf Emanuel Moravec und andere Kollaborateure unterblieb.

Gemeinsam mit Tin sprangen in der Nacht zum 30. April auch Angehörige der Gruppe Intransitive ab, Oberleutnant Václav Kindl, Zugführer Bohuslav Grabovský und Korporal Vojtěch Lukaštík. (Kindl wurde später zum Verräter, ebenso Grabovský, der

Der Fallschirmspringer J. Švarc.

jedoch einige Zeit danach weitere Dienste für die Gestapo ablehnte und darum im Herbst 1944 in Theresienstadt hingerichtet wurde; Lukaštík wurde bei einer Schießerei am 8. Januar 1943 in Mähren getötet.)

Schon zwei Tage zuvor, in der Nacht zum 28. April 1942, wurden in der Umgebung von Pürglitz drei Gruppen abgesetzt: die zu Sabotagen bestimmte BIOSCOP mit Rottmeister Bohuslav Kouba, dem Offiziersaspiranten Josef Bublík und dem Zugführer Jan Hrubý, sowie BIVOUAC mit den Rottmeistern František Pospíšil und Jindřich Čoupek sowie dem Aspiranten Korporal Libor Zapletal (auch aus ihm wurde für einige Zeit ein Spitzel, der dann vergeblich versuchte, sich dieser Rolle zu entledigen). Die dritte Gruppe, STEEL, bestand aus nur einem Mann, es war der Gefreite Oldřich Dvořák, der Bartoš Ersatzkristalle zum Sendegerät übergeben sollte. In einem Container mit Destruktionsmaterial befand sich auch ein Sender, der für ÚVOD bestimmt war. Die

Paraschutisten verbargen alles auf einem Feld in der Nähe eines Gutshofes bei Pürglitz und wollten es in den nächsten Tagen abholen, sobald sie mit jenen, die vor ihnen abgesprungen waren, Kontakt aufgenommen hatten.

Mit Recht kann man sich die Frage stellen: Warum plötzlich so zahlreiche Gruppen?

Die ersten Paraschutisten, die Ende 1941 in das Protektorat gekommen waren, betrachteten die Situation anfangs als günstig. In London hatte man ihnen ein baldiges Kriegsende versprochen, was übrigens auch die offizielle Meinung in England war. Zum Beispiel hatten englische Flieger am 28. Oktober 1941 über der Tschechoslowakei Flugblätter mit dem Titel „Botschaft britischer und tschsl. Flieger zum 28. Oktober" abgeworfen, in denen es hieß: „Dennoch gibt es einen Trost, der Euch und Euere Entschlossenheit stärken kann: Vor Euch stehen nicht dreihundert Jahre Sklaverei, nicht einmal mehr drei. Vielleicht auch kaum ein einziges!"

Das war im Jahre 1941.

Ähnliches behauptete später auch Dr. Beneš bei einer militärischen Beratung am 10. Juni 1942, als er erklärte: „Rechnet damit, daß der Krieg nicht über Mai kommenden Jahres hinausgehen wird! Ich muß bemerken, daß ich mich auch irren kann, aber der von mir genannte Termin erscheint mir am allerwahrscheinlichsten."

Kein Wunder also, daß die politisch unerfahrenen Paraschutisten allem glaubten, was man ihnen vor dem Abflug aus Großbritannien sagte. Je länger allerdings sie sich im Protektorat aufhielten, um so mehr begriffen sie, daß die Londoner Versprechungen mit der Wirklichkeit nicht übereinstimmten, was ihren Unwillen hervorrief. London jedoch, das seinen starken Einfluß weiterhin geltend machen wollte, entsandte weitere Gruppen. In einer Depesche an Bartoš vom 11. Februar 1942 findet es dafür folgende Erklärung:

„... sofern unsere Ansicht über die Situation der heimischen konspirativen Organisation richtig ist, wird es nötig sein, deren Tätigkeit durch geeignete Maßnahmen von außen zu beleben. Das ist auch Sinn und Aufgabe Eurer Sendung. Zu diesem Zweck schikken wir – und werden dies auch im weiteren tun – in verschiedene Gebiete unseres Landes Gruppen von Personen, deren Aufgaben einerseits in Nachrichtendiensten, zum andern in initiativer Beteiligung an der Organisierung unserer nationalen Konspiration bestehen werden. Diese Gruppen müssen auf entsprechende Weise an Euch angegliedert werden, um London die Ergebnisse ihrer Nachrichten und konspirativen Tätigkeit zukommen zu lassen und ihnen unsere Instruktionen und Winke weitergeben zu können ..."

Ein anderes Telegramm enthält Londons Aufforderung, das Gedicht „Begeisterung" von Svatopluk Čech zu beschaffen: „Es soll uns zur Entschlüsselung der chiffrierten Losungen dienen. Einzelheiten werden festgelegt nach Eintreffen der Nachricht, daß das Gedicht zur Verfügung steht." Dies entspricht der Aussage des Zeugen aus Pardubitz. Zum Kontakt zwischen Bartoš und der Gruppe Anthropoid, also Kubiš und Gabčík, kam es Anfang März 1942 mit Hilfe des Pilsner Inspektors Král. Bartoš teilt dies am 5. März mit: „Die Verbindung mit der zweiten Gruppe wurde über die Adresse von V. Král aufgenommen. Die Gruppe war im Raum Beneschau abgesetzt worden. Vyskočil wurde am Bein leicht verletzt. Sofortiger Kontakt zu K. aufgenommen, wo V. geheilt wurde. Andere Anschriften wurden nicht benützt. Die Gruppe arbeitet bei Prag auf einem großen Bauernhof und wohnt – unangemeldet (auf K.s Anraten) – in Prag."

Die Formulierung „großer Bauernhof" hat bis jetzt keine zufriedenstellende Aufklärung gefunden. Ist sie richtig? Die Depesche enthält einige unwiderlegbare Angaben (daß Anthropoid mit Insp. Král Verbindung angeknüpft hat, durch dessen Vermittlung dann mit Bartoš, daß Vyskočil-Gabčík beim Absprung eine Beinverletzung davontrug), gleichzeitig aber auch eine desinformierende Mitteilung: daß die Gruppe „im Raum Beneschau" ausgesetzt wurde. Wir wissen jedoch inzwischen mit Sicherheit, daß dies bei Groß-Nechwist nördlich von Prag stattfand.

Warum haben Gabčík und Kubiš diese unwahre Information an Bartoš geleitet? Um vielleicht jene zu schützen, die ihnen bei Groß-Nechwist zu Hilfe kamen? (Es waren der Heger A. Sedláček, der Gärtner A. Šmejkal, der Müller B. Baumann, MUDr. St. Hrubý, die Familie Khodl in Wissotschan und andere ...). Ist die Angabe über den „großen Bauernhof" von ähnlich desinformierendem Charakter wie die Nachricht von dem Absprung „im Raum Beneschau"? Wir wissen es nicht.

Noch vor dem Start in England erhielten die Paraschutisten für den Fall, daß beim Absprung die Gruppen getrennt werden und jeder von ihnen einzeln für sich wird vorgehen müssen, eine Anleitung zur Kontaktaufnahme: Sobald in der Tageszeitung Národní politika ein zuvor vereinbartes Inserat erscheint, werden sie an der veröffentlichten Adresse zusammenkommen. Für die einzelnen

Gruppen gab es verschiedene Varianten der Anzeigen, meist wurden ein tschechisch-deutsches Wörterbuch, Ottos Konversationslexikon, eine Geige u. ä. zu kaufen gesucht. Wenn wir in die Národní politika aus jenen Tagen einsehen, stoßen wir tatsächlich auf ähnliche Inserate in reicher Anzahl. So z. B. kam am 1., 2., 5., 6., 7. und 8. Mai 1942 in der Rubrik „Bücher und Musikalien" folgender Text zur Veröffentlichung:

KAUFE WÖRTERBUCH DER TSCHECHISCHEN SPRACHE. ANGEBOTE AN ADRESSE: JAN VOJTÍŠEK, BAD BIELOHRAD – 354 Admin. d. Ztg.

Von Vojtíšek führte der direkte Weg zu Bartoš. Vojtíšeks Adresse hatte man in London von dem Lehrer Václav Knotek aus Studenetz erhalten (der nach England geflüchtet war und zu jener Zeit beim Ministerium für nationale Verteidigung arbeitete) und sie Bartoš nach Pardubitz mitgeteilt, der die Frau des Pardubitzer Zeugen zu Vojtíšek schickte. Sie suchte Kontakt zu ihm, und seit diesem Tag wurde Bielohrad zur „Umsteigestation" für Paraschutisten. Jene Frau fuhr auch nach Studenetz, wo sie einen Brief folgenden Wortlautes übergab: „Es grüßt Euch Lehrer V. K., er ist in England. Er dankt Euch für die am 28. Februar 1940 ihm gewährte Hilfe und bittet Euch um weitere Unterstützung seiner Tätigkeit. Grüße an seine Familie. Nachrichten sendet an das Kennwort Alcazar, hauptpostlagernd Pardubitz II."

In einer abschließenden Nachricht der Gestapo heißt es, daß in Bernarditz im Gebiet Tabor die Paraschutisten neun Auffangstationen, in Bad Bielohrad eine hatten. Auch Bernarditz mußte das Schicksal von Lidice teilen. Jan Vojtíšek und Jaroslav Lukeš wurden später inhaftiert und hingerichtet. Mit Lukeš starben noch weitere 22 Bürger aus Bernarditz, gemeinsam mit Vojtíšek wurde seine ganze Familie (sechs Personen) und der einzige Angestellte seiner Druckerei ermordet. Am Leben blieb nur seine eineinhalb Jahre alte Tochter.

Es erschienen noch weitere Inserate mit dem Ziel, zwischen den Paraschutisten Verbindungen herzustellen.

Trotz all dieser Maßnahmen kam bei Bartoš in Pardubitz aus der Gruppe Zinc als einziger Mikš an. Gerik zeigte sich selbst bei der Gestapo an, weil sich die ihm in London ausgehändigten Adressen als falsch erwiesen und er trotz aller Versuche keinen Weg zu einer illegalen Organisation finden konnte, so daß er schließlich resignierte. Pechal kämpfte bis zu seinem Ende, verwundet und gehetzt, aber ungebrochen.

Von Out distance erreichten Bartoš' Stab in Pardubitz Čurda

und Opálka. Somit konnte der Sender „Libuše" am 14. April nach London melden, daß die Gruppe Král, gemeint war Opálka, die Verbindung mit Bartoš bereits aufgenommen hatte.

Insgesamt also waren im Lauf des März und April 1942 achtzehn Paraschutisten abgesprungen. Es waren unter ihnen ehrliche und verräterische, begeisterte und nach einer Karriere süchtige. Das Leben eines jeden einzelnen von ihnen hatte seine Exposition, seinen Höhepunkt, seine Krise und das Ende. Die Exposition hatte bei fast allen den gleichen Verlauf: Flughafen, zuvor die mühsame Ausbildung, Nervosität vor dem Absprung, dann die ersten Meter in der Luft. Von der Landung an nahmen ihre Schicksale verschiedenartigen Verlauf, auch das Ende des Fluges brachte sie nicht zusammen, denn zwischen ihnen lag eine gleiche Entfernung wie zwischen Feigheit und Mut, Heldentum und Verrat. Zapletal endete als unzuverlässiger Spitzel in Mauthausen, Gerik holte sich jeden Monat mit zynischer Regelmäßigkeit seinen Judaslohn, der in einem Banktresor aufbewahrt war. Mikš starb bei Pürglitz, Kouba nahm Gift in Kuttenberg, um seiner Festnahme zu entgehen, Dvořák wurde beim Überschreiten der slowakischen Grenze erschossen, Pospíšil hingerichtet.

Was war mit den anderen?

Die Namen Kubiš, Gabčík, Valčík, Opálka, Švarc, Bublík und Hrubý bleiben für immer bekannt. Es waren tapfere Männer. Auch der Name Karel Čurda bleibt unvergessen: Verrat wird weder von den Menschen noch von der Historie verziehen.

Die Verlobte aus Mähren

Leutnant Adolf Opálka verließ auf telefonische Aufforderung seiner Kameraden hin seine Wohnung am 26. Juni 1939. Sie wollten einen Ausflug in die Beskiden unternehmen. Nur ich und Tante Opálková wußten, daß er sich nach Polen zur tschsl. Armee, die dort formiert wurde, auf den Weg machte. Kurz zuvor hatte er unsere gesamte Korrespondenz verbrannt, auf seine Bitte hin tat ich es ebenso. Bevor er morgens das Haus verließ, habe ich ihn zum letzten Mal fotografiert. Das Bild ist ebenso freudlos, wie auch unser Abschied war, weil wir nicht wußten, was ihn erwartet.

Das Passieren der Grenze glückte ihm, wie ich nach etwa vierzehn Tagen aus einem Brief mit dem Poststempel Ostrau erfuhr. Noch 1939 kam durch Vermittlung von Pepek Požár aus Jugoslawien eine kurze Nachricht, daß Adolf in Frankreich ist, 1940 dann, wieder in Kürze, daß er sich auf seine Hochzeitsreise nach Afrika vorbereitet. Das bedeutete, daß er in die Fremdenlegion eintreten wollte, was eine spätere Nachricht dann bestätigte. Aus einigen Worten ist hervorgegangen, daß er nicht ganz zufrieden ist. Ich habe immer bedauert, daß seine Berichte mit einer fremden Hand geschrieben waren, wohl aus Vorsicht. Nach der Nachricht aus Afrika kam nichts mehr. Als in Frankreich der Krieg ausbrach, verlor ich mit Tantchen jede Hoffnung, daß er noch am Leben ist. Aber wir hofften und warteten geduldig weiter.

In der Nacht von Samstag, dem 28. März 1942, zum Palmsonntag tauchte er plötzlich zu Hause in Röschitz auf. Man hatte ihn in dieser Nacht aus einem Flugzeug in der Umgebung von Okrischko abgesetzt. Den Fallschirm hat er verbrannt und sich auf den Weg nach Hause gemacht. Er schleppte sich mühsam dahin, weil er sich beim Absprung den Fußrist am rechten Bein verletzt und wahrscheinlich eine Zehe gebrochen hatte. Er ist zuerst in Richtung Mähr. Budweis, dann Hrottowitz gegangen. Er war Tag und Nacht auf den Beinen, die Mütze tief in die Stirn gezogen, mit aufgeschlagenem Mantelkragen, hustend, das Taschentuch vor dem Mund, damit ihn keiner erkennt. In Hrottowitz war er gegen Abend. Er wollte sich in Dalleschitz aufhalten, wo ich früher Lehrerin war, aber dann hat er es sich überlegt. Hinter der Kreuzung im Wald ist er nach Neuhof abgebogen, dann durch das Tal nach Rauchowan und durch den Wald zur „Verbrannten Mühle" gegangen, wo er den Heger Opálka anzutreffen hoffte, aber die Mühle war verlassen. Und so ging er weiter nach Röschitz, auf einem Umweg über Oleschna und durch den Garten zu Tantchen. Voller Befürchtungen hat er ans Küchenfenster geklopft, mit seiner Taschenlampe herumgeleuchtet, ohne zu wissen, wer ihm antworten wird. Bei Tantchen haben die Enkelkinder geschlafen, der kleine Adolf und Anežka. Sie sind erschrocken, weil sie geglaubt haben, es sei ein Dieb. Die Tante faßte Mut und ist zur Tür gegangen, um zu fragen, wer da ist. Der Stimme nach hat sie ihn nicht erkannt, erst als er ihr sagte, daß er an der Hand einen Ring vom Kassierer Kofroň habe, glaubte sie ihm. Die Kinder wurden in ein Bett im Wohnzimmer gebracht, Adolf setzte sich hin, um auszuruhen, er war sehr müde und durchnäßt. Am frühen Morgen hat die Tante alle seine Sachen zur Zuzana Opálka gebracht, um sie von ihr verbrennen zu lassen. Vasil geht noch heute darin und mit der

Mütze herum. Nur den Winterrock haben sie zerschnitten. Die Kinder mußten versprechen, daß sie niemandem auch nur ein Sterbenswörtchen sagen, und haben die ganze Zeit über, da Adolf zu Hause war, bei ihren Eltern geschlafen.

Die ganzen Tage hat Adolf auf dem Bett im Wohnzimmer verbracht oder auf einem kleinen Schemel in der Küche gesessen, wohin durch das Fenster kein Einblick war. Der Fuß schmerzte ihn immer noch. Nur abends ging er in Frauenkleidern auf den Hof oder in den Garten. Ich bin mit ihm erst am Gründonnerstag zusammengekommen, als ich wie gewöhnlich zu Tantchen plaudern kam. Mir war aufgefallen, daß sie auch an dem Fenster, das in den Hof führte, einen kleinen Vorhang hatte; angeblich hat sie gebadet und wollte vom Hof aus nicht gesehen werden. Ich fühlte, daß etwas nicht in Ordnung war. Mit einem Mal öffnete sich die Tür zum Wohnzimmer, und Adolf erschien. Ich mußte mich niedersetzen, so war mir plötzlich zumute. Er hat gut ausgesehen, alles war wie früher, dieselbe Frisur, glattrasiert, etwas rüstiger, männlicher, aber ungewöhnlich ernst; sein früher so sprühender Humor war weg. Wir wußten nicht, wo wir mit dem Erzählen beginnen sollten. Er fragte nach Bekannten aus der ganzen Umgebung und war überrascht, wie viele von ihnen in Haft oder nicht mehr am Leben waren.

Er hat erzählt, wie schlecht es ihm in Polen gegangen war und daß er sogar seine Uhr verkaufen mußte, um sich Essen besorgen zu können. Über das Meer waren sie nach Frankreich gelangt, wo er sich von Pospíšil getrennt und sich zur Fremdenlegion in Afrika gemeldet hat.

In Afrika hat es ihm gefallen.

Nach Ausbruch des Krieges mit Frankreich hat er Afrika verlassen und in den Reihen der tschsl. Brigade gekämpft. Dann zogen sie sich in Richtung Bordeaux zurück und von da per Schiff nach England. Dort fühlten sie sich wohl: genügend Essen, gute Behandlung und Unterkunft, nur die Untätigkeit hat ihm nicht zugesagt. Darum hat er sich zur Teilnahme an der Ausbildung von Paraschutisten gemeldet und im Frühjahr 1942 freiwillig zum Absprung über unserem Gebiet. Alle Wertsachen, Fotografien und Andenken hat er einem befreundeten Leutnant, der in England geheiratet hatte, in Verwahrung gegeben.

Tantchen sagte, er solle so lange wie möglich zu Hause bleiben, aber Adolf wollte nicht. Er wäre nicht deshalb gekommen, meinte er und suchte dauernd in Zeitungsanzeigen nach bestimmten verabredeten Kennworten. Dann einmal sagte er, er müsse nach Prag.

Adolf Opálka, Kommandant der nach dem Attentat in den Kirchengewölben in der Resselgasse verborgenen Paraschutisten. (Das Foto entstand vor dem Abflug aus Großbritannien.)

Er hatte alles schon seit langem bereitgelegt, immer fix und fertig zur Flucht aus dem Wohnzimmerfenster in den Garten. Er war perfekt ausgerüstet: zwei, drei Revolver, eine Unmenge Geld (lauter Mark), Nährtabletten und auch Gift. Nur Lebensmittelkarten hatte er nicht; er war verwundert, daß es bei uns im Wirtshaus Essen nur auf Zuteilung gab, in England war angeblich fast alles frei. Die Tante gab ihm ihre Karten, ich habe sie in Hrottovitz gegen solche für Reisende umgetauscht. Am Donnerstag, dem 9. April 1942, verließ Adolf früh die Wohnung. Diesmal war der Abschied viel schmerzlicher, aber wir haben alle gehofft, daß es wieder gut ausgehen wird. Er ging auf Umwegen zum Bahnhof in Kralitz, von dort fuhr er mit dem Zug nach Prag. Er war ganz normal in seinen Zivilanzug gekleidet und in den Wintermantel, den Zuzana Opálková aus Rottigl holen mußte. Wir haben vereinbart, daß Adolf mir über Bekannte in Wischau schreiben wird. Wenn er Kleider und Wäsche brauchen wird, sollte ich sie an einen vereinbarten Ort bringen. Ende April kam die Nachricht, daß er mich am 2. Mai in Prag erwarten wird und was ich ihm mitbringen sollte. Ich bin dann mit dem Schnellzug über Brünn nach Prag gereist. Direkt auf dem Bahnsteig am Wilson-Bahnhof hat Adolf auf mich gewartet. Kein Mensch hat sich um uns gekümmert. Wir sind zu Frau Moravcová nach Veitsberg gefahren, die auch einen Sohn in England hatte. Bei ihr hatte Adolf mit anderen Paraschutisten Zusammenkünfte. Er hat sich einiges von den Sachen angezogen, die ich ihm brachte, und sich beklagt, daß ihm alles zu eng ist und er sich einiges werde nähen lassen müssen. Er fragte, was es zu Hause Neues gibt, ob man nicht nach ihm sucht und ob im Zug Kontrollen sind. Ausweise wurden einige Male kontrolliert, aber das Gepäck untersuchte man nicht. Wahrscheinlich hatte ich Glück. Dann gingen wir, um eine Übernachtung für mich zu suchen. Die Hotels waren alle voll besetzt mit deutschen Soldaten. Ich habe die Familie Langer in Dewitz aufgesucht, Bekannte der Papežíks aus Wischau. Sie hatten mich nie gesehen, ich sie auch nicht, aber sie haben mich sehr herzlich aufgenommen. Ich war eine Sorge los, und wir konnten noch ein wenig plaudern. In der Straßenbahn war es nicht möglich, weil sie voll von Deutschen war. Ich habe nicht nachgeforscht, was Adolf macht, und nur erfahren, daß er zur Zeit in Radotin bei Prag wohnt, immer auf Reisen ist (Tabor, Pilsen), Namen und Ausweise wechselt, immer wieder woanders übernachtet, vor allem bei Witwen oder bei Frauen, deren Männer eingesperrt waren. Und immer wieder hat er betont, wir sollen in Röschitz vorsichtig sein und alle seine Fotos gut verstecken. Wir haben besprochen, daß er wieder schreiben wird und ich ihm dann weitere Kleidungsstücke bringen werde. Aus Prag bin ich glücklich zurückgekommen. Tantchen hat die ganze Zeit vor Angst gezittert, daß man mich erwischen wird.

Anfang Mai hat die Gestapo begonnen, den Paraschutisten Franta Pospíšil und den Heger Drštička zu suchen. Sie waren auch bei der Tante und suchten vergeblich nach einem Foto von Adolf. Tantchen war in Verbindung mit Pospíšil, dem sie Kleider in Opálkas Hegerhaus brachte.

In jenen Tagen kam aus Wischau die Nachricht, ich möge mich für Sonntag, den 17. Mai, zu einer Reise nach Prag vorbereiten und weitere Sachen mitbringen. Und so fuhr ich wieder mit einem Koffer nach Prag. Adolf erwartete mich diesmal nicht am Bahnhof, und ich wußte nicht, was ich machen sollte. Plötzlich ist eine mir völlig unbekannte Frau auf mich zugetreten und hat gesagt, daß Adolf nicht kommen kann und ich soll „die Tante" aufsuchen. Bevor ich noch fragen konnte, was für eine, war sie verschwunden. Ich entschloß mich, nach Veitsberg zu fahren, wo ich ungeduldig auf Adolf wartete, aber vergebens. Am späten Nachmittag ist er dann ganz verstört gekommen, weil er nicht gewußt hat, was mit mir los ist, und mich in Dewitz suchte. Ich entschloß mich, in Prag zu übernachten und mich in der Schule, wo ich unterrichtete, irgendwie zu entschuldigen. Wir sind wieder nach Dewitz gefahren, um uns die Übernachtung zu sichern. Diesmal war Adolf schweigsam, irgendwie unzufrieden, er schien etwas zu erwarten, was nicht eintreffen wollte. Er beklagte sich, daß er in Pilsen fast ums Leben gekommen wäre, als er Flugzeugen Signale gab, was ohnehin zu nichts geführt hat. Mit bösen Worten hat er einige unserer jungen Männer kritisiert, die nach Vergnügungen aus sind, als ob ihnen die ständigen Verhaftungen und Hinrichtungen überhaupt nichts ausmachen würden. Er hat sie mit der Herde auf einem Schlachthof verglichen. Natürlich waren nicht alle von dieser Art. Er brauchte dringend für seine nächtlichen Streifzüge Schuhe mit Gummisohlen, ich versprach ihm, mich nach ihnen umzusehen. Er war erschrocken, als er von den Fahndungen nach Pospíšil und Drštička erfuhr, hatte Angst um Tantchen und hat uns allergrößte Vorsicht angeraten. Wir sollten uns nicht überlisten lassen, er habe uns niemals durch jemanden eine persönliche Nachricht geschickt und würde dies auch weiterhin nicht tun. In Prag geht er allen Bekannten aus unserer Gegend aus dem Weg und ist noch nie mit einem solchen zusammengekommen, sagte er. Wenn alles vorbei sein wird, wollte er zum letzten Mal aus einem Flugzeug abspringen und ein neues, ruhiges Leben beginnen. Er sehnte sich nach einer Familie mit Kindern und hat den Wunsch gehabt, in seiner Heimat zu sterben. Als wir uns verabschiedeten, bemerkte er wie nebenbei, daß ihn etwas sehr Gefährliches erwartet, aber daß es vielleicht gut ausfallen würde. Im andern Fall sollten wir auf seinen Grabstein eine Inschrift geben, die auf einem Zettel stand, den er mir in die Hand drückte. Wir haben uns damals zum letzten Mal gesehen. Diesmal kam ich aus Prag sehr niedergeschlagen zurück. Tantchen lebte in dauernden Ängsten, die Gestapo gab keine Ruhe. Die öffentlichen Aushänge mit dem Foto des Paraschutisten J. Valčík, den ich in Prag kennengelernt hatte, erhöhten noch unsere schlechte Stimmung. Sie waren ihm auf der Spur.

Adolfs letzter Wunsch auf seinem Zettel lautete: „Folgendes schreibt auf meinen Grabstein, und stellt ihn so auf, daß ich unter den meinigen aus Böschitz sein werde.“

HONNEUR et DISCIPLINE

VALEUR et FIDELITÉ

NAME

Leutnant, Alpines Infanteriergmt, 2, Ružomberok ČSR
Sergent, Mlle, 85525, 1er Rgmt Legion Etrangère,
Siddi bel Abbès, Alžír
Sergent, 11[èmo] R. T. S. („Senegal-Schützen“), Oran
Leutnant, 3. tschsl. Infanterieregiment,
Agde, France

Oberleutnant, 1. tschsl. Brigade, Kineton, England
Řešice, ČSR

Der dritte Monolog des Zeugen aus Pardubitz

Darüber, welchen Ausgang es mit den Fotografien nahm, die wir mit Freda zu Morávek nach Prag brachten, wissen Sie schon Bescheid. Valčík war aus Pardubitz verschwunden und nur Bartoš dageblieben, ab und zu kam Potůček angereist, aber Freda hatte sich über ihn beschwert. Er wäre nicht allzu diszipliniert, und so forderte er nach einiger Zeit London auf, einen neuen Funker zu entsenden.

Im Frühjahr 1942 sprangen weitere Paraschutisten ab. Jede Gruppe hatte in London etwa drei Adressen erhalten, bei denen sie sich in der Heimat melden sollten. Gleichzeitig wurden diese Adressen in einer Depesche auch Freda zugeschickt, und wir warteten, bis sich jemand von den Neuen bei uns zeigen wird. Unser Losungswort war Alcazar. Als eine Woche nach dem Absprung niemand kam, erhielt meine Frau von Freda die einzelnen Adressen, um deren Richtigkeit festzustellen. Sie fuhr nach Klein-Schwadonitz, wohl zum Lehrer Schejbal, und anderswohin. Es war eine gefährliche Tätigkeit, überall gab es zahlreiche Spitzel. Als weiteres vereinbartes Zeichen für die Fallschirmspringer erschienen in der Národní politika Inserate mit der Adresse des Buchdruckers Vojtíšek in Bad Bielohrad, bei dem sie sich melden sollten.

Von ihm brachte sie meine Frau zu uns. Auf diesem Weg erschien als erster Král. Ein hervorragender Bursche. Er verbrachte bei uns einige Tage, dann schickten wir ihn nach Prag zur Familie Moravec, die eine Art „Auffangstation" darstellte, von wo aus den Paraschutisten neue Wohnungen zugeteilt wurden. Später erfuhren wir, daß Král der Deckname von Adolf Opálka war. Dann erwarteten wir noch einen weiteren Paraschutisten, aber er kam und kam nicht, und niemand wußte, was mit ihm geschehen war. Freda schickte meine Frau an die verschiedensten Stellen, um nach ihm zu forschen, aber vergeblich.

Sie reiste bis in die Gegend von Ungarisch-Brod in Mähren, aber als sie dort ankam, mußte sie feststellen, daß die Adresse veraltet und der Betreffende schon vor langer Zeit von der Gestapo festgenommen worden war. Sie gelangte auch in die Nähe der Wälder von Buchlau, aber hier war alles von Gendarmerie und Deutschen besetzt. Sie hatte damals großes Glück, daß sie das Gebiet dank einem tschechischen Gendarmen ungehindert verlassen konnte, er führte sie über eine Eisenbahnbrücke und zeigte ihr einen Weg aus dem umzingelten Raum. Solche gab es nicht viele. Dabei erzählte er ihr Einzelheiten über die Fahndungen nach Paraschutisten und auch davon, daß die Nazis schon einen erschossen hätten. Freda meinte zuerst, ob es nicht der gewesen sei, der sich bei uns so lange nicht gemeldet hatte, später sagten wir uns, daß man dort wohl die Gruppe Pechal verfolgt hatte. Natürlich hatten wir damals keine Ahnung, um wen es geht.

Dann endlich tauchte bei uns der Mann auf, den wir so lange erwartet hatten: Čurda. Damals benutzte er den Decknamen Vrbas. Ich war an diesem Tag mit Freda in Prag, zu Hause war eine Putzfrau eben beim Aufwischen des Fußbodens, weil meine Frau unsere Abwesenheit ausnützen und in der ganzen Wohnung Ordnung machen wollte. Von der Reinemachefrau hörte sie dann, daß ein völlig verstörter Mann nach uns gefragt hätte. Wer konnte das gewesen sein? Erst als er zum zweiten Mal kam, sagte er meiner Frau das Kennwort Alcazar, daß er Vrbas heiße, vom Vojtíšek zu uns geschickt worden sei und eben jener wäre, auf den wir so lange gewartet hätten und wüßten, daß er etwa vor einem Monat hier abgesprungen sei. Weiter nichts.

Weil er so ängstlich aussah, gab ihm meine Frau – damit er sich nicht den ganzen Tag auf der Straße herumtreiben müsse – die Adresse von Hladěna.

Er kam erst am Abend wieder, als ich und Freda schon aus Prag zurückgekehrt waren, wir sprachen mit ihm, und um die Wahrheit zu sagen – er machte auf uns keinen guten Eindruck. Er sprach unsicher, stotterte ab und zu, aber das war nicht wesentlich – schlimmer war, daß es schien, als ob er Furcht hätte. Ich sagte ihm, daß wir schon einen Monat nach ihm suchten, und er gab nervös zur Antwort, daß er sich bei Verwandten aufgehalten habe.

„Und unser Inserat über den Ankauf eines Wörterbuches haben Sie gelesen?" fragte ich ihn.

„Eben jetzt erst, und darum bin ich gekommen."

Wir setzten uns nieder, und nach einer Weile begann er zu sprechen. Er erzählte, daß man ihnen in London alles mögliche eingeredet hätte und daß es jetzt hier ganz anders aussähe. Da hatte er recht – aber was folgerte er daraus? Angeblich habe er bei der Regierungstruppe einen Verwandten, und der wäre recht zufrieden – warum also sollte man überhaupt etwas unternehmen?

Er gefiel uns immer weniger.

Dann begann er, aus England zu berichten, und das in einem Ausmaß, wie wir es von allen Paraschutisten zusammen, die in unserer Wohnung bisher geweilt hatten, nie gehört hatten. Wir merkten, daß er ein Schwätzer war und daß man darum etwas unternehmen müsse. Nach einer Beratung mit Bartoš legten wir ihm eine Liste vor, in der wir ihm die Richtlinien für die Arbeit eines jeden einzelnen Paraschutisten aufzeigten: wie er sich zu verhalten habe, was er tun und nicht tun sollte – einfach eine Zusammenfassung unserer Erfahrungen, die Čurda am nächsten Tag unterschreiben sollte. Er nahm gelassen die Feder zur Hand und setzte seine Unterschrift darunter. Niemals aber hat er sich daran gehalten.

Er übernachtete bei uns, Bartoš' Mutter besuchte er nicht, und auch Freda war nicht oft bei ihr. Dafür stellte sie sich fast täglich bei uns ein, so daß wir ihr vorhielten, daß dies auffällig und vor allem gefährlich sei.

Bartoš gab Vrbas-Čurda einige Aufgaben und entschied, daß er – Čurda – nach Prag übersiedeln sollte. Niemand von uns hatte damals die geringste Ahnung, was alles dieser Mann verursachen werde. Wie gesagt, er machte den Eindruck eines Feiglings und gefiel uns einfach nicht. Dann aber wieder sagte ich mir, daß sie ihn doch nicht losgeschickt hätten, wenn er nicht ihr Vertrauen gehabt hätte. Nur – was ist das: Vertrauen? Was ist Tapferkeit? Was Feigheit? Nehmen wir zum Beispiel Čurda: Bei der Ausbildung hatte er sich bewährt, gute Ergebnisse bei Schießübungen erzielt, die Abschlußprüfung mit gutem Erfolg bestanden, ebenso einige Absprünge – und so schickte man ihn zu uns. Aber wer kann in die Seele eines Menschen blicken? Welche Garantie konnten jene in London übernehmen, daß vielleicht eben er nicht zum Verräter werden würde?

Dann tauchte Atja Moravec auf und führte Čurda davon. Ich habe ihn nicht mehr wiedergesehen.

Ich strenge vergeblich mein Gedächtnis an, um das genaue Datum von Opálkas und Čurdas Ankunft festzustellen. Nur unklar erinnere ich mich, daß meine Frau damals von Vojtíšek aus Bielohrad noch einen „Studenten" – vielleicht war es Kolařík – mitbrachte und daß Ende April ein weiterer Paraschutist bei uns erschien, den wir „Cigánek" (kleiner Zigeuner) nannten. Wer von ihnen war es? In meinem Kopf geht alles durcheinander. Auch er reiste dann nach Prag, wohl zur „Tante" Moravcová. Dieses „Zigeunerchen" sollte uns aus England Gift und Ersatzteile für den Sender bringen. Aber er brachte nichts mit, alles hatte er auf einem Feld bei Pürglitz vergraben.

Später las ich in einer Zeitung die Nachricht, daß in den dortigen Wäldern etwa Anfang Mai 1942 ein Fallschirmspringer erschossen worden war.

Der zweite Monolog des Hausverwalters

Ob Sie wohl wissen, daß Johann von Luxemburg als Regent bei uns die allerersten Goldmünzen prägen ließ? Diese Dukaten sind denen aus dem italienischen Florenz nachgemacht. Einen von ihnen habe ich, in der Numismatik wird er Floren genannt; oberhalb des Kopfes von Johannes dem Täufer ist der kleine böhmische Löwe, das Symbol unseres Landes.

Es gab überhaupt viele Heilige auf unseren Münzen, zum Beispiel Johann Nepomuk, Cyrillus, etliche Male Wenzel oder der heilige Georg. Was ich Ihnen erzählen will, ist eine Woche nach dem Namenstag von Jiří (Georg) geschehen, also am 24. April.

Ich sitze bei Tisch, plötzlich ein heftiges Klingeln. Meine Frau geht öffnen: Zdenda und Atja. Zdenda hat sich nur mit Mühe hergeschleppt, in der Küche auf den Diwan gesetzt und gesagt: „So, Herr Hausbesitzer, wir sind da!" Es war im Scherz gemeint, er hat gewußt, daß ich nur Hausverwalter bin, aber er sagte es absichtlich. Atja war ihm in die Küche nachgegangen, völlig niedergedrückt.

„Was ist mit euch los?" hat meine Frau erschrocken gefragt.

Zdenda (also Valčík) hat lange geschwiegen und dann gesagt: „Fragen Sie Atja."

Ich blickte auf den jungen Moravec. Er saß neben Zdenda, hat müde ausgeschaut und so einen sonderbaren Eindruck gemacht.

„Atja, was gibt's?"

„Also, Herr Verwalter, wir haben Pech gehabt", hat er begonnen. Dabei hat er zu Boden geschaut, mit den Händen in den Haaren gewühlt, sich dann an die Wand gelehnt und erzählt: daß einer von den neuen Paraschutisten, die vor kurzem abgesprungen sind, mitgebrachtes Material auf einem Feld bei Pürglitz vergraben hat, dort, wo er gelandet war. Nun, er und Zdenda haben die Aufgabe bekommen, gemeinsam hinzugehen, das Material auszugraben und nach Prag zu bringen. Um nicht lange suchen zu müssen, ist ein gewisser Kouba mit ihnen gegangen, einer von denen, die auch dort abgesprungen sind, und dann auch einer namens Arnošt Mikš, auch ein Paraschutist. Später habe ich erfahren, daß er Ende März irgendwo mit diesem Gerik abgesprungen ist, der sich noch vor dem Attentat der Gestapo gestellt hat.

„Und so haben wir uns auf den Weg gemacht", sagte Atja. „Wir verbringen dort manchmal unsern Urlaub, und so kenne ich mich da ein wenig aus, drum habe ich dem Zdenda gesagt, daß wir uns den Weg abkürzen wollen. Wir sind also nicht bis nach Pürglitz gefahren, sondern nur nach Sbetschno, von dort dann durch einen Wald weitergegangen. Es war so finster, daß wir kaum den Weg gesehen haben. Ich bin mit Zdenda gegangen, die andern haben sich der Stelle von einer andern Seite genähert. Mikš hatte einen Lageplan in der Tasche, Zdenda auch. Wir sind durch dichtes Gestrüpp und Gräben gekrochen, um nicht gesehen zu werden, und als wir schon dachten, daß wir gewonnen haben, ist plötzlich ein Gendarm mit Gewehr vor uns aufgetaucht und wollte unsere Ausweise. Ich habe ihm den meinen gegeben, er hat ihn geprüft, uns angeschaut und dann gesagt, wir sollten schnell verschwinden, weil die ganze Umgebung umzingelt und bewacht ist."

Atja war zu Ende.

„Sprich weiter", forderte ihn Zdenda auf.

In einem Wald bei Pürglitz kam bei einem Schußwechsel Rottmeister Arnost Mikš, Mitglied der Paraschutistengruppe Zinc, ums Leben. Das hier von den Gruppen Bioscop, Bivouac und Steel vergrabene Material fiel der Gestapo in die Hände.

Der junge Moravec schwieg.

„Und Atja hat jetzt Angst, daß sich der Gendarm seinen Namen gemerkt hat und ihn melden wird, so daß es ein schlechtes Ende nehmen kann."

Ich habe eine Weile nachgedacht und dann gesagt: „Wenn er euch anzeigen wollte, so wird er euch doch nicht zurückgeschickt und gewarnt haben. Nein, ich glaube, daß es ein guter Tscheche war."

Zdenda sagte zu Moravec: „Schau mal, Atja! Siehst du diese Truhe? Auch wenn sie die Deutschen so lange prügeln würden, bis sie zu sprechen anfängt – *du* mußt schweigen! Verstanden?"

Atja war ganz blaß und hat mit dem Kopf genickt. Ich hatte Angst um ihn. Dann sind sie gegangen, um auszuschlafen.

Am nächsten Tag habe ich erfahren, wie es der zweiten Gruppe ergangen ist, die das Material wegbringen wollte. Sie haben noch größeres Pech gehabt. Sie sind auch auf die Umzingelung gestoßen, aber während Valčík und Atja auf die Aufforderung hin ihre Ausweise vorlegten, ist es hier ganz anders ausgegangen. Mikš hat seine Pistole gezogen, und es ist zu einer Schießerei gekommen.

Ich habe mir damals aus einer Zeitung einen Artikel ausgeschnitten, in dem geschrieben steht: „Tschsl. Pressebüro Prag. Am 30. April 1942 wurden gegen 22 Uhr von Angehörigen der Gendarmeriestation in Kladno bei einer Fahndung zwei Männer tschechischer Nationalität angehalten, die mit Vorbereitungen zu einem Attentat mittels Sprengstoffen beschäftigt waren. Zwischen den Gendarmen und den Verbrechern kam es zu einem sofortigen Schußwechsel. Dabei wurde der Gendarmerie-Wachtmeister Ometák getötet und Fähnrich Komínek schwer verwundet. Einer der Verbrecher wurde erschossen. Der Stellvertretende Reichsprotektor hat angeordnet, die Versorgung der Witwe des Gendarmerie-Wachtmeisters Ometák, der bei der Ausübung seines Dienstes gefallen ist, großzügig sicherzustellen. Dem verletzten Gendarmerie-Fähnrich hat der Stellvertretende Reichsprotektor seine besondere Anerkennung zum Ausdruck gebracht. Des weiteren hat SS-Obergruppenführer Heydrich dem Kutscher, der zur Ausfindigmachung der Verbrecher wesentlich beitrug, eine entsprechende Belohnung auszahlen lassen, weil es auf Grund seiner geistesgegenwärtigen Handlungsweise gelang, das geplante Sprengstoffattentat zu verhindern."

So lautete der amtliche Bericht, den wir mit Frau Moravcová immer von neuem gelesen haben. Atja machte ihr große Sorgen, denn der Gendarm, der ihn angehalten hatte, konnte ja Meldung erstatten.

Er hat es nicht getan, und ich bin später – stellen Sie sich das vor! – sogar mit ihm zusammengekommen. Das war schon nach 1945, und er hat unser Haus, wo die Familie Moravec wohnte, aufgesucht. Er stammte vielleicht aus der Umgebung von Kardasch-Retschitz.

Der Paraschutist Kouba, der Mikš begleitet hat, ist geflüchtet und heil davongekommen. In dem Artikel ist von einem Kutscher die Rede, vielleicht von dem, der auf dem Feld das vergrabene Material gefunden und es angezeigt hat. Angeblich hat dann die Gestapo den Verräter Gerik hingebracht, um von ihm Mikš identifizieren zu lassen.

Schwer zu sagen, wer an allem schuld war. Vielleicht hat es bei diesem Kutscher angefangen, hätte er geschwiegen, wären keine Gendarmen und Gestapoleute dagewesen. Aber was wissen wir denn von ihm, vielleicht hat ihn jemand beobachtet, als er die Sachen ausgegraben hat.

Oder Mikš: Wenn er statt der Pistole seinen Ausweis hervorgezogen hätte, wie es Valčík und Atja taten, wäre es vielleicht zu der Schießerei gar nicht gekommen und die Gendarmen hätten sie zurückgehen lassen. Oder es hätte auch schlimmer kommen können. Mikš und Kouba wären verhaftet worden – und so hat sich Kouba gerettet. Sie werden einwenden: Für wie lange? Haben sich diese drei Tage gelohnt? Damit Sie verstehen: Kouba hat angeblich Selbstmord begangen, als ihm die Verhaftung drohte. Das war am 3. Mai, also den dritten Tag nach dem Vorfall bei Pürglitz. Aber solche Überlegungen führen zu nichts, da würden wir nur immer rundherumreden, was geschehen wäre, wenn der hier das und dieser dort jenes gemacht hätte. Mikš ist einfach gefallen, und das Material hat die Gestapo bekommen. Das ist einmal klar. Und zum zweiten Mal war klar, daß ich den bleichen Atja, der vor Angst zitterte, vor mir sah. Und ich habe mir gesagt, gut und schön, aber was geschieht, wenn sie ihn fassen und auspressen wie eine Zitrone? Was wird dann stärker sein: Angst und Sehnsucht zu überleben oder das andere?

Meine Frau hat immer nur geschwiegen und jede Woche das Treppenhaus gewischt, dann ist auch von irgendwo aus Mähren ein Fräulein gekommen, um mit Král zu sprechen, aber der hat ja in Wahrheit Opálka geheißen.

Manchmal ist zur Familie Moravec ein Stabskapitän gekommen, ich habe ihn nicht gekannt und nie nach seinem Namen gefragt. Ab und zu suchte er auch den Hajský auf.

Einmal kam eine hübsche junge Frau, angeblich – wie Frau Moravcová sagte – eine Kontaktperson aus Pardubitz. Wohl auch aus Pardubitz ist einmal eine Lehrerin gekommen, sie wollte mit Zdenda sprechen, dem sie einen Koffer voller Sachen und Lebensmittel mitbrachte. Sie läutete bei uns und fragte: „Sie sind der Herr Hausverwalter?"

„Ja", sagte ich. „Was gibt's?"

Sie hat sich zu mir vorgebeugt und gesagt: „Jan . . ."

Ich habe nicht gewußt, was da los ist, aber geantwortet: „Janovice . . ." Ich will es Ihnen erklären: Wenn ich jemanden nicht kannte, mußte ich auf das Wort „Jan" zur Antwort „Janovice" geben, das war ein Auftrag von Frau Moravcová.

Die junge Frau hat gelächelt und gesagt: „Ich habe versucht, bei Moravec zu klingeln, aber es hat niemand geöffnet. Und in diesem Fall, so hat man mir bei uns aufgetragen, sollte ich zu Ihnen, dem Hausverwalter, gehen. Angeblich wissen Sie über alles Bescheid."

„No, über alles nicht, aber kommen Sie weiter!" Sie hat den Koffer bei uns stehen lassen, und wir sind auf die Suche nach Valčík gegangen. Ich habe gewußt, daß er irgendwo am Veitsberg sein würde. Es war ein schöner Tag, sie hatte einen hellen Mantel an, der ihr gut paßte. Wir sind den Hügel hochgegangen, und schon habe ich Valčík erblickt, der auf dem Hang im Gras saß, direkt über dem Tunnel, und unten auf dem Übungsplatz marschierten SS-Leute herum. Als ihn die junge Frau gesehen hat, bedankte sie sich und ist auf ihn zugelaufen. Also bin ich nach Hause gegangen. Meine Alte hat am Abend Zdenda gefragt, ob das hübsche Fräulein sein Mädchen ist, aber er hat nur gelächelt und gemeint, daß er für so was keine Zeit hat. Und hat noch hinzugefügt, daß sie Lehrerin und sehr brav ist und ihm in Pardubitz, als ihm der Boden unter den Füßen brannte, geholfen hat.

Zdenda hatte auch einen hübschen jungen Hund, den er Moula (so was wie „Lümmel") nannte. Zdenda ist immer, wenn er weggehen mußte, mit bittenden Augen zu mir gekommen:

„Herr Verwalter, darf ich dieses Teufelsvieh bei Ihnen lassen?" Der Hund verkroch sich unter dem Tisch und wartete auf sein Herrchen. Oft ziemlich lange. Meine Frau hat einmal zu Zdenda gesagt, er soll den Hund aus dem Haus geben, weil sie keine Zeit für ihn hat, aber davon wollte er überhaupt nichts hören.

Damals hat Frau Moravcová von Leuten aus Teplitz ein Fahrrad gekauft und es in einer Garage im Nachbarhaus versteckt. Die Burschen haben es sich oft ausgeliehen. Um die Garagen hatte sich ein gewisser Janeček zu kümmern, ein braver Mensch, Taxifahrer und gleichzeitig Garagemeister. Er konnte den Mund halten, er war Kommunist. Er war angeblich schon seit der Mobilmachung 1938 mit Valčík bekannt und pflegte zu sagen:

„Passen Sie auf, wie es bei uns aussehen wird, wenn alles vorbei ist. Wenn wir wieder unsere Republik haben werden. Das wird *unsere* Republik sein, Herr Hausverwalter!"

Ich muß zugeben, daß ich mich damals nicht viel mit meiner Numismatik beschäftigt habe. Es geht ja auch nicht: Auf der einen Seite geht es den Menschen um Kopf und Kragen, und ich soll in alten blechernen Plättchen herumstöbern.

Aber noch was zu erzählen hätte ich fast vergessen. Da ist einmal so Mitte April, noch vor dem Ereignis in Pürglitz, Frau Moravcová mit der Frage gekommen, ob wir ein paar dieser Burschen bei uns übernachten lassen könnten.

„Sie werden sich ganz still verhalten, kein Mensch wird etwas erfahren."

„Sie sollen ruhig kommen", habe ich gesagt und mit meiner Frau alles vorbereitet. Angeblich wollten sie am nächsten Tag irgendwohin fahren und noch am Abend vorher bei der Familie Moravec zusammenkommen.

Wir haben Atja den Schlüssel vom 5. Stockwerk geliehen, dort war eine Bodenkammer, die niemand aufsuchte und in der jetzt die Jungens einige kleine Kistchen, Aktenmappen und andere Dinge hinterlegt hatten. Vielleicht auch Granaten.

Dann hat uns Frau Moravcová gesagt, daß die Burschen nach Pilsen fahren wollen, ob wir dort nicht gute Bekannte haben, bei denen sie übernachten könnten. Mein Bruder war damals Aufseher im Zivilstrafgefängnis in Bor, und so habe ich ihnen seine Adresse gegeben. Abends haben wir sie zurückerwartet, aber es ist keiner gekommen. Am Morgen habe ich es Frau Moravcová gemeldet, aber sie hat gemeint, daß alles in Ordnung ist; sie haben nur ihre Pläne geändert, der eine wäre nach Pilsen schon vorausgefahren, und die andern haben bei Moravec' Platz gefunden.

Als sie zurückgekommen sind, waren sie abgehetzt und wütend. Sie haben nichts gesagt, uns nur einen Plan von Pilsen und ihre Ausweise übergeben, um alles irgendwo zu verstecken. Es waren auch Taufscheine darunter, vielleicht aus Tschaslau – warten Sie mal, möglich, daß sie uns das alles schon übergeben haben, bevor sie nach Pilsen gefahren sind. Sehen Sie, wie schnell man so was vergißt.

Ja, und zugleich mit den Sachen war auch ein Herrenhut dabei, in dem eine Pardubitzer Firma zu lesen war.

Die Moravcová war eine sehr brave Frau. Sie hat den Burschen ihre Sachen gewaschen, gebügelt, ausgebessert, ist in der Stadt herumgelaufen, um zu beschaffen, was sie brauchten, hat Nachrichten vermittelt, oft auch außerhalb von Prag – kurz, eine Seele von einem Menschen! Einige andere Frauen haben ihr geholfen, auch Frau Kaliberová, die jeden Tag bei uns war.

Ich habe gehört, daß sie sich alle vom Roten Kreuz her gekannt haben, Frau Moravcová hat dort, denk' ich, irgendeine Funktion gehabt.

Einmal, es war spät in der Nacht, hat meine Frau dem Großen Ota die Haustür aufgeschlossen und zu ihm gesagt: „Na, wie weit seid ihr?" Sie hat nichts gewußt, keine Ahnung gehabt, was vorbereitet wird, und eben nur so gefragt.

Der Große Ota hat gelacht: „Sie werden schon bald von uns hören, Frau Hausverwalterin." Meine Frau ist es heiß und kalt überlaufen, beide haben wir dann nachgedacht, was da eigentlich geplant ist. Vielleicht wollten sie irgendeine Fabrik in die Luft sprengen, habe ich mir gesagt. Oder etwas Ähnliches. An einem Abend sind die Burschen bei der Familie Kaliber zusammengekommen, haben über Politik und schließlich auch über Heydrich gesprochen. In diesem Augenblick platzte der Kleine Ota heraus.

„Das ist aber mein Job!"

Frau Kaliberová hat später, nach dem Attentat, als sie uns davon erzählte, gesagt, das Job aus dem Englischen kommt und soviel wie „Arbeit" bedeutet.

Na ja, das ist wohl alles, an was ich mich im Zusammenhang mit den Ereignissen vor dem Attentat erinnere. Manchmal hat sich dann noch zu kurzen Gesprächen Zdenda bei uns eingestellt, aber wo er wohnte, hat er nicht gesagt, und wir haben nicht danach gefragt. Angeblich hat ihn Frau Moravcová jemandem empfohlen.

Erinnerungen eines Eisenbahnbeamten

Frau Moravcová hat ihn uns empfohlen. Ich war damals bei der Prager Eisenbahndirektion beschäftigt, und zu der Abteilung, in der ich arbeitete, gehörte auch die Gruppe der Verkehrskontrolle.

Es konnte gegen zehn Uhr vormittags gewesen sein, im März

1942, als einer von ihnen zu mir kam und mich auf den Korridor führte.

„Möchtest du nicht eine Dame kennenlernen?" fragte er mich.

Ich dachte, es wäre ein Scherz, und so sagte ich: „Meinst du die Dame deines Herzens?" Er blieb seltsamerweise ernst und lächelte nicht einmal, schüttelte nur den Kopf und teilte mir mit, daß es sich um die Gattin des Eisenbahnkassen-Revisors Moravec, eine zuverlässige Frau, handle.

Gleich als er diese zwei Wörtchen „zuverlässige Frau" aussprach, begann ich etwas zu ahnen. Und so gab ich zur Antwort, daß ich nichts dagegen hätte. Der Freund führte mich in seine Kanzlei, wo jene Frau wartete. Sie war von höherer, stärkerer Statur und machte einen ruhigen und entschlossenen, ich möchte sagen, energischen Eindruck. Als ich eintrat, erhob sie sich und reichte mir die Hand: „Ich heiße Moravcová", sagte sie schlicht.

Auch ich stellte mich vor.

All das konnte innerhalb von wenigen Sekunden vor sich gegangen sein.

Die ganze weitere Unterredung dauerte nicht länger als zehn bis fünfzehn Minuten.

Frau Moravcová sprach kurz und bündig.

„Ich habe mich um einige junge Männer zu kümmern, die polizeilich nicht gemeldet sind. Einen von ihnen muß ich jetzt irgendwo unterbringen", lautete ihr Wunsch. „Sie müssen weder Sorgen noch Angst haben. Es ist ein braver Mensch."

„Sind Sie sicher, daß es um keinen deutschen Provokateur geht?" fragte ich.

„Sie können beruhigt sein, es ist alles in Ordnung."

„Ich hätte eine Bedingung: Es darf niemand davon erfahren. Können Sie ihn persönlich zu mir bringen?"

„Natürlich! Wenn es Ihnen paßt, kommen wir um acht Uhr abends."

Ich war einverstanden.

Zu Hause erzählte ich davon meiner Frau, die für den erwarteten Gast ein Zimmer vorbereitete, in dem eine Couch, ein kleiner Bücherschrank und ein Schrank standen. Abends, etwa fünf Minuten nach acht, kam Frau Moravcová mit dem jungen Mann.

Ich betrachtete ihn sorgfältig. Er war von mittelgroßer Figur und hatte schwarze Haare, die in fast auffälligem Kontrast zu seinen ausdrucksvollen blauen Augen standen.

„Das ist unser Zdeněk", sagte Frau Moravcová bei der Begrüßung. Wir luden die beiden zu einer Tasse Kaffee mit Gebäck ein.

Zdeněk hatte keinen Koffer, nur eine Aktenmappe und – wenn ich mich nicht irre – einen grünlichen Zeltsack. Schon an jenem Abend blieb er bei uns. Ich gab ihm den Wohnungsschlüssel und vereinbarte mit ihm, daß er ihn nach dem Zuschließen der Tür und Betreten des Ganges in eine kleine Kiste mit Sand legen sollte, wie sie den damaligen Vorschriften entsprechend für den Fall von Löscharbeiten nach einem Fliegerangriff bei jeder Wohnungstür aufgestellt sein mußte. Ich wollte nicht, daß er den Schlüssel bei sich trug. Damals gingen nämlich in Prag von Haus zu Haus Polizisten, zeigten Schlüssel vor und fragten, ob sie nicht jemand erkenne. Ob dies im Zusammenhang mit den Paraschutisten stand, weiß ich nicht.

Unser Gast war ein stiller Mensch, der keine unnötigen Gespräche führte, grüßte, dankte und dauernd irgendwo unterwegs war. Zumindest bei Tag. Meine Frau und ich waren angestellt, verließen deshalb schon früh die Wohnung, er erst nach uns, aber kam dagegen wieder später zurück. Etwa vier, fünf Tage nach seiner Ankunft klopfte er an einem Abend an unsere Tür und trat ein. Er kam, um ein wenig mit uns zu plaudern, und so setzten wir uns an den Tisch und erzählten vom Krieg – wovon sollte man denn sonst wohl sprechen.

Den Grund seines Aufenthaltes verriet er nicht. Und wir fragten ihn auch nicht danach. Erst später, fast nur so nebenbei, bemerkte er, daß er mit anderen von einem englischen Flugzeug abgesetzt worden war. Bis dahin wußte ich nicht, von wo er eigentlich gekommen war, ob aus dem Osten oder Westen.

Nach und nach brachte er uns sein Schicksal zur Kenntnis. Er kam immer für eine Weile vor dem Schlafengehen, nahm Platz und erzählte. Wir unterbrachen ihn nicht mit Fragen, schwiegen und hörten zu: wie er irgendwo bei Pardubitz abgesprungen sei, wie er lange Zeit nicht auf seine Kameraden treffen konnte, dann mit ihnen gemeinsam Kontakte suchte.

Davon, daß er Valčík hieß und als Kellner im Hotel „Veselka" in Pardubitz angestellt war, sprach er nicht.

Eines Abends fragte er mich, ob ich etwas dagegen hätte, wenn er einen Kameraden zum Übernachten mitbrächte. Ich hatte keine Einwände. Nach dem Krieg erkannte ich an Hand einer Fotografie, daß unser vorübergehender Gast Gabčík gewesen war.

Als Zdeněk schon etwa vierzehn Tage bei uns geschlafen hatte, sagte er einmal, er möchte gern für kürzere Zeit den Wohnort wechseln, um uns nicht unnötig verdächtig zu machen.

Ich fuhr also nach Branik zu einem Freund namens Antonín

Šindelář. Ihm gehörte ein großes umzäuntes Gelände, auf dem eine Bretterbude stand. Ich sagte ihm ohne Umschweife, worum es ginge, und er war einverstanden.

Ich vereinbarte also mit Zdeněk einen Treffpunkt. Er wollte mit mir an der Straßenbahnhaltestelle „Beim Bulgaren" zusammenkommen, wahrscheinlich hatte er damals in Veitsberg zu tun, denn die Station lag nämlich direkt unterhalb dieses Stadtviertels. Ich war pünktlich um 14 Uhr zur Stelle, er kam einige Minuten nach mir.

Wir sprachen nicht miteinander, er wußte, daß er in die gleiche Straßenbahn wie ich einsteigen und zugleich mit mir wieder aussteigen sollte. Es kam die Nummer 21, und wir fuhren ab. Ich erinnere mich noch, daß es ein wundervoller, sonniger, Freude verbreitender Frühlingstag war. Zdeněk betrachtete von der Plattform aus die Umgebung, die Sonne bestrahlte seinen Kopf, ich blickte zu ihm hin – und plötzlich bemerke ich, daß seine schwarzen Haare an den Wurzeln blond sind. Sie waren gefärbt. Wenn sich ein Gestapomann neben ihn gestellt hätte, konnte es einen tragischen Ausgang nehmen. Ich gab ihm mit den Augen ein Zeichen, in der Heinrichgasse, der nächsten Haltestelle, stieg ich aus und er mit mir.

„Was ist los?" fragte er erstaunt.

„Zdeněk, Sie haben gefärbtes Haar, und man sieht es. Kommen Sie, wir gehen zu einem Friseur, der es in Ordnung bringen wird."

Er gehorchte. Wir gingen nach Karolinenthal, dort, gegenüber dem Varieté, hatte einer meiner Freunde einen Friseurladen. Zur Zeit war er zwar in Haft der Gestapo, aber das Geschäft führte sein Sohn. Ich erklärte, was ich von ihm möchte, er führte Valčík nach oben in seine Wohnung und brachte die Sache in Ordnung. Erst dann machten wir uns auf den Weg nach Branik.

Antonín erwartete uns schon und sagte Zdeněk, wo der Schlüssel zu der Umzäunung versteckt wäre. Man mußte von der Gasse aus die Hand unter den Zaun stecken, wo der Schlüssel in einer kleinen Grube lag. Dann zeigte er ihm, wo der Schlüssel zu der Bretterbude war, na, und das alles war in zwanzig Minuten erledigt, wir verabschiedeten uns, und Zdeněk blieb gleich da. Er wohnte dort einige Tage, manchmal kam er über Nacht zu uns, dann wieder haben wir ihn auch eine halbe Woche lang nicht gesehen, da hat er wahrscheinlich in Branik geschlafen. Er ging ging in Prag als Vertreter der Firma Topič mit künstlerischen Gegenständen umher, trug in seiner Aktenmappe eine Preisliste und machte sich darüber lustig.

Einige Male kam Frau Moravcová zu uns, hielt sich aber nicht lange auf, wir erzählten uns etwas, dann ging sie wieder.

Eine Woche verlief wie die andere. Etwa im Mai verabredeten wir, daß Valčík von uns zu einem bekannten Eisenbahnbeamten in die Hanspaul-Straße übersiedeln sollte. Ob er damals immer noch zu gelegentlichen Übernachtungen die Bude in Branik benützte, weiß ich nicht. Ich war darauf eingestellt, so wenig wie möglich nach etwas zu fragen.

Und so führte ich ihn nach Dewitz, die Hanspaul-Straße war in voller Blüte, lauter Kirschen und Flieder. Er ging fröhlich einher, unter dem Arm seine kleine Aktenmappe, schwarzes Schnurrbärtchen und kohlschwarze Haare, und erzählte von seiner Mutter und einem Besuch bei ihr. Meine Bekannten wohnten in einer Villa, sie hatten eine Tochter und zwei Söhne, der eine saß wegen illegaler kommunistischer Tätigkeit irgendwo in einem deutschen Gefängnis, der zweite war Maler. Valčík bekam ein kleines Zimmer, wir schüttelten uns die Hände, und ich ging.

Ich mochte ihn, er war brav und bescheiden. Ein ehrlicher Mann. Und vorsichtig, er vermochte, die Grundregeln der Konspiration einzuhalten, man verhandelte und arbeitete gut mit ihm zusammen. Ich erinnere mich an ein gemeinsames Erlebnis, bei dem ich ihn etwas näher kennenlernte, es war irgendwann im April. Eines Abends fragte er mich, ob ich Pilsen kenne.

„Ja, war brauchen Sie dort?"

„Gibt es da ein Restaurant ‚Tivoli'?"

Ich nahm ein Blatt Papier und zeichnete ihm den Weg dorthin auf. Er sah es sich an, schien aber nicht sehr zufrieden, ich fühlte es.

Und so fragte ich ihn: „Kommen Sie damit zurecht?"

„Ja, aber Pilsen kenne ich nicht, und wenn ich Leute frage, könnte ich auffallen."

„Und wann wollen Sie hinfahren?"

Er nannte das Datum.

„Gut, ich werde es mir im Büro einrichten, daß ich Sie begleiten kann. Jeder wird in einem anderen Waggon fahren, in Pilsen steigen wir aus, und ich führe Sie hin."

Er stimmte freudig zu.

An dem vereinbarten Tag machten wir uns auf die Reise. Wir fuhren um 7.22 früh mit dem Schnellzug ab und kamen ordnungsgemäß an. In Pilsen stieg ich aus, es war gegen zehn Uhr, Zdeněk ging etwa zwanzig Meter hinter hinter mir – Richtung Tivoli. Er bewegte sich so ungezwungen und wendig, daß ich ihn fast bewunderte. Als wir in der betreffenden Straße ankamen, sah ich, daß er sich unauffällig einem Mann zuwandte, der dort herumstand. Wahrscheinlich waren sie verabredet. Ich entfernte mich, um Verwandte zu besuchen, und fuhr mit einem Abendzug um 20.55 nach Prag zurück.

Zdeněk hatte sich einige Tage in Pilsen aufgehalten. Am nächsten Morgen erfuhr ich, warum er hingefahren war. Ich saß beim Frühstück, als der Rundfunk meldete, daß am vergangenen Abend englische Maschinen einen mißglückten Anflug auf die Pilsner Škoda-Werke ausgeführt hätten.

Da hat bestimmt unser Gast mitgemischt, dachte ich mir und war nur betrübt, daß es – wie das Radio meldete – nicht gelungen war. Nähere Einzelheiten über die Organisierung des Bombardements kenne ich nicht. Zdeněk kehrte verärgert und schlechtgelaunt zurück.

Kubiš' Freundin

Ich stamme aus dem kleinen Dorf Chomle unweit von Radnitz, bin im April 1918 geboren und war seit 1934 als Verkäuferin in Pilsen beschäftigt. Zuerst in der Konfektion des Herrn Josef Sedlák, Palacký-Straße 11, dann nahm mich 1935 seine Tochter Marie, die mit dem Geschäftsmann Vojtěch Kučera verheiratet war, zu sich. Sie wohnten in der Resselgasse Nr. 4, ich gehörte da mit voller Verpflegung fast zur Familie. Man betrat zuerst eine breite Durchfahrt, dann kam man zum Lager und in die Wohnung. Jeden Mittwoch und Samstag beteiligten wir uns an den Pilsner Märkten, manchmal reisten wir zu Jahrmarktstagen und Kirchweihfesten. Kučera hatte ein großes Auto, in dem wir alles unterbrachten.

1938 half Herr Kučera beim Abtransport und Verbergen von Waffen aus Pilsner Kasernen. Damals hat er angeblich den Polizeiinspektor Václav Král kennengelernt, dessen Adresse den Paraschutisten, als sie zum ersten Mal nach Pilsen kamen, bekannt war. Er stellte ihnen polizeiliche Anmeldungen und Arbeitsbücher aus und schickte sie zu den Kučeras. Und so schliefen sie bei uns. Vor dem Fliegerangriff waren es viele, und Frau Kučera sagte oft: „Kannst du dir vorstellen, Máničko, was das heißt, sich um acht hungrige Magen zu kümmern?"

Zu Herrn Inspektor Král wurde ich oft mit Botschaften geschickt, er war verheiratet und hatte eine Tochter Helena, die später gemeinsam mit ihm und der Mutter ums Leben kam. Einmal habe ich auf dem Bahnhof Frau Moravcová aus Prag erwartet, sie war charmant, aber nicht sehr gesprächig. Und zweimal bin ich zu ihr nach Prag gefahren, um Kleidungsstücke für die Burschen zu holen.

Wie sie waren? Zdeněk, also Gabčík, war immer voller Späße und pflegte zu reimen: „Jede von weiblichem Geschlecht ist mir recht!" Besser lernte ich Ota kennen, unter diesem Namen hatte sich mir Kubiš vorgestellt. Wir verstanden uns gut, was bald kein Geheimnis blieb. Von seinen Eltern hat er immer sehr schön gesprochen, manchmal auch von seinem kleinen Bruder; und weil auch ich einen Bruder hatte, der eben damals in einem Pilsner Krankenhaus lag, begleitete mich Ota, wenn ich meinen Bruder besuchte, und wartete auf mich. Er war ein ruhiger, gefühlvoller Mensch. Mein Bruder war in Priwetitz bei einem Metzger in der Lehre, wohin er mit dem Fahrrad fuhr. Einmal hatte er ein kleines Mädchen mitgenommen, die den Fuß zwischen die Speichen steckte, mein Bruder fiel zu Boden, mit dem Kopf gegen einen Meilenstein, und trug eine Gehirnerschütterung davon. Ota hat auch einmal in einem Brief nachgefragt, wie es ihm ginge. Den Brief schickte er am 12. Mai an uns nach Hause, er verwechselte die Nummer und schrieb statt 14 die Hausnummer 4, aber das Schreiben kam richtig an. Etwa eine Woche später erhielt ich noch eine Postkarte mit den Worten: „Ich denke immer an dich, Mánička ..."

Er war mit Zdeněk zweimal bei uns zu Hause, in Chomle. Ich pflegte dort Essen zu holen, sie begleiteten mich, blieben über Nacht, und am nächsten Morgen fuhren wir früh mit einem Zug für Arbeiter zurück nach Pilsen. Ich erinnere mich, daß einmal auch ihr Kamerad Čurda mitfahren wollte, ich habe diesen Namen für einen Spitznamen gehalten. Aber sie haben ihn abgewiesen, weil sie ihm nicht vertraut haben. Vielleicht war es jener, der sie dann später verraten hat.

Als die zwei Paraschutisten zum ersten Mal bei Kučeras auftauchten, hat mein Chef entschieden, mich aus seiner Familie polizeilich abzumelden. Das hat mir dann später das Leben gerettet. Die Kučeras hatten eine 19jährige Tochter Věra, wir hatten Freundschaft geschlossen, auch wenn sie um fünf Jahre jünger war. Wir machten mit den zwei Paraschutisten Spaziergänge, manchmal hat uns auch Věras Verlobter Václav begleitet. Wir zeigten ihnen Pilsen, die Škoda-Werke und andere wichtige Objekte, Behörden.

Die Freundin des Paraschutisten Jan Kubiš, Marie Žilanová (links), ist zufällig mit dem Leben davongekommen. Frau Kučerová und ihre Tochter Věra aus Pilsen wurden hingerichtet. Die Zilanová war bei ihnen angestellt.

Dann im April haben wir ihnen bei den Vorbereitungen zu dem Fliegerangriff geholfen; sie sollten damals den Flugzeugen ein Zeichen geben, um die Fabrik bombardieren zu können. Wir sind alle mit zwei Männern in einer bestimmten Straße zusammengekommen, ich weiß nicht mehr, ob es Mirek war (der, wie ich jetzt schon weiß, in Wirklichkeit Valčík hieß) oder Adolf-Atja, vielleicht auch der, den sie damals nicht nach Chomle mitnehmen wollten.

Ota und Zdeněk steckten das ausersehene Objekt, die Goldscheider-Fabrik, in Brand, Věra und ich hielten Wache, um uns nicht von jemandem überraschen zu lassen, dann liefen wir eiligst davon, die Burschen in die eine Richung, Věra und ich in die andere, nach Hause.

Dann fuhren die Männer nach Prag zurück, und wir haben sie nie mehr wiedergesehen. Ungefähr am 17. Juni wurden die Familien von Inspektor Král und auch die des Herrn Kučera verhaftet, Věra war an jenem Tag in Kučeras Sommerhäuschen, und die Gestapo fuhr bis dorthin, um sie zu holen. Ich war zufällig zu Hause mit dem Trocknen von Heu beschäftigt – es war das einzige Glück, das ich in meinem Leben hatte.

Ota kam in der Krypta ums Leben, als Erinnerung an ihn sind mir sein Brief und die Postkarte geblieben. Ich selbst erinnere mich, daß er mir nach dem mißglückten Fliegerangriff während der Rückfahrt nach Prag sagte, daß er einmal nach dem Krieg mit mir zu meinen Eltern nach Mähren fahren wolle, um mich ihnen als seine Braut vorzustellen.

Wir hatten einander versprochen, daß wir heiraten werden.

Worüber ein Archivar Bescheid weiß

Jedes alte Schriftstück hat seinen eigenen Geruch; es wird – oftmals mit Lächeln – behauptet, daß ein richtiger Archivar schon allein danach das Jahrhundert bestimmen kann, aus dem das Dokument stammt. Das menschliche Gedächtnis unterliegt – zuweilen auch unwillkürlich – Irrtümern, aber ein Archiv spricht – sofern es der Mensch selbst nicht entwertet – die Wahrheit.

Über die Bombardierung der Pilsner Škoda-Werke, eines der größten Betriebe der Tschechoslowakei vor dem Krieg, sind interessante Telegramme erhalten geblieben.

In London gibt es ein Bündel von Dokumenten, das den Decknamen CANONBURY trägt. Der Forscher erfährt daraus, daß schon im Herbst die tschechische Seite vorschlug, die RAF möge einen Fliegerangriff auf die Škoda-Werke im Oktober 1941 unternehmen. Er sollte genau an unserem Nationalfeiertag, am 28. Oktober, erfolgen. Es wurde nichts daraus.

Anfang April 1942 wiederholte die tschechische Seite ihre Forderung. Sie tat dies auf sehr nachdrückliche Art und Weise, so daß Lord Selborrone die ganze Angelegenheit mit dem Staatssekretär für Flugwesen persönlich besprach. Am 14. April konnte daher London ins Protektorat folgende Depesche senden:

„Noch im Laufe des Monats April wird die Škoda-Fabrik bombardiert werden. Es ist nötig, daß Ihr bestimmte Maßnahmen ergreift, die den Flugzeugen die Suche nach dem Objekt und genaue Einschläge erleichtern. Die beste Möglichkeit dazu bietet das Anlegen von Bränden in der Nähe des Ziels zur Zeit des Anflugs der Maschinen, was sich vielleicht mit Hilfe der zweiten Gruppe (Vyskočil) oder einer zivilen Organisation ermöglichen ließe. Gebt uns über die Möglichkeiten der Durchführung sofortige Nachricht. Die Mitteilung über die geplante Aktion ist von Euch wie auch von jenen, die von Euch darüber Kenntnis erhalten, als geheim aufzufassen. Tag und Zeitpunkt der Aktion werden Euch rechtzeitig bekanntgegeben. Meldet, wieviel Zeit Ihr zu den Vorbereitungen der Aktion benötigt, am besten vermittels von Králs Spezialgerät. Beschleunigt darum dessen Umtransport!"

(Vyskočil war der Deckname Gabčíks aus der Gruppe Anthropoid, Král war Opálka.)

Dann folgte eine Reihe von Telegrammen, in der die Aufgaben näher festgelegt wurden.

Die Vorbereitungen waren in vollem Gange.

Am 21. April meldete „Libuše" nach London, daß die Aktion Toušek und Strnad durchführen werden. Es waren die Decknamen für Valčík und Kubiš. Anderen Unterlagen zufolge halfen ihnen dabei Čurda und Opálka. Es war vereinbart, daß zu einer bestimmten Zeit diese beiden eine Scheune auf der anderen Seite der Škoda-Werke, Valčík und Kubiš einen Strohschober in Brand stecken werden. Die Fabrik würde unmittelbar in der Mitte der beiden Signalfeuer liegen. Es fanden auch Erwägungen statt, wo sich nach dem Angriff, da der Zugverkehr zum Stillstand käme, die Paraschutisten eventuell verbergen könnten.

Am Tag vor dem Fliegerangriff (24. April) gab der Sender nach London bekannt:

„Neben dem ersten Feuer wird noch ein zweiter Brand gelegt (1 km südlich vom Ziel, 200 m nördlich von der Goldscheider-Fabrik). Beide werden gut sichtbar sein, da es sich um Brände von Scheunen handeln wird. Der zur Irreführung bestimmte Bau ist gut bewacht. Alle Arbeiten überaus erschwert infolge ständiger Kontrollen durch Sicherheitsorgane, die nach dem aus einem Gefangenenlager geflüchteten französischen General Giraud auf der Suche sind. ICE."

Samstag, den 25. April 1942, erklang als vereinbartes Signal Dvořáks Slawischer Tanz Nr. 8. Alle waren bereit.

Wie war die Lage? Davon wird in einer Rundfunkdepesche des Senders „Libuše“ vom 29. April gesprochen:

„Ergebnis der Aktion Škoda: Außer zwei ausgebrannten Bauernhöfen, an die von uns Feuer gelegt wurde, einige dessen verdächtige Leute verhaftet, Ergebnis des völlig mißglückten Fliegerangriffs ist Enttäuschung der Arbeiterschaft. Die Škoda-Werke haben nicht den geringsten Schaden erlitten ...“

Im Telegramm wird eine Wiederholung des Angriffs gefordert, weiter heißt es:

„Die Arbeiter sehen der ersten Bombe entgegen, die ihr Ziel finden wird, um das Werk der Vernichtung zu vollenden. Enttäuscht sie nicht wieder!“

Das waren ernste Worte. Als 1947 ein Teil der Depeschen im Druck erschien, fehlten darin diese zwei letzten Sätze. Sie waren den Londonder Organisatoren nicht angenehm, und so wurden sie verschwiegen. Ähnlich verhielt es sich bei der Depesche vom 5. Mai 1942, also bereits nach dem zweiten – ebenfalls fehlgegangenen – Fliegerangriff. Damals sendete „Libuše“ folgendes:

„Die Aktion hatte alle Voraussetzungen für einen hundertprozentigen Erfolg. Schickt ein leitendes Flugzeug und Besatzung aus, die das Ziel von Grund aus kennen, damit es nicht von neuem dazu kommt, daß die Maschine über dem Ziel umherkreist und die Bomben weit daneben abwirft. Die Arbeiterschaft von Škoda hat für den Fall der Bombardierung Vorbereitungen zur Vernichtung der allerwichtigsten inneren Einrichtungen getroffen ...“

Bis zu diesen Sätzen wurde die Depesche im Jahre 1947 veröffentlicht. Der Abschluß erschien damals wiederum nicht im Druck; er lautete: „Die Arbeiterschaft kann nicht begreifen, daß Ihr sie zu Sabotageakten auffordert und ihr dabei keine Möglichkeit zu deren Verwirklichung gebt!“ Mit diesen Worten endet das Telegramm des Senders „Libuše“. Der letzte Satz wird wohl den Schlüssel zu der Antwort bilden, warum die Fliegerangriffe auf die Pilsner Škoda-Werke, die vor dem Krieg ausländischem Kapital angehörten, im Jahre 1942 mißglückten. Als gegen Kriegsende entschieden wurde, daß große Unternehmen in der Tschechoslowakei verstaatlicht werden, kam es unmittelbar darauf – wenige Tage vor dem Ende des Krieges – zu einem neuen Angriff auf die Škoda-Werke, der diesmal gelang. Die Fabrik wurde vernichtet.

Der vierte Monolog des Zeugen aus Pardubitz

Nach Pilsen bin ich nicht gefahren, ich weiß nur von den Vorbereitungen. Einmal im April haben wir die Familie Moravec in Prag besucht und von ihnen die schlimme Nachricht erfahren, daß angeblich einer der Paraschutisten sich selbst der tschechischen Polizei gestellt hat, die ihn zur Gestapo überführte. Heute wissen wir, daß es Gerik war, aber es hat uns damals nicht besonders überrascht, wir hatten so etwas erwartet.

Schon früher hatten wir öfter davon gesprochen, daß wir verraten und liquidiert werden könnten, aber mit einem Verrat aus den Reihen des Paraschutisten selbst haben wir nicht gerechnet. Es sollten doch verbürgte, zuverlässige Menschen sein.

Von der Familie Moravec gingen wir zu Sedláks. Die Frau wurde aus Rassegründen verfolgt. Wenn meine Gattin zwischen Pardubitz und Prag unterwegs war, hat sie manchmal bei ihnen übernachtet.

Sedlák war sehr opferwillig. Er arbeitete als Techniker bei den Vorbereitungen zum Aufbau eines neuen Unternehmens von Škoda in der Nähe von Königgrätz und hatte die Möglichkeit, wertvolle Nachrichten aus den Pilsner Werken zu beschaffen. In der Wassergasse in Prag was damals das Büro der Škoda-Niederlassung Königgrätz, und dort war Sedlák beschäftigt. Ich bekam öfter von ihm Angaben über das Produktionsvolumen und über Armee-Aufträge, die ich an Freda weitergab, der sie nach London meldete.

Von Sedlák erhielt ich auch wichtige Informationen, die wir zu Vorbereitungen des Bombardements benötigten. Es ging um die genauen Stellungen der Flugabwehr, welche die Škoda-Werke zu schützen hatte, ferner um die Lage der kaschierten Fabrik, die von den Deutschen zur Täuschung der verbündeten Fliegerverbände errichtet worden war, sowie um die Positionen wichtiger Gebäude, wie zum Beispiel der Modellierwerkstätten.

Damit waren unsere Vorkehrungen allerdings noch nicht zu Ende. Schon lange zuvor war mir die Aufgabe übertragen worden, meteorologische Geräte zu beschaffen. Das war keine Kleinigkeit. Ich hatte sie auf dem Balkon unserer Wohnung in Pardubitz installiert, täglich die gewünschten Angaben gemessen und sie Freda bekanntgegeben.

Wir warteten gespannt. Eine Woche verging, eine zweite, dann endlich gab der Londoner Sender das vereinbarte Signal, und wir konnten den Abend kaum erwarten. Wir saßen nervös und aufgeregt, ob alles glücken würde, vor dem Rundfunkgerät. „Es muß glücken", behauptete Bartoš.

In alles Frühe schickte Freda meine Frau nach Prag, um uns Nachrichten über die Ergebnisse zu bringen.

Meine Frau kam erregt zurück, sie hatte einen Brief von Valčík. Er und die andern Burschen waren überaus enttäuscht und zornig. Valčík äußerte sich über die ganze Aktion durchaus nicht schmeichelhaft. Auch wir alle, Bartoš eingeschlossen, verurteilten die Posse, die London mit uns aufgeführt hatte.

Sie dürfen sich nicht wundern, den Jungen – und mit ihnen Dutzenden anderer Menschen – ging es doch um den Hals. Wir verstanden er einfach nicht: Was hatte das alles für einen Sinn? Wozu das ganze Risiko?

Aber er mußte weitergearbeitet werden, auch wenn man an manchem seine Zweifel hatte. Es wurden weiter Nachrichten gesendet, Nachrichten dechiffriert, Informationen gesammelt.

Anfang Mai besuchte Bartoš den Jindra in Prag, jenen Chemieprofessor, und stellte mit ihm ernste Beratungen an. Nach seiner Rückkehr sagte Freda, man müsse eine bestimmte Angelegenheit, die jetzt nicht durchführbar wäre, verschieben und eine andere Person ins Auge fassen. Allem Anschein nach, so dachte ich mir, wurde ein Attentat auf Hácha vorbereitet, zumindest sprach Bartoš von einem Telegramm, in dem der Buchstabe „H" figurierte.

Das Telegramm schickte er ab. Ob eine Antwort gekommen ist, weiß ich nicht.

Gleich darauf erkrankte Freda an einem schweren Gelenkrheumatismus, konnte überhaupt nicht gehen und lag zu Bett. Verstehen Sie unsere Situation: Der Kommandant muß das Bett hüten! Er erzählte mir, daß er irgendwo in der Sonne auf Jindra gewartet habe und sich dabei von der ersten Frühlingssonne bräunen ließ. Na, und jetzt konnte er das Bett nicht verlassen.

Was die andern Paraschutisten taten, weiß ich nicht. Valčík hatte ich schon lange nicht gesehen. Davon, daß ein gewisser Kubiš mit einem Gabčík tagtäglich nach Jungfer-Breschan fährt, hatte ich keine Ahnung.

Ab und zu versuchte Bartoš umherzugehen, aber vergeblich. Und meine Frau fuhr mit Depeschen dahin und dorthin, sie war müde und abgemagert, ich sah es ihr an, auch wenn sie nichts sagte und sich nicht beschwerte.

So verbrachten wir den Mai 1942. Ein Gewitter war im Anzug, aber wir wußten es zum Glück nicht.

Eine Rote Kreuz-Ärztin erzählt in Kürze

Mit Petr Fafek, dem Hauptbuchhalter des Roten Kreuzes, habe ich im Herbst 1939 Bekanntschaft geschlossen, als ich die unbezahlte Funktion einer Leiterin der sozial-gesundheitlichen Sektion der Zentrale des Roten Kreuzes übernahm, die ich bis zu dessen Auflösung im August 1940 ausübte. Anfangs gab es zwischen uns nur alltägliche Kontakte, ich erinnere mich jedoch deutlich, daß Fafek eines Tages zu mir kam und mich aufmerksam machte, daß das Rote Kreuz einen großen Vorrat von grünem Kaffee („etwa drei Zentner") habe; er schlug vor, ich möge bei der Leitung des Roten Kreuzes dessen Verteilung an Tuberkulose-Heilstätten durchsetzen, wo sie den Patienten sicherlich willkommen wären. Natürlich akzeptierte ich diesen Vorschlag, und wir verteilten den Kaffee an diese Heilanstalten.

Im Februar 1940 wurde Petr Fafek gemeinsam mit General Haering, dem Vorsitzenden des Roten Kreuzes, und Direktor Zezulák verhaftet und von der Gestapo verhört, wohin sie die großen Vorräte des Roten Kreuzes, die für den Fall der Mobilmachung und eines Krieges vorbereitet waren, hatten verschwinden lassen. Etwa nach drei Wochen kehrte Fafek in einem sehr erbärmlichen Zustand zurück, die beiden andern waren zu lebenslänglicher Zuchthausstrafe verurteilt worden. Fafek lehnte es ab, von seinem Aufenthalt im Gefängnis von Pankratz und dem Verlauf der Verhöre zu sprechen. Aber immer wieder wiederholte er, daß er ihnen nicht noch einmal in die Hände fallen möchte, weil er es wohl nicht nochmals überstünde. Und trotzdem war er nach kurzen zwei Jahren die treibende Kraft bei einer unvergleichlich ernsteren und gefährlicheren Aktion.

Nach der Liquidierung des Roten Kreuzes im August 1940 führte ich – als eine der leitenden Funktionärinnen der Liga gegen Tuberkulose – Petr Fafek (mit einigen anderen Angestellten des Roten Kreuzes) in die Liga als Oberbuchhalter ein. Zu jener Zeit lernte ich ihn auch näher kennen, als überaus ehrbaren, bei der Arbeit gewissenhaften Menschen von bescheidenem Auftreten und vor allem einer ständigen Bereitschaft, für sein Volk auch das Leben einzusetzen, so wie er es im Ersten Weltkrieg als italienischer Legionär getan hatte.

Kein Wunder also, daß ich mich an ihn als ersten um Hilfe wandte, als man mich Mitte März 1942 um Mitarbeit beim Verbergen von Paraschutisten aufforderte. Und er – trotz allem, was er bei den Verhören durch die Gestapo schon erlitten hatte – zögerte keinen Augenblick und stellte seine verhältnismäßig kleine Wohnung zur Verfügung. Ich gebe zu, daß ich ihm davon abriet, daß ich auf die vorhergegangenen Verhöre, auf seine zwei Töchter hinwies – es war vergeblich, Petr Fafek ließ sich nicht mehr davon abbringen. Und so zogen um den 25. März 1942 die Paraschutisten Kubiš und Gabčík bei ihm ein, die später das Attentat gegen Heydrich verübten. Und sie wohnten bei ihm bis zum 30. Mai (ausgenommen einen Aufenthalt bei Professor Ogoun in Dewitz) auch in jener wahnsinnigen Nacht vom 27. zum 28. Mai 1942, da die Gestapo und die SS in ganz Prag umherwüteten. Damals wurden sie dann in die unterirdische Krypta der orthodoxen Kirche in der Resselgasse gebracht. Darüber, daß die beiden die Nacht zum 28. Mai bei den Fafeks verbrachten, weiß ich mit völliger Sicherheit auf Grund eines Gespräches Bescheid, das am 28. Mai Liběna Fafková in meinem Büro mit einem der Leiter der ganzen Aktion, mit dem Oberlehrer Zelenka-Hajský, geführt hat.

Außer der Einquartierung der beiden Fallschirmspringer nahm Fafek auch die Sorge um ihre Verpflegung auf sich, wußte weitere Mitarbeiter zu gewinnen (so vor allem den Revisor der Liga, Direktor Sonnevend, der später als Vorsitzender des Synode der rechtgläubigen Religionsgemeinde den Paraschutisten das Versteck im Untergrund der Kirche in der Resselgasse zukommen ließ, ebenso Prof. Ogoun, bei dem sich Gabčík und Kubiš kurz vor dem Attentat etwa eine Woche verbargen), hielt den Kontakt zu Zelenka-Hajský aufrecht u. ä. Ich weiß auch, daß sich Fafek auch während des Aufenthaltes der Paraschutisten in der Krypta weiter um sie kümmerte und ihnen gemeinsam mit seiner Frau und den Töchtern Lebensmittel, Wäsche und Decken zukommen ließ.

Nach der Verhaftung verrieten weder Fafek noch seine Frau und die Töchter niemanden von jenen, die an der Aktion beteiligt waren, obwohl sie ihnen bekannt waren und die Gestapo es sicherlich mit Hilfe der üblichen Methoden in Erfahrung bringen wollte. Petr Fafeks, seiner Frau und der beiden 20- bzw. 22jährigen Töchter Heldentum läßt sich mit Worten nur schwer beschreiben und bewerten.

Ihnen allen verdanke ich und mit mir eine Reihe weiterer Beteiligter das Leben.

Wie ich die Familie Fafek kennenlernte

Nach dem Ersten Weltkrieg übersiedelte die Familie Fafek aus dem Stadtviertel Wischehrad nach Veitsberg, wo sie in der Hus-Straße Nr. 62 wohnten. Ich lernte sie näher kennen, als ich in meiner Eigenschaft eines Pfarrers der evangelischen Gemeinde der Böhmischen Brüder, zu der später die ganze Familie übertrat, die zwei Töchter in Religion unterrichtete. Von allem Anfang an waren die Beziehungen der Eltern und der Töchter zu mir überaus herzlich, mit der Zeit sogar vertraulich. Sie nahmen regelmäßig an unserer Sonntagsschule in der Bethlehemskapelle in Veitsberg teil. Wir beschäftigten uns eingehend nicht nur mit der ganzen Bibel, sondern wir befaßten uns auch mit der Erziehung im Geiste der Heiligen Schrift.

Der übliche Abschluß einer kirchlichen Erziehung ist die Konfirmation. Für ihren weiteren Lebensweg wählen sich die Konfirmanten ein Motto. Rela wählte im Jahre 1935 das bekennerische Wort der Epistel an die Römer (1,16): „Ich empfinde keine Scham für das Evangelium Christi!", Liběna ein Jahr später aus den Apostelgeschichten (16,31): „Glaube an den Herrn Jesus Christus, und du wie auch dein Haus werden Erlösung finden!" Beide sind diesen Worten bis zu ihrem Tod treu geblieben. In die kirchliche Mitarbeit haben sie sich an der Seite ihrer Mutter gleich nach der Konfirmation eingeschaltet. Schon zuvor war die Mutter in einer weitverzweigten Vereinigung als Sozialarbeiterin und auch als Lehrerin an der Sonntagsschule tätig gewesen. Gemeinsam waren sie jetzt an Sonntagvormittagen bei Gottesdiensten beschäftigt, danach an der Sonntagsschule zuerst als Sekretärinnen, später als Lehrerinnen.

Die Familie Fafek war miteinander aufs engste verbunden. Einer hätte für den andern das Leben geopfert. Rela machte 1939 ihr Abitur und besuchte dann die philosophische Fakultät. Nach Schließung der Hochschulen absolvierte sie einen Kurs für Abiturienten und bereitete sich für den Beruf einer Religionslehrerin vor. Nach der Liquidierung des Tschsl. Roten Kreuzes entwickelte sich 1940 jedoch die Lage so, daß Petr Fafek von Frau Dr. Johanovská in die Masaryk-Liga gegen Tuberkulose aufgenommen wurde. Dort wurden später auch Liběna und Rela als Beamtinnen angestellt, die letztere arbeitete in der Beratungsstelle in Nusl. Zu Petr Fafeks erster Verhaftung kam es 1940 wegen Verheimlichung der Vorräte des Roten Kreuzes und deren Übergabe an die Masaryk-Liga. Damals wohnte die Familie bereits im Stadtviertel Weinberge in der Kolinerstraße Nr. 11 im dritten Stock, wo sie zwei große Zimmer mit Küche hatten. Auf Wunsch von Dr. Johanovská nahmen sie dann Gabčík und Kubiš bei sich auf. Und mich baten die Fafeks dann um Hilfe für die bei ihnen verborgenen Männer „Zdeněk Vyskočil“ und „Jaroslav Navrátil“. Die wahre Sendung der beiden Burschen aus dem Ausland haben wir allerdings erst nach dem Attentat erfahren.

Bei Fafeks haben sich unsere Gäste besonders lange aufgehalten, weil sie hier wirklich ein Heim voller Liebe und Opferbereitschaft gefunden hatten – und auch darum, weil sich Liběna und Gabčík ineinander verliebten. Sie erbaten sich von mir damals das Versprechen, sie vierzehn Tage nach Kriegsende zu trauen.

Es kam nicht dazu, beide waren tot.

Aussage eines Widerstandskämpfers aus Dewitz

Ich kenne alle Werke von Palacký und Jirásek, auch die Schriften aus der Zeit unserer Wiedergeburt. Ich liebe die böhmische Geschichte.

Auch Tacitus und Caesar habe ich gelesen, sie haben mich vieles gelehrt. Vor allem verdanke ich ihnen, daß mich die Verhältnisse, die uns im Jahre 1939 heimsuchten, nicht überraschten. Nach meinen besten Kräften bemühte ich mich, jenen zu helfen, die gegen die Nazis kämpften.

Schon Anfang 1940 erschien bei uns der Hochschüler Černý, dem die Faschisten seit November 1939 nachjagten. Seine Eltern hatte die Gestapo verhaftet, und Černý war auf seinen Irrfahrten bis zu uns gelangt, wo er Asyl fand. Er war Kommunist, aber ich habe niemals – das ist die Wahrheit – nach seiner Parteizugehörigkeit gefragt. Er hat gegen die Deutschen gekämpft, und das genügte mir. Er glaubte felsenfest an Rußlands Sieg und legte fast auf wissenschaftliche Art und Weise dar, daß der Krieg lange dauern werde. Damit stimmte er nicht mit Kubiš und Gabčík überein, die behaupteten, daß der Krieg spätestens Ende 1942 vorbei sein würde. Ich erinnere mich, daß Černý – er wohnte damals nicht mehr bei uns, sondern in Körbern – eines Tages kam und den Paraschutisten ein Schock Eier, Milch und Schmalz mitbrachte. Wie ihm das eingefallen war, warum er es tat und wo er alles herhatte, weiß ich nicht.

Aber jetzt zu den zweien, zu Kubiš und Gabčík. Ich sah in ihnen aus dem Volk auferstandene Rächer, darum unterstützte ich sie.

Etwa Ende April 1942 kam Frau Fafková zu uns, Gattin eines gewissen Petr Fafek, Buchhalter beim Tschsl. Roten Kreuz, dann bei der Masaryk-Liga gegen Tuberkulose. Er war ein ernster und ehrbarer Mann, unermüdlich, stets bereit zu Opfern zugunsten des Volkes. Einige Zeit zuvor hatte ich seine Tochter Rela unterrichtet, eine hervorragende Schülerin, und so habe ich die ganze Familie kennengelernt. Frau Fafková hat uns erzählt, daß zwei junge Männer heimlich bei ihnen versteckt wären, später – nach dem Attentat – habe ich ihre Namen in Erfahrung gebracht: Kubiš und Gabčík. Sie wohnten dort den ganzen April, über sechs Wochen, nun aber war es notwendig geworden, daß sie die Unterkunft wieder wechselten. Darum bat uns Frau Fafková, die beiden im Mai bei uns aufzunehmen und uns um sie zu kümmern. Angeblich hatten sie ein gemeinsames Ziel, das ihnen nicht gestattete, getrennt voneinander zu leben. Genaueres darüber wußte Frau Fafková nicht.

Ich war einverstanden, meine Frau ebenfalls, und so kamen sie.

Wie soll ich sie charakterisieren? Denken Sie daran, daß Zeugenaussagen stets von persönlichen Eindrücken ausgehen. Wenn sich zwei Menschen an ein und dieselbe Angelegenheit erinnern, sieht sie jeder von ihnen zumeist anders. Ich spreche mir deshalb keinerlei Anrecht auf Vollkommenheit oder Richtigkeit meines Berichtes zu.

Nun: Die beiden Männer traten als disziplinierte, für ihre Aktionen gutgerüstete Soldaten auf. Sie waren klug, mutig, auch zu den größten Opfern bereit, nur um die ihnen aufgetragene Aufgabe zu erfüllen. Oder auch einen Befehl. Verstehen Sie richtig – sie glaubten daran, was sie tun. Sie waren überzeugt, dem tschechischen Volk zu helfen, das von Hunnen des 20. Jahrhunderts gepeinigt wurde.

Niemals erwähnten sie, wo sie vorher gewohnt hatten, was sie tun und wonach sie aus sind. Erst später wurde mir die Nachricht zugetragen, daß es mehr Pläne für ein Attentat auf Heydrich gegeben habe. So war beabsichtigt, den Reichsprotektor in der Nähe von Melnik lebend in die Hände zu bekommen. Angeblich wurde auch eine Höllenmaschine in Erwägung gezogen, die man in Heydrichs Wagen legen wollte, oder ein Attentat an der Straßenkrümmung bei der sogenannten Kramář-Villa unweit der Chotek-Anlagen, wo aber Heydrich nur unregelmäßig vorbeifuhr. Aber alle diese Hypothesen projizierten sich in meinem Gedächtnis erst zu einer Zeit, da ich die Reden der Männer und etliche ihrer Beifügungen dazu überdachte.

Ich kann jedoch behaupten, daß sie selbst schwiegen. Wie das Grab.

Vielleicht erzählten sie nur gelegentlich etwas über die Ausbildung, die sie vor der Aktion absolvierten, aber es waren meist eher Abrisse als zusammenhängende Berichte. Dagegen brachten sie meinen Söhnen verschiedene kämpferische Griffe und Gewaltstücke bei, wie man so sagt, und wie es heute gewiß anders genannt wird.

Die Hausordnung hielten sie genauestens ein. Nicht einmal der Hausverwalter in unserem Mietshaus (wir wohnten in einer Straße beim Bahnhof) wußte von unseren Gästen, die übrigen Bewohner auch nicht. Nur einer der Nachbarn namens Křikán half uns bei der Beschaffung von Nahrungsmitteln, Kleidern und Schuhen; sein Sohn war mit einem unserer Jungen befreundet und kam oft zu Besuch. Und so hatten wir ihn in die ganze Sache eingeweiht.

Die Fafeks hatten zwei Töchter, Rela und Liběna. Die ganze Familie hatte die Burschen gern, sie fühlten sich dort wohl, und so kam es dazu, daß uns zuweilen jemand von Fafeks besuchte.

Beide Burschen waren bescheiden. Als Frau Fafek über deren Einquartierung bei uns verhandeln kam (zu Fafeks waren sie wahrscheinlich von der Familie Moravec geschickt worden), entschuldigten wir uns, daß wir nicht genug Essen hätten. Aber Frau Fafek meinte: „Darüber machen Sie sich keine Sorgen. Die Jungen werden mit allem, was sie kochen, zufrieden sein."

Frau Fafková war voll des Lobes über sie. Sie erlaubte sogar ihrer Tochter Liběna, sich mit Gabčík zu verloben. So hörte ich wenigstens. Das bedeutet, daß sie von seiner Ehrlichkeit und Gewissenhaftigkeit überzeugt sein mußte. Ich habe hier angemerkt, daß die Burschen am 19. Mai zu uns kamen. Sehen Sie, und meiner Erinnerung nach möchte ich annehmen, daß es schon Anfang Mai geschah. Ende des Monates gingen sie wieder. Etwa zwei Nächte haben sie nicht bei uns geschlafen, manchmal auch nicht zu Mittag gegessen. Wieder habe ich hier angemerkt, daß sie am 24. Mai angekündigt hatten, daß sie bei Fafeks zu Mittag sein werden, und wir möchten nicht auf sie warten. Vielleicht fand an diesem Tag die Verlobung Liběnas mit Gabčík statt.

Noch ein Mensch wußte, wer da bei uns wohnt: Onkel Hajský. Er war es, der mich aufmerksam machte, daß wir mit niemandem – außer mit Frau Moravcová – von ihnen sprechen dürfen.

Hajský ... Er war ein unendlich opferbereiter Mann, immer voller Entschlossenheit und Hoffnungen. Er lebte für die Burschen, kümmerte sich um sie mit ungewöhnlicher Sorgfalt und Bereitwilligkeit, besorgte ihnen nicht nur Unterkünfte, sondern – so erinnere ich mich – kam auch einmal und zog triumphierend aus der Tasche ein Päckchen hervor. Meine Frau packte es aus – es waren Koteletts, die sie angeblich so liebten und die ihnen meine Frau auf Kümmel zubereiten sollte.

Ich habe öfter mit ihm gesprochen, aber niemals war die Rede von weiteren Paraschutisten, auch wenn in Dewitz, wo wir damals wohnten, noch andere unter seinem Patronat lebten. Davon haben wir allerdings erst nach dem Krieg erfahren, was seine beispiellose Verschwiegenheit beweist. Gabčík und Kubiš liebten Hajský und waren ihm für seine Sorgfalt dankbar. Besonders Gabčík, den – wie es mir schien – Hajský auf irgendeine Weise unterstützte, war ihm außerordentlich ergeben. Gabčík war ein interessanter Mensch: von kleinerer Statur, muskulös, beweglich; er hatte braune Augen und trug die kastanienbraunen Haare zurückgekämmt. Seine Schritte erinnerten mich immer an einen Tänzer, vielleicht durch ihre Leichtigkeit und Elastizität. Er sagte uns, daß es Zdeněk Vyskočil heiße, und zeigte uns auch seinen Ausweis mit seiner Fotografie, auf der dieser Name zu lesen war. Er redete schnell, sprach tschechisch, aber ich, der ich drei Jahre in der Slowakei unterrichtet hatte, erkannte in seiner Aussprache Abweichungen von der Silbenlänge und unterschiedliche Akzente. Nach dem Krieg schrieb ich in die Slowakei einen Brief an Gabčíks Vater, der mir eine „Lebensbeschreibung“ zuschickte, wie sie 1941 sein Sohn verfaßt hatte, als er um Versetzung zu einer Fliegertruppe ersuchte. Er diente nämlich bei der Infanterie. In dieser Lebensbeschreibung, die ich aus dem Slowakischen ins Tschechische übersetze, führt Gabčík an:

„Ich bin am 8. April 1912 in Poluvsin, Kreis Sillein, geboren, von Beruf Maschinenschlosser. Die Volksschule habe ich in Schön-Teplitz besucht, vier Klassen Bürgerschule und zwei Klassen Metall-Fachschule in Kovarschow, Kreis Mühlhausen, absolviert. Den Militärdienst habe ich am 1. Oktober 1932 beim 14. Regiment in Kaschau angetreten, die Unteroffizierschule in Preschau an vierter Stelle mit sehr gutem Erfolg absolviert. Während dieser Dienstzeit erreichte ich den Rang eines Korporals. Nach Beendigung der Dienstzeit bin ich in der tschsl. Armee als längerdienender Unteroffizier geblieben. Nach einer weiteren dreijährigen freiwilligen Dienstzeit wurde ich auf eigenes Ersuchen in die Militärfabrik nach Sillein versetzt.

Während der Okkupation wurde ich dem Lager 5 in Skalka bei Trentschin zugeteilt. Weil ich Yperit dadurch unbrauchbar machte, daß ich es mit Säuren vermischte, habe ich die Deutsche Wehrmacht geschädigt und mußte am 1. Mai 1939 aus der Slowakei flüchten. Ich ging nach Krakau, wo ich in eine tschsl. Armeegruppe eintrat. Aus Krakau wurde ich nach Frankreich geschickt und von dort in die Fremdenlegion. Nach Ausbruch des Krieges wurde ich im Rang eines Rottmeisters Vertreter des Kommandanten der Maschinengewehr-Truppe. Beim ersten Einsatz dieser tschsl. Einheit wurde ich selbst zum Kommandanten ernannt. Nach England kam ich mit dem letzten Transport, der aus Frankreich abging. Nach der Ernennung zum Rottmeister hatte man mich am 28. Oktober auch mit dem Tschsl. Kriegskreuz ausgezeichnet. Zur Zeit versehe ich bei der Rotte 3/1 die Funktion des Vertreters des Zugkommandanten.

Von Beruf war ich Maschinenschlosser. Zu meiner Bitte um Versetzung zu den Fliegern habe ich mich auch darum entschieden, weil ich annehme, daß ich mich mit meinen Berufskenntnissen vor allem bei einer Fliegertruppe bewähren kann. Auch möchte ich mit allen meinen Kräften der tschechoslowakischen Sache zu unserem und der Verbündeten Sieg verhelfen.

Bei der Abfassung dieses Ersuchens bin ich mir auch bewußt, daß ich bei der Versetzung zu einer Fliegertruppe alle materiellen Vorteile, die mir durch den Dienst bei der 3. Rotte des Infanterieregimentes 1 zuteil werden, verlieren würde. Ich wäre glücklich, wenn ich die Funktion eines Schützen ausüben könnte. Im Hinblick auf alle diese Gründe bitte ich, mein Ersuchen wohlwollend zu behandeln."

So lautete das Gesuch des Infanterie-Rottmeisters Josef Gabčík. Später meldete er sich in den Paraschutistenkurs an, und auch sein Wunsch nach Ernennung zum Schützen fand Erfüllung. Wenn auch – infolge der Ungunst des Schicksals – keine erfolgreiche.

Vielleicht sollte ich noch hinzufügen, daß Josef zwei Brüder und eine Schwester hatte. Sein Vater war sehr arm – einige Zeit hatte er in Amerika gearbeitet, von wo er vor dem Zweiten Weltkrieg zurückgekehrt war. Niemand von der ganzen Familie wußte von Josef, und er selbst war vorsichtig genug, während seines Prager Aufenthaltes nichts von sich hören und sehen zu lassen.

Und was war mit Kubiš? Er hatte einen Ausweis auf den Namen Jaroslav Navrátil. Er war etwas größer als Gabčík, etwa um fünf bis sieben Zentimeter, hatte gutmütige Augen, leicht hervorstehende Backenknochen, einen breiten Brustkasten und einen großen Kopf mit hellbraunen Haaren. Er machte den Eindruck eines vierschrötigen Kerls aus hartgeschnitztem Holz. Er sprach langsamer als Gabčík, fast zögernd. Als die beiden zum ersten Mal bei uns auftauchten, lag ich im Bett. Nach Kubiš ersten Worten sagte ich:

„Sie sind aus Mähren!"

Er wunderte sich, woher ich das wüßte. Und ich wieder: „Aus der Nähe von Trebitsch."

Er schüttelte erstaunt den Kopf.

„Das erkenne ich doch! Ich bin auch aus Mähren."

Wir wurden uns bald einig, was wir im Falle einer Verhaftung aussagen würden. Meinen Kindern erklärte ich, daß es Söhne meiner entfernten Verwandten seien, die vor vielen Jahren nach Argentinien ausgewandert waren, und ich wäre ihr Onkel. Beiden jungen Männern empfahl ich, niemals gemeinsam über den Korridor zurückzukommen und zuvor immer das Signal „Warmes Wasser" zu pfeifen. Dann verabredeten wir, im Fall einer Gefahr den Fenstervorhang auf ungewohnte Weise herzurichten, unter Umständen auch ein besonderes Zeichen an der Tür anzubringen. Und als letztes schließlich: Sie sollten immer zweimal läuten und den Klingelknopf lange drücken.

Sie schliefen in meinem Arbeitszimmer. Gabčík hatte da ein zusammenlegbares Bett, Kubiš lag auf einem Diwan. Sie waren nur mit einer Aktenmappe in der Hand gekommen und hatten nur den Anzug, den sie trugen. Alles andere hatten sie angeblich bei Fafeks zurückgelassen. In ihren Aktenmappen brachten sie Schlafanzüge und Waffen mit, sonst nichts.

Als sie kamen, durchsuchten sie zuerst gründlich und in allen Einzelheiten die Wohnung, vom Vorzimmer bis zu den Lichtschächten, denen sie besondere Aufmerksamkeit widmeten. Sie schienen zufrieden, und einer von ihnen sagte: „Hier ginge es kinderleicht, auch ohne Seil."

Bei allem, was sie taten, bewahrten sie Ordnung und Behutsamkeit. Ihre Kleidung legten sie sich vor dem Schlafengehen auf den Stuhllehnen so zurecht, daß sie im Notfall mit einem einzigen Griff zu ihren Waffen gelangen konnten.

Sie baten uns, sie täglich ein Viertel vor sechs zu wecken. Punkt sechs Uhr verließ einer von ihnen die Wohnung, um angeblich „Nachrichten" zu holen; ob es Befehle oder Informationen waren, weiß ich nicht. Sie konnten nie allzu weit gegangen sein, weil sie spätestens nach einer halben Stunde zurückkamen. Wir wohnten damals in Dewitz in der Nähe des Hradschin, möglich also, daß sie jemanden auf der Burg aufsuchten, der ihnen Berichte über Heydrich gab. Aber sie konnten ebenso zu Kapitän Opálka gehen (auch seinen Namen habe ich erst nach dem Attentat erfahren), der sich irgendwo in Dewitz verbarg und Kommandant aller Paraschutisten sein sollte. Genauer gesagt jener, die sich in Prag aufhielten. Dieser Annahme widerspricht allerdings ein Vorfall, der sich kurz vor dem Attentat ereignete. Meine Frau hatte damals Kubiš und Gabčík mitgeteilt, daß sie jemand gesucht hätte, der sich unter dem Namen Král vorstellte. Er hatte sich im Stockwerk geirrt und die beiden in der Wohnung unter uns gesucht. Gabčík reagierte überaus heftig, er war das erste und letzte Mal, daß ich ihn so aufgeregt sah. Er sagte, warum der Mensch sich hier hatte blicken lassen, wenn er ihm doch ausdrücklich erklärt habe, daß er keine Besuche wünsche. Er möge sich um sich selbst kümmern, meinte er, er – Gabčík – wisse schon, was er zu tun habe.

Das würde davon zeugen, daß die zwei Burschen nicht Opálka-Král untergeordnet waren, aber das sind nur meine Vermutungen. Aber ich nehme an, daß Gabčík sich von niemandem, seine eigenen Aufgaben betreffend, beeinflussen lassen wollte; er hatte einen Befehl bekommen, und dem hatte er zu folgen. Um jeden Preis. Dies um so mehr, als Opálkas Gruppe erst Ende März eingetroffen war, also drei Monate nach Kubiš und Gabčík.

Bei ihrem „Frühdienst" wechselten die Burschen einander ab, einmal ging der eine, am nächsten Tag der andere. Kubiš weckte oft seinen Kameraden unter Lachen und mit den Worten: „Heute ist der Knirps an der Reihe!"

Gabčík war ihm wegen dieser Anzüglichkeit nie böse, sie waren wirklich Freunde, die alles teilten, was sie bekamen, und die einander niemals ein Leid zugefügt hätten. Ein richtiges Zwillingspaar, auch wenn sie sich in vielem unterschieden.

Der dritte Monolog des Chemieprofessors

Meinen letzten Bericht hatte ich mit den Sätzen beendet, daß in mir, je näher der Tag der Aktion kam, immer größere Zweifel an der Richtigkeit und Zweckmäßigkeit dessen auftauchten, was da vorbereitet wurde. Verstehen Sie mich richtig: von der Zweckmäßigkeit des Attentates eben zu dieser Zeit.

Ursprünglich sollte es am 28. Oktober 1941 zur Ausführung gelangen. Es kam nur deshalb nicht dazu, weil sich einer der Paraschutisten, der sich an der Tat gemeinsam mit Gabčík beteiligen sollte, vor dem Abflug verletzte. Die Londoner Regierung gab damals – wie ich später erfuhr – der politischen Zentrale in Prag den Auftrag, im Zusammenhang mit dem geplanten Attentat einen Aufstand bei uns in die Wege zu leiten.

Das war im Herbst 1941, als die Situation für einen Aufstand überaus ungünstig war.

Im Januar 1942 kam ich – ich habe schon davon erzählt – zum ersten Mal mit Kubiš zusammen, von dem ich hörte, daß er noch in Begleitung eines Kameraden gekommen sei, mit dem er das Attentat ausführen wollte. Diesen andern – es war Gabčík – sahen wir bald darauf in der Schwarzen Gasse unweit des Karlsplatzes, wo es zu einem unserer Zusammentreffen kommen sollte. Am näheren Ende der Gasse hielten Zelenka, Hajský und Kubiš Wache, am andern Gabčík und Pechmann, der unter dem Decknamen „Řehoř" Zelenkas Vertreter war. Unter dem Arm trug er einen Violinkasten, in dem Granaten lagen.

Kubiš sagte uns auch damals, daß neben ihnen noch andere Paraschutisten abgesprungen seien, vor allem ihr Kommandant „Jozka", der mit mir zusammenkommen möchte. Der Treffpunkt war Werschowitz, Kopenhagener Straße 23, wo Kapitän Procházka wohnte. Zu der ersten Zusammenkunft kam es dort etwa Mitte Februar 1942.

Wir trafen uns mit „Jozka" – es war Bartoš – noch einige Male. Da war auch schon Valčík in Prag, und die Männer trafen zur Ausführung des Befehls konkrete Vorbereitungen. Es handelte sich natürlich um das Attentat, und es ging ums Ganze. Wir erwogen von neuem die ganze Angelegenheit, aber sie schien uns weiterhin allzu riskant. Wir ahnten, daß die Faschisten an unserem ganzen Volk Rache nehmen würden. Nur – was tun? Die Burschen sagten, daß sie klare Instruktionen hätten: das Attentat zu vollführen. Es waren Soldaten, die über die Zweckdienlichkeit oder Zwecklosigkeit eines Befehls keine Erwägung anstellen konnten. Oder genauer gesagt: Sie konnten es wohl, durften aber den Gehorsam nicht verweigern. Ich fühlte Mitverantwortung für die geplante Tat, war ich doch Leiter der Organisation, die sie verbarg, die ihnen half. Was wäre, wenn die Nazis tatsächlich entsetzliche Repressalien entfesselten? Was dann? Kann sich denn in London jemand vorstellen, wie es hier zugeht?

Etwa in der zweiten Hälfte des April ließ ich durch Valčíks Vermittlung Bartoš sagen, er möge nach Prag kommen. Ich wollte mich mit ihm beraten und ihm die ganze Lage und meine Ansicht deutlich machen. Ich hoffte, er würde Verständnis dafür haben.

Wir trafen wiederum bei der Familie Procházka in Werschowitz zusammen, etwa am 26. April. Opálka war eben aus Pilsen nach Prag zurückgekehrt, und so konnte Bartoš auch mit ihm zusammenkommen.

Mit Bartoš erschien auch Gabčík. Es kam zu einer dramatischen Unterredung. Ich erklärte ihnen, daß meiner Meinung nach der richtige Zeitpunkt für das Attentat noch nicht gekommen sei.

„Begreift ihr denn nicht, was folgen wird? Verhaftungen, Torturen, Morde."

Bartoš schwieg vorerst, aber dann – nach kurzer Überlegung – stimmte er zu. Im gleichen Augenblick ließ sich Gabčík hören, den schon zuvor meine Ausführung verärgert hatten. Das Attentat sei unvermeidlich, und er werde gehorchen, meinte er. Damals fuhr Bartoš – zum ersten Mal in meiner Anwesenheit – Gabčík kurz angebunden an, der ging darauf ins Nebenzimmer, und wir – Bartoš und ich – einigten uns dahingehend, daß wir für London einen Bericht abfassen wollten, der unsere Stellungnahme zu dem Attentat erläuterte. Wir stellten das Konzept eines Telegramms zusammen, dem Bartoš die endgültige Fassung geben und mir dann deren Abschrift zugehen lassen sollte. Die Depesche war ungefähr folgenden Inhalts:

„Auf Jindras Wunsch, den Ihr in der Nacht vom 30. April zum 1. Mai legitimiert habt und der mit einem unserer Mittelsmänner Kontakt anknüpfte, senden wir diese Depesche, mit deren Inhalt wir völlig übereinstimmen. Aus den von Ota und Zdeněk getroffenen Vorbereitungen und der Wahl des Ortes, wo diese vor sich gehen, nehmen wir trotz ihrem andauernden Schweigen mit Sicherheit an, daß sie ein Attentat gegen H. planen. Ein solches wäre in keinem Fall für die Verbündeten von Nutzen und hätte für unsere Nation unabsehbare Folgen. Es würde nicht nur die Geiseln und politischen Häftlinge gefährden, sondern auch Tausenden anderer Menschenleben den Tod bringen, das Volk beispiellosen Nachwirkungen aussetzen, gleichzeitig auch den letzten Rest jedweder Organisation zunichte machen. All das würde es unmöglich machen, für die Verbündeten hier noch etwas Nützliches zu leisten. Darum bitten wir, über Silver A die Weisung zu geben, das Attentat nicht zu vollführen. Es droht Verzugsgefahr, gebt die Instruktion umgehend. Sofern das Attentat aus Motiven, die das Ausland betreffen, trotzdem erforderlich erscheint, möge es gegen eine andere Person ausgeführt werden."

Mit diesem letzten Satz hatte Bartoš den Protektoratsminister Emanuel Moravec im Sinn.

Die Depesche ging Anfang Mai – vielleicht am 4. – nach London. Ich atmete auf, weil ich überzeugt war, daß man dort auf unsere Gründe eingehen würde.

Nach dem Zusammentreffen mit Bartoš jedoch überlegte ich alles von neuem und sagte mit, daß es von Vorteil wäre, wenn unser Telegramm von ÚVOD, der Zentralleitung des heimischen Widerstandes, unterstützt würde. Das hätte Gewicht. Ich suchte darum Arnošt Heidrich, einen der ersten Funktionäre, auf und erklärte ihm die angespannte Lage.

Er stimmte mit mir überein, ließ sich von mir den Text des ersten Telegramms aushändigen und verfaßte an Hand dieses eine fast ähnliche zweite Depesche, die sich nur in Kleinigkeiten von der ersten unterschied, so daß viele Historiker noch heute der Meinung sind, daß sie ein und dasselbe Telegramm vor sich haben, auch wenn es um zwei verschiedene geht.

Um welche Abänderungen im Text es sich handelt? Zum Beispiel im ersten Telegramm, in dem Bartoš und ich über die einzelnen Paraschutisten sprachen, verwendeten wir ihre Vornamen, also Ota und Zdeněk, in der Depesche der ÚVOD wurde anfangs von Strnad und Vyskočil gesprochen, also von zwei weiteren ihrer Decknamen.

Oder der letzte Satz im Telegramm: In das erste hatte ihn Bartoš nachträglich hinzugefügt. Als ich danach fragte, weil dieser Satz in meinem ursprünglichen Konzept nicht enthalten war, antwortete er mir, er habe ihn deshalb hinzugesetzt, damit Anthropoid eine Aufgabe bekäme. Im ersten Telegramm hieß es: „Sofern das Attentat aus Motiven, die das Ausland betreffen, trotzdem erforderlich erscheint, möge es gegen eine andere Person ausgeführt werden." In der ÚVOD-Depesche war folgender Wortlaut: „Sofern aus Motiven, die das Ausland betreffen, irgendeine Geste erforderlich erscheint, sollte ein heimischer Quisling in Erwägung gezogen werden, in erster Reihe E. M."

Auch das ÚVOD-Telegramm ging über den Sender „Libuše"; von wem jedoch Bartoš den Text bekam, ist mir bis heute nicht bekannt. Die Depesche wurde um den 12. Mai 1942 gesendet.

Im Telegramm vom 4. Mai gibt es einen anscheinend unklaren Satz: „... den Ihr in der Nacht vom 30. April zum 1. Mai legitimiert habt..." Das war so: Die Organisation JINDRA vermehrte sich zu jener Zeit um weitere Mitarbeiter. Wir mußten den Aufbau der Organisation überprüfen und somit das Vertrauen vieler neuer Leute gewinnen. Darum sendete der Londoner Funk zu einer bestimmten Stunde einen zuvor verabredeten Satz, der bedeutete, daß alles in Ordnung wäre. Und die JINDRA-Mitglieder, die von dieser Sendung wußten, konnten sich selbst überzeugen, daß man im Ausland über unsere Arbeit Bescheid weiß.

Das erste Losungswort war ein Satz von Tyrš: „Für eine bessere Zukunft stehen wir bereit!" Das zweite, das in der Nacht vom 30. April zum 1. Mai, also vor den Maifeierlichkeiten, gesendet wurde, lautete: „In einer neuen Welt ein neues, schönes Land!", und eben davon spricht der erste Satz der Depesche, den Bartoš selbst hinzugefügt hat.

Weil Bartoš' Radiodepeschen nach London Oberstleutnant Moravec, der Chef unseres Spionagedienstes, in die Hände bekam, besteht die Möglichkeit, daß er die zwei Telegramme nicht weitergab, weil er es für vorteilhaft hielt, sie zu verschweigen. Ich überlegte, was zu tun, was zu veranlassen wäre, daß die Telegramme nicht einfach „aus der Welt verschwinden". Schließlich machte ich folgendes: Über ein Mitglied der ÚVOD richtete ich es ein, daß von der Existenz des Telegrammes Dr. Beneš in einem Schreiben informiert wurde, das auf diplomatischen Wegen über Schweden ging. Den Brief bearbeitete Dozent Dr. Tůma, und aus Gründen der Konspiration schrieb er es mit Radiumchlorid nieder.

Erst jetzt waren wir uns fast sicher, daß London von unseren Bedenken und davon, daß die Widerstandsgruppen in der Heimat mit der Durchführung des Attentates nicht einverstanden seien, Kenntnis bekommen werde. Für einen gesamten Volksaufstand war wahrlich noch nicht die Zeit gekommen.

Wir warteten ungeduldig auf Antwort.

Aus den Erinnerungen eines leitenden Vertreters der ÚVOD und vertrauten Mitarbeiters Doktor Beneš'

Zu Beginn der zweiten Aprilhälfte 1942 suchte mich Oberst Jaroslav Plass auf und sagte mir, daß ein gewisser Jindra mit mir sprechen möchte. Auf meine Frage, wer das sein, sagte er, daß er dessen ganzen Namen nicht kenne, aber wisse, daß es um das Haupt der illegalen Sokol-Gemeinde ginge. Diese Mitteilung überraschte mich durchaus nicht, weil ich kurz zuvor, im Zusammenhang mit der Verhaftung des Sokol-Vorstehers, den Bescheid erhalten hatte, daß der neue Leiter des Sokol sich zur geeigneten Zeit mit mir in Verbindung setzen wolle. Weit mehr allerdings war ich überrascht, als etwa nach einer Woche Oberst Plass mit der Nachricht kam, daß Jindra auf ein Zusammentreffen dränge, weil er mit mir über einige wichtige Probleme sprechen möchte, denen etliche aus London entsandte Paraschutisten gegenüberstanden. Meine Antwort lautete, daß ich unter diesen Umständen mit Jindra nur dann zusammenkommen könnte, wenn ihn London nachdrücklich überprüft hatte. Nach einigen Tagen ließ mich Jindra wissen, daß ich in der Nacht vom 30. April zum 1. Mai die tschechischen Sendung verfolgen solle. Ich hörte gespannt zu, und tatsächlich wurde mir aus London Jindras Überprüfung mit Losungsworten, die mir Oberst Plass zuvor mitgeteilt hatte, zur Kenntnis gebracht.

Ich zögerte daraufhin nicht mehr länger und sagte Plass, der mich auf meinem damaligen Arbeitsplatz, der Bibliothek der Königlichen tschechischen Gesellschaft für Wissenschaften, aufsuchte, daß ich zu einem Zusammentreffen mit Jindra noch am gleichen Abend und an einem mit ihm verabredeten Ort bereit wäre. Etwa nach zwei Stunden kam Plass wieder, um mir mitzuteilen, daß es zu der Zusammenkunft zwischen 8.30 und 9 Uhr abends in der Wohnung eines Dr. Vrábek kommen sollte, die sich gleich hinter dem Weinberger Stadttheater befand. Oberst Plass fügte hinzu, daß Jindra von Dr. Chmel begleitet würde, der mir als ehemaliger Oberstleutnant der tschsl. Armee bekannt war, von Beruf Volkswirtschaftler und zur Zeit Direktor der Forschungsabteilung der Nationalbank. Erst in diesem Zusammenhang brachte ich in Erfahrung, daß Plass diesen Jindra in Chmels Kanzlei kennengelernt hatte. Jindra hatte sich, als er eine Zusammenkunft mit mir verlangte, auf verschiedene Personen, vor allem „Soldaten“, berufen, wobei er freundschaftliche Beziehungen zu Kapitän Morávek besonders hervorhob. Dr. Vrábek hatte ich schon im Herbst 1921 kennengelernt, als er an einer internationalen Konferenz über Rechtswissenschaften in Genf als Leiter der sogenannten Regierungsdelegation teilnahm. Als er in den dreißiger Jahren den Staatsdienst verließ, war er bis zu Okkupation als Direktor der Anglobank tätig. Ich kam damals in seine Wohnung um einige Minuten früher, um von dem Gastgeber Näheres über den geplanten Verlauf der Begegnung zu erfahren. Dr. Vrábek sagte mir, daß Dr. Chmel Jindra nur bis zu Wohnungstür begleiten würde, um ihn vorzustellen und dann wieder zu gehen. Dr. Vrábek fügte hinzu, daß er seine Frau in ein Theater geschickt habe, damit wir durch die Anwesenheit eines überflüssigen Zeugen nicht gestört würden.

Jindra kam etwa um 8.45 abends. In das Zimmer, in dem ich saß, führte ihn Dr. Vrábek und entfernte sich gleich darauf. Ohne auch nur im geringsten zu zögern, stellte sich Jindra als Jindřich Vaněk vor, Professor an einem Gymnasium in Brünn, zur Zeit als Haupt des illegalen Sokol in Prag mit geheimen Aufgaben beschäftigt. Er verlangte, seinen Namen niemandem mitzuteilen, und kam dann sofort auf den Kern der Sache zu sprechen. Er sagte, daß einige aus London entsandte Paraschutisten den Auftrag hätten, auf R. Heydrich ein Attentat auszuüben. Ihr Anführer, Stabskapitän Jozka, wie ihn Jindra nannte (seinen wahren Namen, Bartoš, habe ich erst nach dem Krieg erfahren), sei angeblich sehr besorgt im Hinblick auf die Unruhe, die sich in wachsendem Maße der ausgewählten Männer bemächtige, und zwar auf Grund der allzu lange dauernden Vorbereitungen und vor allem auch der Erkenntnis, daß das Attentat ungezählte Opfer zur Folge haben werde. Stabskapitän Jozka – so betonte Jindra – weise immer wieder darauf hin, daß vor dem Abflug bei den Paraschutisten der Eindruck hervorgerufen worden war, daß die Macht der Nazis bereits zerbröckle und das Attentat ein Signal zu Revolten geben werde, die da und dort ausbrechen würden, um der faschistischen Okkupation ein Ende zu machen. Die größten Sorgen bereite Jozka angeblich der Gedanke, daß keineswegs Dr. Beneš, der wahrscheinlich überhaupt nicht davon weiß, das Attentat angeordnet habe, sondern Oberst Moravec unter dem Einfluß des britischen Geheimdienstes. Die großen Opfer an tschechischen Menschenleben würden demnach nicht für die vitalen Interessen der tschsl. Republik, sondern für den Bedarf eines fremden Geheimdienstes gebracht werden.

Abschließend sagte Jindra, daß sie – er und Jozka – sich an mich als Dr. Beneš' langjährigen vertrauten Mitarbeiter wenden, damit ich erwäge, ob es nicht geboten wäre, die ganze Angelegenheit dem Präsidenten telegrafisch mit dem Vorschlag zu unterbreiten, den Befehl zum Attentat auf R. Heydrich zu widerrufen und es für den Fall der Unerläßlichkeit an einem andern auszuführen, z. B. an Minister Emanuel Moravec. Als Antwort darauf erklärte ich, daß ich mit Jindra und Jozka dahingehend übereinstimme, daß es sich um ein überaus ernstes Problem handle, zu dem nur Dr. Beneš Stellung nehmen könne. Ich fügte immerhin hinzu, daß die tschechische Nation sich der Wiedergewinnung des verlorenen Gebietes würdig erweisen müsse und daß aus diesem Grunde gewisse Opfer nötig sein würden, wobei jedoch das Attentat auf einen tschechischen Verräter gewiß nicht eine Tat sein werde, die auf die Verbündeten entsprechenden Eindruck machen würde. Ganz entschieden sei es jedoch notwendig, so betonte ich, daß das tschechische Volk die völlig sichere Überzeugung hätte, die von ihm verlangten Opfer würden zum Erreichen der wichtigsten Kriegsziele der Republik beitragen.

Wir verabschiedeten uns von Jindra gegen 10.30 abends damit, daß ich versuchen würde, den Text des Telegramms an Dr. Beneš in jenem Sinn zu konzipieren, der die Basis unseres Gespräches gebildet hatte. Ein neues Zusammentreffen verabredeten wir für den 3. Mai um 9 Uhr abends am gleichen Ort.

Schon bei Jindras Ausführungen war mir klar geworden, daß Stabskapitän Jozka (Bartoš) im Laufe der Vorbereitungen zu dem Attentat voll und ganz die wahre Lage in der Heimat erkannt hatte; vor allem da, wo von den vielen Opfern die Rede war, mit denen notgedrungen gerechnet werden mußte, daß er jedoch keine Rückfragen wagte, um in London nicht den Eindruck zu erwecken, daß er und die anderen drei Paraschutisten vor der Ausführung des beim Abflug erhaltenen Befehls zurückschrecken. Es ist auch möglich (zumindest im Hinblick auf Jindras Worte), daß Jozka sich erst an Ort und Stelle der großen Verantwortung der Nation gegenüber völlig bewußt wurde und bestätigt sehen wollte, daß der Präsident selbst, die lebenswichtigen Interessen des Staates vor Augen, das Attentat billige.

Als ich, wie verabredet, Jindra wiedertraf, zeigte ich ihm den von mir vorbereiteten handschriftlichen Text des Telegramms. Der letzte Satz lautete: „Wenn aus international-politischen Gründen das Attentat unausweichlich nötig erscheint, ist die Nation entschlossen, auch die allergrößten Opfer zu bringen." Bevor ich diese Worte niederschrieb, stellte ich in Gesprächen mit einigen vertrauten und durchaus zuverlässigen Bekannten fest, daß jeder patriotisch denkende Tscheche sich Opfer auferlegen würde, wenn er wüßte, daß der Präsident selbst das Attentat angeordnet hatte, um unseren dringlichsten Kampfzielen nahe zu kommen. Unter jenen, mit denen ich sprach, waren auch Männer und Frauen, deren Söhne oder Ehepartner unter Androhung der allerschwersten Gerichtsurteile, die dann auch verkündet wurden, in faschistischen Kerkern schmachteten. Keinem meiner Gesprächspartner habe ich auch nur angedeutet, welchen tatsächlichen Hintergrund die Dispute mit ihnen haben. Jindra war mit dem Text der Depesche einverstanden, lediglich gegen den letzten Satz hatte er Einwände und verlangte abermals, daß zum Abschluß des Telegramms der Vorschlag ausgesprochen werden, das Attentat gegen jemand anderen zu vollführen. Ich sagte ihm, daß ich es nicht abschicken könnte, wenn er auf seinem Vorschlag bestehe. Er tat es nicht, und so verabschiedeten wir uns damit, daß die Depesche gleich am nächsten Tag dem sogenannten Zivilsender, das war jener der ÚVOD, zugestellt werden sollte.

Am Vormittag des 4. Mai schrieb meine Frau das Telegramm auf Seidenpapier nieder und brachte es mittags Frau Aša Jínová, einer der tapfersten und opferwilligsten Mitarbeiterinnen der Widerstandsbewegung. Neben anderen Angelegenheiten hatte sie die Aufgabe auf sich genommen, in meinem Auftrag Telegramme den verschiedenen Sendern sowie Botschaften an die zugehörigen Kuriere zuzustellen. Als meine Frau darauf hinwies, daß die Depesche so bald wie möglich abgeschickt werden müsse, sagte Frau Jínová, sie werde sie Frau Šmakalová übergeben, mit der sie am gleichen Tag um 3 Uhr nachmittags beim Krematorium in Straschnitz zusammenkommen sollte. Eben diese war es, der an jenem Tag die Zustellung von Telegrammen an den Sender auferlegt war. Wenn es einmal notwendig sein sollte, das Datum jenes Tages genau festzustellen, will ich bemerken, daß beide Damen damals an dem Begräbnis des jungen Renner teilnahmen, so daß der genaue Tag an Hand der Eintragungen in einem der Bücher des Krematoriums zu ermitteln ist. (Frau Šmakalová war die Gattin Dr. Šmakals, eines Arztes des Tschsl. Roten Kreuzes, dem zu jener Zeit Dr. Alice Masaryková vorstand. Das Ehepaar Šmakal wurde im Juni 1942 wegen seines Kontaktes mit Paraschutisten in Mauthausen hingerichtet.)

Einige Tage nach der Absendung des Telegramms teilte mir Oberst Plass mit, daß der Sender der Paraschutisten eine von Pavel Svatý unterzeichnete Depesche mit der Frage „Wer ist Jindra?" erhalten habe. Ich nahm an, daß Präsident Dr. Beneš unser Telegramm bereits erhalten hätte und sich nur versichern wolle, wer Jindra in Wahrheit wäre. Ich war deshalb sehr überrascht, daß zu der Depesche, die ich mit meinem vollen Namen unterzeichnete, keine Antwort eintrifft. Erst nach dem Krieg brachte ich in Erfahrung, daß Pavel Svatýs (Drtinas) Anfrage mit der Aussendung von Losungsworten, die Jindras Person beglaubigen sollten, zusammenhing.

Am 26. Mai 1943, am Vorabend des ersten Jahrestages des Attentates, hatte K. H. Frank die Protektoratsregierung zu sich einberufen, um im Zusammenhang mit diesem „Jubiläum" eine kurze Ansprache zu halten. Danach – wie ich noch am gleichen Abend erfuhr – verlas Frank ein Telegramm, das angeblich, das Attentat betreffend, von einer tschechischen illegalen Gruppe nach London geschickt worden war. Als ich am nächsten Tag gegen sechs Uhr morgens die erste Ausgabe der Lidové noviny erhielt, die wir abonniert hatte, konnte ich darin den Text des von mir verfaßten Telegramms lesen. Ich war einigermaßen verwirrt, als ich in anderen Zeitungen, die meine Frau im Laufe des Vormittags brachte, ein Telegramm über das Attentat in einem Wortlaut fand, der sich an zwei Stellen von meinem Text unterschied. Es betraf vor allem den letzten Satz, und zwar hauptsächlich dessen zweiten Teil, in dem mein „... ist die Nation entschlossen, auch die allergrößten Opfer zu bringen" durch den Satz „... möge es (das Attentat – M. I.) gegen einen anderen ausgeführt werden" ersetzt war, also im Sinne des Themas, das mir am 1. und 3. Mai von Jindra angedeutet worden war. In dem einleitenden Teil der Depesche war die Hinzufügung: „... mit deren Inhalt wir voll übereinstimmen". Noch am gleichen Tag stellte ich dann fest, daß auch die Lidové noviny in ihrer späteren Ausgabe den ursprünglichen Text des Telegramms durch jenen Wortlaut ersetzt hatten, wie ihn die anderen Zeitungen brachten. Auch der Name des Senders, „Silver", fehlte, so wie in den übrigen Blättern. Am dritten oder vierten Tag danach war ich mit dem Finanzminister Dr. Kalfus verabredet, mit dem ich während des ganzen Krieges im Kontakt stand, wenn Dr. Beneš von ihm gewisse vertrauliche Informationen einholen wollte. Auf meine Frage sagte mir Dr. Kalfus, daß er im Text des Telegramms, das K. H. Frank der Regierung vorlas, klar und deutlich sowohl das Wort „Silver" als auch den Satz „... ist die Nation entschlossen, auch die allergrößten Opfer zu bringen" gehört hätte. Allem Anschein nach hatte K. H. Frank den Text, den er den Regierungsmitgliedern vorlas, durch einen solchen ersetzen lassen, der wenigstens etwas mehr mit der anfangs gehaltenen Ansprache übereinstimmte.

Schon ab Sommer 1942 war mir bekannt, daß die Gestapo beim

Überfall auf Kapitän Jozkas (Bartoš') Wohnung in Pardubitz eine Liste von Personen gefunden hatte, mit denen der Genannte in direkter oder indirekter Verbindung stand; ebenso Abschriften einiger Telegramme, darunter auch jenes, das der Paraschutistensender „Libuše“ über das geplante Attentat nach London geschickt hatte. Im Hinblick darauf, daß der Text dieses Telegramms bis auf zwei oder drei Ausnahmen mit dem meinigen identisch war, nahm ich an, daß jemand aus der Umgebung des Zivilsenders (d. h. jenes der ÚVOD, mit der die Frauen Jínová und Šmakaloá in direktem Kontakt standen – M. I.) eine Kopie meines Telegramms Jozka gegeben haben mußte, woraufhin dieser, nachdem er es mit dem ihm nötig erscheinenden, seinem Vorschlag entsprechenden Zusatz versehen hatte, am 11. Mai nach London senden ließ. Von Jindra konnte Jozka den Text nicht erhalten haben, denn das Telegramm, das ich ihm zur Kenntnis brachte, war mit der Hand und dazu noch auf Seidenpapier geschrieben.

Als ich – zum ersten Mal wieder in Freiheit – mit Dr. Krajina in der Nacht des 7. Mai 1945 im Lazarett in der Hanspaul-Straße zusammenkam, fragte ich ihn, auf welchen Wegen der Text meines Telegramms über das Attentat in K. H. Franks Hände gelangt wäre. Er sagte, daß sich nach seiner Verhaftung die Gestapo der Archivalien bemächtigt hätte, die er im Keller in einem Kistchen unter der Kohle versteckt hatte.

Einen Tag nach der Rückkehr des Präsidenten nach Prag hatte ich mit ihm eine lange Unterredung. Unter anderem fragte ich ihn, warum er uns auf unsere Depesche über das geplante Attentat nicht geantwortet hätte, worauf Dr. Beneš ausdrücklich erklärte, kein solches Telegramm erhalten und von dem Attentat erst nach dessen Ausführung erfahren zu haben. In gleicher Weise äußerten sich nach ihrer Rückkehr nach Prag Dr. Ripka, Dr. Šrámek, Minister Hála und nicht minder nachdrücklich auch Minister Jan Masaryk.

Ende Mai oder Anfang Juni 1945 suchte mich in meinem Büro Oberst des Generalstabes Šustr auf, der mir sagte, daß er es gewesen wäre, der mein Telegramm (wohl jenes, das am 11. Mai 1942 der Paraschutistensender nach London übermittelt hatte) dechiffrierte, daß jedoch über die Zuteilung der einzelnen Depeschen ausschließlcih Oberst Moravec entschied. Ich wollte Šustr nicht fragen, ob der Präsident das Telegramm erhalten hatte, weil es mir nicht angenehm war, daß der Eindruck erweckt würde, ich wolle kontrollieren, was mir Dr. Beneš und andere gesagt hatten.

Der vierte Monolog des Chemieprofessors

Wir wollen in die Zeit zurückkehren, da nach London ein Telegramm abging, in dem wir um Widerrufung des Attentates ersuchten. In jenen kritischen Tagen konnten wir jedoch nichts anderes tun als warten und warten.

Das aber war nicht nach Gabčíks Geschmack. Zudem war er ungeduldig. Jeden Tag, der die kommenden Ereignisse hinausschob, ertrug er überaus schwer. Er war überzeugt, daß wir allzu ängstlich seien, und brachte unserer Forderung nach Aufschub kein Verständnis entgegen. Vielleicht bewirkte dies sein Charakter, vielleicht die ihm eingeprägte Überzeugung von der Notwendigkeit, Befehle auszuführen. Er hatte doch nun einmal einen Befehl erhalten, warum also noch länger warten.

Ich habe bereits dargelegt, daß eine der Varianten für das geplante Attentat einen Ort unweit von Jungfern-Breschan, Heydrichs Sitz, ins Auge faßte. Das Dorf liegt in einem Tal, und es gibt dort zwei Schlösser, das eine tiefergelegen hinter dem Dorf, das andere oberhalb von ihm, näher zu Prag. Heydrich wohnte in dem unteren Schlößchen, inmitten eines großen Gartens mit herrlichen Bäumen, unweit davon hatte er sich im Wald eine Pferdebahn mit Hindernissen anlegen lassen. Kurz, er war „schön eingerichtet".

Jeden Morgen fuhr er nach Prag, der Wagen kam bis zum Schloß vorgefahren, wo Heydrich einstieg. Sie mußten das Dorf passieren, dann kamen einige Kurven nach oben, wo das zweite Schloß stand, das ebenfalls ihm gehörte, das er aber nicht bewohnte. Schließlich mündete der Fahrweg in einen dichten Wald, der etwa 80 bis 100 Meter tief war, anschließend breiteten sich zu beiden Seiten Felder aus.

Hinter dem Wäldchen schloß sich an Heydrichs Wagen seine Suite an. Hier hatte die Straße keine Krümmung mehr, es wuchsen da Pflaumen- und Birnbäume, weiter weg zweigte die Straße auf die nach Prag führende Staatsstraße ab.

Die Paraschutisten hatten hier alles oftmals besichtigt und genaue Informationen über Heydrichs und seines Fahrers Angewohnheiten eingeholt. In jenem kleinen Wald hatten sie sich eine Stelle ausgesucht, wo es zum Überfall kommen sollte. Als Gabčík merkte, daß wir eine Revidierung des ursprünglichen Befehls verlangen und das Attentat verschieben wollen, überredete er Kubiš, den Überfall ohne unsere Zustimmung durchzuführen, bevor eventuell aus London eine Antwort käme.

Es konnte sich etwa um den 15. Mai ereignet haben: Am Abend zuvor war ich mit Opálka zusammengekommen, der mir meldete, daß Gabčík um jeden Preis auf der Ausführung des Befehls beharre. Ach wenn ich es schon wußte, war ich verärgert, daß er den Überfall schon am nächsten Tag selbst und auf eigene Verantwortung durchführen wollte. Wir hatten ja immer noch keine Antwort aus London – was wäre, wenn der Befehl anders lautete?

„Nein, so etwas ist ausgeschlossen! Wir müssen ihm davon abraten", sagte ich.

„Ich werde sie aufsuchen!"

„Aber wie?"

„Ich nehme ein Fahrrad und werde an Ort und Stelle mit ihnen sprechen."

Ich war einverstanden. Sie können mich fragen, warum Opálka sie nicht abends aufgesucht und es ihnen schon hier in Prag ausgeredet hatte; warum er bis nach Jungfern-Breschan fahren wollte, wo weit größere Gefahr drohte. Es gibt darauf zwei Antworten: Entweder wußte er damals noch nicht, daß die Burschen beim Dewitzer Bahnhof wohnen (auch ich erfuhr es erst später) und hatte keine Ahnung, wo er sie abends finden könnte; oder er hatte sie doch aufgesucht, aber zu Hause nicht angetroffen. Opálka erzählte mir dann, er sei ihnen tatsächlich nachgefahren und habe ihnen an Ort und Stelle eingeschärft, nichts zu unternehmen, bevor nicht aus London eine Antwort gekommen war. Sie ließen sich schließlich überzeugen, und so warteten wir weiter.

Eine Antwort aus London habe ich niemals erhalten. Der Befehl wurde nicht widerrufen. Ich sprach aber damals mit dem Oberlehrer Zelenka-Hajský, der mir eine interessante Begebenheit erzählte: Beide Männer – Kubiš und Gabčík – hatten ihm mitgeteilt, etwa am 20. Mai ein Telegramm erhalten zu haben, das nach einem nur ihnen bekannten Schlüssel chiffriert war. Bartoš wußte damit nichts anzufangen und ließ die Depesche den beiden durch einen Boten übermitteln. Eben sie enthielt – vielleicht – die Bestätigung des ursprünglichen Befehls zur Durchführung des Attentats.

Ich habe ein solches Telegramm niemals gesehen, auch Zelenka nicht, den ich danach fragte. Ob es tatsächlich existierte, weiß ich nicht.

Von diesem Stand der Dinge mußten wir also ausgehen. Unser Informationsnetz aus Heydrichs Umgebung trug uns überdies die Nachricht zu, daß dessen Aufgabe in Böhmen und Mähren demnächst beendet sein werde und daß man ihn abberufen würde, voraussichtlich nach Frankreich.

An einem Samstag, es war der 23. Mai, besuchte ich – wie an allen Sonnabendnachmittagen – Kamil Novotný. Und er sagte mir damals, daß sein Bruder, der Uhrmacher war, in Heydrichs Arbeitszimmer, wo er einige Reparaturen ausführte, festgestellt hatte, daß der Protektor am 27. Mai mit einem Sonderflugzeug zu Hitler fliegen sollte. Angeblich hatte auf Heydrichs Schreibtisch eine Liste seiner für den genannten Tag geplanten persönlichen Vorhaben gelegen. Ich teilte dies umgehend Zelenka mit. Weil Heydrich sicherlich wertvolle Angaben und Nachrichten mit sich führen würde, durfte man nicht lange zögern.

Es schien, daß für Gabčík die Gelegenheit gekommen war.

Und so wurde in die Wohnung der beiden eine vertrauliche Beratung einberufen, bei der über alles Weitere entschieden werden sollte. Gabčík bestand auf dem von ihm schon Gesagten: London hat den Befehl nicht geändert, und somit wird er ihn ausführen. In seiner Absicht unterstützte ihn auch Zelenka-Hajský. Und das Ergebnis der Zusammenkunft? Man bestimmte den genauen Termin des Attentates: 27. Mai 1942. Über den Abschluß der Beratung informierte mich Opálka, der sagte, er habe es nicht vermocht, Gabčík von seinem Vorhaben abzubringen. Auch Zelenka besuchte mich und teilte mir das gleiche mit. Auf Grund eines zuvor besprochenen Planes suchte ich die sogenannten Ludikar-Villa in Tiefenbach auf (Pavel Ludikar war ein prominenter tschechischer Opernsänger – Anm. d. Üb.), eine der Hilfsstationen unserer Organisation, wie es weitere noch in Slenitz, Aubenitz und anderswo gab.

Der Sohn der Villenbesitzerin war unser Mitarbeiter, der Ort war vor allem deshalb günstig, weil er an Prags Peripherie gelegen war, also abseits des Brennpunktes akuter Gefahren. Auch der nahe kleine Wald, Fasanerie genannt, brachte viele Vorteile mit sich.

Die Vorbereitungen erreichten ihren Höhepunkt.

Nach Tiefenbach ging ich am 26. Mai. Am nächsten Tag – da sollte das Attentat schon vollbracht sein – wollte Valčík mir nachkommen, wir waren für 5 Uhr nachmittags verabredet, und zwar an der Endstelle der Straßenbahn Nr. 5; er wollte mir von Opálka Nachricht über Heydrichs Aktenmappe bringen.

Weil wir sie unversehrt in die Hände bekommen wollten, wurde entschieden, daß Kubiš' Granaten nur im alleräußersten Fall eingesetzt würden; wir befürchteten nämlich, daß die Bomben den Inhalt der Diplomatenmappe vernichten könnten. Aus diesem Grunde sollte Gabčík schießen und Kubiš nur die Reserve bilden.

Der zweite Sokol-Funktionär berichtet nochmals

Mit den eigentlichen Aufgaben der Paraschutisten hatte uns, die Sokol-Funktionäre aus Karolinenthal, Lieben und Wissotschan, Tonda Oktábec etwa zwei oder drei Tage vor dem geplanten Attentat bekannt gemacht. Es geschah wiederum im Ordinationszimmer Dr. Lyčkas, wobei neben ihm und Oktábec noch Pecháček, Hejl und ich anwesend waren.

Die Nachricht brachte uns Tonda von Zelenka. Wir saßen damals bis in die späte Nacht zusammen – es war ja auch aller Grund dazu. Die Sache war entschieden, und wir konnten daran nichts mehr ändern. Wir hatten derartiges auch gar nicht im Sinn, auch wenn ich zugeben muß, daß es vor allem Bruder Pecháček und ich waren, die alle möglichen Folgen des Attentates laut erörterten und sie in nüchternen, durchaus nicht rosaroten Farben ausmalten. Oktábec war unzugänglich und unerbittlich, seine grenzenlose Ungeduld und Tatenlust werde ich nie vergessen. Dabei hatte er zu Hause seine junge Frau, die ihrer schweren Stunde entgegensah.

Es wurden die verschiedensten Maßnahmen und Vorkehrungen getroffen. Dr. Lyčka übergab Oktábec für den Fall des Bedarfes eine Dosis Gift, dieser wiederum teilte Dr. Lyčka mit, daß er für ihn eine Straßenbahneruniform bereit hätte, falls sein ärztliches Eingreifen außerhalb der Ordination sich als notwendig erweisen sollte. Oktábec nannte damals auch den Namen seines Bekannten, eines Straßenbahnschaffners, ebenfalls aus Karolinenthal, der ihm die Uniform zur Verfügung gestellt hatte. Die Möglichkeit ihrer Verwendung hatte Oktábec damals fast prophetisch vorausgesehen, denn Dr. Lyčka in seiner Uniform spendete Kubiš nach dem Attentat in der Karolinenthaler Rustonka ärztliche Hilfe. Wir vier anderen, außer Dr. Lyčka, waren am Tag des Attentates schon vom Morgen an in den Straßen, aufgeteilt in der Königsstraße zwischen der Palmhofstraße und dem Viadukt in Karolinenthal, und bildeten eine Art von „Auffangposten" für den Fall, daß jemand der am Attentat Beteiligten schnell verschwinden müßte.

Auch über Karolinenthal hinaus, in Lieben und Wissotschan in Richtung Kobilis, waren wir eingesetzt.

Die zweite Aussage des Widerstandskämpfers aus Dewitz

Einen Tag vor dem Attentat fand bei uns eine erregte Beratung statt. Auch Onkel Hajský war gekommen und dann noch jemand, über den ich nichts Näheres wußte, weil ihm ein anderer die Tür öffnete. Nach Beendigung der Beratung waren die Männer etwas aufgebracht. Zdeněk – das war Gabčík – entfernte sich sofort, zu Hause blieb nur Jarka, also Kubiš. Bald darauf klingelte Liběna Fafková, die ihrem Verlobten Zigaretten bringen wollte.

„Er ist nicht da", sagte ihr Kubiš.

Liběna zögerte, aber dann gab sie die Zigaretten Jarda und meinte:

„Aber du darfst sie nicht alle selbst rauchen, Honza!"

Damals erfuhren wir eigentlich zum ersten Mal, daß Jarka in Wirklichkeit Jan („Honza") hieß.

Obwohl beide Raucher waren, steckten sie bei uns niemals eine Zigarette an. Einmal nahmen sie Rücksicht auf meine Krankheit, zum andern auch deshalb, damit in der Wohnung kein Geruch von Zigarettenrauch zurückbleibe, der bei einer zufälligen Kontrolle verraten konnte, daß sich in der Wohnung Fremde aufhalten. In unserer Familie gab es nämlich keine Raucher.

Der Abend vor dem Attentat war sonderbar. Kubiš stand am Fenster, blickte auf die Prager Burg und sagte plötzlich:

„Ich möchte nur wissen, wie es morgen um diese Zeit hier aussehen wird."

„Und was sollte denn geschehen?" fragte meine Frau.

„Aber nichts", gab Gabčík zur Antwort.

Dann beschäftigte sich Kubiš mit seinen Granaten, erst später erklärte er, daß er einige Blechbänder – ich weiß nicht mehr genau – entfernt oder verkürzt hätte, damit es rechtzeitig zur Explosion käme. Kubiš war überhaupt sehr ruhig und besonnen. Als er am Morgen des nächsten Tages, also am 27. Mai, bemerkte, daß mein Sohn Luboš, der vormittags sein Abitur ablegen sollte, aufgeregt seine Vorbereitungen traf und auch noch einmal den Stoff der Prüfung wiederholte, sprach er ihm Mut zu:

„Luboš, ruhig, nur ruhig! Du wirst sehen, es wird alles gutgehen. Und abends werden wir alles gemeinsam feiern."

Gabčík flüsterte mir im Vorzimmer noch zu: „Wenn wir nicht wie gewöhnlich kommen sollten, haben Sie keine Angst, wir haben viele Freunde und werden uns vielleicht bei dem oder jenem aufhalten."

Dann gingen sie. Früher als sonst.

Auf der Straße blickten sie sich nach unseren Fenstern um. Gleich darauf ging Luboš zur Reifeprüfung. Die Sonne schien, und es sah nach einem schönen Tag aus.

Was haben die Burschen heute wohl vor, dachte ich mir und erinnerte mich an die gestrige sonderbare Beratung. So eine hatte es hier noch nicht gegeben.

Meine Frau war einkaufen gegangen, ich durchschritt langsam die Wohnung. Ja, alles in völliger Ordnung, nirgends auch nur eine Spur. Ich stand eine Weile vor dem Bücherschrank, überflog mit den Augen die Buchtitel, unter denen Bezruč mit seinen aufrührerischen Versen, der verträumte Šrámek und alte Philosophen waren. Vor allem aber mein geliebter Tacitus.

Auf dem Gehweg unten erblickte ich den Nachbarn, der von unseren Gästen wußte. Eben heute hatte Gabčík den Mantel seines Sohnes Marcel an.

In diesen Minuten warteten die Burschen wohl schon an der Haarnadelkurve in Holleschowitz, aber das ahnte ja keiner von uns.

Der fünfte Monolog des Chemieprofessors

Als für das Attentat geeigneten Ort hatten sie die Straßenbiegung in der Prager Vorstadt Holleschowitz gewählt. Beide werden auf ihren Fahrrädern kommen und nach der Tat versuchen, auf ihnen zu flüchten. Sie werden Aktentaschen haben, in denen Bomben und eine Maschinenpistole verborgen sein werden. Unweit der Kurve wird Valčík an einen Zaun angelehnt stehen und mit Spiegelreflexen ein Zeichen geben, daß Heydrichs Wagen eben an ihm vorbeifährt. Der Protektor kommt meist sehr früh angefahren, aber an diesem Tag, da er zu Hitler nach Berlin fliegen will, kann es zu unerwarteten Änderungen und zeitlichen Abweichungen kommen.

Mit all dem mußte gerechnet werden.

Die Strecke, auf der Kubiš und Gabčík nach dem Attentat flüchten sollten, also von Kobilis nach Karolinenthal, wird abgesichert sein. Diese Aufgabe wurde Piskáček übertragen, der an gewissen Stellen unsere Leute postiert hatte. Sie wußten nicht, worum es geht, und hatten von Piskáček einen Zettel mit einigen Angaben erhalten. Růžička zum Beispiel hatte folgenden Auftrag:

„Du hast dich zwischen 9 und 10 Uhr an der Ecke der Rokoska einzufinden. Sei auf der Hut! Für den Fall, daß uniformierte Posten in der Nähe sein werden, lenke ihre Aufmerksamkeit durch Fragen und Gespräche ab!"

Hejl war der Abschnitt Hibernergasse-Jungmannplatz übertragen, Filípek von dort zum Invalidenplatz, Oktábec von der Rustonka zur Palmhofstraße. In Lieben war Piskáček mit Strnad und Novák.

Ein herrliches Wetter an diesem Tag.

Die Sonne lockte zu Spaziergängen hinaus aus der Stadt, zu einem Ruhestündchen im Gras mit den Armen unter dem Kopf und geschlossenen Augen. Als ich noch in Brünn unterrichtete, wohnten wir in Austerlitz, wo wir einen kleinen Garten hatten. Wissen Sie überhaupt, wie herrlich die Erde im Frühling duftet?

Jetzt stand ich wieder in einem Garten, aber in Tiefenbach, wo sich unser Stab befand. Der Tag X war gekommen, und ich verspürte darüber durchaus keine Freude. Es blieb nur zu hoffen, daß die Vergeltungsmaßnahmen nicht allzu grausam sein werden. Aber daran glaubte ich nicht.

ALLEGRO VIVACE E CON BRIO

„Ich möchte dem Schicksal an die Gurgel fahren . . .“

Ludwig van Beethoven

ADAGIO MA NON TROPPO

„Du darfst nicht ein Mensch für dich sein, nein, nur für andere . . .“

Ludwig van Beethoven

Der Weg

Er stand vom Frühstückstisch auf und streckte sich, lang und mager, mit einem Gesicht, aus dem die Backenknochen hervortraten. Die Augen in ihren tiefen Höhlen schienen schief zu stehen, aber diesen Eindruck riefen die Augenlider hervor. Die Zeitungen hatte er bereits überflogen, man brachte sie ihm jeden Morgen aus Prag, und er setzte sich zu ihnen stets vor dem Frühstück nieder.

Er trat zum Fenster, unter ihm fuhr am Schloßeingang eben der dunkle Mercedes-Benz vor. Klein ist pünktlich, dachte er sich und blickte auf seine Armbanduhr. Es war kurz nach neun.

Der Garten um das Schloß lag noch taubedeckt da. Überall mächtige Bäume. Heydrich beugt sich ein wenig aus dem Fenster und erinnert sich, daß es bei ihnen unweit des Gymnasiums auch solche Bäume gab. Bei ihnen, bei uns ... Das war in Halle an der Saale. Da war er im Jahre 1904 zur Welt gekommen, dort in die Schule gegangen. Von Jugend auf liebte er militärische Uniformen und Befehle. Nach dem Ersten Weltkrieg war er in ein Freiwilligenkorps eingetreten und später zur Marine gegangen. Schade, daß es in Böhmen nur Teiche gibt. Mein Gott, was es alles hier nicht gibt ...

Klein, sein Fahrer in der Uniform eines SS-Oberscharführers, steht in Habtachtstellung beim Wagen. Er wird noch warten müssen, Heydrich muß sich erst seine Akten zurechtlegen und dann noch Abschied nehmen.

Der Garten ist von der Sonne überflutet, die Tautropfen verschwinden langsam, das Gras trocknet, am Tor zum Schloßpark ist Wachablösung, auf dem knirschenden Sand sind Schritte zu hören.

„Wo sind Klaus und Heide? Wo ist Zilke?"

„Klaus! Klaus!"

Heydrich wartet eine Weile, dann winkt er mit der Hand ab und geht in sein Arbeitszimmer, wo er einige Schriftstücke durchstöbert, dann seine Aktenmappe in die Hand nimmt und einige Akten in ihr unterbringt. Noch einmal blickt er umher, er darf nichts vergessen. Er sollte schon auf der Burg sein. Wo steckt Lina?

„SS-Gruppenführer Heydrich“ auf einem Gemälde von Josef Vietze, präsentiert in der Deutschen Kunstausstellung 1941 in München (Eröffnung 21. Juli 1941).

Lina ... Wenn er an sie denkt, steht eine schlanke Frau vor seinen Augen. Manchmal trug sie Reithosen. Damals war sie noch ein Mädchen, er selbst Oberleutnant der Reichsmarine. Jetzt ist sie Mutter seiner drei Kinder, ein viertes ist unterwegs. Er sollte ihr das Reiten verbieten.

„Vati!“ hört er Zilke rufen. Sie hat ihn durch den Türspalt beim Schreibtisch erblickt.

Heydrich nahm die Aktenmappe zur Hand und sagte mit einer Stimme, die so frostig sein konnte: „Wo wart ihr denn?“

„Draußen. Herbert hat uns gezeigt, wie man eine Pistole lädt.“

Er nahm sie an der Hand, und sie verließen das Zimmer.

„Die Mutter hast du nicht gesehen?“

„Sie wartet unten.“

Das Schloß gleicht einer weiträumigen, eckigen Schachtel. Fast überhaupt keine Verzierungen, nur eine kleine Balustrade mit Balkon.

Klein nimmt Habtachtstellung ein, als sie die Stufen herab zu ihm gekommen sind, erstattet er Meldung. Heydrich beachtet ihn fast gar nicht, er hält nach seiner Frau Ausschau. Dort steht sie und betrachtet eine mächtige Esche.

„Die Bäume da sind überflüssig. Laß sie fällen.“

„Ich fahre jetzt. Was ist los mit den Bäumen?“

„Wir werden hier Obst anpflanzen. Die da verkaufen wir.“

„Laß das, das ist nicht deine Sorge! Ich muß jetzt gehen. Wo sind Klaus und Heide?“

Im gleichen Augenblick kommen beide vom Tor herbeigelaufen.

Alle gemeinsam machen noch einen kleinen Spaziergang. Klein steht weiter „Habtacht“, von der Wachstube her kommt der Adjutant Herbert Wagnitz zu ihm, sie wechseln einige Worte. Dann kommt leise ein zweiter Wagen angefahren. Aus dem nahe gelegenen Dorf ist ab und zu das Schnattern von Gänsen zu hören. Hühner gackern durchdringend auf dem Dorfplatz, der wie reingefegt ist, weil stets um diese Zeit alle hinter den Gartentürchen oder in ihren Häusern verschwinden.

Um diese Zeit ...

Der Protektor naht. Jetzt schreitet er noch auf dem Rasen vor dem Schloß umher, der stellenweise von Klaus niedergetreten ist. Der Knabe trägt kurze Hosen und hinter dem Hosenriemen den Dolch der Hitlerjugend. Lina geht ihnen nach, ab und zu schlägt sie mit der Reitpeitsche ins Gras. Klein wird es langsam warm. Der Mercedes glänzt und wartet. Die Uhr über der Balustrade hat zehn geschlagen. An anderen Tagen waren sie schon unterwegs. Oder bereits auf der Burg. Heydrich kommt mit der Familie zurück. Einige letzte Hinweise, dann Küsse.

Das Tor steht weit offen.

„Fertig?“

SS-Oberscharführer Klein strafft die Brust und schlägt die Haken zusammen. Heydrich nimmt neben dem Fahrer Platz. Er nickt.

In Prag begann am 17. Dezember 1941 die erste gemeinsame wirtschaftspolitische Tagung der Südost-Europa-Gesellschaft (Wien) und der deutschen Gesellschaft der Wirtschaft in Böhmen und Mähren. Neben Reichswirtschaftsminister Funk und Reichsleiter von Schirach sprach dort auch der stellvertretende Reichsprotektor Heydrich – hier bei seiner Eröffnungsansprache im Spanischen Saal der Prager Burg.

Klein gibt Gas, der Wagen gleitet langsam auf dem Fahrweg dahin, der Wachtposten am Tor macht die Ehrenbezeigung. Dann eine heftige Drehung des Steuers nach links und die Landstraße, die ersten Häuser liegen vor ihnen.

Heydrich legt seine Aktenmappe auf die Knie.

Die Straße führt durch das ganze Dorf, dann aufwärts zu einer Krümmung, nach einer kurzen ebenen Fläche wieder eine Biegung, dann taucht das zweite Schloß auf, hinter ihm der Wald.

Das Rascheln des Laubes klingt ihm wie Musik. Es riecht hier feucht, vielleicht nach Frühling.

Die Bäume sind hell gefärbt, zu beiden Seiten des Straßengrabens stehen lichtgelbe Blüten.

Sie hatten den Wald durchquert und waren jetzt von Feldern

Heydrich empfängt am 20. Januar 1942 auf der Prager Burg die neue Regierung des Protektorats Böhmen und Mähren (von links): SS-Gruppenführer und Staatssekretär beim Reichsprotektor Karl Hermann Frank, Innenminister Bienert, Vorsitzenden der Regierung Dr. Jaroslav Krejčí und den Minister für Land- und Forstwirtschaft Adolf Hrubý.

umgeben. Klein beobachtete aufmerksam die Straße und schwieg. Heydrich hatte nicht allzuviel Lust, sich in ein Gespräch einzulassen, er betrachtete die Allee, durch die sie fuhren, die Bäume waren weiß, einige schon im Abblühen. Dann öffnete er seine Mappe und sah die Dokumente durch.

Sie bogen auf die Staatsstraße ein, wo die Fahrt besser wurde. Alles menschenleer. Nur einige alte Männer vor ihren Hütten, in denen auch sie, als der schwarze Wagen näher kam, vorsichtig verschwanden.

„Wir haben Verspätung!"

Klein nickte.

„Wann sind wir auf der Burg?"

„Etwa um zehn Uhr fünfzig, Herr Obergruppenführer."

„Fahren Sie schneller!“

Er liebte es, schnell zu fahren.

Die Bäume verlieren sich in grauem Nichts mit ein wenig Grün oben, darüber ein wirklich schönes Blau. Der Uhrzeiger hat eben die erste Viertelstunde erreicht: zehn Uhr fünfzehn Minuten.

„Ich sagte, Sie sollen schneller fahren!“ Seine Stimme klingt scharf.

Klein senkt den Kopf. Klein senkt immer gehorsam den Kopf. Die Anzeigetafeln kann er nicht mehr genau lesen, nur so im Flug:

Sperling, dann Zdib, Unter-Habern mit einer Abzweigung zur Nachbargemeinde – und Häuser und Bäume und Leere.

Der Protektor kommt . . .

Er ist achtunddreißig Jahre alt und steht auf dem Gipfel der Macht. Die Menschen erstarren, wenn sein Name ausgesprochen wird. Die Gebäude entlang der Straße werden höher, die Felder sind im Hintergrund verschwunden, in den Gärten leuchten bunte Farben, die Zäune sind grün und blau, vor dem Wagen wälzen sich in dem nahen Talkessel Rauchschwaden dahin, dort beginnt Prag.

Kobilis – meldet eine Tafel.

Heydrich setzt sich im Wagen auf, dehnt sich ein wenig im Rükken und blickt wohlgefällig zum Himmel. Er freut sich schon auf den Flug.

Ebenerdige kleine Häuser, nur gelegentlich ein einstöckiges; sie bilden ein Spalier, das Pflaster ist elend und holprig, dann und wann eine Erdmulde.

Heute eilt er wohl zum letzten Mal hier vorüber, der Führer hat ihm angedeutet, daß er ihn versetzen will, vielleicht nach Frankreich. Jawohl, auch dort wird er Ordnung schaffen. Nachmittag soll er endgültigen Bescheid bekommen. Wie wird ihn wohl Himmler empfangen? Und Bormann? Er blickt auf seine Mappe.

Ab und zu kommt aus einer Seitenstraße ein Radfahrer, in die Fahrbahn tritt da und dort ein altes Weib, dann ein Junge oder ein Mädchen. Klein kennt sich hier aus, noch ein kleines Stück und er wird rechts abbiegen, dort ist die scharfe Krümmung, wo er bremsen muß. Er blickt auf den Tachometer und nimmt langsam den Fuß vom Gas. Sie haben eine Straßenbahn überholt, vor ihnen fährt ein Auto, sonst nichts. Nur ein junger Mann steht da an einen Baum gelehnt, er kämmt sich und schickt mit seinem kleinen Spiegel „Schweinchen“ in die Ferne. Auch wir haben das gemacht, erinnert sich Klein. Und den Mädels ins Gesicht gezielt und gelacht, wenn sie gekreischt haben.

Die Biegung liegt wie jeden Tag vor ihnen.

Als sie sie passieren, klingelt in der Gegenrichtung eine Straßenbahn, die hier ihre Haltestelle hat. Einige Leute steigen aus, eine Frau will die Straße überqueren, überlegt es sich aber noch im letzten Augenblick, bleibt in der Mitte der Straße stehen und wartet, bis Heydrichs Wagen vorüberfährt. Die Straßenbahn setzt sich langsam in Bewegung und fährt nach oben in die Biegung. Klein nimmt noch ein wenig Gas weg, vor ihm ist es allzu unübersichtlich.

So ein herrlicher Maientag! In den Gärten leuchten Dolden von Flieder, links buntgefleckte Beete eines Gärtners.

Im gleichen Augenblick sieht Klein auf dem rechten Gehweg ein paar Männer, der eine läuft unversehens über die Fahrbahn, zum Teufel, denkt Klein, der hätte sich auch früher besinnen können, und tritt auf die Bremse, daß es nur so kreischt, Heydrich blickt unwillig auf, und in diesem Moment geschah etwas, womit niemand von ihnen gerechnet hatte.

Ein Mann springt vom Gehweg herunter, der Wagen fährt bereits durch die Kurve, ist schon einige Meter hinter ihr, da wirft der Kerl seinen Ballonmantel weg, Heydrich fühlt sein Blut erstarren, der Mensch hat ein automatisches Gewehr in der Hand. Klein umklammert das Steuer noch fester, warum sagt ihm niemand, was er jetzt tun soll, auf die Bremse treten oder den Burschen niederfahren? Es geht um das Hundertstel einer Sekunde, Klein reißt das Steuer zum Gehweg, der Mann hält bedächtig sein Ziel im Auge, Heydrich weiß, jawohl, er weiß ganz genau, daß der Lauf auf seine Brust gerichtet ist.

Ein Attentat?

Der Flieder duftet, Klein hat wie blöd den Mund geöffnet, es ist zehn Uhr einunddreißig, vielleicht zweiunddreißig, wer wird jetzt an Minuten denken, jede Sekunde bedeutet Leben, und der Lauf zielt genau auf die Brust.

Gabčík hat abgedrückt ...

Die Haarnadelkurve

Als sie am frühen Morgen das Haus in Dewitz verließen, beschleunigten sie ihre Schritte.

„Es ist höchste Zeit“, sagte Josef.

Der Himmel war wie reingefegt, kein einziges Wölkchen. Bei den Dewitzer Schranken bestiegen sie die Straßenbahn. Die Leute fuhren zur Arbeit, einige lasen die Zeitung. Jan setzte sich in eine Ecke, Josef ihm gegenüber. Sie sprachen nicht.

Sie wußten seit langem, was sie an diesem Tag zu tun hatten. Sie kannten jeden Schritt, jede Bewegung. Die Taschen hielten sie in den Händen, Josef hatte einen Mantel aus Ballonseide sorgfältig über die Knie gelegt.

Die Straßenbahn hatte es nicht eilig. Jan blickt auf seine Uhr. Nach Veitsberg ist es weit, man muß die ganze Stadt durchqueren. Endlich sind sie in der Garage, nehmen von Herrn Janeček ihre Fahrräder in Empfang, wünschen ihm guten Tag und fragen: „Was werden Sie denn heute zu reparieren haben?“ Janeček kennt die Burschen, manchmal unterhalten sie sich über Autos, aber heute sind sie in Eile. Es steht ihnen noch ein Weg nach Wissotschan bevor, zu Frau Khodlová. Gestern waren sie bei ihrem Bruder Jaroslav Smrž, heute sind sie mit ihm verabredet, auch mit Valčík.

Sie müssen pünktlich sein.

In Veitsberg besteigen sie ihre Fahrräder. Als ginge es zur Arbeit. Die Aktentaschen hängen an den Lenkstangen. In der einen sind Bomben, in der andern ein zusammenlegbares automatisches Gewehr, darüber etwas Gras gebreitet, um eine eventuelle Kontrolle irrezuführen.

„Mama“ Khodlová ist überrascht. Sie wechseln ein paar Worte, danken ihr und sagen, daß sie sehr brav gewesen war.

„Ihr wollt doch nicht vielleicht Abschied nehmen . . .“

„Woher denn!“ sagt Kubiš heiter. „Wir stellen uns wieder einmal bei Ihnen ein. Vielleicht schon bald. Werden Sie zu Hause sein?“

„Natürlich, kommt nur!“

Und sie fahren weiter. Eine Haltestelle hinter der Straßenbiegung in Kolibis springen sie von den Rädern ab. Valčík wartet hier.

„Etwas Neues?“

„Opálka ist schon an der Kurve oben.“

„Und du?“

„Ich habe den Spiegel – wie verabredet. Ich werde ein Stück oberhalb von euch stehen.“

Gabčík nickt, Valčík entfernt sich.

In der Nähe ragt die Silhouette des Krankenhauses in die Höhe. Es ist noch nicht neun. Sie sitzen wieder auf und fahren zur Biegung.

Es gibt hier eine Kreuzung: Die Straße, die von Jungfern-Breschan leicht abwärts führt, zweigt rechts nach unten zur Moldau ab, hier fährt Heydrich; nach links geht es in Richtung Lieben.

Heydrich wird von oben kommen und an dieser Kreuzung rechts abbiegen. Es ist eine scharfe, eine Haarnadelkurve. Der Fahrer, der sich ihr nähert, hat in sie keinen Einblick, weil hinter dem hier befindlichen Gartenzaun Büsche stehen.

Hier machen Gabčík und Kubiš endlich halt. Der eine von ihnen lehnt sich gleich an einen Lichtmast, der andere stellt sich nachlässig an den Rand der Kurve, um die heranfahrenden Wagen sehen zu können.

Und sie schweigen.

Sie stehen wenige Meter voneinander entfernt. Gabčík hat seinen Mantel über den Arm geworfen und legt unter ihm vorsichtig das automatische Gewehr zusammen, dessen Einzelteile er in der Aktentasche trägt. Er kennt jede einzelne Bewegung bis ins kleinste Detail, er könnte die Augen schließen und weiß, wo er jedes Gewinde zuziehen, wie er laden, wie er sichern soll. Das Gras ist ihm im Weg, es kommt ihm zwischen die Finger, warum hat er es nur hineingetan, es war ja völlig unnötig.

Kubiš halt seine Aktentasche in der Hand. Die Bomben darin werden kaum zur Verwendung kommen, auf Gabčík und seine Waffe ist Verlaß.

Aber Tausende von Zufällen können auch einen genau ausgearbeiteten Plan zunichte machen.

Vielleicht wird Heydrich von einem zweiten Wagen begleitet sein. Das muß dann er, Kubiš, erledigen, ansonsten steht er hier nur in der Reserve. Fast möchte er Josef beneiden. Er will es sich nicht eingestehen, sie sind doch Kameraden, aber in einem Winkel seiner Seele fühlt er, wie gern er an dessen Stelle mit dem Automaten unter dem Mantel wäre. Er weiß schon, wie er es anstellen würde. Er stünde da an diesen Lichtmast angelehnt, und sobald der Wagen mit den zwei Hakenkreuzfähnchen die Kurve passiert, würde er ihm den Weg versperren und abdrücken. Aber jetzt steht und wartet er hier nur als Aushilfe. Die ganze Zeit über wird er das tun müssen, und vielleicht zwecklos. Völlig vergebens.

Er sieht sich um: Sind sie nicht zu auffällig? Aber die Leute gehen vorbei, und bis jetzt kümmert sich keiner um sie.

Die Minuten sind nicht mehr zum Aushalten ...

Kubiš wischt sich den Schweiß von der Stirn. So heiß war ihm früher, als er in der Ziegelei von Willemowitz arbeitete. Seine Hände waren damals voller Risse und Sprünge. Am schlimmsten war es, wenn der große Ofen geräumt werden sollte. Die Ziegel waren glühendheiß, die Arbeiter wickelten sich Fetzen um ihre Hände, aber es half nichts. Und dieser Staub! Er fraß sich in die Haare, in die Augenbrauen und in die Haut ein, die rauh wurde und ausbleichte. Der Vater hatte recht, als er ihm sagte, daß es eine Schinderei wäre, und er hätte sich seinem - des Vaters – Handwerk zuwenden und schön in der Stube sitzen können, was hätte ihm denn gefehlt. So hetzt er sich im Freien, in der Sonne und Hitze ab, für einen lächerlichen Verdienst, der dem seinen, dem eines Schusters, nicht einmal nahekommt. Er thronte auf seinem niedrigen Stühlchen beim Fenster, um sich herum Paare von abgetretenen Schuhen und den Geruch von Schusterpech. Er liebte diesen Duft, aber als er heranwuchs, haßte er ihn. Der Vater heiratete ein zweites Mal, und Jan Kubiš hatte zum Schluß neben vier eigenen Geschwistern noch einige Stiefbrüder und -schwestern.

Besser als in der Ziegelei war es auf dem Feld. Er arbeitete bei einigen Landwirten, wußte, wie man das Vieh bedient, sich richtig hinter den Pflug stellt, mäht, die Dreschmaschine betätigt – aber dann entschied der Vater, und er mußte nach Willemowitz zurückkehren. Hier fand er bei Landwirten keine entsprechende Arbeit mehr, und so blieb nur die Ziegelei übrig.

Kubiš wendet sich an den älteren Josef. Er hat eine Frage in den Augen, Gabčík versteht sie, er weiß, daß Heydrich schon seit langem hier sein sollte, aber was konnten sie tun?

„Wir müssen warten, bis er kommt!"

„Und wenn er einen anderen Weg genommen hat?"

„Das ist nicht möglich. Er muß zur Burg, wo er erwartet wird, erst von dort fährt er zum Flughafen. Geh auf deinen Platz!"

Kubiš geht, setzt sich zögernd auf die niedrige Steinmauer und bemüht sich, so wenig wie möglich aufzufallen. Ein kleiner Lieferwagen fährt vorbei, der Fahrer blinzelt den Burschen zu, in der Nähe hält die Straßenbahn Nummer 14, dann die Drei.

Und sie setzen ihre Fahrt fort. Soll er zählen, die wievielte es ist? Wie wird alles enden?

Gestern hat er mit Gabčík darüber gesprochen. Es geht um Kopf und Kragen. Ja, sie wollen flüchten, aber ...

Was alles kann geschehen! Wenn Heydrich von einem zweiten Wagen begleitet wird, sieht es hoffnungslos aus. Die Hauptsache ist, die Fahrräder zu erreichen, die in der Nähe stehen. Und dann – nichts wie weg, weg! Josef kann doch schießen wie kein zweiter. Im Kurs gehörte er zu den Besten. Er ist ruhig, bedächtig. Wenn er richtig zielt, bleibt im Wagen kein Mensch am Leben. Er sah sich nach Josef um, der das Gesicht der Sonne zugewandt hatte und tat, als ließe er sich bräunen.

Der Lieferwagen fuhr wieder zurück.

Er war kurz nach zehn. An anderen Tagen war er hier schon lange vorbei. Heute hat ihn wohl etwas aufgehalten. Kubiš bricht gedankenlos einen kleinen Zweig ab, der aus dem Garten herausragt. Man kann kaum hineinsehen, es steht ein Gebäude da, angeblich irgendein Forschungsinstitut, er blickt die Straße hoch, wo Valčík an einem Baum lehnt und Maulaffen feilhält.

Dieses Warten! Auf dem Gehweg gegenüber hält Opálka Wache. Vorläufig gibt er vor, die Kameraden nicht zu kennen.

Kubiš greift vorsichtig in seine Aktentasche – jawohl, die Bomben sind da.

Wird er sie brauchen? Gestern hat er sie der Sicherheit halber noch einmal kontrolliert, Gabčík hat sein automatischen Gewehr gereinigt. Jetzt hält er es unter seinem Mantel versteckt, seine Handflächen sind feucht, und er fühlt, wie ihm ein Schweißtropfen über die Stirn rinnt. Zehn Uhr zwanzig. Von der gegenüberliegenden Seite kommt Opálka. Kubiš geht auf Josef zu.

„Was meinst du?"

„Hör doch auf! Wenn jetzt das Signal von oben käme? Geh wieder auf deinen Platz zurück!"

„Und wenn er nicht kommt?"

„Er kommt. Er muß kommen", sagt Opálka.

Kubiš seufzt und geht. Er trägt einen gestreiften dunklen Anzug, und ihm ist entsetzlich heiß. Sein Bruder Rudolf hat ihn genäht, er wohnt in Trebitsch, wo er ihn vor kurzem besucht und mit ihm geplaudert hat. Wieder fährt eine Straßenbahn vorbei, ein paar Leute steigen aus, zwei gehen in das Institut, die andern in Richtung Krankenhaus, das um die Ecke liegt.

Zehn Uhr neunundzwanzig.

Kubiš blickt zu Valčík hin, und plötzlich durchfährt ihn ein Funke. Valčík hat sich von der Mauer gelöst, in seiner Hand blitzt das Spiegelchen auf. Kubiš fühlt, wie ihm das Herz zu schlagen beginnt. Nein, er muß Ruhe bewahren. Er wendet sich Gabčík und Opálka zu und stößt hervor: „Er kommt!"

Gabčík lächelt, blickt ein wenig krampfhaft auf seinen Mantel, alles ist in Ordnung. Dann erinnert er sich an eine Kleinigkeit: Er hat sich doch eine Mütze geliehen, sie steckt jetzt in seiner Tasche, schade, er wollte sie auf dem Kopf haben, damit niemand die Farbe seiner Haare sieht. Jetzt ist es schon zu spät. Kubiš nimmt bei dem Lichtmast Stellung, ja, im gleichen Augenblick taucht in der Kurve der Wagen auf. Kubiš sieht genau hin und stellt fest: Der Wagen ist ohne Begleitung, er fährt allein, er fährt allein!

Gabčík blickt zu ihm hin und nickt. In diesem Moment ist ihm alles gleichgültig geworden, die Angst und alle vorangegangenen Stunden hat er vergessen. Er weiß nur eines: Er kommt!

Er kommt – endlich!

Von der Brücke her auf der andern Seite kommt eine Straßenbahn angerasselt. Ist es Pech? Die Haltestelle ist gegenüber, es werden viele Menschen im Weg sein ...

Aber jetzt gibt es nichts mehr zu überlegen. Opálka läuft auf die gegenüberliegende Seite der Straße. Kubiš steht an den Mast gelehnt, es ist zehn Uhr dreißig, der große Mercedes naht und in ihm neben dem Fahrer Heydrich. Der herrschsüchtige, gebieterische Heydrich mit unbeweglicher Miene und Fischaugen.

In diesem Augenblick ist Gabčík in die Fahrbahn gesprungen, hat den Mantel beiseite geworfen, die Maschinenpistole in seiner Hand ist auf ihr Ziel gerichtet, ganz genau auf ihr Ziel gerichtet, er blickt in die Fischaugen und ist ruhig, sicher, es geht nur um eine einzige Sekunde, die eine Ewigkeit mißt.

Das Attentat!

Der Wagen ist drei, vier Schritte von Gabčík, der Fahrer blickt in die Gewehrmündung, als könnte er sich nur schwer vorstellen, was im allernächsten Augenblick geschehen wird, er umklammert verzweifelt das Steuer, sieht keinen Ausweg – und in diesem Augenblick drückt Gabčík ab.

Stille.

Der Mercedes gleitet weiter, Heydrich greift nach seinem Revolver im Gürtel, er ist blaß, hat die Augen auf diesen Burschen gerichtet, der erstaunt und wie erstarrt in der Fahrbahn steht, in der Hand die Maschinenpistole, die versagt hat. Kubiš, jetzt ist er an der Reihe ...

Es durchfährt ihn wie ein Blitz. Er greift blindlings in seine Aktentasche, fühlt in seiner Hand die gewohnte Form des ihm bekannten Gegenstandes, entsichert ihn, läßt die Tasche mit der zweiten Bombe zu Boden fallen und wirft ...

Das kleine Ding fliegt durch die Luft wie ein Vogel, Gabčík erwacht aus seiner Erstarrung, wirft die unbrauchbare Waffe von sich und ergreift die Flucht. Kubiš blickt gegen den blauen Himmel, ja,

Das Attentat. Heydrichs Wagen kurz nach der Aktion vom 27. Mai 1942.

die Bombe fliegt, der Wagen fährt immer weiter, ist jetzt schon zehn, fünfzehn Schritte entfernt, Heydrich ist von seinem Sitz aufgesprungen und schreit Klein etwas zu, und die Sonne scheint, und die Leute wissen noch nichts.

Es ist zehn Uhr einunddreißig. Der kleine Gegenstand hat sein Ziel erreicht. Und explodiert.

Soeben wurde auf den Stellvertretenden Reichsprotektor Reinhard Heydrich ein Attentat verübt.

ALLEGRETTO

„Zeige deine Macht, Schicksal!“

Ludwig van Beethoven

Zeugenschaft der ersten Frau

Ich sagte mir, du hast genug Zeit, Hauptsache, wenn du gegen elf Uhr da bist, um noch vor Mittag an die Reihe zu kommen. Ich nahm nämlich im Krankenhaus Bulovka Moorbäder, weil sie mir bei meinem Rheumatismus sehr gut taten, und so fuhr ich an jenem Tag, am 27. Mai 1942, wieder einmal hin.

Ich stehe auf der Plattform der Straßenbahn, es war die Drei, wir rattern von der Moldau her nach oben, ich denke an das Bad und an meinen Sohn Mirko; gestern haben wir zusammen eine Rechenaufgabe gelöst, vielleicht könnte er eine Eins bekommen.

Bergaufwärts geht's immer langsam, die Straßenbahn schleppt sich dahin, endlich bleiben wir stehen, der Schaffner ruft meine Haltestelle aus, hier muß ich in die Vierzehn umsteigen und zur Bulovka noch ein kleines Stück weiterfahren.

Ich gehe um den Anhängerwagen herum und will die Straße zur Haltestelle der Vierzehn überqueren, mach' drei, vier Schritte auf die Fahrbahn, mit einem Mal sehe ich, daß aus der Kurve dort ein Auto mit kleinen Fahnen auf den Kotflügeln kommt und nach unten fährt, und so sag' ich mir, laß es vorbei, ich konnte, verstehen Sie, wegen meinem Rheuma nicht so schnell gehen.

Ich bin also in der Mitte der Fahrbahn stehengeblieben und habe gewartet, bis der Wagen vorüberfährt, der Chauffeur hat mich angestarrt, ich habe mich umgesehen und auf der andern Seite drei Männer erblickt, ja, es waren ganz bestimmt drei, und plötzlich hat sich einer von ihnen besonnen und ist über die Straße direkt auf mich zugelaufen, damit hat er eigentlich dem Auto den Weg gekreuzt, und es mußte stark abbremsen. Der Mann – ich kann Ihnen nicht sagen, wie er ausgesehen hat und wie alt er war – lief also über die Straße und ist irgendwo hinter meinem Rücken verschwunden. Das Auto hat die Fahrt verlangsamt, und in diesem Moment ist vom Gehweg ein zweiter gesprungen, der etwas in der Hand gehalten hat, erst später habe ich erfahren, daß es eine Pistole oder was Ähnliches war, es ist eine kleine Weile, vielleicht nur eine Sekunde vergangen, auch noch weniger, und plötzlich hat der dritte den Arm hochgehoben, worauf ein furchtbarer Krach ertönte.

Ringsherum war alles voller Rauch, in den Augen hatte ich Staub und Schmutz wie von Heu, aber es war kein Heu, es war von der Polsterung des Autositzes.

Im rechten Schenkel hab' ich einen starken Schmerz gespürt.

Was dann weiter geschah? Über mein Bein floß Blut, aus dem Wagen ist ein deutscher Soldat gesprungen und hat nach den Männern zu schießen begonnen, dann war noch ein anderer Deutscher in Uniform da, der hat sich mit einer Hand den Rücken gehalten, mit der andern wollte er auch schießen, aber er ist hin und her gewankt, so daß er nicht schießen konnte. Der andere Deutsche ist den Männern hinterhergelaufen und hat geschossen, sie schossen auch, dann ist einer auf ein Fahrrad gesprungen und in Richtung Lieben gesaust, der andere ist hinter die Straßenecke gelaufen, in der Richtung, aus der das Auto gekommen ist. Ich bin langsam auf den Gehweg zugegangen und habe mir gesagt, kümmere dich um nichts, in dem Wagen waren ja Deutsche. An der Haltestelle der Vierzehn bin ich stehengeblieben, mein Bein hat entsetzlich geschmerzt, und als die Straßenbahn kam, bin ich mühsam die Stufen hinaufgeklettert und zum Krankenhaus gefahren. Aus dem Moorbad ist nichts geworden, man hat mir eine Tetanusspritze verpaßt, die Wunde behandelt und mich gefragt, was geschehen ist. Ich habe gesagt, daß Deutsche herumgeschossen haben, dann hab' ich mich eine Weile ausgeruht und bin bald darauf schnell nach Hause gefahren.

Nachmittags hat man mir gesagt, daß es um ein Attentat auf Heydrich gegangen ist, da habe ich Angst bekommen, vor allem dann, als das Radio meldete, daß man jene Frau sucht, die Augenzeugin des Attentats war und auf der Bulovka behandelt wurde.

Ja, das hab' ich Ihnen noch nicht gesagt: Der Splitter von der Bombe, der mich am Schenkel verwundete, hat mir ein Stück Fleisch herausgerissen, die Narbe ist noch heute zu sehen. Es hat sehr weh getan, und der Schaffner in der Vierzehn hat mir gesagt: „Was ist los mit Ihnen, Sie haben ja eine Blutlache unter sich!" Das war eben von diesem Bombensplitter.

Ich habe Angst gehabt, mich zu melden und gedacht, man würde mich vergessen. Aber immer wieder von neuem: Die Frau, die von der Bombe verwundet wurde, soll sich bei der Gestapo melden. Ich bin nicht hingegangen, aber so an einem Montag, er konnte halb fünf Uhr morgens sein, klingelte es, ich gehe öffnen, und vor mir stehen zwei Gestapomänner. Warum ich mich nicht gemeldet habe, sie haben mich gesucht, und ich muß jetzt mit ihnen gehen. Wir sind in das Petschek-Gebäude (Hauptquartier der Gestapo; Anm. d. Üb.) gefahren, und dort haben sie mich geohrfeigt, weil ich mit den Männern angeblich verabredet war und zu ihnen gehöre, und ich darauf, daß ich an Rheuma und Gelenkentzündungen leide, sie sollen doch in den Listen von Doktor Přerovský nachschauen, den ich auf der Bulovka immer besuchte, dort werden sie sehen, daß ich an jenem Tag, dem 27. Mai, zu ihm bestellt war.

Ich habe sechs Tage in einer Zelle verbracht, wurde einige Male verhört, und habe immer wieder dasselbe ausgesagt. Und so haben sie mich am sechsten Tag entlassen, aber ich mußte eine Erklärung unterschreiben, daß ich schweigen und niemandem sagen werde, was sie mit mir dort gemacht und worüber sie mich ausgefragt haben. Ich habe unterschrieben, und damit war's erledigt.

An mehr kann ich mich heute nicht mehr erinnern. Auf dem Gehweg haben drei Männer gestanden, dann hat's gekracht, und auf dem Boden ist eine Aktentasche und ein Mantel und noch was liegengeblieben.

Zeugenschaft eines Kohlenhändlers

Ja, Chef, das war so an einem Vormittag. Ich habe damals einen kleinen Laden gehabt, Briketts aus Ostrau oder Kladno, ich ziehe eben meinen vierrädrigen Handwagen hinter mir her, und plötzlich ein Riesenkrach.

Ich bin erschrocken, habe ausgespuckt und geschaut, was los ist. In der Kurve oben fuhr ein Auto, und irgendein Kerl hat eine Granate oder so was nach ihm geschmissen. Ein zweiter wollte schießen, aber die Waffe hat versagt. Meine Alte ist davongelaufen, und ich habe gewartet, was weiter sein wird.

Einer der Attentäter ist auf sein Rad gesprungen und gegen Lieben gefahren, von der Stirn ist ihm Blut heruntergetropft. Der andere ist um die Ecke gelaufen, der Chauffeur ihm nach, beide haben aufeinander geschossen wie im Wilden Westen. Der Attentäter ist durch die Straße „Zur Brandstätte" zur Kreuzung gerannt, ich habe damals nicht weit davon am Gehweg gestanden. An der

Kreuzung hat er haltgemacht, wahrscheinlich hat er die Orientierung verloren, aber plötzlich da einen Fleischerladen gesehen. Ja, das muß ich Ihnen erzählen. Von dieser Fleischerei. Ein versteckt gelegenes kleines Geschäft, zu dem Stufen nach unten geführt haben. Der Metzger hat Brauner geheißen und einen Verwandten bei der Gestapo gehabt. Als der gehetzte, atemlose junge Mann den Laden sah – nichts wie runter und rein. Im Leben wäre ihm nicht eingefallen, daß der Fleischer ein Faschist war.

Brauner hat den Laden verlassen und sich draußen umgeschaut, da kommt schon Heydrichs Chauffeur angerannt, mit ihm irgend so ein Kutscher, den der Fahrer unterwegs getroffen und mit seinem Revolver gezwungen hat, ihm bei der Verfolgung zu helfen. Brauner hat auf seinen Laden gezeigt, daß der Gesuchte da drin ist.

Und wieder ging's los. Der Chauffeur hat sich hinter einen Pfeiler vom Zaun versteckt und wie verrückt herumgeballert. Und der Mann im Laden auch, aber der hat es wahrscheinlich besser gekonnt, weil sich gleich darauf der Chauffeur an sein Bein gefaßt hat und hingefallen ist. Er hat wahrscheinlich einen Schuß in den Oberschenkel bekommen. Als das der im Laden bemerkt hat, ist er rausgelaufen und mit wehenden Haaren weitergerannt, hinter ihm der Kutscher und der Metzger, dem der Chauffeur seinen Revolver gegeben hat, aber Brauner konnte damit nicht umgehen. Und der Attentäter ist die Straße entlang auf mich zugelaufen, es war ein junger Mann, ich habe mich geduckt, er ist an mir vorüber und irgendwo zwischen den Villen verschwunden. Als man mich dann auf der Gestapo verhört und gefragt hat, warum ich ihn nicht aufgehalten habe, hab' ich gesagt, daß ich leere Hände und er einen Revolver gehabt hat.

Zeugenschaft der zweiten Frau

Es war ein wunderschöner Frühlingstag mit einem wolkenlosen Himmel und duftenden Blüten. Mein Mann war zur Arbeit gefahren, ich hatte ein Buch mit Gedichten zur Hand genommen und mich im Garten in die Sonne gesetzt.

Ich liege da und bin ein wenig eingenickt. Die Sonnenstrahlen wärmten angenehm, und man konnte den ganzen Krieg und all die Plagen und Mühseligkeiten fast vergessen.

Plötzlich hörte ich eine heftige Explosion, und das brachte mich wieder in die Wirklichkeit zurück.

Ich springe auf und eile nach draußen, auf den Gehweg, Sie verstehen, weibliche Neugierde – aber es war nichts zu sehen, weder Rauch noch Feuer.

An der Ecke der Straßenkrümmung steht nämlich ein Forschungsinstitut, und mein erster Gedanke war, ob es dort nicht zu einem Unglück gekommen ist. Da erblicke ich eine Frau, die von der Biegung her gelaufen kommt und schreit: „Jesus Christus, unser Heydrich, unser Heydrich ..."

Ich fragte, was geschehen wäre, und sie erzählte, daß es zu einem Attentat gekommen und er vielleicht tot sei. Eine Frau von gegenüber sagte: „Gott sei Dank!" Am nächsten Tag hat man sie mit der ganzen Familie verhaftet, und alle wurden hingerichtet. Weil sie das Attentat gutgeheißen hatten. Das Weib, das uns die Sache berichtet hatte, die Frau eines früheren Fahrers von Heydrich, der in einer Villa gegenüber wohnte, hatte sie angezeigt.

Auf der Straße waren einige Passanten, von oben waren Schüsse zu hören, aber in die Biegung selbst war von uns aus kein Einblick. Da kam aus einer Seitengasse Gabčík gelaufen. Wie soll ich ihn beschreiben: von kleinerer Figur, die Augen weit aufgerissen, in der Hand einen Revolver, mit dem er vor sich hin zielte, mit wehender Krawatte, atemlos und sichtlich aufgeregt. Da kannte ich natürlich noch nicht seinen Namen und wußte auch nicht, daß er einer der Attentäter war, aber ich dachte es mir. Er hat ganz sonderbar ausgesehen. Die Gasse, aus der er gerannt kam, führte von der Braunerschen Fleischerei zu uns, später erzählte man, daß es dort zwischen ihm und Heydrichs Fahrer Klein zu einem Schußwechsel gekommen wäre.

Eine Weile blieb Gabčík an der Ecke stehen, es schien, als wüßte er nicht, wie und wohin weiter. Es waren vielleicht zwei, drei Sekunden. Er blickte nach oben und merkte jetzt anscheinend, daß er eigentlich ganz in der Nähe der Stelle war, wo es zu dem Attentat kam, daß er also bei seiner Flucht einen Bogen gemacht hatte – und so flüchtete er jetzt in der entgegengesetzten Richtung weiter, nach unten, entlang der Straßenbahnstrecke zur Moldau. Er überquerte die Verkehrsinsel, rannte an dem Wirtshaus vorbei und verschwand im Villenviertel.

Was ich Ihnen da berichte, hat sich im Verlauf weniger Minuten zugetragen, ich kann heute schwer sagen, wieviel Zeit von dem Augenblick, da ich vom Liegestuhl aufsprang, bis zu dem Moment, als Gabčík zwischen den Gärten verschwand, verflossen ist.

Ich zitterte vor Aufregung, die Lust zum Bräunen und Gedichtelesen war mir vergangen, der Vormittag hatte so ein dummes Ende genommen, daß ich nicht wußte, was ich tun sollte. Ich ging nervös ins Haus, wählte eine Telefonnummer, um mein Erlebnis jemandem mitzuteilen. Bis heute weiß ich nicht, warum es die meines Schuhmachers war, der auf den Weinbergen wohnte. In meiner Bestürzung sprach ich mit ihm völlig unüberlegt und abwegig, er sagte später einmal, er hätte den Eindruck gehabt, ich sei verrückt geworden.

Und noch etwas: Bei uns im Haus wohnte so eine Art Halbdeutsche, der Sohn war bei der Wehrmacht, sie lebte mit einem Deutschen zusammen. Damals kam sie, etwa ein, zwei Stunden nach dem Attentat, aus Lieben und erzählte, daß sie bei Bat'a Schuhe kaufen wollte, als plötzlich ein mit Blut bedeckter Mann gekommen und, nachdem er sein Fahrrad an die Mauer angelehnt hatte, wieder eiligst verschwunden wäre. Sie hat abgewartet, was weiter geschehen würde, und gesehen, wie ein Mädchen kam und mit dem Rad schnell wegging. Das würde bestimmt mit dem Attentat zusammenhängen, meinte die Deutsche aus unserem Haus und eilte davon, um Anzeige zu erstatten. Am nächsten Tag wurde sie von Gestapomännern aufgesucht und von neuem wegen des Fahrrads und des kleinen Mädchens verhört. Von K. H. Frank erhielt sie dann eine Belohnung in Geld und irgendeine Auszeichnung.

Auf Grund ihrer Aussage bekamen die Nazis Kenntnis von Kubiš' Fahrt durch Lieben, von seinem Aufenthalt bei Bat'a und von dem Mädchen, das mit dem Fahrrad weggegangen war. Und so ergriffen sie sämtliche Liebener Mädchen und brachten sie zum Verhör ins Petschekpalais.

Zeugenschaft des ersten Fahrers

Leck mich doch am ..., hab' ich mir gedacht, aber was konnte ich machen, anhalten mußte ich. Es war da eine Ansammlung von Menschen, am Gehweg ein dunkler Mercedes, wahrscheinlich ein Zusammenstoß. Die Frau, die mich angehalten hat, sagte aufgeregt: „Es ist hier zu einem Attentat gekommen!"

„Zu einem Attentat?"

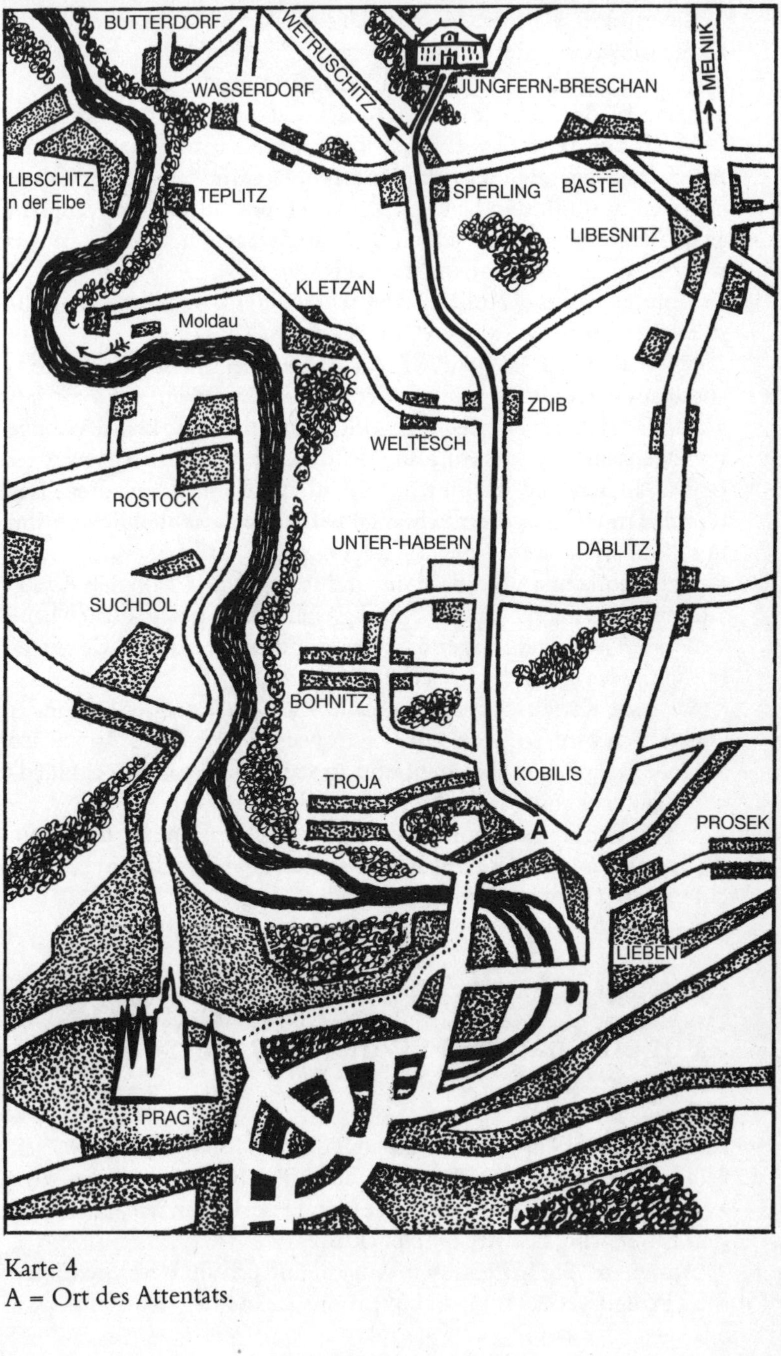

Karte 4
A = Ort des Attentats.

„Ja, und dort ist der Herr Reichsprotektor, Sie werden ihn ins Krankenhaus auf der Bulovka bringen!"

„Das kann ich nicht, ich hab' eine Ladung."

„Dann laden Sie alles aus! Und schnell! Er ist verwundet!"

Weiß der Teufel! Wenn ich nicht fahre, sperren sie mich ein. Aber den Heydrich kutschieren? Neben mir hat der Beifahrer gesessen und mit den Schultern gezuckt, und so sind wir langsam ausgestiegen. Ich habe einen Personenwagen gefahren, hinten war er voll von Kartons mit Zuckerwaren.

„Immer mit der Ruhe", habe ich meinem Beifahrer zugeflüstert. Er war einverstanden.

Wir haben die Wagentür geöffnet und begonnen, die Kartons auszuladen. Es hat fast wie mit der Zeitlupe ausgesehen. Schräg gegenüber hat dieser Mercedes gestanden, bei ihm eine kleine Gruppe von Menschen. An das Auto angelehnt hat der Heydrich gestanden. Er war bleich und hat mit der Hand seine Hüfte gehalten. Die blondhaarige Frau, die mich angehalten hat, war ständig um ihn herum und hat was auf deutsch zu ihm gegackert, aber er hat sie fast nicht beachtet und wie durch sie hindurchgeschaut. Von den Attentätern war nichts zu sehen. Sie sind gleich danach geflohen, ich habe von ihnen nur erzählen gehört, aber es mußten mutige Kerle gewesen sein. Heydrich, dieser Schuft, hat es verdient.

Ein paar Kartons waren ausgeladen, als ein Tatra-Zweizylinder angefahren kam, so ein kleiner Lieferwagen, den dieses Weib auch anhielt. Er war nicht beladen, und so sagte die Frau, er soll Heydrich ins Krankenhaus bringen, es wäre höchste Zeit.

Ich sagte mir, Gottlob, daß es nicht uns getroffen hat, habe dem Kollegen zugezwinkert, die Kartons schnell wieder mit ihm aufgeladen und – nichts wie weg!

Zeugenschaft des zweiten Fahrers

Es war ein Höllenpech. Ich fahre bei der Spedition Holan etwa seit 1941. Vorher war ich Chauffeur beim Pelzhändler Kříž auf dem Wischehrad. Bei Holan hatte ich einen Lieferwagen mit einer kleinen Ladefläche, fast wie ein Spucknapf.

An jenem Tag hatte diesen Wagen eine private Firma gemietet, die Parkettwachs und Schuhpasten herstellte. Ich kam mit dem Tatra in ihr Lager, wir luden die Ladung auf, der Beifahrer setzte sich neben mich, und ab ging's.

Wir hatten Teile der Ladung an einigen Stellen in Lieben und Kobilis abzugeben.

Ich erinnere mich, daß wir die Kreuzung, wo es später geschah, schon vorher passierten, die Männer mußten bestimmt schon dort warten, aber wem wäre denn so etwas eingefallen! Wir fuhren weiter, nach unten zur Moldau, auf der rechten Seite war ein kleiner Laden, wo wir einen Teil der Fracht ablieferten, ich fuhr noch ein Stück abwärts, dann wendete ich und steuerte auf der andern Straßenseite wieder der Kreuzung zu. Ungefähr 250 Meter unterhalb von ihr hielten wir wieder an, vielleicht bei einer Drogerie, der Beifahrer ging mit den Lieferscheinen in den Laden, ich half ihm dann beim Ausladen der Ware, es waren kleine Kisten mit Hautcremen, und eben als wir fertig waren, ertönte ein mächtiger Knall.

„Wie wenn bei einem Lastwagen ein Pneu platzt", sagte der Beifahrer.

„Das war ein stärkerer Krach", antwortete ich.

Weil die Straße hier nicht gerade verläuft, sondern in einer Kurve mündet, konnten wir nicht sehen, was oben geschehen war. Wir machten ein paar Kisten fest, die zurückgeblieben waren, hakten die Seitenbretter ein, der Kollege sah in der Liste nach, wohin wir noch fahren müßten, und bestieg die Kabine.

„Jetzt nach oben, hinter der Kreuzung laden wir den Rest ab."

Ich trat aufs Gas, und wir fuhren los. Nach ungefähr 150 oder 200 Metern lief uns plötzlich eine Blondine in den Weg und rief, ich soll anhalten.

„Was gibt's denn?"

„Ein Attentat!"

„Na und?"

„Sie müssen den Herrn Obergruppenführer ins Krankenhaus bringen."

„Warum gerade ich?"

„Ihr Wagen ist leer."

Sie werden es mir nicht glauben, aber in diesem Augenblick konnte ich keinen Gedanken fassen. Was tun? Ich begann zu stottern, daß ich nicht wüßte, ob er es da bequem haben werde, weil hinten Kartons mit Parkettwachs liegen, und es wäre doch des Herrn Reichsprotektors nicht würdig, zwischen stinkendem Zeug zu sitzen, und sie sollten doch lieber einen Personenwagen anhalten – aber das alles nützte nichts. Die Deutsche schrie nur:

„Und jetzt beeilen Sie sich!"

Inzwischen hatte sich Heydrich, gestützt auf einen Polizisten, zu uns herangeschleppt. Er war bemüht, aufrecht zu gehen, aber das gelang ihm irgendwie nicht.

„Setzen Sie ihn neben den Fahrer", riet jemand.

Er schaute wie ein angeschossener Tiger um sich und kroch – wahrscheinlich hatte er Schmerzen, er blutete, hatte die Uniform zerrissen und hielt ständig die Hand auf seinem Rücken – zu mir auf den Vordersitz. Bei seiner Länge mußte er sich ducken, um in die niedrige Kabine steigen zu können.

Mein Beifahrer und der Polizist nahmen hinten bei der Ladung Platz.

Wir fuhren.

In der einen Hand hielt er seinen Revolver, in der andern eine Aktenmappe, die er den ganzen Weg über sorgfältig an sich drückte.

Ich habe vergessen, Ihnen noch etwas zu erzählen: Ich sagte, daß wir, bevor wir noch von dem Attentat erfuhren, von der Moldau her zu der Kreuzung fuhren, also nach oben, so daß unser Lieferwagen in der Gegenrichtung zu Heydrichs Auto stand. Als wir ihn aufladen sollten, drehte ich um und fuhr zu seinem Mercedes heran, so daß ich wieder in der Richtung nach unten stand. Wir fuhren also abwärts, er schwieg, ich auch, Sie werden verstehen, daß ich Angst hatte, neben mir der Protektor, vom Rücken rinnt ihm Blut herunter, in der Hand hält er seinen Revolver – wußte man denn, was ihm einfallen könnte?

Da besann ich mich, daß der kürzeste Weg zum Krankenhaus auf der Bulovka eigentlich über die Kreuzung führt, daß ich den falschen Weg genommen habe, zurückfahren und an der Kreuzung rechts abbiegen muß. Und so wendete ich unter der Brücke und fuhr wieder die Straße hinauf. Heydrich bemerkte es, richtete sich auf und fragte:

„Wohin fahren wir?"

Ich kann nicht viel deutsch, aber ich verstand seine Frage. Aber ich konnte mich um keinen Preis erinnern, wie man deutsch „nemocnice", sagt. Heute weiß ich es: Krankenhaus, aber damals war ich von allem wie verblödet, und so zuckte ich nur mit den Achseln. Heydrich schrie mich wieder an und richtete den Revolver auf mich. Da waren wir schon wieder in der Nähe der Stelle, wo wir ihn aufgeladen hatten. Ich hielt an, die blonde Frau kam herbeigelaufen, und er schrie sie an.

„Wie fahren Sie denn?" rief sie.

„Ich mußte unten wenden, da an der Kreuzung fahren wir jetzt nach rechts, das ist am kürzesten."

Sie übersetzte es ihm, und er sagte ihr wieder etwas. „Er kann nicht neben Ihnen sitzen, es ist zu niedrig für ihn", sagte sie. Ich dachte mir, er kann mich ...

Wir stiegen aus, und der Polizeimann half ihm, nach hinten zu klettern, zu den Kisten. Wir steckten ihn bäuchlings hinein, er lag da zwischen Cremen und Pasten, die ihm bestimmt nicht allzu schön dufteten. Er fragte nach seiner Mappe, der Beifahrer warf sie ihm zu, dann verdeckte Heydrich sein Gesicht, und mit der zweiten Hand griff er wieder an die Hüfte.

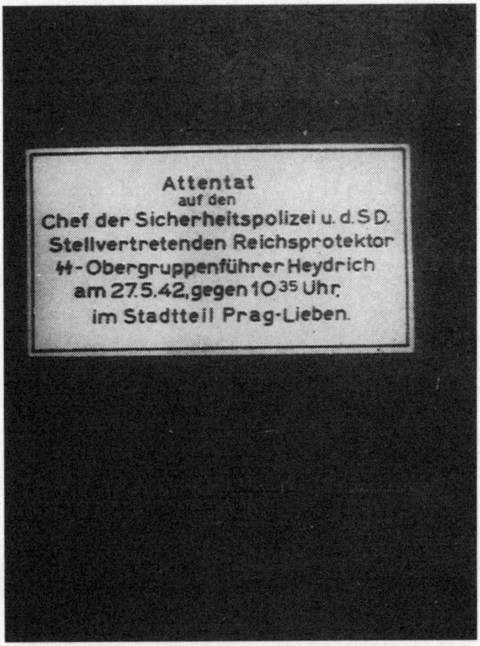

Diesem Bericht waren verschiedene Lageskizzen beigefügt.

Der Polizist setzte sich auf eine Kisten neben ihm, mein Beifahrer zu mir. Dann ist nichts Besonderes mehr geschehen. Wir kamen beim Krankenhaus an und übergaben ihn dem Personal. Er sah schlecht aus, war gelb wie eine Zitrone und hielt sich nur mühsam auf den Beinen.

Zeugenschaft des ersten Arztes

An jenem Tag hatte ich Dienst auf der Chirurgie, wo viel zu tun war. Die Bulovka ist ein großes Krankenhaus, in dem man fast keinen Augenblick Ruhe findet. Etwa gegen halb elf suchte ich für eine Weile mein Zimmer auf, mit mir hatte noch ein gewisser Doktor Puhala Dienst, und so konnte ich gehen und nachsehen, wie zwei Schwestern die frischgewaschenen Gardinen an meinen Fenstern anbrachten.

Plötzlich war eine Detonation zu hören.

Alle hoben wir überrascht die Köpfe, und ich sagte, eher zum Scherz: „Ein Attentat!"

Wir lachten, und niemand ahnte, daß mein im Spaß hingeworfenes Wort der Wahrheit so nahe kam. Ich ging ins Raucherzimmer, als ich es wieder verließ, kam mir die Oberschwester Žofie entgegen. Sie machte einen furchtbar erschrockenen Eindruck.

„Herr Doktor, Herr Doktor!"

„Was gibt es, Žofinka?"

„Oben – er sitzt oben auf dem Tisch ..."

„Aber nein! Und wird er nicht herunterfallen?"

„Herr Doktor, Sie scherzen, aber er schaut um sich herum und ist weiß wie Kreide ..."

„Also fast schon eine Leiche ..."

„Verstehen Sie doch, es ist nicht zum Aushalten, wie er mich angesehen hat!"

„Wer?"

„Heydrich!"

Ich blieb stehen und blickte auf die Schwester. Ihre Augen waren weit geöffnet, sie zitterte am ganzen Leib und brachte kaum verständliche Worte hervor.

„Einen Moment! Also noch einmal: Wer ist in der Ambulanz?"

„Protektor Heydrich!"

„Und was macht er dort?"

„Er hat ein Loch im Rücken!"

Ich schluckte, stellte keine weiteren Fragen, auf die ich ohnehin keine Antwort bekommen hätte, und ging schnell zum Ambulatorium. Wie mit Absicht war Puhala nicht da, Heydrich saß im Zimmer allein, ohne Kleidung und Hemd, nur in Hosen, auf dem Tisch, der für die ersten Untersuchungen bestimmt ist.

Ich grüßte, er hob die Hand, aber antwortete nicht. Ich nahm eine Pinzette und einige Tampons zur Hand, um zu prüfen, wie tief die Wunde ist. Er hielt still, machte keine Bewegung, anscheinend war er von der Notwendigkeit dieser Untersuchung überzeugt. Ich machte weiter, inzwischen hatte angeblich eine der Schwestern nach oben in den Operationssaal gerufen, Professor Dick, ein deutscher Arzt, möge kommen.

Die Wunde sah bös aus, leider. Wissen Sie, wir Ärzte nehmen so eine Art von Sonderstellung ein. Ich weiß nicht, wie ich es einleuchtend ausdrücken soll. Zum Beispiel im vorliegenden Fall: Als Tscheche hätte ich mir gewünscht, daß es um Heydrich recht schlimm bestellt sein möge; es hätte genügt, wenn die im Bereich der Hüfte gelegene Wunde um wenige Zentimeter größer gewesen wäre und die Wirbelsäule verletzt hätte – und alles wäre klar gewesen. Als Arzt jedoch mußte ich Heilung bringen. Nicht töten. Aber einen Mörder heilen? Einen Tyrannen ums Leben zu bringen, ist doch zum Nutzen der Menschheit. Als ich noch inmitten meiner Überlegungen war, kam Doktor Dick angerannt, jener deutsche Arzt, der bei uns eingesetzt worden war.

Im gleichen Augenblick sah er Heydrich. Er schlug die Haken zusammen, hob die Hand zum Hitlergruß und begann mit der Untersuchung. Er prüfte, ob die Niere betroffen sei, in dieser Hinsicht sah es für Heydrich gut aus, dann noch die Wirbelsäule. Man brachte ihn zum Röntgen, er war bemüht, Haltung zu bewahren und schritt allein von der Rollbahre zum Gerät.

Die Röntgenaufnahme ergab, daß in der Wunde irgendein Splitter steckte. Wahrscheinlich. Oder vielleicht ein kleines Stück von der Karosserie. Irgend etwas war da. Doktor Dick hatte den Eindruck, daß es in der Brustwand sei und durch einen lokalen Eingriff entfernt werden könnte. Im Erdgeschoß hatten wir einen Raum für leichtere Fälle, aber eine weitere Untersuchung wies auf eine größere Operation hin. Eine Rippe war zersplittert, der Brustkorb angerissen, einer der Splitter war in der Milz steckengeblieben, die darum operativ entfernt werden mußte. Auch das Zwerchfell hatte einen Riß.

„Herr Protektor, wir werden zu einem ernsteren Eingriff schreiten müssen."

Heydrich lehnte ab. Er wollte einen Operateur aus Berlin.

„Ihr Zustand erfordert aber ein sofortiges Eingreifen.“

Heydrich überlegte eine Weile, dann gab er den Auftrag, Professor Hohlbaum von der damaligen deutschen Klinik kommen zu lassen. Inzwischen hatte man ihn zu den aseptischen Operationssälen überführt, ich selbst stand in dem Raum, wo die Instrumente sterilisiert werden. Die Operation führten vor allem Doktor Dick und Professor Hohlbaum aus. Die Wunde war etwa acht Zentimeter lang und voller Schmutz und Splitter. Auf dem Gang draußen warteten K. H. Frank und Präsident Hácha mit der Protektoratsregierung.

Als die Operation beendet war, brachte man Heydrich in Doktor Dicks Büro im 2. Stockwerk. Die ganze Etage mußte geräumt werden, die Kranken wurden von den Deutschen in andere Zimmer verlegt oder entlassen, der Speisesaal in eine Kaserne umgewandelt. Auf dem Dach wurden Maschinengewehre postiert, unten patrouillierten bis an die Zähne bewaffnete SS-Männer.

Zu dem Stockwerk, wo Heydrich lag, hatte auch kein Berechtigter Zutritt. Ich hatte es zwar versucht, um etwas über seinen Zustand zu erfahren, ich sagte den Wachhabenden, daß ich Dienst hätte und den Doktor Puhala suche, aber sie meinten, ich hätte hier nichts zu suchen, und wiesen mich hinaus.

Was mit Heydrich weiter geschah, weiß ich nicht genau. Vielleicht hatte man ihm tatsächlich die Milz wegoperiert. Ich bin nie mehr mit ihm in Kontakt gekommen. Ich erinnere mich nur, daß Doktor Dick sagte, es gehe ihm ausgezeichnet. Um so mehr überraschte uns dann die Nachricht von seinem Tod. Bis zum letzten Augenblick hatte keiner von uns tschechischen Ärzten, die wir auf der Bulovka arbeiteten, die geringste Ahnung gehabt, daß es ihm schlechtging.

Eine Sache war uns aber doch aufgefallen: Es war so eine Menge von Morphium verbraucht worden, daß sie für mehrere Menschen ausgereicht hätte. Bis heute kann ich es mir nicht erklären. Selbst die Schwester, die das Morphium austeilte, sagte mir, daß sie es seltsam fand. Es besteht die Möglichkeit, daß einer der behandelnden Ärzte süchtig war. Aber das ist eine Angelegenheit für Kriminalbeamte.

Nein, an Heydrichs Aktenmappe erinnere ich mich nicht. Es ist möglich, daß sie da irgendwo vorhanden war, aber ich habe sie wirklich nicht gesehen und auch keine Ahnung, was mit ihr geschehen ist. Man sagte und schrieb, daß sie irgendwelche Pläne und Nachrichten für Hitler enthalten habe, aber manche Leute, vor allem Journalisten und Reporter, sehen und wissen oft mehr als Augenzeugen.

Die ganze Zeit über, da er noch am Leben war, gab es eine Unmenge von Besuchen, lauter Elite mit Blumensträußen und in schwarzen Uniformen. Auch sein Arzt kam manchmal mit dem Flugzeug, zuweilen tauchte Frau Heydrich auf.

Bis schließlich am 4. Juni das Ende eintrat.

Angeblich Sepsis. Auch Bluttransfusionen halfen nicht.

Prof. Hamperl, Vorstand des deutschen pathologischen Institutes, und Prof. Weyrich, Vorstand des deutschen Institutes für Gerichtsmedizin, hatten ein gemeinsames Bulletin ausgearbeitet, in dem es heißt: „Der Tod ist infolge Beschädigung lebenswichtiger parenchymatischer Organe durch Bakterien bzw. Gifte eingetreten, die zugleich mit den Splittern in den Körper eindrangen und sich vor allem im Brustfell, im Zwerchfell und in der Umgebung der Milz festsetzten, anhäuften und Vermehrung fanden."

Zeugenschaft des zweiten Arztes

Ich möchte mich den Worten meines Kollegen anschließen, aber das geht wohl nicht. Vor allem habe ich das Protokoll über die Obduktion nie zu Gesicht bekommen; es kann sich von dem klinischen Ablauf, über den wir informiert wurden, kaum unterscheiden, abgesehen davon, daß uns der normale Prozeß bei derartigen Verletzungen bekannt ist.

Vor einiger Zeit las ich über Heydrichs Tod eine Studie, die in einer Ärztezeitung in den USA erschienen ist und in der etwas anderes gesagt wird. Als im Jahre 1970 Prof. Herwig Hamperl aus Bonn einige Fragen des Autors jener Studie schriftlich beantwortete, formulierte er seine Beurteilung völlig anders als im Jahre 1942. Ich denke da an den Abschnitt, der zum Abschluß des vorhergehenden Monologs zitiert wurde. Prof. Hamperl erklärte 1970, daß Heydrich wahrscheinlich an einem anämischen Schock, d. h. an einem Versagen des Blutkreislaufes, verstorben war; in der Bauchhöhle wäre es zu keiner Infektion gekommen und bei der Sezierung keine Spur einer Entzündung des Bauchfells entdeckt worden, auch keine größeren Veränderungen der Leber, Nieren und Lunge; auch das Herz habe normal geschlagen. Bei der histologischen Untersuchung seien keine mikroskopischen Veränderungen gefunden worden, die den Tod hätten verursachen können.

Allerdings – klinischen Erfahrungen zufolge konnten jene Veränderungen, von denen Professor Hamperl spricht, im Hinblick auf die allzu kurze Dauer der Krankheit nicht auftreten. Heydrichs Verletzungen waren schwer, das beweisen schon die andauernden Körpertemperaturen von 40°, es war zu einer heftigen Entzündung der Kavernen gekommen, aber sein Tod trat schnell ein, so daß ich mich nicht wundere, daß markante Abweichungen an Leber und Nieren nicht auftraten.

Ich erinnere mich nur, daß ich am Morgen des 27. Mai dem deutschen Professor Walter Dick bei Operationen assistierte. Er war etwa im Jahre 1940 zu uns versetzt worden, ein kleiner, magerer, rühriger Arzt. Ursprünglich war Vorstand der Chirugie Professor Levit, der als Jude nach Theresienstadt abgeschoben wurde. Nach ihm übernahm den Posten MUDr. Slanina, dann tauchte Dick auf, der nach einiger Zeit Slanina in das Krankenhaus Unterm Laurenziberg versetzte. Aber zur Zeit des Attentates war Slanina noch tätig.

Dick sprach ziemlich gut tschechisch, vor dem Krieg hatte er an der deutschen Klinik am Karlsplatz gewirkt, er kannte Prag und dessen Atmosphäre. Kurz nach halb elf läutete das Telefon, Dick nahm den Hörer ab. „Was?!" rief er, dann mit erhobener Stimme nochmals, dann schrie er „Was??" Man hatte ihm gemeldet, daß soeben Heydrich untersucht und behandelt wurde – und das kam Dr. Dick vollkommen absurd vor.

Der Patient hatte eine blutende Wunde auf der linken Seite des Brustkorbs, etwa 10 cm groß in der Gegend des achten bis zehnten Brustkorbwirbels. Die Diagnose lautete: links geöffneter Pneumothorax, was einen sofortigen chirurgischen Eingriff erforderte. Slanina führte ihn im unteren Operationssaal aus. Dann teilte man Heydrich mit, daß man noch zu einer weiteren Operation schreiten müsse, um die Brust- und Bauchhöhle zu überprüfen, aber Heydrich lehnte es ab, sich von einem Prager Deutschen operieren zu lassen, und verlangte einen Reichsdeutschen. Professor Dick erklärte ihm, daß die Operation eile und dringendst nötig wäre. Er machte ihn dabei darauf aufmerksam, daß Chef der Prager deutschen Klinik am Karlsplatz Professor Hohlbaum wäre, ein ungewöhnlich tüchtiger und berühmter deutscher Chirurg. Heydrich gab schließlich seine Zustimmung, und so wurde augenblicklich Hohlbaum herbeigerufen. Als dieser kam, stellte er fest, daß er in der Klinik seine Brille vergessen hatte. Man schickte jemanden, sie zu holen, wir hatten inzwischen das Operationsteam zusammengestellt. Heydrich war, bei all seiner Größe, etwas dicklich. Er wurde eingeschläfert, die Narkose gab ihm MUDr. Honěk unter Mithilfe von Herrn Müller, des Saaldieners, und Professor Dick, dem Hohlbaum die Führung der Operation übergeben hatte, weil er selbst ohne Brille sich nicht an sie heranwagte, machte sich ans Werk. Hohlbaum assistierte ihm, zweiter Assistent war Slanina, mir war die Bluttransfusion anvertraut.

In der Bauchhöhle war Blut, das Zwerchfell weithin zerrissen, die Lungen unversehrt, aber in der zerfetzten Milz befand sich ein Bombensplitter in der Größe von etwa 8 × 8 cm sowie ein größeres Stück Filz aus dem Wagensitz. Der Operateur entfernte die Milz, vernähte das Zwerchfell und setzte eine Drainage beider Hohlräume ein. Beim Nähen der Bauchwand erhielt Heydrich eine Bluttransfusion, dann ein Serum gegen Tetanus und Brand, mich beauftragte Dick, ein Zimmer für Heydrich vorzubereiten. Er hatte dafür seinen eigenen Arbeitsraum im zweiten Stock vorgesehen, wir stellten dort ein Krankenbett auf, und etwa gegen zwei Uhr nachmittags brachte man ihn. (Er hat dieses Zimmer nicht mehr verlassen und ist da gestorben.) Wir hatten dann zu ihm keinen Zutritt mehr, vom zweiten Tag nach der Operation an, also ab dem dritten Tag, durfte nicht einmal mehr Professor Dick zu Heydrich, der von reichsdeutschen Ärzten gepflegt wurde. Himmler hatte seinen Leibarzt, Prof. Dr. Karl Gebhardt, geschickt. Etwa am fünften Tag verschlimmerte sich Heydrichs Zustand, so daß mit einer eventuellen zweiten Operation nicht gerechnet werden konnte; angeblich war es zu einem Zwist zwischen Gebhardt und Hitlers Leibarzt Dr. Theodor Morrell gekommen, der den Einsatz von Sulfonamiden vorgeschlagen hatte. Zu jener Zeit, da es noch keine Antibiotika gab, wäre es zweckdienlich und von Wert gewesen. Ungefähr am 3. Juni erstattete Gebhardt an Himmler die Meldung, daß in Heydrichs Gesundheitszustand eine Besserung eingetreten und das Fieber im Sinken wäre; der Kranke habe sich sogar im Bett aufgesetzt und zu Mittag gegessen. Aber eben da, beim Essen, kam es zu einem Kollaps, Heydrich erwachte nicht mehr aus seiner Bewußtlosigkeit und starb gleich am nächsten Morgen.

Was soll ich ihnen zum Schluß noch sagen? Wir interessierten uns damals, was für Medikamente ihm die deutschen Ärzte verabreicht hatten, und ich erinnere mich, daß es ab dem dritten oder vierten Tag eine Unmenge von Opiaten war. Es gibt dafür verschiedene Erklärungen. Antibiotika existierten noch nicht, nur

Prontosil, ein Chemotherapeutikum. Unsere Informationen hatten wir von SS-Ärzten, aber nur annähernde, unvollkommene. Trotzdem bin ich der Meinung, daß es – wie übrigens stets bei Verletzungen dieser Art – zu Vereiterungsprozessen in der Bauch- und Brusthöhle gekommen war, die gewöhnlich mit dem Tod enden, allerdings erst nach langer oder längerer, nicht in so kurzer Zeit wie im Fall Heydrich. Angesichts der Tatsache, daß die behandelnden Ärzte in der Krankenhaus-Apotheke die Ausgabe bedeutender Mengen von Opiaten verlangten, wurde damit Heydrichs Ende beschleunigt.

Vielleicht haben sie es aus dem Grunde getan, um Vorwand für den Terror, für die Morde an der tschechischen Nation zu haben.

Zeugenschaft des Gärtners aus Jungfern-Breschan

Die Nachricht von dem Attentat kam zu uns nach Breschan gegen Mittag. Die Heydrich wollte mit den Kindern gerade zum Mittagessen Platz nehmen, als es ihr Adjutant Wagnitz sagte. Ich habe gehört, sie sei ungerührt geblieben. Sie war auch sonst ein eiskaltes, berechnendes Weib, geizig und ohne jedes Gefühl. Als später einmal, lange nach Heydrichs Tod, Breschaner Fußballer, die von einem Sonntagsmatch in einem Bus nach Hause kamen, durch einen unglücklichen Zufall ihren Sohn Klaus überfuhren – wissen Sie, was dieses Weib gemacht hat?

Der Junge war in der Halle in einem mit Chrysanthemen bedeckten Zinnsarg aufgebahrt, dann legte man ihn in eine Grabstätte im Park, und eben in diesem Augenblick, als man ihr Kind bestattet hat, befahl sie uns, die Chrysanthemen an Prager Blumengeschäfte zu verkaufen.!

Ich bin ein Kerl und kann manches vertragen, aber in diesem Moment lief es mir eiskalt über den Rücken.

Oder etwas anderes. Im ganzen Schloß hingen an den Wänden der Zimmer und Gänge zahlreiche Geweihe; sie waren von dem einstigen jüdischen Besitzer des Schlößchens zurückgeblieben, und die Heydrich verkaufte sie an eine Fabrik, die Knöpfe herstellte. Und die herrlichen Bäume ringsumher? Sie ließ sie fällen, verkaufte das Hartholz auch mit großem Profit, und statt der

Eschen ließ sie Äpfel- und Birnbäume anpflanzen, um an dem Obst ebenfalls zu verdienen. Mehr muß ich Ihnen wohl nicht erzählen, auch wenn ich mich noch an viele ähnliche Fälle erinnere. Ich stand ja lange bei ihnen im Dienst, und da lernt man die Menschen kennen. Heydrich war Eigentümer zweier Schlösser. Im unteren wohnten sie, an dem oberen, das leer stand, fuhr er täglich auf dem Weg zur Prager Burg vorüber.

Sie lebten in Luxus.

Außer mir waren noch zwei Stubenmädchen, eine Köchin, ihre Gehilfin und ein Kastellan angestellt. Zumeist Tschechen. An manchen Abenden hörten wir ausländisches Sender, mußten aber höllisch aufpassen.

Ich war für den Garten und für Reparaturen zuständig.

Als dann später Zentralheizung eingebaut wurde, mußte ich sie bedienen, und in der Freizeit war ich gezwungen, als Bäcker zu arbeiten.

Heydrich veranstaltete gelegentlich Jagden auf Fasanen und Rebhühner, wobei er verschiedene Herrschaften einlud, für die ich Hörnchen backen mußte, was ich nie zuvor getan hatte. Aber wenn es um Kopf und Kragen geht, versucht man alles mögliche. Auch Hörnchen. Oder auch Brot, weil die Heydrich angeordnet hatte, ich müsse Teig auch für Brot machen. Sie wünschte eines von Greham oder wie sie es nannte. Ich wußte überhaupt nicht, was das ist, aber – sehen Sie! – was immer ich denen vorlegte, es wurde aufgegessen. Aber einmal, als sie sah, was da eigentlich unter meinen Händen hervorkam, hat sie sich entsetzlich aufgeregt, und es fehlte damals nur wenig, und es hätte mich erwischt.

SS-Leute gab es ungefähr zehn oder zwölf, sie wohnten in einem Haus beim Schloßtor und hielten dort Wache.

Jenen Tag, den 27. Mai 1942, habe ich in guter Erinnerung, weil es wie in einem Irrenhaus zuging.

Schon am frühen Morgen arbeitete ich im Garten des oberen Schlosses, wo ich Gemüse und etwas Spinat angepflanzt hatte. Das Gemüse habe ich unter der Wasserleitung abgewaschen, einen Armvoll Spinat genommen und mich auf den Weg zum unteren Schloß gemacht. Als ich ankam, setzte sich eben vor dem Schloßportal Heydrichs Auto in Bewegung und fuhr zum Tor. Weil sie von uns verlangten, daß man Heydrich und sein Weib mit dem arischen Gruß „ehren“ müsse, also mit erhobenem Arm, gingen wir ihnen, wo und wann wir nur konnten, aus dem Weg.

Mir blieb noch Zeit, hinter das steinerne Ungetüm bei der Einfahrt zu springen, wo ich mich versteckte, um ihn nicht grüßen zu

Die Lafette mit dem Sarg von Heydrich vor dem Prinz-Albrecht-Palais.

müssen, und erst als er an mir vorbei war, ging ich durchs Tor auf das Schloß zu. Herbert Wagnitz, sein Adjutant, machte sich eben bereit, seinem Herrn hinterherzufahren. Er stand beim Wagen und sprach mit dem Fahrer. Dieser Wagnitz war ein interessanter Kerl. Ein SS-Mann, ja, das war er, aber er hat uns niemals angebrüllt.

Er sah mich mit dem Gemüse und dem Spinat und fragte mich, ob das für die Küche wäre. Wofür denn sonst, dachte ich mir, und sagte laut: „Jawohl!" Und da ich ihn bei guter Laune sah, fragte ich noch „Fahren Sie dem Herrn Protektor nach?"

„Ja", antwortete er und richtete etwas an seiner Uniform.

Es war früher schon einige Male geschehen, daß mich Wagnitz zum oberen Schlößchen mitgenommen hatte. Wie ich schon sagte, muß man auf der Fahrt nach Prag dort vorbei. Ich faßte mir Mut und sagte: „Herr Adjutant, ich will das Gemüse da in der Küche abgeben, und dann muß ich wieder nach oben zum Schloß, es gibt dort viel zu tun. Würden Sie mich mitnehmen?"

Wagnitz winkte mit der Hand: „Aber beeilen Sie sich!"

Ich betrat das Gebäude, überall war es schattig und angenehm kühl. In der Küche legte ich das Grünzeug ab und wollte wieder gehen, als mir die Köchin etwas sagte, genau erinnere ich mich nicht mehr, aber ich hielt mich länger als beabsichtigt auf. Als ich wieder herauskam, war Wagnitz nicht da, und ich mußte eine Weile bei seinem Wagen warten.

Endlich erschien er, wir stiegen ein und fuhren los.

Es war ein wunderschöner Tag. Alles grünte, alles hatte neue Blätter. Wir fuhren durch das Dorf, es gibt da einige Biegungen, dann ein Hügel, oben das Schloß. Er brachte mich bis zum Eingang, ich bedankte mich, und er fuhr in Richtung Prag, Heydrich hinterher. Ich weiß nicht, was sie an jenem Tag vereinbart hatten, vielleicht sollte er direkt zum Flughafen fahren, vielleicht auf die Burg. Jedenfalls fuhr er mit großer Verspätung ab, und so befand sich Heydrichs Wagen in der Kurve, wo es zum Attentat kam, ohne jede Begleitung.

Ich arbeitete vormittags im Garten, gegen Mittag ging ich wieder zum unteren Schloß, wo ich davon erfuhr. Von dem Attentat. Die Heydrich erwartete wieder seit einigen Monaten ein Kind, ihre Kammerzofe dachte, daß sie einen Nervenanfall bekommen würde. Aber das war ein Weib wie aus Eisen. Angeblich sagte sie einige häßliche Worte über das tschechische Volk und trug den Kopf noch höher. Als Heydrich in Berlin feierlich zu Grab getragen wurde, fuhr sie gar nicht hin, sondern schickte nur ihre beiden Söhne. Ich erinnere mich daran, daß die Heydrich ihr Hausmädchen, das den Jungen die Sachen packte, gefragt hat, ob in der Maschine – es war ein Sonderflugzeug – auch die Möhren und die Petersilie wären, die sie nach Berlin schickte. Und so flog mit den Knaben auch Gemüse, ob als Geschenk oder zum Verkauf, weiß ich nicht.

Als es 1945 zu krachen begann, kam Himmler nach Breschan, unrasiert und erschöpft, schloß sich mit der Heydrich in einem Zimmer ein und besprach etwas mit ihr. Am nächsten Tag befahl sie, einen Lieferwagen zu einer Art von Zirkuswagen umzubauen, ließ alles Geflügel, Gänse und Hühner, töten und auf den Wagen laden, dazu noch einige Säcke mit Getreide und Kartoffeln, und fuhr dann Anfang April mit den Kindern, der Erzieherin und Wagnitz in Richtung Westen davon.

Vor der Abfahrt rief sie uns zusammen und sagte, daß sie nach etwa sechs Wochen zurückkommen werde. Im Garten ließ sie das Grabmal ihres Sohnes Klaus öffnen und nahm den Sarg mit. Dann

Hier in Burgtiefe auf der Ostsee-Insel Fehrmarn genoß die Witwe des Henkers von Prag, Lina Heydrich, ihre Witwenrente und eine ihr vom Sozialgericht in Schleswig 1965 zuerkannte Rentennachzahlung von über 12000,– DM. Die Frau des SS-Obergruppenführers wurde in der Tschechoslowakei wegen ihrer Unmenschlichkeit einst zu lebenslanger Haft verurteilt.

habe ich gehört, daß man den oberen Sarg, den aus Zinn, irgendwo hinter dem Dorf gefunden hat – wahrscheinlich wollte sie um eine Last leichter werden.

Zeugenschaft eines damaligen Oberstleutnants

Auf diesen Tag hatten wir uns alle gefreut, wir wußten, daß Klement Gottwald kommen wollte. Nämlich zu uns nach Buzuluk. Am 27. Mai 1942 nachmittags zwischen zwei und vier Uhr sollte er im Ortskino eine Ansprache halten. Es war ein sehr großer Saal, in dem wir uns alle versammelten, außer jenen, die auf Reisen oder unabkömmlich waren. Gottwald nahm auf der Bühne Platz, neben ihm noch Václav Kopecký, Krosnář und Vrbenský. Gottwald hatte Papiere in Oktavformat vor sich, aus denen er uns die einzelnen Punkte seines Vortrags zum Teil vorlas. Ich saß in der ersten Reihe und machte mir Anmerkungen. Soweit ich mich erinnere, ging es um drei prinzipielle Angelegenheiten: daß wir unterschiedslos alle gemeinsam den Kampf suchen, also nicht viel Wesens machen, sondern wirklich kämpfen sollten; zweitens: immer an der Seite der Sowjetunion; und schließlich sprach er davon, wie es um unsere Republik nach dem Krieg bestellt sein werde.

Als er endete, sollte die Diskussion beginnen, aber – Sie wissen ja, wie es zu sein pflegt – niemand meldete sich. Und so hob *ich* die Hand, betrat das Podium und sprach als erster: daß wir in einer geschlossenen Front gegen die Faschisten stehen, daß es nicht genügt, sich der Sowjetunion gegenüber nur loyal zu zeigen, sondern daß wir Freunde auf Leben und Tod sein wollen.

Ich bin mir nicht sicher, ob wir die Nachricht von dem Attentat direkt während dieser Versammlung bekamen – nein, wohl erst später. Wenn sie uns noch im Kino erreicht hätte, wäre es zu einem Riesentrubel und Freudenausbrüchen gekommen, und das hätte ich mir gemerkt. Aber abends war es uns bereits bekannt, wir hatten einige Rundfunkgeräte, bei denen immer jemand Dienst hielt, wir hörten Prag, Moskau, London, und täglich kam ein Nachrichtenbulletin zur Ausgabe. Am 28. Mai, dem Tag nach dem Attentat, wurde sogar eine Sonderausgabe veröffentlicht.

Die Nachricht von dem Attentat hatte eine erstaunliche, unfaßbare Wirkung. Das Vorhaben war gelungen, unser Volk hat den Faschisten die entsprechende Antwort erteilt, sagten wir uns begeistert. Die Nation war damit geistig gewachsen, die moralische Bedeutung groß. Immerhin stand mit all dem eine weitere Frage im Zusammenhang: Jede kämpferische Aufgabe und Tat soll mit einem Minimum an Verlusten erfüllt werden. Und so überlegte ich: Sind derartige hohe Verluste von Nutzen? Auf der einen Seite die mächtige moralische Stärkung, auf der andern ein solcher Preis. Dieses Problem ging mir nicht aus dem Sinn. Ich wollte nicht daran glauben, daß Beneš seine Zustimmung zu dem Attentat gegeben hatte, außer er hätte damit enge und egoistische Ziele der Londoner im Auge gehabt. Er war immer gegen einen Krieg gewesen. Die gesamte Politik der Londoner Exilregierung stand im Gegensatz, im Widerspruch zu uns. Wir im Osten wollten, daß in der

Heimat gekämpft werde, daß hinter jeder Straßenecke – bildlich gesprochen – ein Partisan stand. Beneš war dagegen: Es sei überflüssig, unser Gebiet nicht geeignet für Partisanenkämpfe. Die Linie der Partei in Moskau war eindeutig: Krieg den Faschisten! Die Linie in London: abwarten ...

Ich hätte gern Beneš' Reaktion gekannt, als man ihm über die ungeheuren menschlichen Verluste während der *Heydrichiade* Bericht erstattete.

ADAGIO MA NON TROPPO

„Du darfst nicht ein Mensch für dich sein, nein, nur für andere . . .“

Ludwig van Beethoven

Der vierte Monolog der Frau aus dem Mietshaus in Veitsberg

Ich weiß gar nicht, an welchem Ende ich anfangen soll. Letztes Mal habe ich Ihnen von dem Paraschutisten Zelinka-Švarc erzählt, der bei uns gewohnt hat und dann auf den Karlsplatz übersiedelt ist, vielleicht sollte ich mit ihm beginnen.

Dieser Zelinka hatte in Veitsberg eine Schwester, die er manchmal besuchte. Am Tag des Attentats war er auch bei ihr, er hat wahrscheinlich keine Ahnung gehabt, was Gabčík und Kubiš unternehmen werden, und so ist er ruhig nach Veitsberg gegangen, die Schwester besuchen und wie immer mit ihr ein wenig zu schwätzen. Es mochte gegen elf Uhr sein, wir haben noch nichts gewußt und Zelinka-Švarc auch nicht. Er wollte den Herrn Zelenka besuchen, weil er etwas Geld brauchte, mein Mann hat ihm angeboten, ihm welches zu borgen und es sich dann von Herrn Zelenka wiedergeben zu lassen, aber das wollte er partout nicht. Und gab nicht nach. Er ging weg, aber am nächsten Tag, nach dem Attentat, haben wir ihn wiedergesehen.

Hier muß ich ein wenig abweichen. Am Tag des Attentats war mein Cousin bei uns zu Besuch, er hatte sein Kind in einem Krankenhaus. Er hat bei uns geschlafen, und ich habe ihn am nächsten Vormittag zum Bahnhof begleitet. Noch vorher war Kubiš bei uns erschienen. Er hatte einen blauen Mantel von einem Eisenbahner an, war abgehetzt und müde und legte sich auf den Diwan.

„Was ist mit dem Kleinen?“ fragte er. Er meinte den Gabčík, den er manchmal so genannt hat.

„Gestern nach dem Attentat war er bei Zelenkas“, sagte mein Mann. „Er hat sich von der Frau einen Regenmantel geborgt, aber bei uns war er nicht. Sie hat gesagt, daß er ihr einen kleinen Veilchenstrauß gebracht hat. Dann wollte er angeblich die Fafeks besuchen.“

Kubiš’ Brust war voller Blut, und so hat mein Mann eine Pinzette genommen und ihm ein paar Splitter herausgezogen, dann ihm Watte und ein Leibchen gegeben, damit das Blut nicht durch das Hemd sickert, und den Oberlehrer Zelenka geholt. Bevor Kubiš mit ihm ein paar Worte wechseln konnte, hat jemand geläutet. Es war Švarc.

Kubiš hat erzählt, wie sie alles gemacht haben.

„Valčík hat uns das Zeichen zu spät gegeben. Mit dem Spiegel."

„Wohin werden Sie jetzt gehen?" hat mein Mann gefragt.

„Keine Angst, ich hab' schon was", sagte der Herr Oberlehrer. Dann hat mein Mann das Zimmer verlassen, damit die beiden sich allein beraten können. Ungefähr nach einer Stunde waren sie fertig.

Als ich vom Bahnhof nach Hause kam, habe ich Herrn Zelenka gesagt:

„Einer der Burschen könnte bei uns übernachten. Schauen Sie mal, wenn die Gestapo auftaucht, kann er aus dem Badezimmer in den Lichtschacht kriechen und von dort in die Nachbarwohnung, die leer steht. Es hat dort eine jüdische Familie gewohnt, die nach Theresienstadt abtransportiert wurde."

Der Herr Oberlehrer hat den Kopf geschüttelt: „Keine Sorge, wir haben etwas Besseres. Ein so gutes Versteck, daß sie niemand finden wird. Aber wenn Sie etwas warme Wäsche hätten, könnten Sie es dem Zelinka borgen. Es wird dort etwas kalt sein."

Mein Mann gab ihm ein Trikot, Rasierzeug und einen Laib Brot. Die Jungens verabschiedeten sich und sind gegangen, Herr Zelenka nach oben in seine Wohnung und die Burschen zur Straßenbahn.

Wo man sie versteckt hat, wußten wir nicht.

Der Herr Oberlehrer hat uns gesagt, daß als erster Zelinka-Švarc in dem Versteck war, und das noch am selben Tag, als er bei uns war, also an einem Donnerstag. Die anderen sind Freitag und Samstag gekommen. Als letzter angeblich Opálka, lange nach Sonntag.

Wo Kubiš und Gabčík die Nacht vom Mittwoch – als es zu dem Attentat kam – zum Donnerstag waren, war nicht zu erfahren. Vielleicht bei Fafeks. Als Kubiš nach der Zusammenkunft mit dem Herrn Oberlehrer von uns wegging, hat er uns eine Granate zurückgelassen. Damit er sie – wie er sagte – nicht in der Tasche herumtragen muß. Mein Mann hat sie zuerst in den Eimer mit Sand gelegt, der vor der Wohnungstür stand, dann haben wir sie im Keller verwahrt, einige Zeit ist sie in einem Schuhkarton im Nachttischchen aufbewahrt gewesen, schließlich hat sie mein

Mann im Badezimmer unter die Wanne gesteckt. Nach den Maitagen 1945 haben wir sie abgeliefert.

Seit jenem Donnerstag habe ich keinen von ihnen wiedergesehen.

Nur der Herr Oberlehrer Zelenka hat uns einige Male besucht und gesagt, daß alles in Ordnung ist.

Es waren brave Burschen. Am Sonntag vor dem Attentat haben sie uns besucht und bei uns gegessen. Gabčík war gut aufgelegt und hat dauernd gesungen.

Aber einen bösen Schrecken haben sie uns doch eingejagt. Eigentlich nur der Švarc. Ich habe letztens schon erzählt, daß nach Kubiš und Gabčík er bei uns gewohnt hat. Im Badezimmer hatte er zwischen den Zahnbürstchen und Pasten eine Injektionsspritze mit Gift. Als er uns verließ, hat er sie bei uns vergessen. Wir haben es nicht bemerkt, und als dann in der Nacht nach dem Attentat in ganz Prag Kontrollen und Durchsuchungen waren, sind sie auch zu uns gekommen. Einer von den Nazis hat das Badezimmer durchsucht, ins Regal geschaut und hineingegriffen – und in diesem Augenblick haben mein Mann und ich uns an die Spritze erinnert und sind erstarrt. Zum Glück hat er nur eine Schachtel mit Zigaretten entdeckt und die Injektionsnadel nicht bemerkt. Meine Beine waren wie hölzern, und ich konnte kaum atmen. Er hat die Zigaretten in die Hand genommen, sie betrachtet, etwas vor sich hin gemurmelt – und dann sind sie weg.

Vom Tod des Herrn Oberlehrers werde ich nicht erzählen, es ist zu traurig, das soll ein anderer berichten. Sein Sohn Jenda hat sich angeblich im Wald bei Kertsch vergiftet. Und sein Schulkamerad, der junge Růt, ist mit den Eltern auch ums Leben gekommen.

Es waren sehr schlimme Zeiten.

Wir haben uns vorher nie um etwas gekümmert, aber mit einem Mal ist sich jeder ehrliche Mensch bewußt geworden, daß man etwas tun muß. Mein Alter hat gemeint, daß man Böses nicht mit Bösem vergelten soll, aber hier ist es doch um was anderes gegangen. Wir haben uns gewehrt. Und uns alle irgendwie – wie sagt man? – zusammengeschart.

Erinnerungen eines zweiten Eisenbahnbeamten

Ich hatte damals den Kopf voller Sorgen. Sie hatten meinen ältesten Sohn Miroslav wegen kommunistischer Tätigkeit verhaftet, wir haben gewußt, daß er illegal arbeitete, wenn ich nicht irre, in Gemeinschaft mit Genossen aus Smichow. Sie stellten Flugblätter her und verbreiteten sie. Sie wissen ja, auf Kommunisten war die Gestapo ganz besonders scharf, und so überlegte man auf Schritt und Tritt, was mit dem Jungen sein wird und wie man ihm helfen könnte.

Zuerst war er in Theresienstadt, dann in Einzelhaft im Zuchthaus von Bautzen, in Bayreuth; wir haben jeder Zeile von ihm entgegengefiebert, meine Frau war todunglücklich, die Stimmung bei uns entsetzlich elend.

Neben dem Mirek hatten wir noch zwei Kinder: Der Junge war 1921 geboren und feierte damals eben den 21. Geburtstag, heute ist er Maler. Die Tochter war 1942 zwanzig Jahre alt. Ich diente als Kontrolleur bei der Eisenbahn in Kaschau. Als 1939 die Republik auseinanderbrach, versetzte man mich nach Prag. Zu meinem Amtsbereich gehörte die Eisenbahndirektion in Pilsen. Ich hatte viele gute Bekannte bei der Bahn, wo ich ja mein ganzes Leben lang arbeitete, zu ihnen gehörte auch der Kontrolleur Pouba, ein braver Kerl. Einmal kam er zu mir und fragte:

„Kennst du den Moravec?"

„Was macht er?"

„Er ist doch auch Kontrolleur ..."

Ich dachte eine Weile nach, dann fiel mir ein, daß es der sein könnte, den sie aus Preßburg hierher verlegt hatten.

„Und was ist mit ihm?"

„Er möchte einen polizeilich nicht gemeldeten Mann irgendwo unterbringen. Ginge es nicht bei euch?"

Ich fragte meine Frau, sie war einverstanden, und so teilte ich am nächsten Tag meinem Freund mit, daß wir bereit sind zu helfen. Sofern allerdings die Garantie besteht, daß es ein zuverlässiger, ehrlicher Mensch ist.

So kam er also zu uns. Er hieß auch Mirek, wie mein Sohn, wie aber in Wirklichkeit, wußten wir lange nicht. Wir wohnten in einer kleinen Villa in der Hanspaul-Straße, die Wohnung war ziemlich groß, wir konnten ihm ein eigenes Zimmer zur Verfügung stellen, in dem ein Bett, ein Schrank und einige kleinere Möbelstücke standen. Mirek war etwa Mitte Mai gekommen, wo er bis dahin gewesen war, fragten wir ihn nicht. Was er hier zu tun hatte, ob er allein war oder Kameraden hatte, das alles behielt er für sich, und wir fragten ihn natürlich nicht aus. Wenn er zu Hause war, hielt er sich zumeist in der Küche auf, wo er manchmal meiner Frau behilflich war.

Es schien uns, er müßte jedem auffallen, stellen Sie sich nur vor: blaue Augen, rabenschwarze Haare, unter der Nase ein kleines dunkles Schnurrbärtchen. Er war von kleiner Statur und immer guter Laune.

„Sie fallen zu sehr auf", sagte ich ihm einmal.

„Und was soll ich machen?"

„Fahren Sie nicht mit dem Bus nach Hause, in dem Viertel hier kennt einer den andern nur zu gut, und die Nachbarn würden merken, daß Sie bei uns wohnen. Steigen Sie unten bei der Schule aus der Straßenbahn, und gehen Sie lieber ein Stück zu Fuß weiter."

Er gehorchte.

Manchmal kam er spät in der Nacht, wo er sich aufgehalten hatte, weiß ich nicht. Ich fuhr meine gewohnte Trasse, die Frau stand in der Schlange um Lebensmittel an. Unsere Kinder hatten Mirek ins Herz geschlossen, er war ja nur wenig älter als sie – und alles ging seinen gewohnten Gang. Dann kam jener Tag im Mai, wenn ich nicht irre, ein Mittwoch. Mirek war bald früh weggegangen, wohin, sagte er nicht. Es konnte so nach dem Mittag sein, als eine Freundin meiner Tochter ganz außer sich gelaufen kam und sagte, daß ein Attentat auf Heydrich verübt worden sei.

Meine Frau erschrak, aber sie dachte noch nicht an irgendeinen Zusammenhang. Erst als Mirek nach Hause kam, sah sie ihn an, weil er ihr etwas sonderbar vorkam, und fragte:

„Ist Ihnen, Mirek, was Näheres über das Attentat bekannt?"

Er sah sie forschend an: „Ist er tot?"

„Noch nicht. Waren Sie das?"

„Was fällt Ihnen ein, dazu bin ich zu weichherzig." Aber er lächelte dabei, und im gleichen Augenblick wußte meine Frau, daß er nicht die Wahrheit spricht.

„Brauchen Sie etwas?" fragte sie ihn deshalb.

„Gehen Sie ein wenig unter die Leute, um zu hören, was erzählt wird. Und wenn ich Sie um einen starken Kaffee bitten dürfte."

Meine Frau kochte ihm einen und ging. Noch vorher hatte Mirek gebeten, baden zu dürfen, weil ihm die Füße heftig brannten. Er war völlig in Schweiß gebadet, als wäre er einen weiten Weg zu Fuß gelaufen.

Als meine Frau zurückkam, schrieb Mirek eben einen Brief.

„Wissen Sie, ich möchte Sie noch um etwas bitten. Könnten Sie diesen Brief der Frau Moravcová nach Veitsberg bringen?"

„Jetzt?"

„Ja, ich bin gleich damit fertig."

Meine Frau stimmte natürlich zu, zog sich um, und eine Viertelstunde später gab ihr Mirek das zugeklebte Schreiben. Wenn ich mich gut erinnere, stand auf dem Umschlag „Für Jindra". Damals wußten wir nicht, daß es einen Chemieprofessor gibt, der den Decknamen Jindra trägt.

„Brauchen Sie noch was?"

„Danke, vorläufig nicht. Ich habe jetzt unten in der Stadt eine Verabredung."

Meine Frau ging, sie mußte nach Veitsberg durch die ganze Stadt, aber sie traf niemanden an. Die Moravec' waren nicht da. Sie zögerte eine Weile, wußte nicht, was sie tun sollte, dann fuhr sie wieder zurück. Mirek war zu Hause, ob er inzwischen die Verabredung eingehalten hatte, wußten wir nicht.

„Nun, was war los? Was hat Tante Moravcová gesagt?"

„Es hat mir niemand geöffnet, und so bringe ich den Brief zurück." Mirek (später erfuhren wir, daß es Valčík war) zeigte sich enttäuscht und verdrießlich, aber es ließ sich nichts machen.

Er sah nicht gut aus.

Am Abend war im Radio eine ausführliche Nachricht über das Attentat, man sprach auch von einem Fahrrad, das die Männer am Tatort zurückgelassen hatten, und nannte seine Fabriknummer.

„Mein Gott, wenn das die Tante erfährt, wird sie wütend!"

„Warum?"

„Weil die Burschen die Nummer nicht beseitigt haben! Das Rad gehörte nämlich ihr. Sehen Sie, man denkt an jede Kleinigkeit, aber ein solches Detail, das allen zum Schicksal werden kann, vergißt man."

Er aß etwas, abends entfernte er sich, war aber bald wieder zurück und ging schlafen.

Am nächsten Morgen, es war ein Donnerstag, kam Frau Moravcová herbeigelaufen, aufgeregt darüber, was die Jungen in ihrer Vergeßlichkeit angerichtet hatten. Sie war sehr zornig, was uns durchaus nicht wunderte.

„Ich nehme den Mirek mit“, sagte sie schließlich.

„Er wohnt schon viel zu lange hier, und das könnte auffallen. Außerdem werden wir bald ein besseres Versteck für die Burschen haben.“

Wir fragten nicht weiter, nahmen von Valčík Abschied, und an der Tür sagte ich ihm noch: „Mirek, warten Sie, ich leihe Ihnen ein Buch, damit Sie in der Straßenbahn vortäuschen können, daß Sie lesen. Beugen Sie sich über das Buch, und man wird Ihnen nicht ins Gesicht sehen können.“ Ich borgte ihm aus meiner Bücherei „30 Jahre als Journalist“ von H. W. Steed. Das Buch könnte erzählen! Wenn Sie es öffnen, finden Sie auf dem Titelblatt meinen Vor- und Nachnamen und das Wort „Košice“. Ich hatte es nämlich gekauft, als wir noch in der Slowakei wohnten. Der Name stand schon zur Zeit der Heydrichiade da, aber weder ich noch meine Frau achteten darauf und liehen es Valčík. Er bedankte sich und ging mit „Tante“ Moravcová davon. Als meine Frau dann in Mireks Zimmer Ordnung machte, stellte sie fest, daß sein Bettuch etwa in der Höhe des Schenkels blutig ist, ebenso das Polster. Wir waren überrascht, weil Marek nichts von einer Verwundung gesagt hatte. Aber nachträglich erinnerten wir uns, daß er bleich und ermüdet gewesen war. Am Abend nach dem Attentat hatte er ausgesehen, als ob er Fieber hätte.

Wohin er mit der Moravcová ging, weiß ich nicht. Wir erlebten dann einige Wochen, wie ich sie keinem wünschen würde. Tag für Tag lasen wir in der Zeitung Nachrichten über Hinrichtungen, Tag für Tag erwarteten wir, daß sie uns abholen würden. Es war eine fürchterliche Zeit. Wir wußten, daß die Gestapo die Verhaftungen etwa um die vierte Morgenstunde vornimmt, und so lagen wir um diese Zeit immer wach und warteten.

Einmal suchte uns die „Tante“ auf und fragte, ob wir den Burschen etwas Kaffee, Essen und einen Spirituskocher schicken könnten. Wir hatten nur einen für Petroleum, der schrecklichen Lärm machte, und so machte ich mich in der ganzen Umgebung auf die Suche nach einem Spirituskocher. Meine Frau machte das Essen zurecht und verpackte es, aus einer Telefonzelle rief sie Frau Moravcová an, ob sie Zeit hätte, mit ihr zur Schneiderin zu gehen, und als die „Tante“ bejahte, fuhr sie zu ihr und übergab ihr die Pakete. Es war vor allem Kaffe und Spiritus darin. Die letzte Sendung hatten wir im Flur vorbereitet, als die Gestapo kam. Sie durchsuchten damals unser ganzes Stadtviertel.

„Was ist das?“ fragte einer von ihnen deutsch und zeigte auf den kleinen Koffer, der auf dem Schrank im Vorzimmer stand.

„Altes Zeug", sagte meine Frau. Und erstarrte.

Der Gestapomann überlegte eine Weile, dann ging er weiter. Wenn er gewußt hätte, daß Lebensmittel für Paraschutisten drin waren!

Meine Frau rief dann die „Tante" an. Es meldete sich eine Männerstimme.

„Ist die Tante zu Hause?" fragte meine Frau.

„Ja . . ." Nach einer Weile fügte der Mann, diesmal tschechisch, hinzu: „Eigentlich nicht . . ."

Da wußten wir, daß es bös aussah. Meine Frau hängte schnell den Hörer auf und ging mit dem Päckchen natürlich nicht nach Veitsberg. Bald darauf meldete das Radio, daß man die Männer gefangen hatte.

Es dauerte nicht lange, und die ganze Hanspaul-Straße, wo wir wohnten, war von der Gestapo umzingelt. Wahrscheinlich hatten sie festgestellt, daß in die Wohnung der Frau Moravec aus einer hiesigen Zelle angerufen worden war. Aber sie hatten keinen Erfolg. Den ganzen Sommer 1942 über haben wir dann auf den Tod gewartet. Aber „Tante" Moravcová hat nichts verraten. Außer ihr und dem Eisenbahner, der Valčík zu uns gebracht hatte, haben wir keinen andern der Organisatoren gekannt. Nach der Befreiung im Jahr 1945 haben wir Mireks Sachen, die er bei uns gelassen hat, beim Ministerium abgegeben. Das Buch von Steed, das wir ihm geliehen hatten, habe ich wiederbekommen.

Der dritte Monolog des Hausverwalters

Ich habe noch nicht erzählt, wie die Sache mit dem Buch war, das Valčík gebracht hat.

Am Tag des Attentats war es bei uns ruhig. Meine Frau hat zufällig die Garagen von Herrn Janeček aufgesucht, wo die Burschen immer ihre Fahrräder versteckt haben, und mit einem Mal gehört, daß etwas mit Heydrich passiert war. Ganz Prag war voll davon, niemand wußte was Genaueres, aber um so mehr haben sich die Leute dazuerdacht, Sie können verstehen, daß wir alle Freude hatten.

Nach dem Mittagessen kam Frau Moravcová – sie hat uns schon früher einmal Gift gegeben – und fragte, ob wir auch davon gehört haben. Sie hat gestrahlt, aber als sie erfuhr, daß die Männer auf dem Rad, das ihr gehörte, etwas vergessen haben, wurde sie ganz blaß und beklagte sich, warum sie nicht besser aufgepaßt haben.

Am Abend sollte sie mit ihnen irgendwo in Tiefenbach zusammentreffen, aber – wie sie erzählte – ist es nicht dazu gekommen.

Am Vormittag des nächsten Tages, so um elf Uhr, erschien die Moravcová in Begleitung von Valčík, den wir Zdenda genannt haben. „Kann er ungefähr zwei Tage bei Ihnen bleiben?" fragte sie.

„Klar!" sagte ich. Ich habe ihm die Schlüssel vom Keller und von der Terrasse gegeben und mit ihm verabredet, daß er im Fall einer Kontrolle aus unserem Badezimmer in den Lichtschacht flüchten sollte. Von dort führte eine Tür in den Keller, wo ich Säcke mit Koks so geschickt aufgehäuft hatte, daß dahinter ein gutes Versteck entstand. Er lachte und hat gesagt, daß er es nicht brauchen wird, weil er sich bei uns nicht lange aufhalten würde. Aber – sehen Sie – schon in derselben Nacht ist zu dem Polizisten Barták, der in unserem Haus gewohnt hat, ein Mann gekommen, Valčík ist erschrokken und hat das Versteck aufgesucht.

Ich erinnere mich, daß eben zu der Zeit, als Frau Moravcová Zdenda zu uns gebracht hat, in unser Haus „Besuch" gekommen ist. Es gab da ein Wirtshaus, heute ist es eine Bäckerei, und die Gestapo hat dort etwas gesucht. Damals krochen sie überall hin, haben verhaftet, hingerichtet, Grauen verbreitet – das war ihr System.

Als damals Frau Moravcová gekommen war, sagte sie: „Hör mal, Zdenda, aber unsere Frau Hausverwalterin ist eine Kommunistin."

Und Valčík: „Und was soll sein, Tantchen?"

Die Moravcová hat gelacht. „Ich hab' nur so gemeint. Ohnehin haben wir uns jede Nummer der Tvorba, solange es sie noch gab, von ihr geliehen."

„Sie werden schon sehen, wie wir uns einigen", hat Zdenda gegrinst und meine Frau umarmt.

Abends haben wir lange in die Nacht Karten gespielt und auf die Sendung aus London gewartet, wo als Signal irgendein Gedicht kommen sollte, aber Zdenda wartete vergebens.

Er war bei uns – warten Sie mal, am Mittwoch war das Attentat –, also von Donnerstag bis zum Samstag, dem 30. Mai. Wir wollten, er soll länger bleiben, er hätte ruhig in einem kleinen Dachraum im fünften Stockwerk wohnen können, wo ihn kein Mensch entdeckt hätte, aber er sagte, daß er den Befehl, uns zu verlassen bekommen hat und als Soldat ihn ausführen muß. Die anderen wären angeblich schon an Ort und Stelle. Als er sich verabschiedete, hatte er Pumphosen und einen Mantel an, auf den Augen eine schwarze Brille. Atja hat ihn begleitet.

Die Frau Moravcová hat wahrscheinlich gewußt, wohin er geht, weil sie uns sagte, daß es dort sehr kalt sein und er warme Wäsche brauchen wird. Sie hat ihm einen Schlafrock und einen Pyjama mitgegeben und mich gefragt, ob ich ihr beim Einpacken einer Matratze helfen könnte.

„Wo haben Sie sie denn?"

„Bei uns, Herr Verwalter."

Ich bin mit ihr gegangen, und wir haben ein schönes Paket zurechtgemacht. Aber es war groß und schwer.

Dann ist Zdenda davongegangen. Er hat bei uns ein Buch vergessen, das er von seinen Eltern, wo er bis jetzt gewohnt hat, mitbrachte. Es war etwas über Journalistik, aber den Titel weiß ich nicht. Auf dem Rückblatt war der Besitzer vermerkt. Ich habe mir noch gedacht, was für ein Glück, daß Valčík das Buch nicht in die Krypta mitgenommen hat, wenn es die Gestapo dort gefunden hätte, wäre der Name eine gute Spur für sie gewesen. So aber ist das Buch den ganzen Krieg über bei uns geblieben, und im Mai 1945 haben wir es abgeliefert.

Die Moravcová hat gesagt, daß sie sich von allem erholen und für kurze Zeit verreisen will. Den Sohn Atja hat sie nach Pisek geschickt, ihren Mann – wenn ich nicht irre – nach Suchdol, sie selbst ist nach Holubkan oder Brünn gefahren, genau weiß ich es nicht mehr.

Noch vorher hat meine Frau dem Valčík einen Anzug gegeben, vielleicht von graublauer Farbe, er hat ihn am Tag des Attentats angehabt. Als er ihn zurückbrachte, waren die Taschen leer, aber eine Sache hat uns beunruhigt: In der Gegend des Oberschenkels war ein Blutfleck. Die Moravcová hat uns darüber nichts Näheres gesagt, aber vielleicht wußte sie selbst nichts.

Den Anzug haben wir sicherheitshalber meiner Schwester aufs Land geschickt und nach dem Krieg beim Ministerium für nationale Verteidigung abgegeben, wo ihn ein Rottmeister übernommen hat. Wir haben auch ein unretuschiertes Foto von Zdenda gehabt, das wir aber im Garten eingegraben haben, wo es verfault ist.

Als Valčík uns verließ, ist Frau Moravcová an einem Sonntag aufs Land gefahren und hat uns für alle Fälle ihren Wohnungschlüssel gegeben. Mit Atja waren wir verabredet, daß er bei seiner Rückkehr nach Prag, noch bevor er nach Hause kommt, anrufen sollte und ich ihm im Fall einer Gefahr „Falsch verbunden!" sagen würde, damit er rechtzeitig flüchten könnte.

Die Wohnung der Moravec' stand leer, alle Burschen waren irgendwohin verschwunden, und wir saßen da wie auf Nadeln. Wir steckten in der Sache bis zum Hals, aber trotzdem – wenn wir mit allem von neuem hätten anfangen sollen, hätten ich und meine Frau nicht anders gehandelt. Ich weiß gar nicht, wieviel Zeit verstrichen war, als Frau Moravcová wieder bei uns erschien.

„Sie sind schon zurück?"

„Ich kann es nirgendwo aushalten. Ich fahre hin und her, dann dachte ich, am besten wird es zu Hause sein. Ich habe ja hier zu tun, daß ich nicht weiß, wo mir der Kopf steht."

Sie ließ sich den Wohnungschlüssel geben und hat gleich am nächsten Tag wieder begonnen, Essen zu beschaffen, zu waschen und zu bügeln. Sie konnte einfach nicht ruhen oder sich vor den Menschen verschließen. Meine Frau war ihr behilflich. Als Frau Moravcová verreist war, hat meine Frau Pakete mit Essen zum Wolschaner Friedhof getragen, wo immer an der Haltestelle der Zwei Herr Zelenka mit einer grauhaarigen schlanken Frau auf sie gewartet hat.

Dann hat sich auch Frau Moravcová daran beteiligt. Einmal ist meine Frau mit ihr auf den Karlsplatz gefahren, ein anderes Mal hat sie, um die Leute nicht auf die mit Packen beladene Moravcová aufmerksam zu machen, die Lebensmittel in eine große Tasche gesteckt und die Sechzehn bestiegen, so wie gleich darauf auch die Moravcová. Zwei, drei Haltestellen später ist meine Frau wieder ausgestiegen und hat ihre Tasche für die Moravcová auf der Sitzbank liegen lassen.

Zweimal haben wir für die Burschen Stollen gebacken und sie immer wieder mit Spiritus und Zigaretten versorgt. Mit Atja hatten wir das Losungswort „Vratislav" abgesprochen, er war ein braver Junge, und wenn wir heute mit meiner Frau so hin und her überlegen, fragen wir uns, wie es dazu kommen konnte, daß es mit ihm so ein schlimmes Ende genommen hat. Wenn Sie ihn gekannt hätten ... Man hat ihn wahrscheinlich allzusehr gemartert.

Weder Zdenda noch Kubiš oder Gabčík haben wir jemals wiedergesehen. Nur die Frau Moravcová hat uns oft gesagt, was sie treiben, wie es ihnen geht, daß sie immer noch viel Kaffee trinken und daß ihnen nur die Kälte Schwierigkeiten bereitet. Kubiš und Valčík waren ein wenig erkrankt, Ota hatte seit dem Attentat ein angeschlagenes Auge und Zdenda irgendeine Verwundung.

Wir mußten auch Valčíks Wolfshund Moula weggeben. Noch

am Tag des Attentats schenkten wir ihn einem Installateur am Jarow, wo der Hund auf einem großen umzäunten Gelände lustig herumlaufen konnte. Leider lebte er nicht lange. Er hat Sehnsucht nach seinem Herrn gehabt und ist eingegangen.

Erst später haben wir von dem Versteck der Burschen in der Krypta erfahren. Frau Moravcová hat uns einmal erzählt, daß aus Pardubitz der Kommandant der Jungen gekommen war und entschieden hatte, daß sie Prag verlassen und sich auf einem Bauernhof oder in einem Kloster verstecken sollten.

Das war schon Anfang Juni, und die Faschisten haben gewütet. Alle ihre Nachforschungen waren erfolglos. Sie haben Hunderte von Menschen hingerichtet, aber die Paraschutisten nicht entdeckt. Und oft haben wir uns gefragt, wie den Burschen wohl zumute sein mußte, wenn sie in den Zeitungen lesen, wieviel Menschen jetzt dafür büßen müssen.

Am 13. Juni, einem Samstag, hat uns ein Mann aufgesucht, der sagte, daß er bei den Moravec' geklingelt hat, um sich bei ihnen seine Aktentasche zu holen, aber es sei niemand zu Hause. Wir haben ihm gesagt, daß wir von nichts wissen. Am Abend haben wir es Frau Moravcová erzählt, und sie hat gefragt, ob er nicht zufällig aus Kolin war.

„Kann sein, er hat nichts gesagt."

„Und wie hat er ausgesehen?"

Ich habe ihn beschrieben, aber gemerkt, daß die Moravcová auch so nicht wußte, um wen es geht.

„Merkwürdig", sagte sie nur, dann nach einer Weile: „Unlängst hatte ich das Gefühl, daß mir jemand folgt, und so bin ich lieber durch die ganze Stadt bis nach Karolinenthal gefahren. Erst als ich glaubte, daß er nicht mehr hinter mir her ist, habe ich den Burschen das Essen an den verabredeten Ort gebracht."

Immerhin interessant: Der Fallschirmspringer, der sich zum Schluß als Verräter gezeigt hat, wohnte angeblich bei einem seiner Verwandten in Kolin.

Am 19. Juni, es war ein Montag, ist die Moravcová wieder mit einem Paket gefahren – sie hat nicht gewußt, daß es das letzte war! Dann hat sie uns besucht und gesagt, daß Opálka, einer der Paraschutisten, bald Namenstag haben würde.

„Wir müssen ihm ein besseres Mittagessen zubereiten."

„Was sollte es denn sein?"

„Ich will mich nach Schnitzeln umsehen und eine Suppe mit Leberknödeln kochen."

Daraus ersahen wir, daß sich die Jungen irgendwo aufhalten,

wo sie nichts kochen können, vielleicht nur das Frühstück, wozu ihnen Frau Moravcová den Spiritus zutrug.

„Sie brauchen etwas Warmes. Zdenda hat Fieber."

Ich habe es seiner Verwundung zugeschrieben, aber nichts gesagt. Am 16. Juni abends besuchte uns das Ehepaar Moravec, sie sahen trübselig aus, und Herr Moravec meinte: „Noch bis zum achtzehnten müssen wir es überstehen ..."

Und sehen Sie – in derselben Nacht, wenige Stunden später, ist es geschehen.

Wovon noch nicht die Rede war

Es drängt sich einem die Frage auf: Besteht überhaupt die Möglichkeit, alle Unklarheiten, die mit dem Attentat in Verbindung stehen, jemals aufzudecken? Die Erinnerungen der Zeugen sind allzu subjektiv, jedem sind nur Einzelheiten bekannt. In den Berichten ist zum Beispiel der Name „Vojtěchovský, Straschnitz" nur flüchtig erwähnt, obwohl auch dort Kubiš und Kubčík wahrscheinlich einige Zeit gewohnt hatten. Ähnlich verhält es sich um die Ereignisse in Schlan, von wo der Paraschutist Karel Svoboda stammte, der ursprünglich mit Gabčík das Attentat gegen K. H. Frank oder Heydrich ausführen sollten. Oder die Verbindung zum Sporschilow, wohin Valčík Briefe brachte, oder Namen wie Frau Baucová (wo Čurda wohnte), Namen der Familien Svatoš und Hošek. Bei einer Božena Kropáčková, später bei Tereza Kasperová hatte sich Opálka versteckt gehalten, bei einer Slavomíra Čechová das Paar Bublík und Hrubý; in ihrer Wohnung wurden auf Zelenkas Wunsch die beiden auch fotografiert, weil sie neue Personalausweise brauchten.

Die Wirklichkeit war weit komplizierter, als es auf den ersten Blick den Anschein hat, und darum kann man nicht einfach nur sagen: Kubiš und Gabčík haben bei Khodls gewohnt, dann in Podol und Veitsberg, anschließend bei Fafeks (wohin sie Dr. Johanovská von der Masaryk-Liga gegen Tbc brachte, die von ihnen durch Frau Šrámková vom Tschsl. Roten Kreuz erfahren hatte) und zum Schluß bei dem Dewitzer Widerstandskämpfer Prof. J. Ogoun. Die Zahl ihrer Quartiergeber konnte noch höher sein, aber weitere Einzelheiten werden wohl nie mehr aufgeklärt werden. Das bezieht sich auch auf andere Angelegenheiten.

Etwa die Erinnerungen eines so wichtigen Zeugen wie des Chemieprofessors Jindra. Sind sie genau? Manchmal ja, manchmal nein.

In einigen seiner Ausführungen läßt er sich Irrtümer zuschulden kommen. Im dritten Monolog zum Beispiel erzählt er, daß er „mit Bartoš in Procházkas Wohnung etwa Mitte Februar 1942" zusammengekommen war. Das ist aber nicht möglich, weil Bartoš erst am 5. März nach London meldete, daß er mit Gabčík und Kubiš Verbindung aufgenommen hätte. Bartoš konnte also mit einem von jenen, die sich um die beiden Männer kümmerten, erst dann Kontakt aufnehmen, nachdem es ihm gelungen war, über die Adresse in Pilsen die entsprechende Information zu erhalten.

Interessant ist auch eine weitere Angelegenheit: Im Archiv ist eine Depesche des Senders „Libuše" nach England vom 21. April 1942 erhalten geblieben, in der davon die Rede ist, daß Otas Mißgeschick betreffenden Einzelheiten nachgegangen wird („Ota" war Morávek) und daß man dabei auf die zivile Organisation JINDRA gestoßen ist:

„Außer jener zivilen Organisation, mit der Ihr in Verbindung steht und über deren Möglichkeiten in bezug auf Organisierung und Nachrichtendienst Ihr sicherlich gut informiert seid, gibt es hier noch eine starke Sokol-Gruppe namens JINDRA (Jindra Sklenář), die angeblich über die erste Gruppe mit Euch in Verbindung stand. Sie hat Euch über Schweden am 25. März 1942 eine mikroskopische Kopie zugehen lassen, deren letzter Satz lautet: Für eine bessere Zukunft ... Die Gruppe teilt mit, daß jene des Nachrichtendienstes (Prokop und Křišťan) angeblich zur Verfügung stünde. Sie möchte durch meine Vermittlung Kontakte aufnehmen, und Jindra bittet, in die Sendung vom 30. April zum 1. Mai, fünfzehn Minuten nach Mitternacht, den Satz einzuschalten: ‚In einer neuen Welt ein neues, schönes Land.' Sollte es dazu kommen, bittet er, bis zum 26. April entsprechend verständigt zu werden. Dieser Satz wird für unsere Mitarbeiter ein moralischer Ansporn sein."

Zwei Tage später sendete Bartoš eine Fortsetzung dieser Nachricht:

„So wie die erste Gruppe hat auch jene bei allen Ministerien und Verwaltungsämtern ihre Zellen und Mittelsmänner. Sie ist – unter Ausschluß der ehemaligen leitenden Personen – bis zu den Gauen hin organisiert. Darüber hinaus oder tiefer geht sie nicht, hat jedoch ihre Mitglieder in dem besetzten Gebiet und zum Teil auch in der Slowakei in Bereitschaft. Einem Gespräch mit Jindra zufolge stehen der Gruppe bedeutende Möglichkeiten eines Nachrichtendienstes zur Verfügung, und sie wünscht, daß ihre Nachrichten mit SRZ (Sokolské revoluční zpravodajstí = Revolutionärer Sokol-Nachrichtendienst) bezeichnet werden. Die Organe der Gruppe treten überaus selbstsicher mit dem Bewußtsein auf, daß sie das stärkste, fast kaum ergreifbare Glied des illegalen Widerstandes bildet."

Am gleichen Tag kam aus London die Antwort:

„Für Jindra. Das Losungswort ‚In einer neuen Welt ein neues, schönes Land' wird Euerer Forderung entsprechend in die Nachtsendung eingereiht. Die Mitarbeit mit Euch begrüßen wir. Viel Erfolg!"

Weitere Informationen über die Gruppe JINDRA sendete Bartoš am 25. April und 16. Mai.

All das entspräche den Erinnerungen des Chemieprofessors, vor allem der Text des sogenannten Beglaubigungstelegramms, stände damit nicht ein Punkt im Widerspruch: Während Jindra behauptet, bereits im Januar 1942 mit Kubiš zusammengekommen zu sein und sich seitdem um beide Burschen gekümmert zu haben, kommt vom Sender „Libuše" die Nachricht, auf die zivile Organisation JINDRA erst am 21. April 1942 gestoßen zu sein.

Dabei steht außer Zweifel, daß der Kontakt mit JINDRA für London von Nutzen war. Davon zeugt zum Beispiel ein Telegramm vom 18. Mai 1942:

„Für JINDRA. Svoboda bedankt sich für die Nachricht. Mitarbeit wird sehr begrüßt. Eine Analyse der Lage und Richtlinien für Euere Tätigkeit bekommt Ihr in den nächsten Tagen. Bis dahin teilt uns alle Euere Organisation betreffenden konkreten Einzelheiten mit. Ebenso nähere Angaben über die Gruppen K. J. Beneš, Petr Řezáč und YES sind erwünscht. Auf dem Weg über Silver ist sofort ein die Verhältnisse in der Heimat betreffender, allseitiger Nachrichtendienst in Gang zu bringen."

Svoboda (Freiheit – Anm. d. Üb.) war bekanntlich Präsident Dr. Beneš. An der Depesche ist interessant, daß darin gesagt wird: „... Richtlinien für Euere Tätigkeit bekommt Ihr in den nächsten Tagen." Das Telegramm ist vom 18. Mai 1942, was bedeutet, daß zu jener Zeit die Zusammenarbeit zwischen JINDRA und London eigentlich in der Anfangsphase war.

Ohne sein Wissen hat Karel Ries aus Podol, bei dem Kubiš und Gabčík etwa zehn bis vierzehn Tage wohnten, zu einer diesbezüglichen Erklärung beigetragen. Er erzählt:

„Der Leiter des Sokol in Podol hat, wahrscheinlich von Pecháček, den Auftrag erhalten, für die beiden jungen Männer ein Nachtlager zu beschaffen. Er hatte mich ausgesucht."

„Wann kamen sie?"

„Gegen den 10. Februar 1942. Ich dachte, es wären Sokol-Mitglieder, und so habe ich sie mit du angeredet. Sie konnten sich nicht daran gewöhnen, und so sagte mir der größere von ihnen – heute weiß ich, daß es Kubiš war – gleich am ersten Abend: ‚Es geht da wohl um einen Irrtum.'"

„Haben Sie ihnen gesagt, daß Sie Mitglied der Gruppe JINDRA sind?"

„Natürlich nicht. Erstens wäre das nicht im Sinn einer Konspiration gewesen, überdies aber habe ich die Bezeichnung JINDRA erst später erfahren."

„So daß die beiden eigentlich keine Ahnung hatten, wer sich da um sie kümmert."

„Damals wahrscheinlich noch nicht."

Und uns erklärt sich damit manches. Die Paraschutisten hatten sehr oft ihre Wohnungen gewechselt. Einmal war ihr Quartiergeber vom Roten Kreuz, ein anderes Mal vom Sokol, dann wieder von der Liga gegen Tuberkulose oder von einer andern Organisation. Niemand wußte über sie Genaueres, und sie wieder ahnten nicht, warum eben der oder jener dazu bestimmt wurde, ihnen Unterkunft zu gewähren. Bartoš, der bis Anfang März mit Kubiš und Gabčík (oder mit der Gruppe Anthropoid) nicht in Verbindung stand, faßte die Unterstützung durch tschechische Menschen als vereinzelte Hilfeleistungen auf, und erst als er dann mit jemandem von der JINDRA-Leitung zusammentraf, meldete er am 21. April nach London, daß man auf eine zivile Organisation dieses Namens gestoßen war. Erst das aus London in der Nacht zum 1. Mai 1942 gesendete Losungswort brachte der Mehrzahl der in die Aktion Einbezogenen die Gewißheit von einer gemeinsamen Organisation. Das bestätigt schließlich auch Jindras Telegramm an London vom 21. Juni 1942, in dem es heißt: „Der Satz vom 30. 4. zum 1. 5. hat uns eine abgestimmte Tätigkeit sehr erleichtert." Dem entspricht auch die am 18. Mai aus London gesendete, bereits zitierte Depesche, in welcher der Gruppe JINDRA Richtlinien für ihre weitere Arbeit zugesagt werden.

Aber weiter! Wir wollen uns die Frage stellen, was sich eigentlich um das Telegramm abspielte, in dem der Chemieprofessor Jindra die Forderung nach einem Widerruf des Attentates stellte.

Vor allem: Jindra führte an, daß er in der Depesche Kubiš und Gabčík bei ihren Vornamen „Ota" und „Zdeněk" genannt und daß der letzte Satz seines Telegramms gelautet hatte: „... Sofern das Attentat aus internationalen Motiven dennoch wünschenswert erscheint, möge es an einem andern durchgeführt werden."

Als wir jedoch das Telegramm (in dem die Paraschutisten als „Ota" und „Zdeněk" bezeichnet werden, so daß es tatsächlich um jenes des Chemieprofessors geht) in die Hände bekamen, haben wir gesehen, daß der letzte Satz einen andern Wortlaut hatte. „... Sofern das Attentat aus internationalen Motiven dennoch wünschenswert erscheint, kann es ein hiesiger Quisling sein, in erster Reihe E. M." Nicht einmal in diesem Fall sind deshalb die Angaben des Chemieprofessors genau.

Hat diese Depesche an London überhaupt ihren Bestimmungsort erreicht? Wir sprachen mit einem Offizier, der während des Krieges eine Abteilung in Großbritannien leitete, die aus dem Protektorat eingehende Telegramme zu dechiffrieren hatte; wir fragten ihn, ob er sich an jene Depesche erinnere. Es ging um jenen Frič, von dem František Moravec, der Chef des Tschsl. Nachrichtendienstes, in dem zitierten Abschnitt seiner „Erinnerungen" erklärt hatte, daß er von dem geplanten Attentat wußte.

František Frič, während des Krieges Kapitän, zur Zeit unseres Gespräches mit ihm begreiflicherweise schon in höherem Dienstgrad und bereits im Ruhestand – Frič also entgegnete, daß er unter Eid stände und sich an nichts erinnere. (Er ahnte allerdings nicht, was sein früherer Chef, Moravec, in seinen „Erinnerungen" bekannt hatte, z. B. auch, daß das Attentat mit Wissen Dr. Beneš' geplant war, laut Moravec' Formulierung sogar auf des Präsidenten *unmittelbare Initiative*).

Auch wenn sich Frič an die Existenz der Depesche des Chemieprofessors nicht erinnern konnte, haben wir deren Text „behördlich" bestätigt. K. H. Frank spricht von ihr in einem Bericht, den er am 22. Juni 1942 nach Berlin schickte. Er führt darin an, daß der Text dieser Depesche in Bartoš' Schriftstücken in Pardubitz gefunden worden und voraussichtlich am 4. Mai nach London abgegangen sei.

K. H. Frank kannte um diese Zeit bereits die Namen der Paraschutisten, und so konnte er selbstsicher behaupten, daß „Ota" und „Zdeněk" Kubiš' und Gabčíks Decknamen wären. Im weiteren jedoch unterläuft ihm ein Irrtum. Er sagt, daß „Silver" allem Anschein nach der Deckname von Stabskapitän Šustr sei, des Kommandanten der tschechoslowakischen Paraschutisten in London, was unrichtig ist. „Silver" war die Bezeichnung für die Bartoš-Gruppe.

Auch die Initialen „E. M." vermochte Frank zu „enträtseln" und meldet, daß es um die Abkürzung des Namens Emanuel Moravec ginge, des „Kultur"-Ministers der Protektoratsregierung. Dann zitiert Frank das ganze Telegramm, mit dem Jindra den Widerruf des Attentates fordert. Er stellt dazu fest, daß der Funkspruch ohne Antwort geblieben ist. Dabei aber erinnert sich der Chemieprofessor, daß zu seinem Telegramm eine Depesche gekommen sein soll, die nicht einmal Alfréd Bartoš, der Kommandant von Silver, entziffern konnte; angeblich war es nach einem Sonderschlüssel chiffriert, den nur Kubiš und Gabčík gekannt haben sollen. Die Frau des Pardubitzer Zeugen erklärt dazu:

„An das Telegramm, das Freda nicht dechiffrieren konnte, erinnere ich mich. Ich habe es nach Prag gebracht und Valčík übergeben. Auch Freda kam später zu der Ansicht, daß es um den Befehl zur Ausführung des Attentates ging."

Weil die Depesche nicht in Bartoš' Pardubitzer Archiv geblieben war, ist sie nach seinem Tod nicht in K. H. Franks Hände gekommen. Auch nach dem Krieg kam es niemals zu ihrer Veröffentlichung. Hatten sie Kubiš und Gabčík vernichtet?

Der englische Autor Charles Wighton, der ein Buch über Heydrich verfaßt hat (Heydrich – Hitler's Most Evil Henchman, 1962), zitiert darin dieses scheinbare Telegramm: „Im Interesse der westlichen Verbündeten muß der Angriff (gegen Heydrich – Anm. M. I.) wie geplant erfolgen." Die Depesche war angeblich Mitte Mai aus London abgeschickt worden. Ist dies möglich?

Wir kennen etliches Material aus dem SOE-Archiv. In einer Notiz vom 3. Oktober 1941 wird von der Aktion „Töten" gesprochen, von der – wie wir bereits im ersten Monolog des Historikers zitierten – „nur Oberst M. und Major Str." wußten. Nun, dieser „Mjr. Str." (Strankmüller) hat im Jahre 1970 ausgesagt:

„Die Gruppe Anthropoid ist im Dezember 1941 abgeflogen. Wir haben nicht eine einzige Depesche (von ihr) darüber erhalten, auf welche Weise sie mit der heimischen Widerstandsbewegung Kontakte angeknüpft haben, welche Vorbereitungen zu dem Attentat sie trafen u. ä. Erst Anfang Mai 1942 kam das erste Telegramm, abgefaßt von dem Leiter der Sokol-Organisation, allerdings so merkwürdig formuliert, daß ich mich ein über das andere Mal fragte: Mensch, was für einen Stil hast du da angewendet?

Er schrieb, es werde verlautet, daß die beiden (hier nennt er die Decknamen) vielleicht beabsichtigen, H. zu beseitigen. Wir machen darauf aufmerksam, was dies für Folgen haben könnte usw. Wir machen den Vorschlag, es möge jemand anderer sein, sagen wir Moravec (Emanuel – Anm. M. I.). Alles etwa in diesem Sinn und ähnlichem Wortlaut ...

Mit diesem Telegramm, das mir sofort nach der Dechiffrierung vor Augen kam, ging ich direkt zu Moravec. Ich legte es ihm vor, aber er reagierte nicht unmittelbar darauf. Es war eine jener Depeschen, die nicht nur durch die Hände Beneš' gegangen sein mußte, sondern auch der Kommission, die über Antworten auf politische Angelegenheiten zu entscheiden hatte, soweit sie aus der Heimat (oder umgekehrt) kamen. Ihr Leiter war Dr. Prokop Drtina. In ihr vertreten waren wir, das Außenministerium, das Ministerium des Innern usw. Moravec zögerte damals. Ich hatte einige Male auf die Beantwortung dieser Depesche gedrängt, bald darauf erhielten wir eine zweite nicht des gleichen, aber eines ähnlichen Inhalts, in der wir auf die Möglichkeit großer Verluste hingewiesen wurden. Mit ihr (Anm. M. I.: Es war ein Telegramm der ÚVOD, das am 12. Mai in Großbritannien eintraf) ging Moravec zu Präsident Beneš, und es kam zur Absendung eines Telegramms, das jetzt jedoch unauffindbar ist. (Anm. M. I.: Hier steht Strankmüller im Widerspruch zu Moravec, der ja behauptet, daß ihm der Präsident den Befehl gab, nicht zu antworten!)

Es handelt sich um jenes Telegramm, das nicht dechiffriert wurde, jenes, das über die Station ‚Libuše', also über Silver A, gesendet wurde. Es enthält die völlig nichtssagende, bedeutungslose Antwort, daß – sofern nach Verhandlungen mit der heimischen Widerstandsbewegung ebenfalls Meinungen über die erwähnten drohenden Gefahren aufkommen sollten – von neuem weitere Schritte erwogen werden müssen. In diesem Sinn lautete die in Verlust geratene Depesche.

Unsere Ansicht – die ich selbst teilte, als ich das erste Telegramm gelesen hatte – ging dahin, daß die Aktion voraussichtlich noch nicht unmittelbar bevorsteht, man hatte ja darüber fast ein halbes Jahr nicht mehr gesprochen, und wir wußten nicht, wie weit alles fortgeschritten war. Als es dann zum Attentat kam, waren wir – aufrichtig gesagt – gleich überrascht wie Ihr zu Hause. Wir hatten es zu dieser Zeit, trotz jener zwei Telegramme, noch nicht erwartet."

Immerhin: Jene Londoner Kommission, an deren Spitze Dr. Prokop Drtina, Beneš' Sekretär, stand, hätte oder mußte es erwarten können. War doch die Lage auf internationalem Gebiet direkt wie geschaffen zur Ausführung einer solchen Tat. Am 15. April 1942 nämlich hatte Bartoš nach London folgende wichtige Information für den Präsidenten geschickt:

„Die Prager bourgeoisen Kreise haben über ihre internationalen Verbindungen die Nachricht erhalten, daß ein Teil der englischen Regierung vor kurzem auf eigene Faust in Lissabon mit den Deutschen über einen Separatfrieden verhandelt hat. Die letzten Veränderungen innerhalb der englischen Regierung sind angeblich auf die Aufdeckung dieser Tatsache zurückzuführen."

Wahrscheinlich steht auch diese Nachricht im Zusammenhang mit dem schwerwiegenden Problem, ob die „Tötung" erfolgen soll oder nicht. Ein eventueller separater Frieden hätte die Möglichkeit einer Erneuerung der Tschechoslowakei völlig ausgeschlossen. Er mußte demnach verhindert werden. Und so sendet Präsident Beneš' am 15. Mai 1942 an die Mitarbeiter des illegalen Widerstandes in der Heimat eine Botschaft, in der er die Situation analysiert und erklärt:

„Anläßlich der geplanten Offensive muß ich erwarten, daß die Deutschen ihre letzten Kräfte aufbringen. Sicherlich werden sie gewisse Erfolge erzielen, seid in entsprechender Erwartung, laßt Euch nicht unschlüssig machen und demoralisieren. Sollten sie dazu weit vorstoßen, vielleicht bis zum Kaukasus, würde dies ernste Gefahr und vor allem eine bedeutende Verlängerung des Krieges bedeuten. In diesem Fall würde ich von deutscher Seite Vorschläge zu einem unentschiedenen Frieden erwarten. Es käme zu einer schweren Krise, die auch manchen der Verbündeten erschütterte. Ich bin der festen Ansicht, daß am Ende doch nur überall der Entschluß überhandnähme, bis zum Endsieg weiterzukämpfen. In derartigen gefahrvollen Situationen stellen jedoch die heutigen Verhältnisse mit den Deutschen – Hácha als Präsident, die Protektoratsregierung Moravec, Tiso oder Tuka im Auge – eine große Belastung, wenn nicht bedeutende Gefahr, für uns dar. Das können wir uns nicht verhehlen. *Bei einer solchen Lage könnte bei uns auch irgendeine gewaltsame Aktion erforderlich oder unumgänglich werden* – Revolten, Sabotagen, Manifestationen, direkte Taten. Es bedeutete, international gesehen, Rettung für das Schicksal der Nation, auch wenn es große Opfer erfordern würde. Ich wiederhole: In der heutigen Situation bedeutet die Existenz jener zwei sogenannten *‚unserer' Regierungen* für die Nation und den Staat in jedem Fall einen außergewöhnlichen Schaden. Ich konstatiere dies ohne Einschränkung, auch wenn ich München und alle bisherigen anderen Geschehnisse in Betracht ziehe. Auch im Gefühl eines wenigstens halbwegs begründeten Opportunismus sollte es eine gewisse sittliche Grenze geben; sich darauf zu berufen, daß es der Nation auch zum Vorteil gereichte, wird nach dem Krieg und vor der Historie wohl nur bis zu einem bestimmten Maß Gültigkeit haben. Möglicherweise überhaupt nicht. Bis zu Heydrichs Ankunft haben wir Hácha unbehelligt gelassen, sind sogar manchmal für ihn eingetreten. Inzwischen ist ein Bruch entstanden. Was nach Eliáš' Verlust geschah, läßt sich nicht mehr rechtfertigen."

Dieser Aufsehen erregende aufrichtige Appell Dr. Beneš' (etwa der Satz von einem „wenigstens halbwegs begründeten Opportunismus") ist für uns vor allem darum von Interesse, weil von einer Situation die Rede ist, in der eine gewisse „unumgängliche gewaltsame Aktion" vom internationalen Gesichtspunkt aus Rettung für die Nation bedeuten könnte.

Es ist nicht allzuviel Scharfsinn erforderlich, um sich (im Hinblick darauf, daß Beneš' Text das Datum 15. Mai trägt) zu vergegenwärgen, daß in diesen Sätzen im Grunde die ablehnende Antwort des Präsidenten auf die Depesche enthalten war, die den Widerruf des Attentates forderte. Zu dieser Stellungnahme war Beneš allerdings nicht eben leicht gelangt. Sein Privatsekretär Dr. Drtina erinnert sich:

„... Über diesen Hinweis (das Attentat aufzuschieben – Anm. M. I.) sprach Präsident Beneš mit Moravec in meiner Anwesenheit, und ich als ehemaliger Widerstandskämpfer an der heimatlichen Front hatte mich, entweder dazu aufgefordert oder aus eigener Initiative, ganz entschieden dahingehend geäußert, daß die Stellungnahme aus der Heimat respektiert und ohne Zustimmung des dortigen Widerstandes nichts unternommen werden dürfe. In gleichem Sinn sprach dann der Präsident auch mit Oberst Moravec, der die Beratung mit dem direkten Befehl des obersten Befehlshabers unserer Armee verließ, die Vorbereitungen der Paraschutisten zum Attentat einzustellen. Zu diesem Gespräch war es nicht ganz eine Woche vor dem 27. Mai gekommen. Mehr habe ich mit dem Herrn Präsidenten darüber nicht mehr gesprochen."

Befindet sich Drtina da nicht im Irrtum? Falls nicht, mußte noch etwas anderes vorgefallen sein, denn Oberst Moravec berichtet:

„Ich zeigte die Depesche (mit dem Abruf des Attentates – Anm. M. I.) dem Herrn Präsidenten sowie dem Chef des Britischen Geheimdienstes. Beneš gab den Befehl, nicht zu antworten, der Geheimdienstchef sagte nichts, aber nach dem Krieg erfuhr ich, daß die Briten die Operation nicht nur nicht eingestellt, sondern darauf bestanden hatten, sie auszuführen, wovon sie mich nicht verständigten."

Dieses Zitat stammt aus dem Buch „Canaris" von André Brissaud aus dem Jahre 1970, das wir im ersten Monolog des Historikers erwähnt hatten. In dem betreffenden Abschnitt stellt Brissaud die Frage: „Warum wurden Sie nicht verständigt?"

Darauf Moravec: „Das kann ich nicht beantworten. Man hat mir gesagt, daß Heydrich sterben müsse, weil die Notwendigkeit bestehe, wichtige britische Agenten zu retten, denen er auf der Spur sei. Ich kann eine solche Möglichkeit nicht ausschließen."

Gab es diese Möglichkeit?

Bereits in den vorhergehenden Monologen des Historikers habe ich auf Grund von Prager Archivmaterialien und auch solcher aus dem Londoner SOE-Archiv meine Meinung angedeutet:

1. Die Inspiration zu der Aktion kam dem Präsidenten Dr. Beneš Ende Sommer 1941; er hatte am 2. Oktober 1941 und am 13. Mai 1942 die Möglichkeit, sie zu verhindern, tat dies aber nicht. Ab Herbst 1941, da die tschsl. Armeekommission am 3. Oktober durch Oberst Moravec den Auftrag gab, die „Tötung" K. H. Franks oder Heydrichs auszuführen, hatte sich jedoch die internationale Lage geändert.

2. Im Frühjahr 1942 kam es durch Heydrich zur Bedrohung von Canaris und dessen Abwehr; es ist nicht auszuschließen, daß *jetzt* auch die Briten an dem Attentat Interesse hatten. Darum hüllt sich Menzies, Leiter der SIS, als ihm Moravec die Depesche vorlegt, in welcher der tschsl. Widerstand den Abruf des Attentats fordert, in bedeutungsvolles Schweigen und überläßt es dem Präsidenten, Moravec die Anordnung zu erteilen, das Telegramm unbeantwortet zu lassen.

Es ist Tatsache, daß die tschsl. Exilführung in London den Plan zu dem Attentat nicht widerrief. Und nicht nur das. Nach erfolgreicher „Tötung" sprach Dr. Beneš den Paraschutisten für ihre „Entschlossenheit" seinen persönlichen Dank aus; es geschah am 3. Juni 1942:

„Er freut mich, daß Ihr die Verbindung aufrechthaltet, und ich danke Euch von Herzen. Ich sehe, daß Ihr und alle Euere Freunde voller Unerschrockenheit seid, was für mich Beweis dessen ist, daß die Einstellung der ganzen Nation felsenfest ist. Ich versichere Euch, daß es Erfolg bringen wird. Die Ereignisse in der Heimat zeigen hier überaus starke Nachwirkungen und rufen große Anerkennung der Resistenz des tschechischen Volkes hervor. Euer S."

Leider finden wir in den nach London gerichteten Depeschen des Senders „Libuše" keine Einzelheiten über den Verlauf des Attentats. Bartoš hat dafür in seinem Bericht vom 29. Mai eine Erklärung:

„Ich bin gezwungen, für einige Zeit die Sendungen auf zwei innerhalb einer Woche zu beschränken. Einzelheiten über das Attentat sind nicht eingetroffen, weil der Personenverkehr augenblicklich eingestellt wurde. ICE."

Informationen brachte am späten Abend des 28. Mai Hana Krupková nach Pardubitz, wahrscheinlich war es nicht rechtzeitig gelungen, sie zu chiffrieren. Auch eine weitere Depesche nach London vom 4. Juni führt keine Einzelheiten an:

„Nach dem Attentat gegen H. habe ich den Kontakt sowohl mit Jindra als auch mit ÚVOD verloren. Ich hoffe, daß ich diese kritische Situation überstehen und neuerlich mit ihnen Verbindung anknüpfen werde. Sobald sich die Lage beruhigt, wird es nötig sein, einen militärischen Fachmann zu bestimmen, der die Angelegenheit organisatorisch vorbereitet. Haben Sie jemanden? Die Mehrheit des Volkes billigt das Attentat, und nach der Ansprache von Moravec ist vor allem der intelligente Teil der Nation prinzipiell erwacht. Es ist selbstverständlich, daß in dieser allerschwersten Prüfung viele Menschen versagt und nur wenige einzelne Personen bestanden haben. Eben für diese brauchte ich als moralische Belohnung ..."

Hier stellte der Sender seine Funktion ein, und so haben wir keine näheren Informationen, was alles Bartoš wußte. Erst am 18. Juni meldete sich „Libuše" wieder („Technische Störung, verbrannte Lampen haben unser unfreiwilliges Stillschweigen verursacht – Sorry!"), aber das geschah lange nach Heydrichs Begräbnis und nach der Tragödie von Lidice.

Kehren wir jedoch zum Datum des Attentates zurück! Hatte London schon zuvor von ihm Kenntnis? Voraussichtlich nicht, auch wenn sich Stabskapitän Šustr vom Generalstab, der sich um die Paraschutisten zu kümmern hatte, sonderbar benahm. Am 26. Mai nämlich, also einen Tag vor dem Attentat, ging er zu einem Arzt und ersuchte ihn um einen vierzehntägigen Urlaub in Schottland. Zufall? Er ahnte wohl, daß der entscheidende Augenblick gekommen war.

Es wurden auch Stimmen mit dem Hinweis darauf laut, daß es zu dem Attentat einen Tag vor Präsident Beneš' Geburtstag gekommen war. Wenn wir uns daran erinnern, daß die Paraschutisten vor ihrem Abflug ins Protektorat von ihm empfangen und verabschiedet worden waren, so daß gewisse Beziehungen existierten, dann ist nicht auszuschließen, daß sie ihm mit ihrer Tat (die schon zuvor Moravec als „historisch bedeutsam" qualifiziert hatte) eben am 27. Mai beweisen wollten, daß man sich auf sie verlassen könne.

Vielleicht – ich weiß es nicht. Eine unbeweisbare Hypothese.

Was jedoch beweisbar erscheint, ist die Manipulierung (Gestapo?) mit Depeschen, in denen London aufgefordert wurde, die „Tötung“ nicht anzuweisen. Angaben zufolge sollten zwei solche vorliegen: die erste von Jindra etwa vom 4. Mai (siehe Dritter Monolog des Chemieprofessors), die zweite von Dr. Arnošt Heydrich (ÚVOD), die in London am 12. Mai 1942 ankam (und tags darauf ging der Minister für nationale Verteidigung – oder sein Stellvertreter? – mit dem Präsidenten Mittag essen und teilte es ihm mit).

Was jedoch stutzig macht: In den Londoner Eintragungen ist nur das ÚVOD-Telegramm registriert!

Über dem Text der Depesche, die in London am 12. Mai eintraf, ist folgend Angabe, „Kopf“ genannt, zu lesen: 789-794-11. Es bedeutet, daß der Text sich aus sechs gesendeten Teilen zusammensetzte; der erste war mit 789-11 bezeichnet, der zweite mit 790-11, der dritte mit 791-11 und so fortlaufend bis zum sechsten unter 794-11.

Was hat die Endziffer 11 im „Kopf“ für eine Bedeutung? Daß zum Chiffrieren aller sechs Teile Losungsworte aus einem zuvor abgesprochenen Buch, die für den 11. Mai bestimmt waren, verwendet wurden. Aus diesem Grunde ist die Ziffer 11 als überaus wichtiger Hinweis anzusehen, ohne den die eingegangenen Funkdepeschen 789–794 nicht dechiffriert werden konnten.

Generell folgt nach der Ordnungsnummer des Telegramms, die immer an erster Stelle des Kopfes steht, für gewöhnlich eine zweite Ziffer, welche die Anzahl der Chiffren anzeigt; die dritte Ziffer schließlich führt das Datum der zum Chiffrieren benützten Losungsworte an.

Im Fall der ÚVOD-Depesche war es der 11. Mai. Man schlägt also in London das für jenen Tag bestimmte Losungswort – zumeist ein Vers – in dem vereinbarten Buch auf und kann beginnen. So war an Hand der Ordnungsnummer des Telegramms für London schon vorher ersichtlich, wer ihr Absender war. Bartoš stand eine Ziffernreihe von 700 bis 899 zur Verfügung.

Das Londoner Verteidigungsministerium verwendete eine Reihe von Chiffriersystemen. Das hauptsächliche – STP – kann man vom kryptologischen Standpunkt aus zu den kombinierten Systemen zählen.

Der Umstand, daß das STP-System in drei selbständige Schlüssel aufgeteilt war und daß Depeschen für gewöhnlich nicht mit allen drei Schlüsseln chiffriert wurden, sondern nur mit

Hilfe des ersten bzw. des ersten und zweiten, ermöglichte der Abwehr, bedeutende Erfolge zu erzielen.

Das Resultat? Die Abwehr dechiffrierte im Grunde *alle* nach Großbritannien abgehenden Depeschen, den ersten und zweiten Schlüssel in Prag, den dritten in Berlin. Das führte zu einem unerbittlichen Kampf zwischen der Führung der Abwehr in Berlin und der Prager Gestapo, die über entzifferte Depeschen fast überhaupt keine Informationen von der Abwehr bekam.

Und noch ein wichtiger Punkt: Ich habe aufmerksam gemacht, daß für Bartoš' Depeschen die Ziffernreihe 700 bis 899 reserviert war; sollte er jedoch in seiner Zeitangabe die Ziffer 999 verwenden, wäre damit an London das Signal gegeben gewesen, daß er unter der Kontrolle der Gestapo arbeitet. Das wollen wir nicht vergessen.

Am 12. Mai 1942 erhielt London eine mit 789-794-11 bezeichnete Depesche, in der es hieß:

„CHES. ÚVOD hat Strnads und Vyskočils Aufgaben vorausgeahnt und ersucht um Übergabe folgender Depesche: Nach den von S. und V. geführten Vorbereitungen geht trotz ihres Schweigens für uns hervor, daß sie ein Attentat gegen H. planen. Dieses Attentat wäre voraussichtlich für die Verbündeten von keinerlei Nutzen und hätte für unser Volk unabsehbare Folgen. Es würde nicht nur unsere Geiseln und politischen Häftlinge gefährden, sondern auch Tausende weiterer Menschenleben erfordern, die Nation einem ungeheueren Druck aussetzen, zugleich die Ausrottung der letzten Reste einer jedweden Organisation zur Folge haben und es damit unmöglich machen, daß für die Verbündeten noch weiterhin etwas Nutzbringendes getan werden kann. Wir bitten darum, über Silver den Auftrag zu geben, das Attentat nicht auszuführen. Es besteht Verzugsgefahr, erteilen Sie den Auftrag umgehend. Falls aus internationalen Motiven eine gewisse Geste notwendig erscheint, wäre auf einen Quisling in der Heimat, in erster Reihe auf E. M., überzugehen. PAR."

Es ist die genaue Zitierung eines Londoner Vermerkes. Was ist aber mit Jindras Depesche geschehen? (Die Paraschutisten sind darin als „Ota" und „Zdeněk" bezeichnet, und das Konzept des Telegramms gelangte nach Bartoš Tod in die Hände von K. H. Frank.)

Wurde sie gar nicht abgeschickt?

Ist es vielleicht möglich, daß es sich bei dem Text vom 4. Mai nur um eine Skizze handelt, um den ersten plumpen Wortlaut des Telegramms vom 12. Mai 1942, das London tatsächlich empfangen hatte?

Gewisse Unterschiede in den Texten konnten auch bei der Übersetzung verschuldet worden sein: jener vom 4. Mai, den die Gestapo unter Bartoš Papieren fand, war ursprünglich tschechisch, wurde aber für K. H. Frank ins Deutsche übersetzt, aus dem wir heute wieder ins Tschechische rückübertragen. Die Abänderung der Namen „Ota" und „Zdeněk" (wie die Paraschutisten in Jindras Version genannt wurden) in „Strnad" und „Vyskočil" allerdings konnte nicht der Übersetzer, sondern Bartoš selber verursacht haben.

Der Chemieprofessor vermerkt in seinem dritten Monolog, daß er nach dem Zusammentreffen mit Bartoš (vielleicht am 26. April) mit Arnošt Heidrich, einem leitenden Funktionär der ÚVOD, zusammenkam, ihm die Situation klarlegte, worauf sich Heidrich angeblich entschloß, daß auch er im Namen von ÚVOD London um Aufschub des Attentates ersuchen werde. In seinem Monolog allerdings behauptete er – wie wir wissen – etwas völlig anderes, Gewichtigeres: Mit Jindra, dem Chemieprofessor, ist er tatsächlich am 1. Mai zusammengekommen, das Gespräch nahm jedoch einen ganz anderen Verlauf. Dr. Heidrich versprach Jindra, den Text der Depesche selbst abzufassen, was er auch tat. Bei einer nächsten Begegnung am 3. Mai las er Jindra den Text des Telegramms vor, das uns aus dem Archiv des Londoner Verteidigungsministeriums – wir haben es oben zitiert – bekannt ist. Der letzte Satz jedoch hieß laut Dr. Heidrich: „Sollte das Attentat aus international-politischen Gründen unausweichbar notwendig sein, ist die Nation entschlossen, auch die allergrößten Opfer zu bringen." Dieser Satz allerdings wurde nach London nicht telegrafiert, jemand hatte ihn weggelassen und durch einen andern ersetzt. Vielleicht Bartoš?

Ist an Hand von Heidrichs Depesche im Namen der ÚVOD auch der von der Gestapo in Bartoš' Dokumenten entdeckte Text, der als Depesche des Chemieprofessors Jindra angesehen wird, zustande gekommen? Ein Text, der sich jedoch unter den von London empfangenen Telegrammen nicht befindet? Wie ist zu erklären, daß im Londoner Archiv dieses Telegramm Jindras nicht vorhanden ist, der Londoner Stellvertreter von Oberst Moravec aber (damals Major Emil Strankmüller) sich erinnert, daß es dort angekommen war? Es gibt dafür zwei Erklärungen:

a) Entweder befindet sich Major Strankmüller in völligem Irrtum, seine Erinnerung hat er im Jahre 1970, also 28 Jahre nach jenem Zeitpunkt, vorgetragen – oder

b) das ordnungsgemäß in London eingetroffene Telegramm wurde dort unterschlagen bzw. verheimlicht. Und erst als ein zweites kam, diesmal über Dr. Heidrich von ÚVOD, mußte Oberst Moravec damit zum Präsidenten.

Diese zweite Möglichkeit ist laut Zeugenschaft der Chiffrierer ausgeschlossen. Von der Radiostation bekamen sie die Depesche mit einem Zustellbuch, in dem sie den Empfang mit ihrer Unterschrift bestätigen mußten. Jedes eingegangene Telegramm wurde von der zugehörigen Abteilung protokolliert und mit einer Ziffer versehen. Das Konzept wurde den Ziffern entsprechend zwecks Archivierung in einem Faszikel hinterlegt, das Original wurde – wie schon erwähnt – dem Dechiffrierer zugestellt, der auch seinerseits den Erhalt durch seine Unterschrift bestätigte. Der eventuelle Verlust auch nur eines Teiles der Depesche wäre ein außergewöhnliches Ereignis gewesen, das die Abänderung des Chiffrierschlüssels zur Folge gehabt hätte.

Eine Kontrolle der am 4. Mai von „Libuše" gesendeten Depeschen (unter denen sich laut K. H. Frank „wahrscheinlich" auch jene von Jindra befand) ergab jedoch, daß an jenem Tag eine Depesche mit der Ziffer 651-30 gesendet worden war, also der Chiffre entsprechend für den 30. bestimmt; sein Inhalt betraf nicht Jindras Telegramm, sondern Kapitän Nemos illegale Gruppe. Mit der gleichen Ziffer 651 ist jedoch auch eine weitere Depesche bezeichnet, in der die Nummer 5 anzeigt, daß das Telegramm mit seinem Losungswort für den 5. Mai bestimmt ist, zur Absendung gelangte es jedoch erst am 21. Juni! Wann also wurde die Depesche 651 tatsächlich chiffriert?

Je mehr der Forscher in die im „Kopf" der einzelnen Depeschen angeführten Angaben eindringt, um so häufiger stellt er fest, daß mit ihnen manches nicht in Ordnung zu sein scheint, daß jemand darauf bedacht war, den zweiten Teil der vom 21. Juni datierten Nachricht in jene am 4. Mai unter der Ziffer 651 gesendete zu versetzen. Um es ganz verständlich auszudrücken: Statt des Textes über Kapitän Nemo sollte jener von Jindras Depesche stehen.

Wir wissen, daß mit der Gruppe Bivouac und Bioscop am 28. April 1942 auch der Funker Oldřich Dvořák abgesprungen ist. Bei einem Schußwechsel im Gebiet von Pürglitz wurde sein Sender von der Gestapo beschlagnahmt, nach welchem sich – wir erinnern uns an die Erzählung des Hausverwalters in Veitsberg – Atja Moravec und Valčík auf die Suche gemacht hatten. Damals wurde der Paraschutist Mikš erschossen, Dvořák selbst versuchte, seine Erfahrungen als Funker bei dem von Amateuren gebauten und „Sparta" genannten ÚVOD-Sender zu verwerten. Das Gerät war in Zerhowitz bei Beraun in Betrieb, am 30. Juni 1942 wurde es von der

Gestapo liquidiert. Dvořák ergriff rechtzeitig die Flucht, wollte die Grenze zur Slowakei überschreiten und wurde dabei am 10. Juli erschossen. Hatte nicht er, der mit Bartoš in Verbindung stand, unter dem Decknamen Dražil am 18. Juni zwei, am 23. Juni drei Depeschen gesendet? Chiffrieren konnte sie damals noch Bartoš, der erst am 21. Juli Selbstmord verübte.

Am 22. Juni meldete K. H. Frank dem SS-Obergruppenführer und Generaloberst der Polizei, Daluege, nach Berlin, daß „unter dem in Bartoš (Deckname: Motyčka) entdeckten Pardubitzer Unterschlupf folgende *radiotelegraphische* Depesche nach London gefunden worden sei, die den bisherigen Nachforschungen zufolge voraussichtlich am 4. Mai abgeschickt wurde und unbeantwortet blieb." Die Wortlaut nach ist es die sogenannte Jindra-Depesche, also jene des Chemieprofessors L. Vaněk.

Die Meldung stammt - wie ich zum Ausdruck brachte – vom 22. Juni 1942.

Bartoš hat sich am 21. Juni abends erschossen, die Gestapo bemächtigte sich seiner Chiffrierschlüssel und anderer Unterlagen, unter denen sie Jindras Telegramm vorfand. Wie kam sie jedoch auf das Datum 4. Mai? Im Faszikel lag doch die Depesche „651-30", und eben diese kam am 4. Mai zur Aussendung. Und darin war von Jindras Text nicht ein einziges Wort, nur Informationen über die illegale Gruppe Kapitän Nemos. Außerdem wurde angeblich eine weitere Depesche mit der Ziffer „651" mit einer nachfolgenden „5" entdeckt, aber die wurde (Londoner Vermerken zufolge) erst am 21. Juni gesendet. Von wem?

Jemand wird zu antworten wissen: von der Gestapo. Es ist keine vage Spekulation, wie wir anschließend erfahren werden. Einwand: Warum hätte dies die Gestapo tun sollen? Es konnte ihr doch einerlei sein, ob die Aufforderung zum Abruf des Attentates von Jindra oder der ÚVOD ausgegangen war.

Vielleicht war es ihr nicht einerlei, vielleicht hatte sie dafür ihre Gründe.

Der Gestapo war wahrscheinlich daran gelegen, das Datum 12. Mai, an dem die ÚVOD-Depesche tatsächlich nach London ging und den Widerruf des Attentates forderte, auf den 4. Mai vorzuverlegen. Warum? Als Hypothese: Die Gestapo wollte die Abwehr bezichtigen, daß sie die Depesche aufgefangen, dechiffriert und damit Kenntnis von der Planung des Attentates erhalten hatte, dies aber verheimlichen wollte. Aus diesem Grunde war sie durch eine Manipulation bemüht, die der Abwehr zur Dechiffrierung zustehende Zeit zu verlängern und damit ihre Beschuldigungen der Abwehr noch zu verstärken: Nicht seit dem 12., sondern schon ab dem 4. Mai konnte die Abwehr an der Dechiffrierung arbeiten. Immerhin gibt es noch andere, kompliziertere Hypothesen.

In jedem Fall muß noch eine von Bartoš Depeschen zitiert werden. Sie stammt vom 29. Mai 1942, und Bartoš hat u. a. darin folgende Zeitangabe verwendet: „... am 31. 5., 9.99 bis 10 Uhr."

Hier erinnern wir uns an unseren Satz von den drei Neunen.

Eine ähnliche bzw. die gleiche Verwendung der Neuner-Zahlen finden wir auch im Gegenspiel Hermelin, als die Gestapo den verhafteten Paraschutisten Srazil zwang, von ihr abgefaßte Depeschen nach London zu senden. Das Spiel dauerte von März 1943 bis Februar 1944, ehe sich London endlich bewußt wurde, daß der Sender unter der Aufsicht der Gestapo tätig ist.

Drei Neuner in Bartoš Depesche – das ist kein Fehler, sondern ein ungelöstes Problem. Wie ist es zu erklären? Ich zucke mit den Schultern. Nur eines weiß ich: Alfréd Bartoš gehörte zu den Tapfersten, ich glaube ihm! Bevor wir noch die Erwägungen über diese Unklarheit abschließen, soll eine wichtige Tatsache angeführt werden: Die Nazis haben sich tatsächlich um ein Gegenspiel mit London bemüht – aber nicht erst im Frühjahr 1943, da sie Srazil mißbraucht hatten, sondern schon früher. Wann genau? Ich weiß es wiederum nicht. Gäbe es nicht jene „999", würde ich sagen, von jenem Augenblick an, da die Gestapo nach Bartoš Tod in der Pardubitzer Wohnung der Familie Krupka, wo er neben anderen Verstecken illegal wohnte, Losungsworte, Chiffreschlüssel und Frequenzen in die Hände bekam. London ahnte nicht, daß der Funker Potůček nicht mehr am Leben ist und daß der Sender „Libuše" sich in den Händen der Nazis befindet und somit Depeschen von der Gestapo entgegennimmt. Die Londoner Depesche hatte die Nummer 789, wurde mit dem für den 21. Juli bestimmten Losungswort an Hand von Bartoš' Schlüssel chiffriert und am 23. und 29. Juli sowie am 3. August 1942 gesendet: „Wir haben Euch am 27. nach 23 Uhr empfangen. Wir sind für Euch täglich von 23 bis 4 Uhr empfangsbereicht. Meldet Euch, unter Umständen sendet blind, auch wenn Ihr uns nicht hört."

Der Gestapo-Sender, der sich als zum Widerstand gehörig gebärdet (bedient von Karl Tuschl), antwortet, und London teilt am 7. August erfreut mit: „Wir haben Euch am 6. August über die Grundwelle gut empfangen!"

Jawohl, das war das Gegenspiel unter dem Decknamen Purpur. Im Laufe des Sommers 1942 kommt jedoch der Nazi-Sender, der als Bartoš' „Libuše" auftritt, zum Verstummen. Die Gestapo hatte unter den Fallschirmspringern keinen Funker in Händen, deshalb konnte sich das Gegenspiel nicht in die erwünschte Tiefe und Breite entwickeln. Es sind viele Unklarheiten zurückgeblieben – werden sie jemals eine Aufklärung finden?

Ähnlich undurchsichtig bleiben bis heute auch weitere die „Tötung" betreffende Fragen. Bereits im ersten Monolog des Historikers habe ich etliches aus dem Elaborat des nazistischen Kriminalrates Heinz Pannwitz zitiert, der im Mai 1942 mit der Leitung der Sonder-Untersuchungskommission betraut worden war. Damals hatte er nach Beendigung der Untersuchungen einen Abschlußbericht über das Attentat für Hitler ausgearbeitet; dieser war mit großen Buchstabentypen mit Schreibmaschine geschrieben, um Hitler das Lesen ohne Brille, für die er sich schämte, zu erleichtern, „Führer des Großdeutschen Reiches" mit Brille vor den Augen! Im Frühjahr 1959 kam Pannwitz wieder auf dieses Thema zu sprechen, und als einer der wichtigsten Zeugen, besser gesagt Akteure, schrieb er damals:

„Die Attentäter hatten für die Durchführung ihres Planes verschiedene Einfälle, die jedoch im Hinblick auf die verstärkten Sicherheitsvorkehrungen nicht gut zu verwirklichen waren. So z. B. mußten sie ihre Vorbereitungen zum Attentat anläßlich eines Besuches Heydrichs im deutschen Theater aufgeben. Heydrich wohnte mit seiner Familie in einem Schloß in Jungfern-Breschan, von wo er täglich morgens ohne Begleitung nach Prag fuhr. Hier wurden die Vorbereitungen der Attentäter ebenfalls durch verschärfte Sicherheitsmaßnahmen unmöglich gemacht. Trotzdem studierten die Attentäter einige Wochen lang Heydrichs gewohnte Fahrten von Jungfern-Breschan in seine Prager Kanzlei. Sie taten, wenn er an ihnen vorbeifuhr, als mähten sie Gras, und grüßten ihn stets mit einer überaus ehrfürchtigen, fast unterwürfigen Verbeugung. Auf einem offenen Gelände konnte das Attentat nicht stattfinden, weil der Wagen zu schnell fuhr und auch darum, weil es auf der freiliegenden Fläche keine Fluchtmöglichkeiten gab. Sie entschlossen sich daher, den Angriff in der Stadt durchzuführen, weil sie wußten, daß Heydrich nur in der Begleitung seines Fahrers war. Der ausersehene Ort war eine scharfe Straßenbiegung in Prag-Lieben, wo der Wagen sehr langsam fahren mußte." Soweit der Kriminalbeamte.

Wir wollen uns nun um eine Rekonstruktion des Ereignisses vom 27. Mai 1942 bemühen.

Das Attentat hat stattgefunden, aber welche näheren Einzelheiten sind uns in diesem Zusammenhang bekannt? Wir kennen die genaue Zeit, *wann* und *wo* es zur Tat kam, ebenso, *wer* sie vollführte.

Wir wissen, daß an der Biegung Kubiš stand, der die Bombe warf, mit ihm Gabčík, dessen Waffe versagt hatte. Warum wohl? Als es nach Jahren zu einem Zusammentreffen ehemaliger Angestellter der Waffenfabrik im kanadischen Lakefield kam, wo während des Krieges Stenguns hergestellt wurden, bezeichnete einer der damaligen Produktionschefs diese Waffe als „plumber's Nightmare", d. i. etwa als Alptraum, als Nachtgespenst des Herstellers. Sie war unzuverlässig, versagte oftmals. Gleiche Erfahrungen mit ihr verzeichnete auch die Waffenfabrik im englischen Birmingham.

Eine weitere Frage: Wer hat Gabčík und Kubiš geholfen?

Hier gehen die Meinungen auseinander. Von den Passagieren der vorbeifahrenden Straßenbahn, deren Fensterscheiben durch den Luftdruck zersplitterten, hat jeder ganz verschiedene Einzelheiten in Erinnerung. Es war Panik ausgebrochen, keiner der Fahrgäste wußte richtig, was geschehen war, der eine sah den Angreifer links, ein anderer rechts, und so können wir uns an diese – wenn auch gutgemeinten – Zeugenaussagen überhaupt nicht halten. Vielleicht nur in jenem Fall, da zwei voneinander unabhängige Erinnerungen gegenseitige Beglaubigung finden. Wie z. B. im Fall von Valčíks Verwundung, aber eben das kompliziert abermals die Situation. Laut Aussage einer Frau Volfová, die im gleichen Haus wie der Oberlehrer Zelenka wohnte, soll Kubiš bestätigt haben, daß ihnen Valčík das vereinbarte Signal gegeben hatte; er stand oberhalb der Biegung, wo es zum Attentat kam, mit einem kleinen Spiegel in der Hand. Wenn man allerdings den Tatort aufsucht, stellt man fest, daß Valčík, um den Wagen rechtzeitig zu erblicken, recht weit oberhalb der Straßenkrümmung stehen mußte.

Und doch wurde er verwundet.

Bei der Familie Sulek, wo Valčík am Tag des Attentates übernachtete, war davon die Rede. Frau Sulková erinnert sich, daß sein Bettuch und Kopfpolster blutig waren. Unabhängig von ihr sagte der Münzensammler und Hausverwalter in Veitsberg, František Spinka, zu dem Valčík einen Tag später übersiedelte, aus, daß der Paraschutist Blut an seiner Hose hatte.

Ähnliches erzählte auch die Frau des Pardubitzer Zeugen Václav Krupka:

„Einen Tag später, am 28. 5., bin ich schon mit Berichten über das Attentat für ‚Libuše', die mir Valčík nachmittags bei den Moravec' übergeben hatte, aus Prag abgereist. Er saß bei ihnen in der

Küche auf dem Diwan und ist überhaupt nicht aufgestanden, sicherlich wollte er nicht, daß ich Freda von seiner Verwundung erzähle. Er sagte nur, daß ihn das Bein schmerzt, weil er irgendwie fehlgetreten sei. Als ich zum Bahnhof fuhr, sah ich überall frisch angeklebte Plakate mit seinem Bild, wovon weder er noch die Moravec' die geringste Ahnung hatten. Ich rief sie also vom Bahnhof an und sagte ihnen, sie möchten es sich auf der Straße ansehen."

Weil die Bekanntmachung mit Valčíks Fotografie in allen Straßen tatsächlich am 28. Mai auftauchte, steht das Datum der Abreise von Frau Krupková aus Prag mit Sicherheit fest. Ihre Aussage über Valčíks Verletzung ist – nach jenen des Hausverwalters Špinka und des Eisenbahners Sulek – bereits die diesbezügliche dritte. Wie konnte es zu seiner Verwundung kommen? Wir überlegen: Er wartete oberhalb der Kurve, von wo er das Zeichen mit dem Spiegel gab, dann lief er wahrscheinlich zum Tatort, wo er offensichtlich kurz nach der Explosion der Bombe ankam. In diesem Augenblick waren Kubiš und Gabčík bereits auf der Flucht. Kubiš, dem von der durch Granatsplitter verletzten Stirn Blut herablief, eilte zu seinem Fahrrad, das in der Nähe angelehnt stand, saß auf und fuhr die Kirchmayerstraße hinab nach Lieben. Gabčík war wohl an sein Fahrrad nicht herangekommen, vielleicht hatten sich Menschen angesammelt, die aus der Straßenbahn gesprungen waren, und so flüchtete er zu Fuß nach oben zu der Biegung, von wo Heydrich gekommen war, aber dann rannte er in die erste Seitengasse nach links. Er mußte also, verfolgt von dem Fahrer Klein, dem abwärts eilenden Valčík entgegenlaufen. Ab und zu drehte sich Gabčík um und schoß auf den ihm nachjagenden Klein, wobei ihm Valčík zu Hilfe kam und dabei von Klein angeschossen wurde.

Aber so spielte es sich nicht ab. Der Kriminalbeamte Pannwitz führt an einer Stelle seiner „Erinnerungen" an: „Heydrich sprang augenblicklich aus dem Wagen und machte sich an Kubiš' Verfolgung. Aus der Seitentasche des Autos hatte er eine leichte Pistole aus Aluminium vom Kaliber 7,65 mm hervorgezogen, zielte auf Kubiš, aber es kam kein Schuß. Er hatte vergessen, das Magazin einzulegen. Auch sein Fahrer war aus dem Wagen gesprungen und verfolgte Gabčík, der nicht zu seinem Fahrrad kommen konnte und sich gezwungen sah, in einer anderen Richtung als Kubiš zu flüchten. Der Fahrer in SS-Uniform rannte nur etwa fünfzehn Meter hinter ihm und hatte ihn beinahe schon gefaßt, als Gabčík wild auf ihn zu schießen begann. Auch Klein zog seine Pistole und wollte schießen, aber auch aus seiner Waffe kam kein Schuß; in

Detail des zerstörten Heydrich-Wagens.

seiner Aufregung hatte er auf die Sicherung gedrückt. Der Fahrer hatte nicht die Geistesgegenwart, stehenzubleiben und die Pistole zu kontrollieren; der Fehler hätte mit einer einzigen Fingerbewegung beseitigt werden können, und der Attentäter wäre nicht entkommen. Unbewaffnet rannte der Fahrer hinter Gabčík her, der in einen Laden lief, in der Hoffnung, hier einen Hinterausgang zu finden. Dies war jedoch nicht der Fall, und so stürzte Gabčík wieder auf die Straße, wo er auf den inzwischen herbeigeeilten Klein traf. Gabčík schoß ihn ins Knie, so daß der Fahrer ihn nicht mehr weiter verfolgen konnte. Damit gelang auch diesem Attentäter die Flucht. Inzwischen war es Heydrich, der sich vor Schmerzen krümmte, unmöglich geworden, sich noch weiter auf den Beinen zu halten; er kehrte zu seinem Wagen zurück und legte sich auf den Hintersitz, verwundet, das hilflose Opfer eines eventuellen neuen Angriffs. Aber es geschah weiter nichts mehr."

Klein, dessen Pistole versagt hatte, konnte also Valčík nicht verwundet haben, es scheint, daß sich bei diesem selbst durch einen unglücklichen Zufall ein Schuß aus der eigenen Waffe gelöst hatte, als er zum Tatort lief. Was den 33jährigen SS-Oberscharführer Johannes Klein anbelangt, so wurde dieser wenige Minuten später im Allgemeinen Krankenhaus Bulovka aufgenommen, wo man ihn als Patienten Nr. 12554 auf der Chirurgie behandelte. Das Röntgenbild des von Gabčík verwundeten Beines besagte: offene Fraktur des rechten Oberschenkels – unterzeichnet vom behandelnden Arzt MUDr. Puhala.

Und so entbehrte die ganze Aktion, mit der Tragödien Tausender von Menschen ihren Anfang nahmen, ungewollt nicht einer gewissen pittoresken Note: Gabčíks Waffe versagt, Heydrich vergißt das Magazin in seine Pistole einzulegen, Klein drückt irrtümlich die Sicherung seiner Waffe und macht sie damit zum Schießen untauglich, Valčík bringt sich selbst eine Schußverletzung bei. Und Heydrich, „hilfloses Opfer eines eventuellen neuen Angriffs", legt sich, von Schmerzen überwältigt, auf den Sitz seines Wagens.

Hier könnten jetzt ungestört jene „Scharen" von Widerstandskämpfern eingreifen, die in ihrer Phantasie auch den Chemieprofessor Ladislav Vaněk-„Jindra" hierher postiert haben. Aber – wie Pannwitz, Chef der Untersuchungskommission, sagt –: „Es geschah weiter nichts mehr."

Interessant allerdings ist, daß die Nazis von der Existenz noch eines weiteren Mannes Kenntnis haben mußten. Im Lauf der Untersuchungen hatten sie nämlich eine kriminal-technische Skizze des Tatortes ausgearbeitet und in ihr die Positionen *dreier* Männer eingezeichnet: des einen mit der Bombe, eines anderen mit der Maschinenpistole und des dritten mit dem Spiegel.

Davon, daß dieser Lageplan von der Gestapo schon im Verlauf der Nachforschungen, keineswegs erst nachträglich, angefertigt worden war, zeugt die Tatsache, daß er nicht die Namen der Paraschutisten anführt; die kannte man nämlich damals noch nicht. Erst durch den Verräter Čurda wurde jeder einzelne in Erfahrung gebracht. Somit entstammt die Angabe über das Zeichen mit dem Spiegel nicht erst unseren Ermittlungen nach dem Krieg. Die Gestapo hatte davon schon gewußt.

Auch die Frage, wer eigentlich oberhalb von Valčík und der Kurve stand, ist nicht eindeutig zu beantworten. War es Jaroslav Smrž, der Bruder von Frau Ema Khodlová, oder Atja Moravec? Der Chemieprofessor erinnert sich, daß auch Opálka dort wartete.

Die Frau des Pardubitzer Zeugen führt aus:

„Soweit ich mich erinnere, wurde Valčíks Hilfe beim Attentat wegen seiner auffallend gefärbten Haare abgelehnt. Mit Sicherheit war Atja Moravec anwesend, aber nur als Reserve, nicht zur Hilfe. Kubiš und Gabčík wollten die Aktion tatsächlich ganz allein durchführen."

Frau Ema Khodlová dagegen erklärt, daß sich am Morgen jenes Tages Gabčík, Kubiš und Valčík bei ihr einfanden. Sie waren gekommen, um sich ihre Fahrräder abzuholen, die sie manchmal dort hinterlassen hatten. Wir jedoch wissen, daß das Damenfahrrad der Frau Moravec in der Garage des Janeček in Veitsberg stand. Woher waren sie an jenem Morgen eigentlich gekommen? Wo hatten sie sich getroffen? Und wer alles?

Die Hausverwalterin aus dem Haus, wo die Familie Khodl wohnte, erinnert sich, daß sie an jenem Morgen einige Männer ihre Fahrräder besteigen und wegfahren sah. Jaroslav Smrž sollte angeblich mit Valčík zum Sommerberg und an der Schießstätte vorbei nach Kobilis fahren, Gabčík und Kubiš dagegen direkt zu der Haarnadelkurve. Weil es am Morgen kalt war, sah sich Frau Khodlová nach Mänteln für die Männer um.

Vašík Khodl war mit einem Jirka Hofman befreundet, Frau Khodl kannte die Familie und lieh sich von Jirkas Vater einen Mantel, der Gabčíks Größe entsprach. Und eben dieser Mantel blieb am Tatort liegen. Der Widerstandskämpfer aus Dewitz allerdings behauptet, daß Gabčík beim Attentat den Mantel von Marcel, dem Sohn eines Nachbarn, angehabt hätte. Es ist wirklich nicht wichtig, aber es weist auf die einzelnen sich widersprechenden Erinnerungen hin.

Wir wollen noch auf die Frage zurückkommen, wer alles in jenen verhängnisvollen Augenblicken an der Haarnadelkurve anwesend war. Zu den bereits angeführten Namen – vielleicht Valčík, Jaroslav Smrž, Atja Moravec oder Opálka – kommt noch ein weiterer hinzu: František Pecháček.

Wer ist das?

Erinnern wir uns an den ersten Monolog des Chemieprofessors, in dem er – Jindra – berichtet, wie er zum ersten Mal mit Kubiš in der Smichower Wohnung jenes Pecháček zusammenkam. Es ist wahrscheinlich, daß es nicht bei diesem einen Zusammentreffen geblieben ist, vieles deutet darauf hin, daß beide Paraschutisten mit Pecháček, einem ehemaligen internationalen Sokol-Sportler, auch noch später in Kontakt standen. Darüber, daß er in die ganze Aktion eingeschaltet war, hat übrigens der Sokol-Funktionär aus Karolinenthal in seinem Monolog bereits erzählt.

Pecháčeks Hausarzt erinnert sich, daß ihm dieser zwei Tage vor dem Attentat anriet, mit seiner Frau sofort Prag zu verlassen. Pecháčeks Verbindungsmann führt an, daß ihm von einem Absender namens „Svaťka“ viele Briefe zugestellt wurden, Pecháčeks Nachbar und Freund wiederum weiß zu berichten, daß ihm dieser im Frühjahr 1942 von Paraschutisten erzählt hatte, um die er sich zu kümmern habe.

Dann wurde Pecháček – gemeinsam mit seinen Brüdern Alois und Jan sowie dem Neffen Jaroslav – am 20. Juli von der Gestapo verhaftet. Als Jan aus dem Gefängnis zurückkam, schrieb er seine bisher noch nirgends veröffentlichten „Erinnerungen“ nieder, in denen er anführt:

„Dann brachten sie uns in das Gefängnis Karlov (gemeint ist jenes am Karlsplatz unterhalb des Turms – M. I.), wo jeder in eine andere Zelle kam. Alois und meinen Sohn Jaroslav ließen sie unten, den Bruder František (um den es eigentlich geht – M. I.) brachten sie oben in der Nähe der Treppe unter, mich ebenfalls oben in der allerletzten Zelle. Ich hatte dort nicht einmal Platz für meinen Strohsack, als ich fragte, wo ich mich hinlegen sollte, erwachte der Zellenkommandant aus seinem Schlaf und wollte wissen, wer ich sei und woher ich käme. Ich antwortete: ‚Pecháček aus Neu-Paka.‘ Er sprang auf und fragte weiter, ob ich Františeks Bruder wäre. Ich sagte: ‚Ja, das bin ich.‘

‚Wie viele von euch sind gekommen, und wo ist František?‘ ‚In diesem Stockwerk, bei der Treppe.‘ ‚Gut! Morgen früh werden wir einer hinter dem andern laufen und uns beraten.‘ Am nächsten Morgen ließen sie uns auf dem Hof spazierengehen. Es war kein Spaziergang, es war eine Tortur.“

Wer war dieser Zellenkommandant? Moravec aus Veitsberg, der Mann jener Frau, bei der Kubiš, Gabčík und auch Valčík vorübergehend gewohnt hatten. Und Moravec kannte den František Pecháček! Jan führt in seinen „Erinnerungen“ an, daß sein Bruder und Moravec sich im Gefängnis verabredet hatten und geheime Botschaften darüber, was unternommen werden sollte, nach Prag schickten. Und Jan berichtet weiter:

„Ich wußte bis zu jenem Zeitpunkt nicht genau, wie sich alles abgespielt hatte, und so bat ich Moravec, es mir zu erzählen. Eines Abends legte er sich neben mich und klärte mich auf:

‚Dein Bruder František hat mich gestern gefragt, wie du hier mit allem zurechtkommst. Und weil du uns immer tröstest und unterhältst, sagte ich ihm, daß es gut um dich steht. Ich will dir alles sagen, was mir bekannt ist. Jeder von uns hatte einen bestimmten Abschnitt zugeteilt. Meine Frau war Leiterin des Stabes, und als die Gestapo einmal um zwei Uhr früh bei uns eindrang, nahm sie Gift und starb in einem Lehnstuhl in meinen Armen, als eben die Gestapomänner die Tür zum Schlafzimmer aufgebrochen hatten. Sie kamen hereingestürzt, brüllten, sie möge sprechen, und als ich antwortete, daß sie im Sterben liegt, ergriffen sie sie und warfen sie zur Tür. Mich brachten sie im Nachthemd hierher, den Sohn nach Pankratz. Františeks Aufgabe war, den Angriff vorzubereiten und zu decken. Wir hatten ihn auszuführen, unsere Pflicht haben wir erfüllt, nachdem der Giftanschlag gegen ihn (Heydrich) nicht gelungen war und er erschossen werden mußte. Es ist wahr, Zehntausende unserer besten Leute sind gefallen, aber die Ehre der Nation und den Kern der Nation haben wir bewahrt. Mit diesem Wissen werde auch ich sterben‘, endete Moravec. Zum ersten Mal konnte ich mir ein Bild darüber machen, wie sich alles abgespielt hat und daß auch ich nicht heil davonkommen werde!“

Es geht hier um eine überaus wichtige Zeugenaussage. Interessant ist der Hinweis darauf, daß Heydrich durch Gift enden sollte. Moravec war über die Organisierung des Attentates sicherlich gut informiert, und wenn er František Pecháček als den Mann hinstellt, der sich um die Attacke zu kümmern hatte, ist dies nicht auf die leichte Schulter zu nehmen. War demnach auch Pecháček am Tatort? Daß auch Valčík dort stehen sollte, haben wir schon erwähnt, die Zeugenaussage der Frau von Václav Krupka aus Pardubitz bestreitet dies allerdings. Sie vermittelte Kontakte zwischen Pardubitz und Prag, am schicksalhaften Tag war sie eben in Prag und gibt an, daß sie an jenem Vormittag, da es zu dem Attentat kam, Valčík bei den Moravec’ angetroffen hatte. Angeblich sprachen sie miteinander, dann kam plötzlich Atja Moravec in die Wohnung gestürzt und meldete aufgeregt, daß es zu einem Attentat auf Heydrich gekommen sei.

Wer nun befindet sich im Irrtum? Wie hat sich wirklich alles abgespielt?

Es gibt da allerdings noch einen weiteren Teil der Aussage des zweiten Chauffeurs, der mit Heydrich ins Krankenhaus fuhr. Nachdem er – wie er erzählt – Heydrich beim Eingangstor abgegeben hatte, war er zum Tatort zurückgefahren, um sich dort umzusehen. Dort hat ihn ein ihm gutbekannter Gärtner angehalten, an dessen Zaun vor dem Attentat ein Fahrrad angelehnt stand, und ihn um einen Gefallen gebeten.

„Ich habe hier ein paar Männer, die sofort weggebracht werden müssen. Es hängt mit dem Attentat zusammen.“

Der Fahrer war einverstanden, trotzdem er noch den Rest seiner Ladung an Geschäfte zu verteilen hatte. Aus der Gärtnerei tauchten einige Männer auf, der Gärtner gab ihnen, als ginge es zu einem Begräbnis, einen Kranz, und sie fuhren ab. Als sie weiter unten von einem Wachmann angehalten wurden, sagten sie, daß sie es eilig hätten, zum Wolschaner Friedhof zu kommen. Sie fuhren tatsächlich dorthin, in der Nähe des Eingangs hielt der Fahrer an, sie bedankten sich, ließen den Kranz im Wagen liegen und gingen davon. Das ist alles. Immerhin sieht es allzu romantisch aus; hätten sie nicht – ob es nun Atja, Opálka, die Brüder Khodl oder Pecháček waren – den Ort auf normale Weise verlassen können?

Es ist allerdings interessant, woran sich die Frau des Pardubitzer Zeugen erinnert: „Etwas Ähnliches hat schon damals jemand erzählt. Einzelheiten fallen mir nicht mehr ein, aber die Sache mit dem Wolschaner Friedhof und dem Kranz habe ich mir gemerkt."

Wichtig ist auch, was Frau Šochmanová, die durch einen Splitter von Kubiš Bombe verletzt wurde, zu erzählen wußte. Sie stand in allernächster Nähe und war eigentlich unmittelbare Augenzeugin des Attentats.

Sie erklärte eindeutig, daß an der Straßenecke drei Männer warteten. Nicht zwei, wie man sagt. Der eine lief vor dem Attentat schnell auf die andere Straßenseite, wohl darum, damit der Fahrer von Heydrichs Wagen bremsen mußte. Wer war es? Opálka? Oder Kubiš? Immer wieder wird behauptet, daß Gabčík und Kubiš gemeinsam an der *inneren* Seite der Biegung standen – aber wie, wenn es anders war?

Der Widerstandskämpfer J. Ogoun aus Dewitz, bei dem beide Paraschutisten zu jener Zeit wohnten, hat später angeführt, daß ihm Kubiš nach dem Attentat sagte: „Ich stand als Reserve *auf der andern Straßenseite*, etwa zehn Schritte von Zdeněk entfernt."

Mit Zdeněk war Gabčík gemeint.

Das ist allerdings nicht gut möglich. Kubiš' Bombe hatte Heydrichs Wagen an der *rechten* Hinterseite beschädigt, der Mann mit der Bombe mußte demnach an der Innenseite der Biegung postiert gewesen sein, nicht auf der gegenüberliegenden Straßenseite. Sofern jedoch Kubiš' vorhergehende Behauptung der Wahrheit entspricht, bedeutete dies, daß Gabčík an der äußeren Seite der Kurve stand. Wie war es also wirklich?

Den Erinnerungen der Frau aus Veitsberg zufolge soll sich Kubiš bei ihnen beschwert haben, daß die Männer unten Valčíks Signal erst im letzten Augenblick bekamen. Ist es nicht möglich, daß alle drei – Gabčík, Kubiš und der dritte – miteinander sprachen, ganz plötzlich das vereinbarte, aber verspätete Zeichen erblickten und Kubiš deshalb nicht rechtzeitig an seinen vorherbestimmten Standort auf der anderen Straßenseite kam?

Nein, so war es wahrscheinlich auch nicht. Auch wenn Valčík das Zeichen zu spät gegeben hätte, mußten doch vor der Einfahrt des Wagens in die Kurve mehrere Sekunden verstreichen, und wir wissen, daß der dritte Mann – wie die verwundete Frau erzählte – knapp vor dem Wagen über die Straße lief, als wollte er ihn veranlassen, langsamer zu fahren.

Wenn dieser Mann Opálka war, warum hatte er bei dem Schußwechsel nicht eingegriffen? Warum hat Kubiš seine Arbeit nicht zu Ende geführt? Heydrich stand doch allein und verlassen da, der Fahrer Klein verfolgte Gabčík, und ringsumher hatten sich in den ersten Minuten nur tschechische Menschen angesammelt. Der Chemieprofessor Ladislav Vaněk behauptet, daß er sich persönlich an der Tat beteiligte. Gleichzeitig führt er an, daß der ganze Verlauf des Attentats gefilmt wurde (!) und daß er selbst wie ein Invalide in einem Rollstuhl saß, in dem ihn seine Freundin und Mitarbeiterin Eržika Šenoldová zum Tatort gebracht hatte.

Im Jahre 1961 jedoch hat er mir etwas anderes erzählt, daß er nämlich die Nachricht vom Ausgang des Attentates in der Ludikar-Villa in Tiefenbach abgewartet hätte. 1967 schrieb er, daß an der Kurve noch die Paraschutisten „Švarc und Opálka, von der heimatlichen Widerstandsbewegung Jaroslav Smrž, Kapitän Karel Pavlík und Oldřich Frolík" standen; Vaněk sagt, daß der letztere der Vertreter von Karel Pavlík war, der sich in den Märztagen 1939 durch den Widerstand seiner Einheit gegen die eingedrungenen Nazis ausgezeichnet hatte. Der Mann, der so knapp vor Heydrichs Wagen die Straße überquerte, soll der Paraschutist Švarc gewesen sein. Sofern Heydrich in Begleitung gefahren wäre, hätte Pavlík die Aufgabe des Befehlshabers – so behauptet Vaněk und fügt hinzu: „Dem Plan der Aktion entsprechend sollte Kubiš unter Assistenz einer weiteren Sturmabteilung die Explosion des Gasreservoirs in Lieben herbeiführen, womit die Aufmerksamkeit vom Ort des Attentates abgelenkt worden wäre."

Das alles (gemeint sind Vaněks Angaben über die „Sturmabteilungen" und „Reserven" u. ä.) sieht überkombiniert und erst nachträglich erdacht aus. Überlegen wir doch: Vaněk zufolge sollen sich in der Umgebung des Tatortes mindestens zehn Männer und eine Frau aufgehalten haben! Kubiš, Gabčík, Valčík, Atja Moravec, Švarc, Opálka, Smrž, Pavlík, Frolík und Vaněk in seinem Invalidenstuhl, der Gelähmtheit vortäuschte. Außerdem soll das Attentat gefilmt worden sein, was noch weitere Personen erfordert hätte, denn von Pavlík und Frolík, die an der Spitze der „Reserven" standen (Vaněk benützt den Plural), konnte man zusätzliche Dreharbeiten nicht verlangen. Man sieht sich fast zu Ironie veranlaßt: In der Haarnadelkurve „drängten sich" Menschen wie bei einer Manifestation zusammen.

Es hat schon viele, mehr als viele Versuche gegeben, die Rolle des einen oder andern während des Attentates aufzubauschen. Beim Nachweis jedweder möglichen Teilnahme muß man gerecht, unparteiisch und objektiv sein, mancherlei Eventualitäten jedoch werden wahrscheinlich für immer Mutmaßungen bleiben. Was wir im Kapitel „Die Haarnadelkurve" gelesen haben, entsprang der Phantasie des Autors. Eine genaue Rekonstruktion des Attentates wird schwerlich jemandem gelingen, Gabčík und Kubiš haben keine Aufzeichnungen hinterlassen, und die Erinnerungen der Zeugen sind ungenau, zum Großteil nicht kontrollierbar.

Wenn wir danach forschen wollten, was Kubiš und Gabčík anschließend taten, werden abermals Widersprüche auftauchen.

Etwa Kubiš. Er fuhr nach unten in Richtung Lieben, lehnte sein Fahrrad an die Baťa-Verkaufsstelle und ging zu Fuß weiter zur Familie Novák, wo sich die Hausfrau um seine Verwundung kümmerte. Eine andere Frau erzählt, daß sich Kubiš hier eine Eisenbahneruniform anzog, was nicht auszuschließen ist, weil Novák bei der Eisenbahn beschäftigt war. Der Widerstandskämpfer Prof. Ogoun aus Dewitz jedoch erinnert sich, was ihm Kubiš erzählte:

„. . . ich habe mich dort (bei Nováks) ein wenig gewaschen und bin in die Wohnung eines bekannten Eisenbahners gegangen. Ich machte mich noch weiter frisch und habe dessen Uniform angezogen, seine blaue Kappe aufgesetzt und bin zu einer bekannten Ärztin gegangen, bei der ich mich im Notfall melden konnte."

Und weiter? Hat er die Familie Fafek aufgesucht? (Die Schwester von Frau Fafková und Dr. Janovská vom Tschsl. Roten Kreuz erinnern sich, daß in der ersten Nacht nach dem Attentat Gabčík und Kubiš bei Fafeks übernachtet haben sollen.) War Kubiš bei Dr. Lyčka, der ihn behandelte? Jene „bekannte Ärztin" soll Dr. Milada Frantová, eine Augenärztin, gewesen sein, die später hingerichtet wurde.

In das Haus in Veitsberg, wo der Oberlehrer Zelenka wohnte, kam Kubiš angeblich erst am nächsten Tag. Aber hat sich da die Frau aus Veitsberg nicht geirrt? War es nicht gleich nach dem Attentat? Wie anders ist ihre Erinnerung daran zu erklären, daß ihr Mann mit einer Pinzette Bombensplitter aus Kubiš' Körper herauszog, ihm auf die blutige Brust einen Wattebausch legte und ihm auch ein neues Leibchen gab. Falls dies wirklich erst am folgenden Tag geschehen wäre, wo hätte sich Kubiš den ganzen 27. Mai über aufgehalten?

Prof. Ogoun hat erklärt, daß er bei ihnen war. Seine Frau jedoch behauptet, daß Kubiš am 28. Mai, also erst am nächsten Tag, gekommen war, während sie Gabčík nach dem Attentat überhaupt nicht gesehen hätten. Kubiš sah entsetzlich müde und abgehetzt aus, so daß sie ihn kaum erkannte. Er wusch sich, sie beseitigte mit einer Pinzette die restlichen Splitter, reinigte sein Hemd, und er legte sich hin und schlief ein. Vor dem Weggehen ersuchte er die „maměnka" („Mutti"), wie sie genannt wurde, den Nachbarn Křiklán zu holen, mit dem er sich dann in ein Nebenzimmer setzte und etwas besprach, vielleicht auch über den Verlauf des Attentates. Herr Křiklán ist inzwischen gestorben, so daß er uns nichts mehr sagen konnte. Aber es sind seine eigenhändigen Anmerkungen zurückgeblieben, in denen es u. a. heißt:

„Am 26. 5. 1942 waren sie in Breschan, nur so flüchtig, wie schon oft zuvor, aber über ihre wahren Ziele haben sie niemals mit jemandem gesprochen. Nach ihrer Rückkehr von der Besichtigung Breschans waren sie zum Mittag- und Abendessen in Dewitz (bei Professor O.) und den ganzen Nachmittag sowie auch nachts bei ihnen (Gabčík war abends ausgegangen und um 10 Uhr zurückgekommen) bis zum Morgen, da sie dann sehr zeitig wegfuhren."

In Křikláns Aufzeichnungen gibt es eine interessante Angabe, wonach die beiden noch am Tag des Attentates Breschan besucht hatten:

„Nach der morgendlichen Besichtigung Breschans am Tag des Attentats standen Kubiš und Gabčík schon ab neun Uhr an dem bestimmten Ort in Bereitschaft. Von dort hat Gabčík einige Male bei Fafeks angerufen. Wie mir Kubiš auf meine direkte und ausdrückliche Frage wörtlich zur Kenntnis gab, *hatten er und Gabčík das Attentat ganz allein ausgeführt, also nur sie zwei ohne jedwede Zusammenarbeit mit anderen, deren Mitarbeit sie auch sonst niemals in Anspruch genommen hatten.*"

So unterstrichen hat Křiklán diesen letzten Satz auch in seinen Aufzeichnungen – er ist nämlich wichtig. (Nur nebenbei: Auch die Schwester von Frau Fafková behauptet, daß an der Kurve nur Kubiš und Gabčík standen, was ihr Gabčíks Verlobte Liběna berichtete. Křiklán schildert weiter das ganze Geschehnis folgendermaßen:

„Nach dem Attentat ging Zdeněk (Gabčík) zu Fafeks. Er badete sein Bein, das er sich bei dem Sprung über einen Zaun verletzt hatte, in heißem Wasser und färbte sich die Haare mit Kamille, um ein wenig anders auszusehen. Mit Fräulein Liběna Fafková ging er dann weg, um sich einen neuen grünen Hut zu kaufen. Als er für eine Weile an der Ecke Karlsplatz/Resselgasse stehenblieb, trat ein SS-Offizier, der ihn dem grünen Hut nach für einen Deutschen hielt, auf ihn zu und bat um Feuer für seine Zigarette. Zdeněk zündete sie ihm mit einer großen Geste an. An jenem Tag übernachtete Zdeněk bei Fafeks. Kubiš hatte die Nacht mit Besuchen bei verschiedenen Bekannten an der Peripherie verbracht, am 28. 5. nachmittags kam er in Eisenbahnerkleidung zu O., dem Dewitzer Widerstandskämpfer. Den ganzen Nachmittag und auch die Nacht über wurde er von Frau O. behandelt und gepflegt, die dann noch eine zweite Nacht durchwachte, um aus seinem Auge, dem Gesicht und der Brust Bombensplitter zu entfernen. Jaroslav (Kubiš) war damals mit angeschwollenem Gesicht und verbundenem Auge zu den O.s gekommen und kaum zu erkennen gewesen. Früh um halb sechs suchte uns Frau Ogounová auf, um mir zu sagen, ich möchte zu Jarka kommen, der mit mir sprechen wollte. Ich gab ihr Sedormit, das ihre Nerven stärken sollte, kleidete mich an und gab auch, bevor ich wegging meiner Frau dieses Medikament. Jarka fand ich im Bett liegend vor, den Kopf in kühle Umschläge eingehüllt, welche die Schwellungen sehr schön hatten zurückgehen lassen. Mit dem Auge konnte er wieder sehen, nur einige grünliche Stellen waren nach den Bombensplittern zurückgeblieben; auch die allerkleinsten von ihnen mußten sorgfältig entfernt werden, die Bombe war vergiftet. Jarka war ruhig wie immer, friedlich und bedächtig, kein Mensch hätte bei seinem Anblick geglaubt, daß Jarkas ruhige Hand gestern mit im Spiel war. Er forderte die „Mutti" auf, sich hinzulegen und auszuruhen, und begann zu erzählen: Am Morgen des 27. 5. waren nur er und Zdeněk in Breschan, um sich zu überzeugen, daß Heydrich anwesend war und zur Burg fahren werde. An der bekannten Straßenkrümmung stiegen sie, nachdem sie nach Prag zurückgekehrt waren, von ihren Fahrrädern, die sie an den vorgesehenen Plätzen abstellten, und postierten sich vorläufig in der Nähe der Straßenbahnhaltestelle. Hier legte Zdeněk in der Aktentasche, über die er seinen Regenmantel geworfen hatte, „aus dem Gedächtnis" die aus drei Teilen bestehende Maschinenpistole zusammen. Sie mußten lange warten, aber Kubiš war sich gewiß, daß sie keinerlei Aufsehen erregten.

Dann wiederholt Křiklán einige bereits bekannte Tatsachen und beschreibt den Verlauf des Attentas. Vielleicht nur noch ein Detail, wo es heißt:

„Bei der Baťa-Filiale in Lieben stellte Kubiš sein Fahrrad ab und suchte die Frau eines Arbeiters auf, deren Adresse er hatte, wo er sich wusch und behandeln ließ. Von hier ging er nach längerer Zeit weg und suchte an der Stadtperipherie einen Bekannten nach dem andern auf, ging die ganze Nacht und den folgenden Tag umher, dann besuchte er wieder O., um Ruhe zu finden und sich nochmals das Hemd waschen zu lassen, weil er ständig blutete."

Wenn wir jetzt alle Aussagen und Nachrichten aufmerksam vergleichen, können wir selbst erkennen, wie unterschiedlich sie sind.

Vor allem behauptet Křiklán, daß ihm Kubiš erklärte, das Attentat hätten nur er und Gabčík ausgeführt! Ähnlich auch die Frau des Pardubitzer Zeugen, was allerdings in krassem Widerspruch zu allem steht, was wir bis jetzt gehört haben. Hat also Kubiš die Wahrheit gesprochen und sind alle jene „Hilfskräfte" nur Erfindungen von Leuten, die erst nachträglich nach Taten oder nach Ruhm dürsteten? (Wir dürfen aber nicht die Skizze der deutschen Kriminalkommission vergessen, auf der ein dritter „Mann mit einem Spiegel" eingezeichnet ist.) Oder hat Kubiš nur deshalb Křiklán gegenüber behauptet, daß „nur sie zwei es taten", um – was der Wahrheit nahekommt – die andern zu decken?

Allerdings gibt es auch Widersprüche in Details: J. Ogoun hat angeblich von Kubiš erfahren, daß dieser nach dem Attentat „in die Wohnung eines ihm bekannten Eisenbahners gegangen war". Křiklán dagegen hat in seinen Anmerkungen geschrieben, daß Kubiš die Frau eines Arbeiters aufsuchte, deren Adresse er bekommen hatte und „bei der er noch nie zuvor gewesen war". Er kannte demnach diese Leute nicht. „Es handelte sich um die Familie des Eisenbahners Novák. Von da ging er zur Rustonka, wo er sich von Dr. Lyčka behandeln ließ, der eine Straßenbahneruniform trug, die sich Oktábec von Münzberger geliehen hatte.)

Und noch eine Überraschung wird uns in Křikláns Aufzeichnungen bereitet. Sie enthalten nämlich Auszüge aus Prof. Ogouns Kalender für das Jahr 1942. Das Original hat Ogoun noch während des Krieges dem Platzwart des Fußballklubs SK Slavia auf dem Belvedere in Prag gegeben, damit er es „irgendwo auf der Tribüne oder in einem Lager" versteckte. Sie waren gute Bekannte, weil Ogouns Sohn ein hervorragender Leichtathlet bei der Slavia war. Während des Prager Aufstandes im Jahre 1945 hatten die Nazis an die Tribüne Feuer gelegt, und die Aufzeichnungen waren verbrannt.

Unter Křikláns Papieren sind jedoch Daten aus diesem Kalender zurückgeblieben. Aus ihnen können wir wenigstens zum Teil den

Ablauf einiger Ereignisse während der letzten Monate ersehen. (Die in Klammern stehenden Sätze sind Erläuterungen.)

29. 4. Frau Fafková hat die Kartoffeln schon herbeigeschafft.

11. 5. Mařenka bei den Zikas und auf den Weinbergen bei Petr.

Das bedeutet, bei Petr Fafek nachzufragen, wann die Burschen kommen.

14. 5. „Onkel". (d. i. Hajský, der eine Übersiedlung der Burschen vermitteln will.)

18. 5. „Mutti" (d. i. Frau Fafková) bei uns.

19. 5. Übersiedlung der Burschen. (An diesem Tag zogen beide in Prof. Ogouns Wohnung in Dewitz um.)

21. 5. Den ganzen Nachmittag über repariere ich die Galoschen der Burschen. Bei uns herrscht große Unruhe, es klappt nichts. Viel Lärm.

23. 5. Herr Křiklán bei uns, zwei Anzüge und Schuhe. „Onkel" hat sich zu einer kurzen Aussprache mit Dolfík eingestellt. (Also Hajský mit dem Paraschutisten Opálka.)

25. 5. (Besuch eines Bekannten.) Jarka erzählt von seinen Reisen.

26. 5. Jarka erzählt.

27. 5. Luboš maturiert. Ich säubere das Vorzimmer. Attentat auf den stellv. Protektor. Aber zum Glück nicht gelungen ... (Diesen Satz hat Ogoun damals eines eventuellen Alibis wegen hinzugeschrieben.)

28. 5. Nächtliche Durchsuchungen von Wohnungen.

29. 5. Dr. Stejskalová bei uns. (Sie kam nachzufragen, ob Ogoun bereits eine Mütze beschafft hat, die jener von Luboš ähnlich wäre, die am Tatort zurückgeblieben war. Sie wurde dann im Schaufenster der Firma Baťa am Wenzelsplatz ausgestellt, um zu erfahren, ob sie nicht jemandem von der Prager Bevölkerung bekannt ist.)

Reluše referiert über die Prüfung. (Es bedeutet, daß die Burschen schon ein Versteck aufgesucht haben.) Ich habe Mineralwasser mit Cognac getrunken. Großer Durst bei den Nachbarn (d. i. bei den Křiklans.)

30. 5. Zwei Flaschen für „Onkel" und die Burschen. (Diese waren bereits in ihrem Versteck, in der Krypta, die Kubiš noch einmal verließ, um mitzuteilen, daß sie dort unter Kälte litten. Er bekam Schokolade und Tee.

31. 5. ... Abschied vor der Abfahrt. (Ogoun sucht freiwillig eine Anstalt für Geisteskranke auf, um ein Alibi zu haben.)

Das also sind einige Eintragungen aus jenem alten Kalender.

Trotzdem aber bleiben noch viele Angelegenheiten ungeklärt. So wird zum Beispiel im Veitsberger Haus, wo Zelenka-Hajský wohnte, behauptet, Kubiš habe ihnen dort eine Granate zurückgelassen. Auch Frau Khodls Schwester aus ihrer Erinnerung heraus, daß Kubiš im Lauf des Tages bei ihnen erschienen war und eine Granate versteckt hatte. Wir wissen allerdings, daß eine Bombe in der Aktentasche am Tatort zurückgeblieben war und die zweite Kubiš auf Heydrichs Wagen geworfen hatte. Wieviel davon müßte er demnach gehabt haben?

Auch die Frage des Verstecks der Paraschutisten bedarf einer Aufklärung. Die Kirche in der Resselgasse war nicht die erste Möglichkeit. Fafek hatte auch an anderen Stellen nachgefragt. Ihm war zum Beispiel Amschelfeld oder Seltschan vorgeschlagen worden, er hatte auch ein Versteck in den Wäldern unweit der Heilanstalt der Masaryk-Liga gegen Tuberkulose erwogen und sogar mit deren Verwalter ein Abkommen getroffen; einem andern Plan zufolge sollten sich die Burschen im Keller der Bethlehemskapelle in Veitsberg verstecken, wo eben die Installierung einer Zentralheizung vorbereitet wurde. Hajský jedoch, dem Fafek von den verschiedenen Möglichkeiten erzählte, entschied sich, nachdem er alles bedacht hatte, nach entsprechender Beratung für die Cyrillus-Methodius-Kirche.

Aus einigen Zeugenaussagen geht hervor, daß Kubiš und Gabčík, bevor sie die Krypta aufsuchten, einander aus den Augen verloren hatten; sie ließen an verschiedenen Stellen Nachrichten zurück, und es verging zumindest ein ganzer Tag, bevor sie wieder zusammenkamen.

Wo war zu jener Zeit Gabčík?

Angeblich hatte er Frau Zelenková in Veitsberg mit einem Blumenstrauß aufgesucht, sich dort einen Regenmantel ausgeliehen (jemand behauptet, daß er ihn eine halbe Stunde nach dem Attentat von der Familie Svatoš am Wenzelsplatz bekommen hatte) und war zu Fafeks gefahren. Das klingt ziemlich glaubwürdig, wenn wir bedenken, daß er mit einer ihrer Töchter verlobt war. (Es wird auch von dem Veitsberger evangelischen Pfarrer Kristián P. Lanštják bestätigt, den Gabčík und Liběna, „als die Tulpen blühten", aufgesucht und gebeten hatten, „vierzehn Tage nach dem Krieg" das Aufgebot ihrer Verlobung zu veröffentlichen.

Am Nachmittag nach dem Attentat ging Gabčík in die Stadt, um sich einen Hut zu kaufen; es war eine Art Tirolerhütchen mit

Schnüren, der ihm das Aussehen eines „Germanen“ verleihen sollte. (So Křiklán in seinen Aufzeichnungen.)

Welches war Josef Gabčíks weiteres Schicksal? Vom Mittwoch zum Donnerstag übernachtete er bei Fafeks, und dann? Die Antwort darauf finden wir da, wo wir sie nicht erwartet hätten: Am 3. September 1942, einem Donnerstag, fand unter dem Vorsitz des Kommandanten der Prager Gestapo, Otto Geschke, eine Gerichtsverhandlung gegen einige Leute statt, die Kubiš und Gabčík geholfen hatten. Und hier sagte auch Anna Malinová, Gabčíks vertraute Freundin, die in der Sommerbergstraße unmittelbar unterhalb des Hradschin wohnte, aus. (Dorthin brachte stets der Tischler František Šafařík, dessen Zeugenaussage wir im ersten Teil dieses Buches zitierten, Informationen über Heydrichs Ankünfte auf und Abfahrten von der Burg.) Die Malinová behauptete, daß Gabčík sie einen Tag vor dem Attentat, also am Dienstag, besucht hatte. (Dies würde auch mit Křikláns Aufzeichnung übereinstimmen, wonach Gabčík den Tag vor dem Attentat sich bis 10 Uhr abends irgendwo draußen aufgehalten hatte.) Dann wäre er, so Anna Malinová, erst am Donnerstag wiedergekommen. (Richtig, denn den Mittwochnachmittag nach dem Attentat verbrachte er mit Liběna Fafková.) Er soll sehr erregt gewesen sein.

Als sie ihn nach dem Grund fragte, antwortete er: „Es hat ein Attentat stattgefunden, Anna, weißt du das nicht?“ Erst später soll er ihr, wie die Malinová vor Gericht sagte, mitgeteilt haben, daß er einer der Täter wäre. Gabčík blieb bei ihr bis zum 1. Juni, ohne das Haus zu verlassen. Am Montag, als er wegging, versprach er, später wiederzukommen. Aber wohin er gehen wollte, sagte er nicht. Dann hat sie ihn nie wiedergesehen.

Soweit die Aussage der Anna Malinová. Es sollte daraus hervorgehen, daß Gabčík vom Donnerstag bis zum Montag sich bei ihr versteckt gehalten hatte und von hier direkten Weges in die Krypta gegangen war. Dies würde auch mit der Aussage des Kaplans Petřek übereinstimmen, der Diener in jener Kirche war, wo sich die Attentäter verborgen hielten. Er hat nämlich angeführt, daß am Montag, dem 1. Juni, „morgens ein siebenter Mann kam, sich mit einer Legitimation auf den Namen Vyskočil auswies und mit den andern zusammenblieb.“

Heute wissen wir, daß Vyskočil Gabčík war.

Kubiš soll laut Petřek schon am Samstag die Krypta aufgesucht haben. Sein Ausweis lautete angeblich auf den Namen Navrátil, „er hatte ein stark blutunterlaufenes Auge und benötigte ärztliche Behandlung.“

(Wir wollen hinzufügen: Er brauchte nicht nur einen Arzt, sondern auch jemanden, dem er sich hätte anvertrauen können. Im Kopf ging ihm ständig die Frage herum: War es richtig gewesen, die Bombe zu werfen? Die Faschisten sind jetzt auf fürchterliche Rache bedacht und morden tagtäglich Dutzende unschuldiger Menschen. Für den im Grunde biederen Kubiš war es nicht leicht, sich mit diesem Gedanken abzufinden, es quälte ihn, daß er mit seinem ehrlichen, einfachen Charakter vergeblich nach Antwort auf seine Frage suchte und anscheinend nicht fand. Daß dieser auf den ersten Blick fröhlich wirkende, vor Frauen oft als Herzensbrecher sich gebärdende junge Mann keiner dieser mitleidlosen Fragen und Antworten aus dem Wege gehen wollte, wird an Hand eines einzigen Liebesbriefes, den er am 12. Mai an Marie Žilanová schrieb, deutlich. „... Vielleicht werden Sie bei der Erinnerung an uns denken: Das waren aber zwei ...! Aber so sind wir nicht. Auch wir haben Gefühle und ein Herz, das für jemanden schlagen möchte, aber eben das müssen wir immer unterdrücken.")

Und die anderen?

Atja Moravec, dessen letzte traurige Stunde erst nach einigen Wochen schlagen wird, fuhr nach Pisek. Seine Mutter hatte ihn hingeschickt. Sie selbst hatte – wie wir an Hand der Aussage des Hausverwalters Špinka wissen – ebenfalls Prag verlassen. Noch vorher aber hatte sie in Pardubitz Bartoš aufgesucht, der mit Gelenkrheumatismus krank und zu jeder Bewegung unfähig im Bett lag, und sich von ihm Gift geben lassen. Weil aus London noch keine neue Dosis eingetroffen war, obwohl Bartoš sie bestellt hatte, bekam „Tante" Moravec eine Giftkapsel von der Frau des Pardubitzer Zeugen. Frau Moravec verbarg sie unter einer großen braunen Kamee, die sie ständig am Hals trug.

Das Attentat hatte also stattgefunden, aber nur schwer werden jemals ganz exakte Einzelheiten dazu festgestellt werden können. Somit taucht hier die berechtigte Frage auf: Wenn wir zu diesem Schluß gelangt sind, waren unsere Monologe überhaupt sinn- und zweckvoll? Da wir auch mit ihrer Hilfe doch nicht die volle Wahrheit enthüllen können? Da sie doch in vielem zueinander im Widerspruch stehen?

Uns ist bekannt, daß die Bedeutung oder Glaubwürdigkeit der einzelnen Zeugenaussagen von unterschiedlichem Gewicht sind. Jeder einzelne dieser Zeugen geht in seinen Monologen naturbedingt in seiner persönlichen Art und Weise an die Dinge heran, sieht nur einen Teil davon, und dies lediglich aus seinem Blickwinkel. Dabei kommt es unweigerlich zu Irrtümern, wie bei dem

Chemieprofessor Ladislav Vaněk, bei dem Hausverwalter František Špinka oder anderen. Es ist fast sicher, daß weitere Überprüfungen des das Attentat betreffenden Materials mancherlei technische Details der Tat genauer zutage bringen werden – der Sinn unserer Monologe liegt jedoch in etwas anderem. Trotz aller Widersprüche und gelegentlicher Irrtümer, die sie enthalten, vermitteln sie überzeugend die Erkenntnis: Die Haltung der tschechischen Menschen gegenüber dem Faschismus war völlig eindeutig.

Der vierte Monolog des Historikers

Die Nazis waren aus ihrer Überraschung erwacht und begannen zu handeln. Um 12.15 Uhr gibt K. H. Frank die Nachricht von dem Attentat telefonisch Hitler bekannt, der sich vor allem entrüstet, daß Heydrich ohne Begleitung war. Zugleich ordnete er an, daß die Geschäfte des Reichsprotektors vorläufig Frank führen sollte, verbot ihm, ohne Begleitung zu fahren, und versprach ihm einen Panzerwagen. Ferner befahl er, nach den Tätern zu forschen und für ihre Festnahme eine Belohnung in Höhe einer Million Reichsmark auszuschreiben. Auch entschied er, daß jeder, der die Aktion der Attentäer unterstütze oder von ihnen wüßte, ohne es bekanntzugeben, samt seiner Familie erschossen werden sollte. Schließlich forderte er Frank auf, zur Warnung 10 000 verdächtige Tschechen zu verhaften und hinzurichten.

Am Nachmittag gibt Frank auf Grund von Hitlers Instruktionen eine Bekanntmachung heraus, in der es heißt:

„1. Am 27. Mai 1942 wurde auf den Stellvertretenden Reichsprotektor, den SS-Obergruppenführer Reinhard Heydrich, ein Attentat begangen. Auf die Ergreifung der Täter wird eine Belohnung von zehn Millionen Kronen ausgesetzt. Jeder, der den Tätern Unterkunft oder Hilfe gewährt bzw. Kenntnis von ihren Personen oder Unterkünften hat und es nicht zur Anzeige bringt, wird mit seiner ganzen Familie erschossen.

2. Über den Bezirk des Oberlandrates in Prag wird vermittels dieser Nachricht im Rundfunk der zivile Ausnahmezustand verhängt. Es werden folgende Maßnahmen angeordnet:

a) der gesamten zivilen Bevölkerung ist verboten, ab 27. Mai 21 Uhr bis zum 28. Mai 6 Uhr das Haus zu verlassen;

b) zur gleichen Zeit sind alle Gastwirtschaftsbetriebe, Lichtspielhäuser, Theater und andere öffentliche Vergnügungsstätten geschlossen zu halten und alle öffentlichen Verkehrsmittel einzustellen;

c) wer über dieses Verbot hinaus sich in der angeführten Zeit auf der Straße zeigt und nicht gleich der ersten Aufforderung zum Stehenbleiben gehorcht, wird erschossen;

d) weitere Maßnahmen bleiben vorbehalten und werden im Notfall durch den Rundfunk bekanntgegeben.

Prag, am 27. Mai 1942 Der Höhere Leiter der SS und Polizei beim Reichsprotektor in Böhmen und Mähren K. H. Frank"

Damit hatte eine der blutigsten Abschnitte in der neuzeitlichen böhmischen Geschichte ihren Anfang genommen.

Der deutsche Rundfunk gab den Ausnahmezustand um 16 Uhr 30 bekannt. Die tschechische Meldung folgte um 17 Uhr 04. Jede halbe Stunde wurde die ganze Bekanntmachung wiederholt. Der städtische Rundfunk Prag brachte sie ab 19 Uhr 40 in Abständen von zehn Minuten, ab 20 Uhr 20 alle fünf Minuten zur Verlesung.

K. H. Frank teilte Himmler mittels Fernschreiben die Ausrufung des Ausnahmezustandes mit. Himmler bestätigte um 20 Uhr 05 den Empfang der Nachricht, sprach sein Einverständnis mit den erlassenen Maßnahmen und die Forderung aus, von jenen 10000 Geiseln zur Warnung noch in der gleichen Nacht hundert der „bedeutendsten" Gegner des Reiches zu erschießen.

Am späten Abend des 27. Mai brachte der Funk einen weiteren „Erlaß", demzufolge das Standrecht auf das ganze Protektorat Böhmen und Mähren ausgedehnt wird; die Sendung fand um 21 Uhr 32 statt. Auch hier hat K. H. Frank unterschrieben, welcher der Meinung war, daß seine Stunde nunmehr gekommen sei. Darum ist er so übereifrig, darum so bemüht, dem „Führer" zu beweisen, daß er der allerbeste Protektor wäre. Einen Tag nach dem Attentat, am 28. Mai, fliegt Frank in einem Sonderflugzeug zu Hitler, um ihm zu berichten, was alles er auch persönlich bereits getan hatte.

Er wollte Hitler Vorschläge und Pläne vorlegen, auf welche Weise die Lage im Protektorat weiterhin zu lösen wäre, und machte sich dementsprechende Anmerkungen:

„1. Demonstration deutscher Stärke! Große Aktionen im ganzen Protektorat (Panzerwagen in Prag).

2. Sofortige Hinrichtung aller Verdächtigen und Helfershelfer samt Familien, aber keine Massenverhaftungen oder massenhafte Exekutionen.

3. Hohe Belohnungen an Tschechen, die bei den Nachforschungen mithelfen.

4. Direkte Drohung, die Aufhebung der Autonomie betreffend.

a) Termin: binnen drei Wochen sämtliche Elemente des Widerstandes aus dem Leib der Nation beseitigen;

b) positiv: Aufforderung zur Bildung einer Art von „Reichsfront" oder dgl.;

c) Einschaltung der Regierung mit Hácha an der Spitze, Kundgebungen an das Volk, schärfster Kampf London-Beneš-Moskau, tschechische Mentalität, 10 000 000 K, Versammlungsfreiheit; Welle von Kundgebungen im ganzen Protektorat mit Rundfunkübertragung – alle Minister, auch führende Persönlichkeiten (Resonanz beim Volk hervorrufen), die Regierung ist heute schon zu allem bereit!

d) Übernahme der tschechischen Exekutive unter deutschen Befehl;

e) sollte wider Erwarten der Widerstand anwachsen und keiner der Täter gefaßt werden, dann Auflösung des Protektorates, Errichtung eines Polizei-Gaues und Erschießung einer größeren Zahl von KZ-Häftlingen (7000) sowie Angehörigen der Intelligenz, die erneut zu verhaften wären."

Beim Vergleich von Franks Anmerkungen mit den am 27. Mai von Hitler telefonisch erhaltenen Instruktionen überrascht uns eines: Hitler hat die Verhaftung und Hinrichtung von 10 000 Menschen gefordert, Frank trägt im Gegensatz dazu am kommenden Tag dem „Führer" mündlich den Vorschlag vor, zwar alle, die von den Attentätern etwas wußten oder ihnen halfen, samt Familie augenblicklich zu erschießen, jedoch keine „Massenverhaftungen" zu veranstalten.

Frank nämlich betrachtete – vorläufig – Massenmorde als ungünstig, weil „man damit den Wünschen der Feinde entgegenkäme, die derartige Maßnahmen erwarten und sie herbeiwünschen, um beweisen zu können, daß Attentate und Sabotagen Arbeit der gesamten Nation und von der gesamten Nation auch gebilligt wären. Auf der Welt muß mit dem Eindruck, daß es um einen Aufstand ginge, aufgeräumt werden. Wir müssen es ‚vereinzelte Aktionen' nennen."

Es war raffiniert.

Hitler gab seine Zustimmung.

Am Vorabend des 30. Januar 1937 trafen sich bei einem sogenannten Kameradschaftsabend des Reichs- und Preußischen Innenministeriums (am Tisch von links vorn beginnend):
Gruppenführer Heydrich, General Daluege, Staatssekretär Pfundtner, Frau Frick, Reichsführer SS Himmler, Ministerialdirektor Gütt, Staatssekretär Stuckart und Reichsminister Dr. Gürtner.

Auf der Prager Burg hatte inzwischen Kurt Daluege, betraut mit der Führung von das Protektorat betreffenden Angelegenheiten, sein Amt angetreten. Es erschienen weitere Bekanntmachungen, es gab bereits die ersten Dutzende von Toten, die Nachforschungen dehnten sich immer mehr aus. Die Nazis tappten im dunkeln und hatten nicht die geringste Ahnung, wer die Attentäter sein könnten. Mit einem Mal erinnerten sie sich an jenen geheimnisvollen Mann aus Pardubitz, dessen Fotografie sie bei dem erschossenen Stabskapitän Morávek gefunden hatten. Sie wußten, daß der Unbekannte in einem dortigen Hotel als Kellner gearbeitet hatte, daß es möglicherweise ein Paraschutist gewesen war, der vielleicht – so fiel ihnen ein – mit dem Attentat etwas zu tun haben könnte. Wir

100.000 Kronen

Belohnung!

Wer kennt diesen Mann und wo hält er sich auf?

100.000 korun

odměny!

Kdo zná tohoto muže a kde se zdržuje?

Der Abgebildete heißt Miroslav Valčik, geboren 20. I. 1920 in Göding.

Der Mann wird wie folgt beschrieben:

„Ungefähr 1.65 groß, blondes bis hellblondes nach hinten zurückgekämmtes Haar, welches an der rechten Seite etwas seitlich abfällt, so daß der Eindruck eines Scheitels besteht. Rundes volles Gesicht, gesunde rötliche Gesichtsfarbe, reine Haut (keine Pickel), bartlos, glatt rasiert. Blaue Augen, normale Nase und etwas kleine und angelegte Ohren."

Mitteilungen aus der Bevölkerung, die zur Ergreifung des oben Abgebildeten führen und auf Wunsch streng vertraulich behandelt werden, erbittet unter Hinweis auf die ausgesetzte Belohnung von 100.000 Kronen die Geheime Staatspolizei, Staatspolizeileitstelle Prag, Prag II, Bredauergasse 20, Tel. 30.041, Hausapparat 156, oder jede andere deutsche Polizeibehörde oder jede Protektoratspolizeidienststelle.

Prag, den 28. Mai 1942.

Der Leiter der Staatspolizeileitstelle Prag

gez. **Dr. Geschke,**

461 **ϟϟ-Standartenführer.**

Zobrazený muž se jmenuje Miroslav Valčík, narozený 20. I. 1920 v Hodoníně.

Tento muž je popisován takto:

„Vysoký asi 1 m 65 cm, plavé až světle plavé dozadu sčesané vlasy, které na pravé straně spadají trochu stranou, takže vzniká dojem pěšinky. Okrouhlý, plný obličej, zdravá načervenalá barva obličeje, čistá pleť (žádné vřídky), bezvousý, čistě oholený. Modré oči, normální nos a poněkud malé a přiléhající uši."

Sdělení z řad obyvatelstva, která povedou k dopadení výše zobrazeného muže a jež na přání budou projednávána přísně důvěrně, si vyžaduje s poukazem na vypsanou odměnu 100.000 korun tajná státní policie, hlavní úřadovna státní policie Praha (Staatspolizeileitstelle Prag), v Praze II., Bredovská ulice 20, telefon 30041, domácí klapka 156, nebo každý jiný německý policejní úřad a každá protektorátní policejní úřadovna.

V Praze dne 28. května 1942.

Vedoucí hlavní úřadovny státní policie Praha.

Podepsán **Dr. Geschke,**

ϟϟ-Standartenführer.

Eine Bekanntmachung vom 28. Mai 1942, mit der die Gestapo die Auslösung von Nachforschungen nach Josef Valčik unter der Annahme bekanntgibt, daß er an dem Attentat teilgenommen haben könnte. (Im Text sind irrtümlich der Vorname Miroslav sowie ein falscher Ort und Tag der Geburt angeführt.)

wissen, daß sie mit ihrer Annahme grundsätzlich recht hatten. Und so erschien schon am 28. Mai an allen Plakatwänden und -säulen folgende Bekanntmachung mit Fotografie:

100.000 Kronen Belohung!

Wer kennt diesen Mann und wo hält er sich auf?

Der Abgebildete heißt Miroslav Valčík, geboren am 20. 1. 1920 in Göding.

Der Mann wird wie folgt beschrieben:

„Ungefähr 1.65 groß, blondes bis hellblondes nach hinten zurückgekämmtes Haar, welches an der rechten Seite etwas seitlich abfällt, so daß der Eindruck eines Scheitels besteht. Rundes volles Gesicht, gesunde rötliche Gesichtsfarbe, reine Haut (keine Pickel), bartlos, glatt rasiert. Blaue Augen, normale Nase und etwas kleine und angelegte Ohren."

Mitteilungen aus der Bevölkerung, die zu Ergreifung des oben Abgebildeten führen und auf Wunsch streng vertraulich behandelt werden, erbittet unter Hinweis auf die ausgesetzten 100.000 Kronen die Geheime Staatspolizei, Staatspolizeileitstelle Prag, Prag II, Bredauergasse 20, Tel. 3 00 41, Hausapparat 156, oder jede andere deutsche Polizeibehörde oder jede Protektoratspolizeidienststelle.

Prag, den 28. Mai 1942

Der Leiter
der Staatspolizeileitstelle Prag
gez. Dr. Geschke,
SS-Standartenführer

Den Nazis selbst war jedoch klar, daß die Hypothese „Valčík als Täter" gewagt ist, und so wurde in der Bekanntmachung (die Ungenauigkeiten im Hinblick auf dessen Geburtsort und Geburtsdatum sowie Vornamen aufweist) sicherheitshalber nicht angeführt, warum plötzlich nach ihm gesucht wird. Sie wollten einer eventuellen peinlichen Blamage aus dem Weg gehen.

Inzwischen setzten auch die Nachforschungen nach direkten Zeugen ein. Der Gestapo wurden Passagiere vorgeführt, die im Augenblick des Attentates mit der Straßenbahn an der Kurve in Kobilis vorbeifuhren, ebenso Bewohner der anliegenden Häuser oder zufällige Passanten, einfach alle, die den einen oder andern Attentäter gesehen haben konnten.

Alle Sachen, die Kubiš und Gabčík am Tatort zurückgelassen hatten, wurden überprüft und umfassende Nachforschungen nach ihnen angestellt.

Am Tag, da Frank zu Hitler flog, erschien eine weitere, wiederum von Frank unterzeichnete Bekanntmachung, die ein wichtiges Dokument darstellt. Sie zeigt nämlich eindeutig, wovon die Nazis bis zu diesem Augenblick bereits Kenntnis hatten. Sie erschien in auffälliger Aufmachung.

ATTENTAT
auf
den Stellvertretenden Protektor

10 Millionen Kronen Belohnung
für sachdienliche Angaben, die zur Ergreifung
der Täter führen

Am 27. Mai gegen 10 Uhr 30 wurde gegen den Stellvertretenden Reichsprotektor, SS-Obergruppenführer Heydrich, ein Attentat begangen. Der Stellvertretende Reichsprotektor kam in seinem Wagen aus der Richtung Jungfern-Breschan durch die Kirchmayerstraße im Stadtviertel Prag-Lieben angefahren und wollte eben in die Klein-Holleschowitzerstraße einbiegen, um seine Fahrt in die Stadt fortzusetzen. Hier stellte sich dem Wagen ein Mann in den Weg, der versuchte, aus seiner automatischen Pistole auf die im Wagen sitzenden Personen zu schießen. Gleichzeitig warf ein zweiter Mann gegen den Wagen eine Sprengladung, die beim Aufprall explodierte. Nach dem Attentat flüchtete einer der Täter über die Kirchmayerstraße und die Koliner sowie Kapsel-Straße in den Laden des Metzgers František Brauner, Haus Nummer 22. Von hier, nachdem er einige Schüsse abgegeben hatte, setzte er seine Flucht zur Klein-Holleschowitzerstraße und wahrscheinlich in Richtung zur Stadt fort. Der zweite Täter flüchtete auf seinem bereitgestellten Fahrrad über die Kirchmayerstraße in Richtung Alt-Lieben.

Dieser Täter war ein Mann von mittelgroßer Figur, schlank, der in einen dunklen bis schwarzen Anzug gekleidet war und einen schwarzen Hut trug.

Der zweite Attentäter, der über die Kirchmayerstraße und Kolinerstraße flüchtete, wird folgend beschrieben: 160–162 cm groß, breitschultrig, von starker Figur, ein volles, rundliches, sonnengebräuntes Gesicht, breiter Mund mit aufgeworfenen Lippen, dunkles, nach hinten gekämmtes Haar, etwa 30–35 Jahre alt.

Dieser Mann hatte einen dunklen Anzug von etwa braundunkler Farbe mit hellen Streifen und braune Schuhe. Bei der Flucht war er ohne Kopfbedeckung.

Einer der Täter hat am Tatort einen sandfarbenen Mantel aus Ballonseide mit hellen Knöpfen zurückgelassen. Jeder der Täter war im Besitz einer Aktentasche, beide wurden am Tatort gefunden. In der einen befand sich eine beigefarbene schmutzige Ballonmütze aus Kamelhaar mit dem großen runden, blaugelben Firmenzeichen des Warenhauses „Weißer Schwan" („Bílá Labuť"). Der zu Fuß flüchtende Täter hinterließ in der Nähe des Tatortes ein Damenfahrrad der Marke „Moto-Velo J. Krčmář, Teplice", Fabriknummer 40-363. Dieses Damenfahrrad hat schwarze Räderkränze (Reifen) mit 9 mm breiten roten Streifen, Radgabel und Rahmen aus Elfenbein sind rötlich verziert, das rote Lenkrad schwarz gestreift, der rotbraune gefederte Sattel gut erhalten, die Satteltasche braun, der Kettenschutz schwarz, das stark beschädigte Schutznetz hell und dunkel gefärbt. Am Rad ist eine vernickelte Fahrradpumpe mit Fußhalter und einem 25 cm langen Schlauch. Auf diesem Rad hing eine der am Tatort gefundenen Aktentaschen.

Die Attentäter haben sicherlich längere Zeit, vielleicht sogar mehrere Stunden, am Tatort auf den Stellvertretenden Reichsprotektor gewartet.

Unter Hinweis auf die AUSGESETZTE BELOHNUNG VON 10 000 000 KRONEN, welche für Angaben aus den Reihen der Bevölkerung, die zur Ergreifung der Täter führen, ausgeschrieben ist und IN VOLLER HÖHE zur Auszahlung gelangt, werden folgende Fragen gestellt:

1. Wer kann Angaben über die Täter machen?
2. Wer hat die Täter am Tatort beobachtet?
3. Wem gehören jene näher beschriebenen Sachen, und wer vor allem vermißt jenes beschriebene Damenfahrrad, Mantel, Hut und Aktentaschen?

Sämtliche diese beschrieben Gegenstände sind ab heute neun Uhr im Schaufenster des Schuhgeschäftes Baťa, Prag II, Wenzelplatz Nr. 6, ausgestellt.

Wer die geforderten Informationen erteilen könnte, dies jedoch aus eigenem Willen bei der Polizei nicht tut, wird im Sinne der verlautbarten Verordnung des Reichsprotektors von Böhmen und Mähren über die Verkündung des zivilen Ausnahmezustandes vom 27. Mai 1942 samt seiner Familie

erschossen. *Allen Personen wird versichert, daß ihre Angaben als streng vertraulich behandelt werden.* **Außerdem ist es Pflicht aller Haus-, Wohnungs- und Hotelbesitzer usw., mit Beginn vom 28. Mai 1942 sämtliche im ganzen Protektorat polizeilich bisher nicht gemeldete Personen unter Hinweis auf jene Bekanntmachung bei den zuständigen polizeilichen Meldeämtern anzumelden. Entgegenhandelnde werden mit dem Tode bestraft.**

Mitteilungen nimmt die Geheime Staatspolizei, Hauptbehörde der Gestapo Prag (Staatspolizeileitstelle Prag) in Prag II, Bredauerstr. Nr. 20, Fernsprechnummer 2 00 41, entgegen sowie auch jede andere deutsche oder Protektorats-Polizeibehörde, u. zw. mündlich oder telefonisch.

Prag, am 28. Mai 1942 Der Höhere Leiter der SS und Polizei beim Reichsprotektor von Böhmen und Mähren
K. H. Frank

Die Geschehnisse sind in dieser Bekanntmachung recht genau festgehalten. Aber es fällt kein Wort über Valčík. Die Beschreibung von Kubiš und Gabčík ist ungefähr entsprechend, es ist von dem beigefarbenen Mantel die Rede, den sich Gabčík an jenem Morgen von Frau Ema Khodlová oder Prof. Ogoun auslieh, von dessen Sohn er auch die Mütze aus dem Kaufhaus „Weißer Schwan" hatte. Das Fahrrad der Frau Moravcová ist eingehend beschrieben, zum Glück konnte die Kripo an Hand der Fabriknummer den letzten Besitzer nicht feststellen. Die Aktentaschen gehörten der Familie Svatoš, die in Prag unweit vom „Brückl" am unteren Ende des Wenzelsplatzes wohnte und von den Paraschutisten öfter aufgesucht wurde. Auch sie gehörte zu den vielen hilfreichen Familien.

Später, am 31. Mai, ließen die Nazis in ihrer Bekanntmachung genauere Angaben folgen. In der ergänzten Version wird von Kubiš bereits behauptet, daß er 168 bis 170 cm hoch war und 30 bis 35 Jahre alt, von schlanker, schwacher Statur, mit einem vollen, runden und bartlosen Gesicht, mit hervorstehenden Backenknochen und dunklem Haar. „Der Täter blutete auf der linken Gesichtsseite, wo er entweder an der linken Wange, dem linken Ohr oder der linken Schläfe verletzt war."

Auch Gabčík wird am 31. Mai eingehender beschrieben, es hat jedoch den Anschein, als wären einige Erkennungsmerkmale irr-

In einem Schaufenster des Schuhhauses Baťa am Wenzelsplatz hatten die Nazis das Fahrrad, die Aktenmappe und andere von den Paraschutisten am Tatort zurückgelassenen Dinge ausgestellt.

Vertraulich! | **Důvěrné!**

Polizeianzeiger Policejní věstník

für das Protektorat Böhmen und Mähren | **pro Protektorát Cechy a Morava**

Herausgegeben von der Kriminalabteilung — Allgemeinen Kriminalzentrale — der Polizeidirektion in Prag

Vydává Kriminální oddělení — Všeobecná kriminální ústředna – policejního ředitelství v Praze

Prag am / Praha dne 5. VI. 1942.

SONDERAUSGABE Nr. 2. | **ZVLÁŠTNÍ VYDÁNÍ č. 2.**

Großfahndung. – Rozsáhlé pátrání.

20,000.000 K Belohnung. | **20,000.000 K odměny.**

Attentat auf den stellvertretenden Reichsprotektor für Böhmen u. Mähren u. Chef d. Sicherheitspolizei u. des SD., ϟϟ-Obergruppenführer Heydrich.

Atentát na zastupujícího říšského protektora v Čechách a na Moravě a šéfa bezpečnostní policie a bezpečnostní služby, ϟϟ-Obergruppenführera Heydricha.

Die Ergreifung der Täter des ruchlosen Attentates, welches gegen den Herrn stellvertretenden Reichsprotektor, ϟϟ-Obergruppenführer u. General der Polizei Heydrich, am 27. V. 1942 in Prag verübt wurde, ist nicht nur Pflicht, sondern auch Ehrensache der Protektoratspolizei. Dieser Fahndung sind alle Kräfte und Fähigkeiten zu widmen und es sind alle, auch die allerfeinsten Spuren, und Möglichkeiten, zu verfolgen, damit die Täter die verdiente Vergeltung erreicht. Für die Aufklärung dieses Falles wird eine Fahndung auf breitester Basis aufgenommen, bei der auch die Öffentlichkeit Gelegenheit haben wird, restlos mitzuwirken. Die Polizeiorgane, die in dieser Großfahndung eingesetzt werden, müssen sich ihrer persönlichen Verantwortung bewußt sein und in Rechnung ziehen, daß auch scheinbar belanglose Umstände und Aussagen von Seiten der Bevölkerung, wenn diese gewissenhaft und mit konsequenter Zähigkeit nachgeprüft werden, bis zu den Tätern oder deren Helfern führen können. Die an der Fahndung beteiligten Organe müssen sich weiter darüber klar sein, daß jedwede Ungenauigkeit — ob durch Leichtsinn oder Nachlässigkeit begründet — die Durchführung der Aufgaben des ganzen übrigen Apparates erschwert und das positive Endergebnis der gemeinsamen Bemühungen bedroht. Eine solche Tat und Unterlassung wird daher rücksichtslos geahndet werden.

Dopadení pachatelů zavrženíhodného atentátu, který byl spáchán na pana Zastupujícího říšského Protektora, ϟϟ-Obergruppenführera generála policie Heydricha dne 27. V. 1942 v Praze, jest nejen povinností, ale také věcí cti protektorátní policie. — Tomuto pátrání jest třeba věnovati všechnu píli a schopnosti a sledovati všechny, i sebe jemnější stopy a možnosti, aby vinníci došli zasloužené odplaty. K vyšetření případu se provádí nejrozsáhlejší pátrání, na němž bude míti i občanská veřejnost příležitost činně se zúčastniti. Policejní orgánové, kteří budou do této akce zasazeni, nechť si uvědomí svoji osobní zodpovědnost a důležitost toho, že také i zdánlivě bezvýznamné okolnosti a výpovědi se strany občanstva mohou vésti, jsouce podpořeny a sledovány jejich úsilím, poctivou snahou a důslednou houževnatostí až k pachatelům, nebo jejich pomocníkům. Tito orgánové, nechť mají na mysli, že jakékoliv přehlédnutí ať již z lehkomyslnosti, nebo z nedbalosti ztěžuje povinnost a ohrožuje výsledek společného snažení celého ostatního aparátu a bude bezohledně stíháno.

Sofort nach dem Attentat wurde am 5. Juni 1942 eine weitere Großfahndung ausgeschrieben, in der man für die Ergreifung der Täter die Belohnung (von erst zehn Millionen Kronen) auf 20 000 000 Kronen erhöhte.

tümlich von Kubiš auf Gabčík übertragen worden. Es wird nämlich über ihn gesagt: „Gerade Nase, aufgeworfene Lippen, stark hervorstehende Backenknochen und nach hinten gekämmte schwarze Haare . . .“

Manches davon bezieht sich auf Kubiš.

Auch genaue Messungen der Aktentaschen fanden statt. Die eine war „aus weichem Rindsleder, 410 × 210 mm groß“, die zweite „aus braunem Krokodilleder, stark abgenützt, 375 × 250 mm groß. Die Seitennähte sind unfachmännisch mit schwarzem Zwirnsfaden ausgebessert. In der rechten unteren Ecke ist ein bogenförmiger breiter Riß, der mit vier strahlenförmigen Stichen vernäht wurde.“

Das also war die Situation Ende Mai 1942. Heydrich lag im Krankenhaus Bulovka im Sterben, die Gestapo hatte Spuren, die ins Leere führten. Schwerlich konnte jemand voraussetzen, daß an Hand einer mit schwarzem Zwirn ausgebesserten Aktentasche ein Attentäter entdeckt werden konnte. Oder mit Hilfe einer abgetragenen Mütze aus einem Prager Warenhaus. Auch die Nazis wußten dies nur allzugut, und so verließen sie sich auf irgendeinen Verräter. Aufzeichnungen der Gestapo zeigen an, daß die Nachforschungen nunmehr auf vollen Touren zu laufen begannen:

„Im Auftrag der Staatspolizeileitstelle Prag wurde in der Nacht vom 27. zum 28. Mai 1942 eine umfassende Razzia durchgeführt. Dabei kamen insgesamt 4500 Mann der Sicherheitspolizei, der Waffen-SS, der NSKK-Ordnungspolizei und der Protektoratspolizei sowie auch drei Regimenter der Wehrmacht zum Einsatz, um die hermetische Abriegelung und Überwachung der Stadt sowie Durchsuchungen von Wohnungen zu ermöglichen.

Die in der Nacht vom 27. zum 28. Mai veranstaltete Razzia war vor allem von politischem und demonstrativem Charakter und brachte – wie beim Einsatz einer polizeilich ungeschulten Einheit zu erwarten war – keinen polizeilichen Erfolg der Aktion. Die geringe Zahl der deutschen und tschechischen Kriminalbeamten, die durch Beamte der Staatspolizei aus Brünn und Dienststellen der Provinz verstärkt waren, reichte verständlicherweise zu einer fachgemäßen Durchführung der einzelnen Hauskontrollen nicht aus. Weil die Nachforschungen um sechs Uhr, da nach Aufhebung des Ausgangsverbotes keine Aussicht auf Erfolg bestand, unterbrochen werden mußten, konnten in den einzelnen Bezirken nicht sämtliche Häuser durchsucht werden.

Im Verlauf der Kontrollen wurden insgesamt 541 Personen vorgeführt, die sich zum Teil nach dem Ausgangsverbot auf der

Straße aufhielten, weil sie ihre Wohnungen nicht mehr rechtzeitig erreichten, zum Teil keine Ausweise hatten. Von diesen konnten von den Polizeikommissariaten, die sämtlich von einem Angehörigen des Sicherheitsdienstes (SD) besetzt waren, nach Überprüfung der Personalität 430 Personen sofort entlassen werden.

Der Staatspolizeileitstelle Prag wurden 111 Personen vorgeführt, von diesen nach genauer Überprüfung 88 entlassen und 4 (2 Landstreicher, 1 Prostituierte und 1 Jugendlicher) der Polizeidirektion in Prag übergeben. Unter den in Haft befindlichen Personen sind: ein von uns gesuchter, seit Oktober 1941 in der Illegalität lebender Funktionär der Widerstandsbewegung, zwei der illegalen Tätigkeit verdächtige Personen, 4 Juden und 3 Tschechinnen wegen Verdachtes der Rassenschande, 4 Personen wegen Aufhäufung von Vorräten, eine Frau wegen unbefugten Besitzes von Munition, ein Jude, der seine Wohnstätte verlassen hatte, ein Jude wegen Besitzes deutschfeindlicher Schriften sowie zwei aus dem Reich geflüchtete tschechische Arbeiter."

Dies also ein Ausschnitt aus der Meldung, welche die Blamage der Razzia eingesteht. Lediglich die Verhaftung von Jan Zika, dem leitenden Mitarbeiter des II. illegalen Zentralausschusses der KPTsch – es geht um jenen „Funktionär der Widerstandsbewegung" – bedeutete für die Nazis einen Erfolg. (Hier sei an Bartoš' Depesche nach London vom 14. Mai 1942 erinnert:

„Die intensive, fast öffentliche Tätigkeit der Kommunisten überzeugt erfolgreich die Massen des Volkes, daß sie (die Kommunisten) den einzigen fähigen Faktor bilden, der weder Opfer noch Arbeit scheut. Er imponiert dem Volk und hat dessen Sympathien. die ÚVOD steht im allgemeinen dieser Situation passiv gegenüber.") Von Zika führte allerdings kein Weg zu Kubiš und Gabčík, so daß sich schließlich die Kripo auch da in einer Sackgasse befand.

Und doch genügte nur eine Kleinigkeit, um sie auf die richtige Spur zu bringen.

Die Wohnung in der Welwarnerstraße

„Und was ist hier?" schrie mich einer von ihnen in deutscher Sprache an und stieß mit dem Fuß gegen die Tür.

„Das Wohnzimmer. Ein Tisch, Stühle, eine Couch."

Auf ihr lagen kleine Polster. Der SS-Mann schwieg, seine Augen flogen hin und her, und ich sagte mir im Geiste: Er darf nicht die Spalte entdecken, er darf nicht die Spalte entdecken. Alenka weinte. Hinter der Spalte war eine kleine Kammer, in der Opálka versteckt war.

„Wo schlafen Sie?" fuhr er mich an.

Ich zeigte es ihm.

„Und das Kind?"

Ich hielt mich kaum auf den Beinen, aber ich wies mit der Hand zum Nebenzimmer. Er blickte Alenka an. Ich hatte ihr vorher aufgetragen, was sie sagen sollte, aber Sie wissen ja – ein Kind . . . Eine Weile zögerte er, dann ging er nebenan.

Es war eine entsetzliche Nacht.

Ich hatte sie schon früher kennengelernt. Meinen Mann hatten sie im Jahre 1941 hingerichtet, und ich war mit der kleinen Tochter allein geblieben. Ich haßte diese Leute, das ganze Leben hatten sie uns vernichtet, die Familie zerstört, ins Unglück gestürzt, und so mußte ich nicht lange überlegen, als sich meine Freunde mit der Frage an mich wandten, ob ich einen bestimmten Mann bei mir Unterschlupf gewähren könnte. Angeblich verfolgten ihn die Deutschen.

Mir war an meinem Leben nicht mehr gelegen. Ich weiß, es gab hier die kleine Tochter, aber sollte ich umkommen, würden sich bestimmt die Verwandten ihrer annehmen. Und so sah ich mit Ungeduld dem Tag entgegen, an dem er kommen sollte.

Ich wußte nicht, wie er heißt, was er hier treibt, von wo er gekommen war, ob vom Osten oder Westen – entscheidend war, daß er eine wichtige Arbeit hatte und ein Versteck brauchte.

Wir wohnten in der Welwarnerstraße in Dewitz, man mußte aus der Straßenbahn bei dem neuen Gymnasium aussteigen und dann einen Fußweg entlang zwischen Bäumen links hochgehen. Es war so ein kleiner Hain mit ein paar Birken. Der Pfad war von unserem Fenster aus zu sehen.

Dann einmal klingelte es, meine Freundin Božena Kropáčková, bei der er etwa zwanzig Tage gewohnt und die ihn jetzt zu uns gebracht hatte, eilte nach Hause, und er blieb in der Küche. Hochgewachsen, schlank, von intelligentem Aussehen.

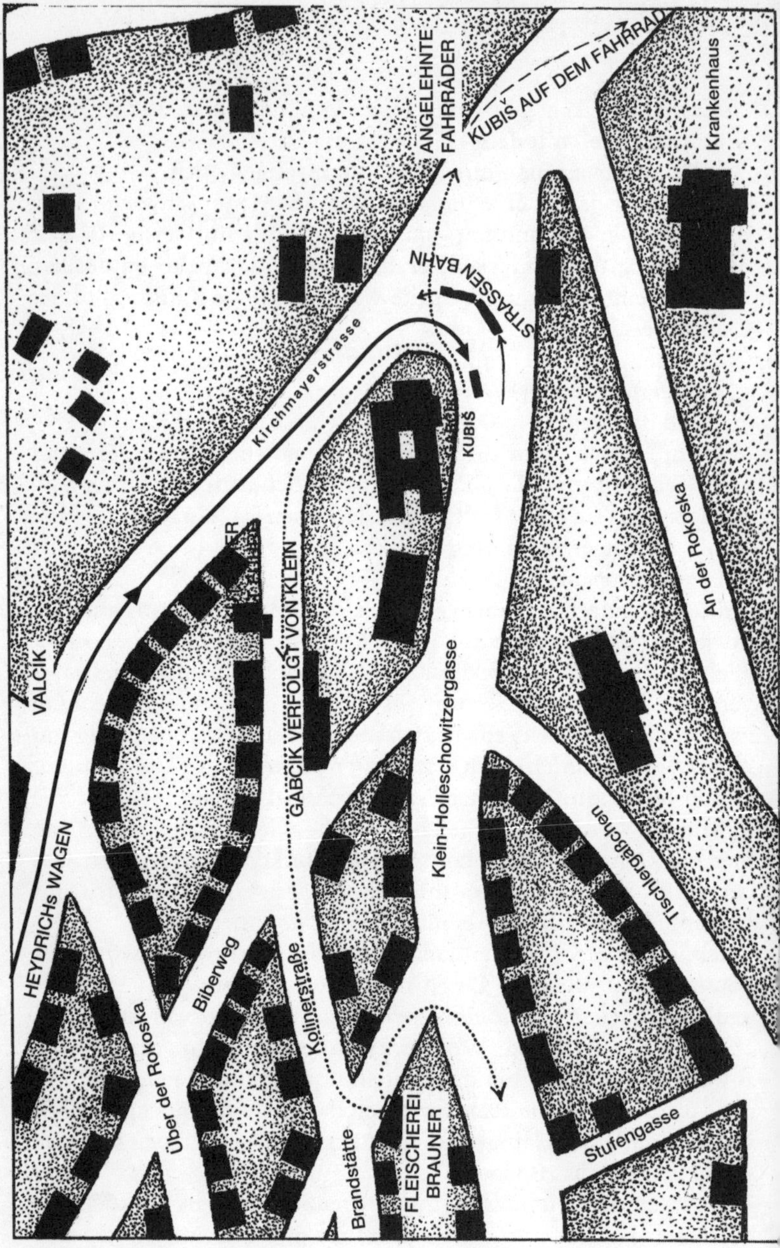

Karte 5
Fluchtwege der Paraschutisten.

„Nennen Sie mich Adolf“, sagte er mit einem netten Lächeln.

Ich zeigte ihm, wo er schlafen werde, wohin er seine Sachen geben sollte (er hatte nicht viel), dann besprachen wir alles Nötige. Ich hatte drei Zimmer, von dem einen führte eine Tür zu einem kleinen Versteck, in dem man kaum aufrecht stehen konnte. Ich benutzte den Raum zum Aufbewahren verschiedener Dinge, die wir im Haushalt nicht brauchten. Jetzt kam er gelegen. Die kleine Tür zu der Bodenkammer lag hinter der Couch und überragte deren Rückwand etwa um zehn Zentimeter. Und so legte ich ein gelbblaues Kissen mit bunten Mustern hin, das die sich abzeichnende Türspalte völlig verdeckte. Adolf sollte auf der Couch schlafen, um im Fall einer Gefahr in der Nähe des Verstecks zu sein.

Die kleine Villa, in der wir wohnten, hatte einen Hausverwalter, dem ich jedoch nichts sagte. Es war deshalb nötig, jeden Tag genau zu wissen, um wieviel Uhr Adolf heimkommen würde, damit ich selbst ihm unten öffnen ging. Manchmal saß er zu Hause, las den ganzen Tag über, nach dem Mittagessen half er mir beim Geschirrabtrocknen. Ein anderes Mal wieder ging er weg und beruhigte mich immer, daß alles in Ordnung wäre. Er war nicht eben gesprächig, aber ein braver Mensch, ich sah es an seinen Augen. Über seine Aufgaben sprach er niemals. Und ich fragte nicht. Mir genügte, daß er gegen die Faschisten arbeitete.

Am 27. Mai verließ er die Wohnung sehr früh am Morgen. Er kontrollierte sorgfältig seinen Anzug und den Inhalt der Taschen, vergaß auch nicht den Revolver, der nachts immer unter seinem Kopfpolster lag, dann verabschiedete er sich wie gewohnt und sagte:

„Heute gibt es viel zu tun für uns. Sollte ich um acht Uhr abends nicht von der Straßenbahn her auf dem Fußweg auftauchen, dann komme ich nicht, aber haben Sie keine Sorgen.“

Er lief die Treppen hinunter, ich sah ihn noch zwischen den Bäumen, er drehte sich um und winkte.

Ich war damals bei einer Zahnärztin beschäftigt, wo ich die Kartei führte. Ungefähr nach elf hörte ich, daß es zu einem Attentat auf Heydrich gekommen war. Ich erstarrte und dachte an Adolf. War er darin verstrickt? Ich war den ganzen Tag wie gelähmt, alles fiel mir aus der Hand, ich mußte ständig an das Attentat, an Adolf und an meine Alenka denken, die damals sieben Jahre alt war. Abends wollte sie mit mir spielen, aber ich war dazu nicht in Stimmung und hielt ständig nur nach Adolf Ausschau. Wird er kommen? Endlich! Ich sah ihn, er ging langsam, mit gesenktem Kopf den Fußweg entlang, dann konnte ich ihn begrüßen und ihm das

Abendessen zubereiten, aber er lächelte nur und sagte, als wollte er sich entschuldigen:

„Wissen Sie, Frau Teréza, daß ich gar keinen Hunger habe?“

Er sagte es irgendwie traurig und wirkte auch sonst wie niedergeschlagen. Ich wollte ihm nicht zur Last fallen und ging zu Alenka. Ich fühlte, daß er Sorgen hatte. Über das Attentat sprach er nicht, und ich sagte auch nichts.

Die Nacht, die folgte, werde ich nie vergessen.

In ganz Prag durchsuchte die SS ein Haus nach dem andern, sie durchkrochen brüllend alle Wohnungen und suchten nach den Tätern. Sie kamen, wie ich schon sagte, auch zu uns. Ich liege da und höre es mit einem Mal klingeln, schaue aus dem Fenster und sehe eine Gruppe von Soldaten vor dem Eingang unten stehen.

Ich erschrak, aber nur im ersten Augenblick, dann begann ich, ganz mechanisch wie eine in Gang gesetzte Maschine zu handeln.

Ich eile in Adolfs Zimmer, packe ihn an den Schultern und rüttle ihn, er wird wach und blickt erstaunt um sich.

„Ganz ruhig“, sage ich. „Unten stehen nur SS-Leute.“ Ich sagte „nur“ ...

Er sprang auf, nahm seine Sachen, gemeinsam zogen wir die Couch von der Wand, ich öffnete die kleine Tür zu dem Dachraum, in den man nur auf allen vieren kommen konnte, es standen Kisten, Körbe und Skier im Weg – Adolf kroch hinein, und ich schob die Couch wieder an ihren ursprünglichen Platz. Ich eilte aus dem Zimmer, dabei verflechten sich meine Füße in irgend etwas, ich sehe nach, es war seine Krawatte. Ich nehme sie, gehe nochmals zu der Couch, auf der er schlief, glätte die Bettdecke und die Kissen, da berühren meine Finger etwas Kaltes. Der Revolver! Er hat seinen Revolver liegen lassen. Wieder schiebe ich die Couch beiseite, klopfe an die Tür, er öffnet spaltbreit, ich drücke ihm die Krawatte und den Revolver in die Hand, und erst dann ging ich zur Wohnungstür. Ein paar SS-Männer standen davor, läuteten Sturm und brüllten, wo ich so lange wäre.

„Ich habe geschlafen“, sagte ich ihnen dreist in die Augen. Aber das Herz schlug mir bis zum Hals.

Sie betraten die Wohnung ganz vorsichtig, aber schon gleich darauf benahmen sie sich, als gehörte sie ihnen. Überall krochen und stöberten sie herum und warfen das Bettzeug auf den Fußboden. Alenka weinte – vorher hatte ich ihr aufgetragen, von Onkel Adolf nicht zu sprechen –, auch die Couch betrachteten sie, aber die geheime Tür übersahen sie. Erst als sie gegangen waren, begannen meine Knie zu zittern, und ich mußte mich niedersetzen.

Was soll ich noch sagen? Eigentlich weiß ich nichts mehr. Einmal hatte ich für Adolf – erst später erfuhr ich, daß es Opálka war – einen Brief bei einem Mann abzuholen. Ich bekam ihn von einem jungen Burschen mit einem schwarzen Bärtchen. Er stand vor einem Plakat, in dem von den Nachforschungen nach Valčík zu lesen war und lachte.

Die andern Paraschutisten kannte ich nicht, und Adolf sprach nicht von ihnen. Nur einen erwähnte er, und das nicht gerade auf freundliche Art und Weise, so daß ich später vermutete, daß er von Čurda gesprochen hatte. Opálka hat etwa eine Woche, vom 24. bis zum 30. Mai bei uns gewohnt, dann hat ihn wieder meine Freundin Božena Kropáčková abgeholt. Zu der Zeit, da er bei uns war, hat uns noch ein Mann von der deutschen Staatspolizei aufgesucht und ermittelt, was ich tue, wovon ich lebe und so ähnlich. Adolf blieb damals keine Zeit mehr, sein Versteck aufzusuchen, und so verbarg er sich in der Speisekammer. Er hatte seinen Revolver in der Hand, aber die Kammer blieb zum Glück von dem Polizisten unbeachtet. Zuweilen entscheidet der Zufall.

Als Opálka uns verließ, sagte er, er müsse mit den Burschen beisammensein.

„Warum?“ fragte ich. „Wenn ihr alle an einem einzigen Ort versammelt seid, kann es doch gefährlich werden.“

„Die Burschen sind moralisch nicht in Ordnung. Ich muß zu ihnen gehen, Frau Teréza.“

Ich habe ihn nicht zurückgehalten, er mußte ja selbst wissen, wie und was. Ich gab ihm nur auf den Weg einen Mantel aus Ballonseide mit, man hat ihn mir – mit ein paar Stück warmer Unterwäsche, aus der Haftanstalt Pankratz, als mein Mann dort hingerichtet wurde – nach einiger Zeit wiedergebracht.

Er war fort und ich mit Alenka wieder allein.

Ich habe mir dann über die Burschen Gedanken gemacht. Vielleicht hätten sich Kubiš und Gabčík stellen sollen und damit das Blutvergießen verhindern können. Oder auch nicht. Schwer zu sagen. Als dann die Nazis die Kirche stürmten, habe ich Adolf auf einem Foto gesehen. Das war nicht mehr der Mann, der bei uns gewohnt hat. Der Tod hat ihn verändert. Damals ist mir eingefallen, daß es ein Fehler war, ihm den Mantel meines Mannes zu geben. Er konnte ja mit irgendeiner Nummer versehen sein, nach der sie erkannt hätten, daß der Mantel schon einmal in Pankratz gewesen war und ich ihn nach der Hinrichtung meines Mannes von dort zurückbekommen hatte. Ich erwartete, daß sie mich jederzeit verhaften kommen würden.

Sie sind nicht gekommen.

Und ich lebte mit Alenka weiter. Wir sind allem entkommen, Čurda hat unsere Adresse nicht gekannt, und Adolf hatte geschwiegen, niemandem auch nur ein Wort gesagt. Alle seine Verwandten wurden hingemordet, das „Tantchen", das ihn aufgezogen hatte, sein Vater. Nur von seiner Braut in Mähren wußten sie nicht, Opálka hat ihren Namen mit ins Grab genommen. Und nur ich weiß, wie sehr er sie geliebt und wie oft er an sie gedacht hatte.

Der sechste Monolog des Chemieprofessors

Jetzt konnte man nicht mehr sagen, was im Falle eines Abrufs des Attentates geschehen wäre. Es kam einfach dazu, und davon mußte man nun ausgehen. Vor allem bedeutete es, die Burschen gut zu verstecken und bemüht zu sein, daß die Nazis das Netz der illegalen Organisation so wenig wie möglich beschädigen. Sie tobten und entluden ihre Wut an wehrlosen Opfern, erschossen Hunderte von Menschen, die sich nur dadurch „schuldig gemacht" haben, daß sie das Attentat „gutgeheißen" hatten.

Es war eine entsetzliche Zeit.

Ein unbedingt sicheres Versteck sollte den Männern Zelenka besorgen. Er setzte sich durch Vermittlung von Petr Fafek, jenem tapferen und ehrsamen Menschen, mit Jan Sonnevend, dem Gemeindeältesten der rechtgläubigen Kirche in Prag, in Verbindung, der ihm Hilfe versprach. Genauer gesagt: Asyl in der Krypta der Kirche in der Resselgasse.

Es liegt der Einwand nahe, daß ein solches Versteck, in dem alle Paraschutisten beisammen waren, nicht das allerbeste war. Daß sie eher an verschiedene Orte, in einzelne Wohnungen hätten verteilt sein sollen. Alles hat seine Vor- und Nachteile. Vergessen Sie nicht, daß damals Patrouillen der Nazis ganz Prag durchkämmten, ausgedehnte Razzien stattfanden und es demnach günstiger schien, die Männer in einer der Kirchen unterzubringen, die überhaupt nicht durchsucht wurden, und sie dann im geeigneten Augenblick irgendwohin aufs Land zu schaffen.

Die Krypta war feucht und kalt.

Ich hatte sie dort zweimal aufgesucht. Als ich zum dritten Mal kam, sah, ich, daß die Kirche von einem Kordon der SS und der Gestapo umzingelt war.

Bei meinem ersten Besuch in der Kirche hatte ich nur mit Opálka gesprochen. Vorher hatte ich Dr. Petřek aufgesucht, einen der Geistlichen, der 1912 in der Volksschule in Hodolan mein Lehrer gewesen war. Ich sagte ihm den Grund meines Besuches. Er forderte mich auf, mich mit dem Gesicht zur Wand zu stellen, um nicht zu sehen, von wo Opálka kommen werde. Bald darauf kam er zurück und sagte: „Komm, Adolf erwartet dich!"

Opálka saß auf einem Stuhl, einen dicken Sweater übergezogen, obwohl draußen die Junisonne brannte.

„Wie geht es euch allen?" begann ich das Gespräch.

Er blickte zu Boden und schwieg.

„Wo sind die Jungens? Ich wollte mit ihnen sprechen."

„Sie schämen sich."

Ich verstand: Tagtäglich Hinrichtungen unschuldiger Menschen, tagtäglich neue Bekanntmachungen auf blutrotem Papier mit den Namen der Getöteten, Gabčíks Erschütterung über seinen durch das Versagen der Pistole herbeigeführten Mißerfolg, Entsetzen bei all den andern darüber, was draußen vor sich ging.

Opálka fügte zögernd hinzu: „Sie machen mir Sorgen. Sie glauben, daß alles wieder eingerenkt werden könnte, wenn . . ." Er verstummte.

„Wenn was?"

„Sie wollen den Moravec aufsuchen!"

„Wozu?"

„Jeden Tag lesen sie in Zeitungen von den Hinrichtungen. Und so sind Gabčík und Kubiš zu mir gekommen, um mir zu sagen, daß sie den Minister Emanuel Moravec besuchen und ihm mitteilen werden, daß sie die gesuchten Attentäter sind. Sie werden ihn erschießen – und dann auch sich selbst."

„Das ist Unsinn! Hast du es ihnen verboten?"

„Ja."

„Und sie?"

„Sie schweigen. Sie sind furchtbar nervös."

Ein verzweifelter Einfall. Die Nazis wollten Blut von Tausenden, und auch wenn die beiden sich geopfert und gestellt hätten, würden sie weitere Hinrichtungen nicht verhindert haben.

Ich blickte in Opálkas Augen; er war ein gewissenhafter Kommandant, ich konnte über die wichtigsten Angelegenheiten mit ihm sprechen und wußte, daß er schweigen würde. Ich war gekommen, um ihm zu sagen, daß wir uns um andere Verstecke für sie kümmern wollten, die außerhalb der Stadt gelegen waren.

„Und wohin wollt ihr uns bringen?“

„Du bleibst in Prag! Du hast Übersicht und Fähigkeiten, wir brauchen dich hier. Die andern gehen in die Provinz und werden die Leitung von Sabotagegruppen übernehmen. Vor allem andern aber müssen wir sie von hier wegbringen.“

Unserem Plan zufolge sollten die sechs Männer in einem Polizeiwagen nach Kladno fahren, wo ein Versteck für sie im Lagerraum eines dortigen Kaufmannes bereitstand. Dr. Lyčka war mit einem Kriminalbeamten bekannt, der für den Transport der Männer aus der Krypta nach Kladno jenen Polizeiwagen beschaffen wollte.

„Und was wird mit Kubiš und Gabčík?“

„Die beiden fahren nach Aubenitz, das ist ein Dorf bei Beneschau, wo sie bei einem Tischler Unterschlupf finden werden. Wir haben uns dort schon alles angesehen. Um ohne Risiko die Kirche verlassen zu können, werden sie in Särgen liegen, deren behördlich genehmigte Überführung von Prag aufs Land wir schriftlich in Händen haben werden.“

Opálka war einverstanden. Wir verabschiedeten uns, und ich ging. Einige Tage später, am 16. Juni, als mir weitere Einzelheiten bekannt waren, suchte ich Opálka wieder in der Kirche auf und besprach mit ihm alles Nötige. Wir verabredeten, daß die Männer am 19. Juni die Kirche verlassen sollten. Es war ein Freitag, Ende der Woche wollte die Frau des Mesners vom Urlaub zurückkommen, die nicht von allem wissen mußte, so daß der Abtransport noch vor ihrer Rückkehr erfolgen sollte. Außerdem vereinbarte ich mit Opálka, daß wir am Sonntag gemeinsam einen „Ausflug“ nach Kladno unternehmen, um festzustellen, ob die Burschen gut untergebracht sein würden.

Kubiš und Gabčík sollten in Aubenitz bleiben, wenigstens ein paar Tage, bevor ich sie dort aufsuchen würde. Dann wollten wir alle drei – sie und ich – nach London fliegen und dort über die ganze Aktion Bericht erstatten. Opálka war im Besitz eines besonderen Meßgerätes, mit dessen Hilfe die Landung von Flugzeugen reguliert werden konnte. In Aubenitz sollte uns ein Kurierflugzeug abholen. Während meiner Abwesenheit hatte Opálka das Kommando zu übernehmen, ich wollte dann später wieder auf dem Luftweg zurückkommen.

Auch in Kladno sollten die anderen nicht lange bleiben. Wir wollten sie zur Drahaner Höhe bringen, wo wir mit den Stützpunkten unserer Partisanengruppen rechnen konnten. Das kleine Dorf, das für die Burschen ausersehen war, hieß Ruprechtau bei Wischau. In den nahe gelegenen Wäldern war ein Förster tätig, ein guter Tscheche, dessen Hegerhaus eine Art von Zentrum für alle Aktionen bilden sollte.

Weil auch Silver A in Pardubitz keine Ruhe für seine Tätigkeit fand und ihm der Boden unter den Füßen brannte, sollten Bartoš mit Potůček und Valčík, selbstverständlich mit dem Sender „Libuše", nach Olschan gebracht werden, wo ein Steinbruch war, der vielleicht dem dortigen Bürgermeister gehörte und von wo aus man dann weiter senden konnte.

Die Todeswand

Ich hatte mir niemals vorgestellt, daß ich von einem Kirchweihfest zum andern fahren würde. Aber der Mensch verliebt sich und fragt nicht viel danach, womit der andere seinen Unterhalt verdient. Mein Vater war ein braver Mann, ruhig, nicht sehr tatkräftigt, er hatte in der Smetschkagasse ein kleines Geschäft, eine Art von Trödlerladen mit einer Schneiderwerkstatt. Und um nebenbei noch was zu verdienen, war er jeden Sonntag als Kirchendiener tätig. Sie werden verstehen: als Kirchendiener im rechtgläubigen Cyrillus- und Methodius-Dom in der Resselgasse.

Da, wo die Paraschutisten versteckt waren.

Ich habe von nichts gewußt. Ich habe geheiratet, und mein Mann hat als Motorradfahrer auf der Todeswand gearbeitet. Vielleicht kennen Sie so was von den Jahrmärkten her. Das ist so eine Art von einem riesigen hölzernen Faß, ganz oben die Zuschauer, und unter ihnen fährt im Kreis die Wand entlang auf einem Motorrad ein Mann mit verbundenen Augen. Es war mein Mann, ich hatte ewig Angst um ihn, wir hatten kleine Kinder, und ich wollte nicht, daß er so was macht, aber sagen Sie das einem Mann! Er war in sein Motorrad verliebt, zuerst hat er in diesem Unternehmen nur die Maschinen instand gehalten, wenn was an ihnen kaputt war, aber dann haben sie ihn überredet, und so hat er mit der Todeswand angefangen. Er hat keine Furcht gekannt. Bevor er gegangen ist, hat er mich immer gestreichelt. Es war nicht gerade angenehm, von einer Stadt zur andern zu reisen, aber von etwas muß der Mensch ja leben.

Ich hatte zwei Schwestern, Zwillinge, die eine hieß Milena, war ledig und hat bei den Eltern gelebt, die andere, Marie, war verheiratet. Ihr Mann, Karel Louda, hat irgendwo Zeichnen unterrichtet, selbst schöne Bilder und Firmenaufschriften gemalt, den Hradschin, Stilleben mit Äpfeln und so; er war ein braver Mann. Sie hatten eine sehr schöne Wohnung in Hodkowitz, aber weil sie nicht so viel Miete zahlen wollten, ist es dann so gekommen: Weil mein Mann und ich ewig in der Welt herumgereist sind, sind meine Eltern, die in der Kirche eine mietfreie Wohnung – Zimmer und Küche – hatten, in unsere Wohnung umgezogen, damit dort, wenn wir monatelang von Prag weg waren, niemand einbricht. No, und Marie mit Karel und den Kindern sind wieder in die mietfreie Wohnung in der Kirche, die den Eltern gehört hat, übersiedelt, und weil aus der Küche ein kleines Fenster direkt zum Altar führte, haben sie von allem gewußt.

Mein Vater hat den Paraschutisten immer Essen gebracht, und Karel hat, wo man ihn brauchte, geholfen. Anfang Juni bin ich auf einen Sprung nach Prag gekommen, habe die Loudas in der Kirchenwohnung besucht, aber Karel hat sich so komisch benommen, als würde er mich lieber wieder verschwinden sehen.

Aber er hat nichts gesagt, und Vater auch nicht.

Erst später habe ich erfahren, daß mein Vater – angeblich erst am 6. Juni – vom Herrn Kaplan Petřek gesagt bekommen hat, daß in der Kirche polizeilich nichtgemeldete Personen versteckt sind. Doktor Petřek hat ihn zu der Gruft geführt, und dort mußte mein Vater auf ein Priestergewand mit Kreuz und Gebetbuch schwören, daß er von nichts weiß und von diesem Eingang zur Krypta niemals was wissen wird. Auch Karel hat das schwören müssen.

Dann hat man sie alle verhaftet, und mir sind im Geschirrschrank nur solche kleinen Figuren zurückgeblieben, die Karel während der Haft in Theresienstadt aus Brot modelliert hat. Die Schwester hat mir aus dem Gefängnis geschrieben und gefragt, was mit ihrem Vašík ist, aber was sollte ich ihr antworten? Daß auch ihn die Nazis weggeschafft haben? Er war drei Jahre alt ... Niemand von der Familie ist zurückgekommen. Vater, Mutter, die Schwestern, Karel – nur ich bin dageblieben. Zufällig. Weil wir mit meinem Mann die Kirchweihfeste bereist haben und auch grad zu der Zeit weg waren.

Und auch der kleine Vašíček hat es wie durch ein Wunder überlebt.

Wenn ich manchmal an der Kirche vorbeigehe, ist mir ganz sonderbar. Wissen Sie – das Leben eines Menschen hängt oft an einem dünnen Faden. Was hat meine Mutter mit allem zu tun gehabt? Was hat ihnen meine Schwester, die unverheiratete, getan? Mir hat die Todeswand das Leben gerettet, aber – alle die andern ...?

Das Kind aus Lidice

Abends gab's Kartoffelsuppe, und mein Vater hat gesagt, ich soll essen und nicht ärgern. Und die Mutter hat gefragt, was es Neues gibt. Er war Arbeiter in der Poldihütte in Kladno.

Dann bin ich schlafen gegangen. Geträumt habe ich nichts, wenigstens am Anfang nicht, aber dann habe ich so einen schönen Traum gehabt, daß wir auf dem Dorfplatz Verstecken spielen, die älteren Kinder haben in der Schule sitzen und lernen müssen, und wir haben geschrien, bis der Dorftrommler aus der Kirche herausgekommen ist und Krach gemacht hat, daß wir ruhig sein sollen.

Aber es war kein Trommler, der mich dann geweckt hat, es war meine Mutter, die dabei geweint hat. Und ich war nicht auf dem Dorfplatz, sondern zu Hause im Bett, und im Haus sind fremde Männer in Uniformen herumgelaufen, SS-Männer, wie man mir später erzählt hat. Und der Krach, den ich im Traum gehört habe, ist daher gekommen, daß die Männer an unsere Fenster getrommelt haben. Wir sollten uns anziehen und die Wohnung verlassen. Der Mutter haben sie gesagt, sie soll alle Wertsachen zu sich nehmen, aber ich habe damals nicht gewußt, was dieses Wort bedeutet. Die Mutter hat gesagt, daß sie keine Wertsachen hat. Nur einen Ring. Und Essen für drei Tage sollten wir auch mitnehmen. Mein Vater war ganz blaß, er ist bei der Kredenz gestanden und durfte sich nicht rühren. Dann sind wir auf den Dorfplatz gegangen, wo schon viele Männer und Frauen und auch Kinder versammelt waren. Ema, Dagmar, Eva und der kleine Venda und viele andere. Die fremden Männer in den Uniformen haben Fahrräder, Bettzeug, Nähmaschinen, Radios aus den Häusern herausgetragen und dort niedergelegt. Um uns herum sind Hunde gelaufen, aber die SS-Männer haben aus Revolvern nach ihnen geschossen, auch auf unsern kleinen Haushund, der zu uns gekrochen gekommen ist, aber einer von den Soldaten hat ihm einen Fußtritt gegeben, und ich habe geweint.

Das war ja nichts, hat mich meine Mutter getröstet und am Kopf gestreichelt. Aber auch ihr sind die Tränen gekommen.

Auch vor der Kirche haben Bücher und viele schöne Sachen herumgelegen, die diese Leute aus den Fenstern herausgeschmissen haben.

Mein Vater hat uns angelächelt und ist gekommen, um mir einen Kuß zu geben und mich zu umarmen, dann hat er was zur Mutter gesagt, aber da sind auch schon welche gekommen und haben ihm befohlen, sich zu den andern Männern zu stellen. Von dort hat er uns zugewinkt. Uns haben sie in die Schule geführt, und alle Mütter sind mit uns gegangen. Manche Kinder waren so klein, daß sie noch nicht selbst gehen konnten und von ihren Müttern getragen werden mußten.

In der Schule war es sehr traurig, von überall war Weinen zu hören, die Kinder und die Mütter haben geweint und ich auch.

Bald in der Früh, ich weiß nicht, um wieviel Uhr, ist bei der Schule ein Lastauto vorgefahren, in das man uns aufgeladen hat. Meinen Vater habe ich nicht mehr gesehen, angeblich sind alle im Bauernhof des Herrn Horák zurückgeblieben.

Uns hat man nach Kladno gebracht, ins Gymnasium.

Ich war noch nie vorher in Kladno, so eine große Stadt habe ich noch niemals gesehen. Die Häuser waren so hoch wie unsere Kirche in Lidice, und auch der Turnsaal, in den man uns gebracht hat, war riesig. Dann sind Männer gekommen, die Mutter hat gesagt, daß sie von der Gestapo sind, und haben uns ständig ausgefragt und sich unsere Köpfe und Augen und Haare betrachtet, alles aufgeschrieben und sind wieder weggegangen. Dann haben sie uns – aber das waren wieder andere – Kaffee und trockenes Brot gebracht. Zum Mittag gab's Suppe und ein paar Kartoffeln.

Und abends auch.

Es war ein Mittwoch, und niemand hat gewußt, daß sie inzwischen in Lidice unsere Väter und Großväter erschossen haben. Immer haben wir gedacht, und die Mütter auch, daß wir mit ihnen wieder zusammenkommen werden.

Dann ist die Nacht gekommen, aber wir haben nicht geschlafen, weil von überall her Weinen zu hören war.

Am Donnerstag ist nichts Besonderes geschehen, wieder schwarzer Kaffee und am Mittag Kartoffeln, ab und zu ist einer gekommen und wollte was wissen, aber unsere Mütter waren schon müde und wir auch. Spielen konnten wir dort nicht und haben auch keine Lust dazu gehabt.

Als ich damals meine Mutter fragte, warum wir da sind, hat sie gesagt, daß die Deutschen irgendwelche Ausländer suchen, aber solche gab's doch in unserem Dorf nicht. Dann hat sie noch gesagt, daß die deutschen Herrschaften sich das nur ausgedacht haben, und ich habe mich gefragt, warum sie so was machen sollten. Geht denn das?

Freitag abends sind in die Turnhalle viele Menschen gekommen und haben uns Kinder auf die eine Seite, die Mütter auf die andere gestellt. Sie sollten angeblich mit dem Zug irgendwohin fahren und wir in einem Bus ihnen nach. Die Mütter haben es nicht geglaubt, haben uns festgehalten und nicht losgelassen, und die Männer hatten viel zu tun, um uns auseinanderzureißen.

Aber es ist ihnen gelungen, weil es viele waren.

Seit diesem Tag habe ich meine Mutter nicht mehr wiedergesehen. Ich habe noch gerufen, sie soll sich nicht fürchten, aber da haben die SS-Männer wieder ihre Revolver gezogen und gegen die Zimmerdecke geschossen, um uns zu schrecken.

In einem Raum nebenan haben sie uns einen Zettel mit einer Nummer um den Hals gehängt, und wir Jungens haben uns tapfer gestellt und uns gesagt, daß wir nicht weinen und den Mädchen zeigen wollen, wie sie sich benehmen sollen. Aber dann haben wir auch geweint.

Mich und noch zwei andere Kinder haben sie von den übrigen weggebracht und in ein Personenauto gesteckt. Wohin sie mit uns fahren, haben wir nicht gewußt. Ungefähr nach einer Stunde ist eine große Stadt vor uns erschienen, mit vielen Häusern und einer Menge von Kirchtürmen, in der Mitte war ein Fluß, und ein Stück hinter ihm sind wir stehengeblieben.

Prag, hat einer von unseren Begleitern deutsch gesagt.

Das also war unsere Praha.

Wir sind auf einem großen Platz ausgestiegen, heute denke ich mir, es war der Karlsplatz, von wo sie uns in ein Krankenhaus geführt haben. Damals haben wir noch nicht gewußt, daß sie aus uns Deutsche machen wollten, sie haben nicht tschechisch gesprochen, so daß wir sie nicht verstehen konnten.

Ich erinnere mich nicht mehr, wieviel Tage wir im Krankenhaus waren. Aber schon bald haben sie uns wieder in ein Auto geladen und sind mit uns lange gefahren, den ganzen Tag und eine ganze Nacht, den andern hinterher, wie sie gesagt haben, zu den übrigen Kindern in ein Lager. Den Namen haben sie nicht genannt, vielleicht einmal von „Lodsch" gesprochen.

Dort haben sie uns in einem großen Pferdestall untergebracht, wir waren nur schlecht angezogen und haben vor Kälte gezittert.

Alles war voller Schmutz, wir konnten uns nicht waschen und haben Läuse bekommen. Wir waren hungrig, nur ab und zu haben sie uns schwarzen Kaffee und Brot gebracht, die Kleider, die wir anhatten, sind immer mehr zerrissen, wir haben auf dem bloßen Boden geschlafen und haben nichts von unseren Müttern gewußt, die uns doch – wie die Männer in den Uniformen versprochen haben – nachkommen sollten.

Ich bin nicht lange dort geblieben. Immer wieder haben sie meine blonden Haare betrachtet und mich dann nach Puschkau gebracht, das war vielleicht ein Sammellager für Kinder. So was wie ein Waisenhaus. Hier habe ich einen Ausschlag bekommen, so daß sie mich in ein Krankenhaus gebracht haben. Die andern Kinder aus unserem Dorf habe ich niemals mehr wiedergesehen. Nur mit Vašek, der auch blonde Haare gehabt hat, bin ich in Puschkau wieder zusammengekommen.

Als ich aus dem Krankenhaus kam, war er noch da und hat gesagt, daß sie ihn bei einer Familie unterbringen wollen. Man brachte uns beide nach Oberweis, ich weiß noch, daß da ein paar Ruinen und eine Schießstätte und ein Lager standen, und Vašek ist dort geblieben.

Ich bin weitergefahren.

In Dresden haben mich ein Mann und eine Frau als ihr eigenes Kind aufgenommen. Sie haben sich gewünscht, daß ich zu ihnen immer „Mutti“ und „Vati“ sagen soll. Aber das habe ich nicht gekonnt. Und ich wollte auch nicht, weil ich immer meine eigenen Eltern vor Augen hatte. Sie haben nur deutsch mit mir gesprochen, mich in eine deutsche Schule geschickt, und ich habe langsam alles vergessen, was vorher war.

Sie haben mich Rolf genannt. Es war mir komisch, aber sie haben mir erklärt, daß das jetzt mein Name sein wird und ich an den früheren nicht mehr denken soll.

In der Schule haben sie mich nach dem neuen Vater genannt. Er war Chauffeur, dann haben sie ihn zum Militär gerufen, aber nach einiger Zeit ist er verwundet zurückgekommen. Die neue Mutter hat mir deutsche Märchen erzählt, und ich habe langsam aufgehört, tschechisch zu sprechen. So ist die Zeit verlaufen, und ich weiß gar nicht, wie alles weitergegangen wäre, vielleicht hätte ich wirklich vergessen, wer ich bin.

Dann war der Krieg zu Ende, und ich bin immer noch dort geblieben. An das Wort „Lidice“ habe ich mich nicht mehr erinnert.

Erst im Jahr 1947 haben mich tschechoslowakische Behörden entdeckt, und ich bin zwei Jahre nach dem Krieg nach Hause zurückgekommen. Wirklich nach Hause. Und erst hier haben sie mir gesagt, daß die Nazis achtzig Kinder aus Lidice ermordet haben. Nur einige von uns haben sich gerettet. Mir haben dazu meine blonden Haare und blauen Augen verholfen. Und ich habe angefangen, wieder tschechisch zu lernen. Auch habe ich erfahren, daß sie meinen Vater gleich am ersten Tag zusammen mit den andern erschossen haben. Von unserem Dorf ist nur eine weite Fläche und auf ihr eine Menge von grünem Gras übriggeblieben. Als ich zum ersten Mal über diese Wiese gegangen bin, habe ich mich erinnert, daß oben die Schule war, etwas weiter unten der Dorfplatz und die Kirche und unser kleines Haus.

Das alles war verschwunden.

Hier stand einst Lidice ...

Aber meine Mutter habe ich wiedergefunden. Sie hat mich an den drei Narben erkannt, die ich schon als kleines Kind auf der Brust hatte. Und ich, auch wenn ich tschechisch zu sprechen vergessen hatte, konnte mich noch erinnern, welche Farben unsere scheckige Kuh gehabt hat.

Das Mädchen mit dem Fahrrad

Oft frage ich mich, wie in einem Menschen ein solcher Haß gegen einen andern entstehen kann, daß er sogar ein Kind zu töten imstande ist.

Bei uns im Haus hat die Familie Novák gewohnt, sie hatten drei Töchter und einen Jungen. Das Haus hatte Pawlatschen, das waren offene hölzerne Balkonrundgänge den ganzen Hof entlang, Wasserleitung und Klosetts eben auf diesen Gängen, einer kannte den andern, jeder wußte vom andern, was er unter dem Topfdeckel kochte. Die Wände waren dünn, man konnte jedes Wort hören, ohne erst das Ohr an die Wand zu drücken. Eben eines jener normalen Mietshäuser, deren es in Lieben so viele gab.

Die Nováks waren nach „München" hier eingezogen, bis zu der Zeit hatten sie in Tetschen-Bodenbach gewohnt, von wo sie vor den Nazis flüchten mußten. Sie lebten hier lange, ohne sich überhaupt anzumelden. Er war bei den Eisenbahnwerkstätten in Werschowitz als Tischler angestellt, mußte früh aufstehen und noch in der Morgendämmerung zur Straßenbahn eilen. Wenn ich ihn zurückkommen hörte, wurde es schon langsam dunkel. Viel Geld brachte er wohl nicht nach Hause, denn die Frau Novák hatte oft kaum etwas zu kochen. Auch ihre Kinder verdienten schon etwas, aber – Sie kennen das ja! – so ein heranwachsendes Mädchen braucht manches auch für sich selbst, einmal ein neues Kleid, dann wieder einen Hut – und die alten Eltern schuften und schuften. Aber die Kinder der Nováks waren – das muß ich schon sagen – in dieser Beziehung brav.

Die Frau Novák ist oft zu uns gekommen, um sich etwas zu leihen, und so haben wir immer über alles mögliche gesprochen. Einmal hat sie nicht mehr an sich gehalten und gesagt: „Unsere Älteste, die Marie ...", aber schon hat sie wieder ganz verlegen geschwiegen.

„Was denn für eine Marie, Frau Nováková?" fragte ich. „Haben Sie denn noch eine vierte Tochter?"

Frau Nováková schwieg, gab lange keine Antwort, bevor ich ihr nicht versprach, niemandem etwas zu sagen, was ich auch eingehalten habe. Und so erzählte sie, daß ihre älteste Tochter Marie sich in Tetschen-Bodenbach in einen Deutschen verliebt hatte. Als es ihr Vater erfuhr, hatte er sich schrecklich aufgeregt und gesagt, entweder der Deutsche oder wir! Aber mit so etwas war zu jener Zeit, da die Henleinleute um uns herum ihr Unwesen trieben, nicht zu spaßen. Na, und das Mädel hat diesen Burschen geheiratet.

Dann wurden die Sudeten besetzt, die Nováks flüchteten nach Prag, und nur zuweilen vergoß sie ein paar Tränen und schrieb insgeheim, damit der Mann nichts wüßte, an die Tochter ab und zu einen Brief. Sie wissen ja – das Herz einer Mutter . . .

Und so wußte niemand im Haus, daß die Nováks noch ein fünftes Kind haben. Eben diese Marie; dann waren da der Sohn Vašek, der als Schlosser bei der Bahn arbeitete, und die drei Mädchen Anička, Slávka und Jindřiška.

Anička war am Altstädter Ring in einem Betrieb tätig, wo Steppdecken hergestellt wurden.

Slávinka war auf dem Liebener Platz als Näherin bei einer Damenschneiderin beschäftigt. Bei ihr sollte auch Jindřiška, die eben die Schule beendete, nach den Ferien in die Lehre gehen.

Slávinka beschäftigte sich manchmal auch zu Hause mit Näharbeiten, aber das war verboten. Einmal hatte sie wieder ein Stück Stoff auf dem Tisch vor sich ausgebreitet, als jemand an die Wohnungstür klopfte. Die Frau Nováková erschrak, warf schnell eine Tischdecke über den Stoff und stieß sich dabei eine Nadel in die Hand. Sie hatte große Schmerzen, und so ging ich mit ihr zu einem Arzt, der die Wunde behandelte und die Hand dann bandagierte.

Auf dem Rückweg sagte Frau Nováková: „Wir würden neues Papier zur Verdunkelung der Fenster brauchen, kommen Sie mit mir es kaufen?" Ich kannte in der Nähe ein Geschäft mit Rollos, wir sahen sie uns an und kauften etwas. Es war Vormittag, ich half Frau Nováková beim Tragen des Pakets und fragte, was wir kochen werden – wie eben Weiber so reden. Frau Nováková sagte:

„Ich muß noch Hefe kaufen."

„Ich auch."

Und so gingen wir bei den Eisenbahnschranken in Lieben in einen Laden und kauften Hefe, plötzlich stürzte ein Eisenbahner herein und schrie:

„Ein Attentat! Oben in Lieben hat man einen Deutschen erschossen!"

„Aber hören's auf!" sage ich und wende mich an Frau Nováková, um zu fragen, ob wir nicht auch Kohl kaufen sollen, aber da sehe ich, daß sie ganz bleich ist, daß ihre Knie zittern, und höre sie hervorstottern:

„Ist schon alles erledigt?"

Wissen Sie – dieser Satz wird mir ewig in Erinnerung bleiben.

Aber erst später wurde mir alles klar, damals habe ich mir noch nichts dabei gedacht. Wir verließen den Laden, die Frau Nováková wie mit zusammengebundenen Füßen.

„Was ist los mit Ihnen? Schmerzt Ihre Hand?" fragte ich.

„Ja."

„Wir gehen jetzt nach Hause, und Sie legen sich nieder."

„Nein, nein, ich muß noch etwas einkaufen!" Sie drehte sich um und eilte davon. Ich winkte mit der Hand ab, dachte mir, sie soll doch tun, was sie will, und ging nach Hause.

Ich betrete den Eingang, unten ist ein Wirtshaus, hinter ihm Stufen, etwas wie eine Wendeltreppe. Ich blicke zu Boden, die Tasche mit dem Einkauf war schwer, dazu noch die Rollos, die ich jetzt allein tragen mußte, ich schreite langsam die Treppe empor – plötzlich sehe ich einen völlig atemlosen Mann vor mir. Er stand ein Stück über mir in einer Biegung des Treppenganges, verdeckte mit der Hand die Hälfte seines Gesichts und kam mir wie betrunken vor. Ich wollte ihm vorsichtig ausweichen, aber dann enthielt ich mich doch nicht, ihn zu fragen: „Suchen Sie jemanden?"

„Die Frau Nováková."

„Sie ist einkaufen gegangen. Wenn Sie wollen, können Sie bei uns auf sie warten."

„Danke", sagte er und eilte ganz schnell die Treppe hinauf. Er schien hier Bescheid zu wissen, denn er schaute gar nicht auf die Namen an den Türen und ging geradewegs auf die Wohnung der Nováks zu. Er drückte die Türklinke nieder und trat ein. Die Wohnung war nicht verschlossen.

Ja, ich muß noch erwähnen, daß die Nováková schon vielleicht den dritten Tag die Wohnung nicht versperrte. Als ich sie danach fragte, meinte sie, daß ohnehin niemand zu ihnen käme. Wahrscheinlich sollte die Wohnung für diesen Paraschutisten bereit sein, damit er sich dort umkleiden könne, und weil sie nicht genau die entsprechende Zeit kannte, hatte sie in den letzten Tagen die Küchentür nicht versperrt. Und ich dachte damals, sie wäre so vergeßlich.

Der Mann lief schnell hinein und schloß hinter sich ab. Ich ging ihm mit meiner Tasche nach (wir wohnten neben Nováks) und fragte mich, wer das wohl sein könnte. Zuerst dachte ich an einen Dieb. Ich betrat unsere Wohnung, legte das Ohr an die Wand, aber es war überhaupt nichts zu hören, und so ging ich ins Zimmer, lehnte mich aus dem Fenster und wartete auf Frau Nováková.

Endlich tauchte sie an der Straßenecke auf, sah sich vorsichtig um, als hätte sie – aber das wurde mir erst später bewußt – vor etwas Angst, und schritt langsam auf unser Haus zu. Ich rief ihr aus dem Fenster zu:

„Frau Nováková, Sie haben Besuch!"

Sie erschrak, als sie mich sah, und zuckte zusammen. Aber sie sagte nichts, beschleunigte ihre Schritte und eilte ins Haus und die Treppen hoch, was deutlich zu hören war. Dann war das Zuschlagen der Tür und ein gedämpftes Gespräch zu hören, aber kein Wort zu verstehen.

Nach einer Weile verließ der Mann die Wohnung, ich öffnete meine Tür ein wenig und sah, daß er zur Wasserleitung ging. Ihm floß Blut von der Stirn, er beugte sich vor und wusch sich. Im Haus war alles ruhig.

Frau Nováková war ihm nachgelaufen und kam jetzt zu mir. Sie sagte, es sei ein Bekannter aus Bodenbach, er wäre hier bei den Schranken mit einer Kohlenfuhre zusammengestoßen, hätte sich verletzt und sei jetzt zu ihr gekommen, nur so auf einen Sprung, um sich in Ordnung zu bringen. Und ob ich nicht etwas Oxyd und einen kleinen Handspiegel hätte. Ich gab ihr beides, nach einer Weile kam sie wieder, gab mir den Spiegel zurück und sagte, daß das Hemd ihres Mannes dem Besucher, dessen eigenes Hemd voller Blut war, zu klein wäre.

„Ich gebe Ihnen eines", sagte ich und brachte ihr aus dem Wäscheschrank meines Mannes ein blaugestreiftes weißes Hemd, Halsweite 38.

Sie bedankte sich. Der Mann zog sich eine Eisenbahneruniform an und ging gegen Mittag davon. Ich habe ihn nie wiedergesehen, erst später erfahren, daß es Kubiš war, der auf Heydrich die Bombe geworfen hatte. Aber bevor der Mann verschwand, kam es zu der Sache mit dem Fahrrad.

„Stellen Sie sich vor", sagte Frau Nováková, „das Fahrrad ist dortgeblieben!"

„Wo?" fragte ich.

„Bei den Schranken, wo ihm der Unfall mit dem Kohlenwagen passiert ist."

Mit einem Mal war auf der Treppe Jindřiška zu hören. Sie war ein hochgewachsenes Mädchen, schlenkerte mit Armen und Beinen, und jetzt kam sie mit einem fröhlichen Lachen, wie es eben nur Kindern zu eigen ist, zu uns.

„Jeh, Mutti, hab' ich einen Hunger!" rief sie schon von weitem.

Sie konnte nicht ruhig die Treppen hochgehen, immer ging's über drei, vier Stufen, daß alles um sie herum nur so wackelte.

„Gut, daß du da bist", begrüßte sie Frau Nováková. „Du mußt noch etwas holen gehen, dann bekommst du zu essen."

„Und wohin?"

„Ein Bekannter hat vor dem Baťa-Laden sein Fahrrad stehen lassen. Lauf hin und stell es auf den Hof. Und wenn jemand fragen sollte, wem es gehört, sag' nichts, er hat einen Unfall gehabt und hätte Unannehmlichkeiten."

Jindřiška machte sich auf den Weg, und die Mutter rief ihr noch nach: „Fahr nicht darauf, du kannst es nicht. Und geh lieber hinten herum, damit dich keiner überfährt!"

Das Mädchen nickte und war verschwunden. Nach etwa zwanzig Minuten war sie mit dem Fahrrad zurück. Frau Nováková ließ es unten beim Holzschuppen stehen.

„Hat dich jemand gesehen?"

„Eine Frau hat mich ausgefragt, aber ich hab' geschwiegen wie ein Grab", sagte Jindra.

Schon abends begannen in Lieben Kontrollen, SS-Männer gingen von Haus zu Haus und suchten nach den Tätern. Dann kamen Wagen angefahren, und alle Liebener Mädchen wurden zur Gestapo gebracht. Da ahnten wir schon, worum es geht. Frau Nováková ging mit Jindra nach unten zum Friseur, ließ ihr die langen Haare abschneiden und Dauerwellen machen, ich weiß noch, daß sie sagte, Herr Novák würde es, wenn er seinen Lohn bekäme, bezahlen kommen. Und Jindra ging „krankheitshalber" nicht zur Schule.

Aber zur Gestapo mußte auch sie, insgesamt vier Mädchen aus unserem Haus. Als Herr Novák morgens zur Arbeit ging, brachte er seine Frau zu uns. Sie sah fürchterlich aus, ganz sonderbar, ungekämmt, weit geöffnete Augen, und ab und zu weinte sie:

„Meine Jindra, meine Jindra ..."

Herr Novák ließ sie an unserem Tisch Platz nehmen und sagte: „Da, schau aus dem Fenster, sie kommt bestimmt wieder." Und dann wandte er sich an mich und bat, ich möchte auf sie aufpassen, sie fühle sich nicht wohl.

„Und vor allem, ich bitte Sie vielmals, lassen Sie sie nicht weggehen!" Ich versprach es ihm. Aber etwa eine Stunde später begann Frau Novákavá laut zu jammern und sich die Haare zu raufen, und so legte ich sie ins Bett und gab ihr kalte Umschläge.

Am späten Nachmittag kamen die Mädchen zurück, aber Jindřiška war nicht unter ihnen. Erst am Abend tauchte sie in der Tür auf.

„Was hast du dort so lange gemacht?"

„Na ja – sie haben uns in Reihen aufgestellt, dann haben sie das Fahrrad gebracht, das nach dem Attentat dort geblieben ist, und jede von uns mußte in dem Saal auf ihm eine Runde fahren. Es waren ein paar Frauen da, die erkennen sollten, welches von uns Mädchen aus Lieben das Rad von dem Baťa-Laden weggeführt hat.“

„Na und?“

„Mir ist schlecht geworden, und so bin ich fast als letzte an die Reihe gekommen. Und sie haben mich nicht erkannt!“

Sie lachte und tanzte herum. Als Herr Novák am Abend von der Arbeit kam, trugen er und der Sohn Vašek die Frau Nováková in ihre Wohnung. Sie war entsetzlich aufgeregt und konnte nicht einmal gehen.

Von einem Tag zum andern haben wir dann gewartet, was weiter sein wird. Es schien, daß zum Schluß alles gut ausgehen würde. Aber dann kam jener Abend ...

Ich sitze im Zimmer und höre von nebenan ein lautes Gespräch. Der Herr Novák schien sehr erregt, und ich entnahm den Reden, daß seine Frau jemanden besucht und Essen – wahrscheinlich für den Paraschutisten – mitgebracht hatte. Und in dieser Wohnung waren eben Verhaftungen im Gange. Frau Nováková soll sich damit herausgeredet haben, daß sie nach einem Klosett gesucht habe und in diese Wohnung nur zufällig eingetreten sei, die Gestapoleute haben darauf nichts gesagt und ihr den Personalausweis beschlagnahmt.

Am nächsten Tag war herrlicher Sonnenschein, in den Schulen gab es Zeugnisse, und ich machte mich mit unserer Kleinen auf einen Spaziergang zur Moldau. Jindra wollte mitkommen und den Kinderwagen schieben.

Das Zeugnis hatte sie in den Geschirrschrank gesteckt, es war nicht gerade gut, und sie hatte Angst, was der Vater abends dazu sagen würde.

Wir kamen zwischen vier und fünf Uhr zurück, ich nahm die Kleine auf den Arm und sagte zu Jindra, sie möge den Kinderwagen in den Holzschuppen auf dem Hof stellen. Sie ging. Ich gehe langsam die Treppen hoch, plötzlich sehe ich vor mir Vašek, nur so in Trainingshosen und ohne Hemd, hinter ihm Frau Nováková und ihre Tochter Slávka, neben ihnen Männer in Zivil. Vašek hatte Fesseln an den Handgelenken.

Die Gestapo, fiel mir ein, und mich überkam ein furchtbares Entsetzen. Sie gingen an mir vorbei, wir tauschten mit Frau Nováková einen Gruß aus, und ich blieb erstarrt stehen, ohne einen einzigen Schritt machen zu können. Inzwischen hatte man alle auf die Straße geführt, und gerade da kam Jindra vom Hof her, die nichts gesehen und keine Ahnung hatte, was geschehen war.

„Fehlt Ihnen etwas?" fragte sie.

Wie konnte ich es ihr sagen? Ich schwieg.

„Ist Ihnen nicht gut? Das kommt von der Sonne." Sie nahm mich am Arm und versuchte, mich zu stützen. Ich wußte in diesem Augenblick wirklich nicht, was ich tun sollte, aber da tauchte auf dem Balkon eine Nachbarin auf und schrie aus vollem Hals:

„Jindra, lauf weg, die Gestapo ist wegen euch da!"

Jindra sperrte ihre Augen weit auf, erstarrte für einen Moment, dann lief sie so schnell, wie sie nur konnte, die Treppen hoch, stürzte in die Wohnung und schrie: „Mutter . . .!"

Ich eilte ihr nach, nahm zwei Stufen auf einmal und betrat die Küche. Hier war ein furchtbares Durcheinander, alles drunter und drüber, wie sie die Wohnung durchstöbert hatten.

Plötzlich trat aus einem der Zimmer ein Gestapomann und schrie uns deutsch an.

Es stand schlimm um uns.

Dreieinhalb Stunden mußte ich in der Küche der Nováks sitzen, die Kleine auf dem Arm und Jindra mir gegenüber. Man hatte sie geohrfeigt – das war nämlich so: Auf dem Weg von der Moldau nach Hause beklagte sich Jindra ständig, daß sie Hunger hätte.

„Jetzt kannst du etwas essen", sagte ich ihr, als wir in der Küche ins Leere schauten und einer von der Gestapo uns bewachte.

„Ich hab' keinen Hunger mehr", sagte Jindra traurig. Aber nach einer Weile rappelte sie sich auf und ging zur Speisekammer (Frau Nováková hatte an diesem Tag Nudeln gekocht), aber im gleichen Augenblick sprang der Gestapomann auf und ohrfeigte sie. Weil sie nicht um Erlaubnis gefragt hatte.

Es kam der Abend, Jungen und Männer kamen ins Gasthaus, um sich in ihre Krüge Bier einschenken zu lassen, aber – stellen Sie sich das vor – keiner durfte mehr das Haus verlassen. Hinein ließen sie jeden, aber heraus niemanden. So kam es, daß die Mutter eines Jungen, der mit dem Bier lange nicht zurückkehrte, ihm nachkam und in den Hof getrieben wurde, dann kam der Vater und wurde in den Treppenflur gesteckt, das Haus war unten voller Menschen, und die Gestapo wartete jetzt nur, bis Herr Novák von der Arbeit käme. Sie wollten verhindern, daß ihn jemand warnte.

Als letzte wurde Anička verhaftet, sie kam fröhlich von einem Stelldichein zurück, mit einem breiten weißen Hut auf dem Kopf.

Die Wohnung wurde versiegelt, und sie fuhren davon. Von der

Familie Novák haben wir keinen mehr wiedergesehen. Etwa eine Woche später ging ich ins Petschek-Palais, um zu fragen, wie es ihnen geht und ob sie etwas brauchen. Aber der Beamte schrie mich an, daß es ihnen ganz ausgezeichnet geht, warum ich mich darum kümmere und ob ich nicht auch hierherkommen wollte. Ich blickte ihm in die Augen und sagte: „Es geht mir nur darum, daß sie in der Küche Nudeln haben und die Nudeln verfaulen, so daß es im ganzen Haus danach stinkt."

Er wußte nicht, was er sagen sollte, und warf mich hinaus.

Alle Nováks sind mit der Zeit ums Leben gekommen. Auch die kleine Jindřiška. Frau Nováková ist im Gefängnis noch vor ihrer Hinrichtung wahnsinnig geworden.

Die einzige, die allem entkommen ist, war die fünfte, die älteste Tochter.

Nur – um ihr Leben beneide ich sie überhaupt nicht. Wie muß ihr wohl zumute sein?

Der Brief des Denunzianten

Zu jener Zeit war ich bei der Gendarmeriestation in Beneschau tätig. Damals, nach dem Attentat, haben die Gendarmeriestationen im ganzen Protektorat vervielfältigte Fotografien des Mantels, der Aktentasche und vielleicht auch – genau erinnere ich mich nicht mehr – des Fahrrades erhalten, die am Tatort zurückgeblieben sind oder von den Tätern dort irgendwo verloren wurden. Wir hatten die Pflicht, diese Bilder allen im Bereich der Station wohnenden Bürgern vorzulegen, und jeder Erwachsene mußte mit seiner Unterschrift bestätigen, daß er die Fotos gesehen hat, und sich auch dazu äußern, ob ihm bekannt ist, wem die Sachen gehören. Diese Aktion sollte zur Ermittlung der Täter beitragen.

Obwohl wir, die Gendarmen, zum allergrößten Teil bemüht waren, auf die Einwohner direkt und unauffällig in dem Sinne einzuwirken, daß wir schon von vornherein Zweifel in ihnen aufsteigen ließen, etwas zu wissen, geschah es zuweilen, daß wir anonyme Anzeigen erhielten, in denen bestimmte Personen einer antideutschen Gesinnung verdächtigt wurden. Es lag ein behördlicher Befehl vor, daß jede Mitteilung dieser Art augenblicklich der Gestapo in Tabor, der nächstliegenden großen Stadt, übergeben werden mußte.

Auf unserer Station habe ich jedoch alle solche Zuschriften sofort vernichtet, wobei in diese nutzbringende Tätigkeit alle Mitglieder der Station eingeweiht waren, abgesehen von einem Stabswachtmeister, der sich durch seine Schwatzhaftigkeit, vor allem nach einem größeren Genuß von Alkohol, auszeichnete. Er war sich wohl der drohenden Gefahren nicht bewußt, und wir enthielten uns vor ihm jeder antideutschen Äußerung. An jenem kritischen Tag vertrat ich den Stationskommandanten, der erkrankt war. Bereitschaftsdienst hatte eben jener erwähnte Stabswachtmeister. Zu einer seiner Pflichten gehörte es, jeden Morgen vom Postamt die für alle drei Gendarmerieformationen eingegangene Korrespondenz auszutragen; außer unserer Station gab es nämlich noch die Bezirks-Gendarmeriekommandantur und die Kommandantur der Gendarmerieabteilung.

Ich erinnere mich noch lebhaft, wie mir damals jener Wachtmeister in der Kanzlei die Post übergab, sie auf meinen Tisch legte und mich auf einen Brief in einem weißen Umschlag aufmerksam machte, der – seinen Worten zufolge – außerordentlich verdächtig aussah. Der Brief trug den Poststempel Wittingau. Auch wenn ich auf den Inhalt des Schreibens, das nicht wie von einer Behörde kommend aussah, neugierig war, wartete ich sicherheitshalber, bis der Stabswachtmeister den Raum verließ. Dann öffnete ich ungeduldig den Brief. Er war anonym, von einer schweren Hand in ungefälliger Schrift geschrieben, die Adresse lautete „Gendarmeriestation in Beneschau bei Prag". Soweit ich mich erinnere, hatte er etwa folgenden Wortlaut: „Stellt die Suche nach den Heydrich-Attentätern ein, stellt die Ermordungen unschuldiger Menschen ein, denn das Attentat haben Gabčík und ... begangen." An den zweiten Namen erinnere ich mich nicht mehr und werde ihn darum mit „X" bezeichnen. Der Ungenannte fuhr dann noch fort: „Gabčík stammt aus der Slowakei, und X hat einen Bruder in Mähren, der Metzger ist."

Die weiteren Sätze waren schon unwichtig, und so habe ich sie mir nicht gemerkt. Wie gesagt, die Anzeige war nicht unterschrieben, und ich legte ihr überhaupt keine Bedeutung bei. Aus dem Inhalt ging nichts Besonderes hervor, ich gab den Brief meinen Kollegen zu lesen, und auch sie hielten es für Blödsinn. Ich sagte, daß ich den Brief verbrennen würde, aber sie müßten den Mund halten. Da sagte einer der Kollegen, daß der Stabswachtmeister von ihm wisse und sich in ihrem Amtszimmer in diesem Sinn geäußert hatte, so daß er mich warnte, mich in Unannehmlichkeiten zu verwickeln.

Die im Brief genannten Namem kannte niemand von uns, in unserer Gegend waren sie nicht geläufig, und so dachte ich mir einfach, daß sich jemand „auszeichnen“ oder einen unangebrachten Scherz machen wollte. Es war – das vergaß ich zu sagen – ein normaler, keineswegs eingeschriebener Brief.

Aber da, bevor wir uns noch zu etwas entschlossen und entschieden hatten, was mit dem Brief geschehen sollte – da kam aus dem Bürozimmer nebenan der Bezirkskommandant, ein Oberleutnant, der fragte, worüber wir eben berieten. Ich zeigte ihm den Brief.

„Was willst du damit machen?“ fragte er mich.

„Wohl am besten verbrennen.“

„Und könntest du ihn mir nicht geben?“

„Wozu?“

„Ich habe in Neuhaus, das ist in der Nähe von Wittingau, ein kleines Familienhaus, das Reparaturen braucht. Der Brief da könnte mir als Vorwand für Nachforschungen dienen, ich werde um den Dienstwagen ersuchen und nach Hause fahren.“

Ich blickte mich nach den andern um. Keiner sagte etwas. Und so gab ich ihm den Brief. Zur näheren Erklärung führe ich an, daß den damaligen Vorschriften zufolge jede Dienstfahrt mit dem Auto hundertprozentig begründet sein mußte, vor allem bei einer so weiten Fahrt außerhalb des Umkreises des zugehörigen Bezirkes.

Weiter habe ich mich nicht mehr darum gekümmert.

Wie mir dann der Oberleutnant erzählte, hatte er am nächsten Tag den Kommandanten der Gendarmerieabteilung, die sich im gleichen Gebäude befand, aufgesucht und um Genehmigung einer Dienstfahrt in die Gegend Wittingau ersucht, von wo der Brief herkam; dabei hatte er ihm sein persönliches Interesse an der Angelegenheit ausgedrückt. Der Kommandant hatte nichts einzuwenden, verlangte jedoch, daß die Fahrt nicht noch am gleichen, sondern erst am nächsten Tag angetreten werde, weil er an ihr – gleichsam wie an einem hübschen Ausflug – teilnehmen wollte. Ich vergaß hinzuzufügen, daß damals bei wolkenlosem Himmel prächtiges Wetter herrschte. Aber der Kommandant konnte sich am nächsten Tag nicht freimachen, und so kam es zu dem „Dienstausflug“ erst am übernächsten, also am dritten Tag nach Eintreffen jenes Briefes.

Die zwei Offiziere und der Fahrer verließen Beneschau gegen zehn Uhr. Niemand von uns ahnte auch nur, daß sie etwa um 13 Uhr zurückkommen würden, bleich und aufgeregt. Ich begegnete ihnen auf der Treppe.

„Was ist passiert?“

„Es steht schlimm um uns.“

„Wieso?"

„Dieser Brief, versteh doch, er war echt!"

Wir betraten das Zimmer des Kommandanten, und die beiden erzählten:

„Alles hat gut begonnen, die Sonne schien, und wir freuten uns, wie schön der Tag verlaufen würde. In Tabor machten wir bei der Gestapo halt, um ihnen bekanntzugeben, daß wir Nachforschungen nach einem anonymen Briefschreiber aufnehmen wollen. Daraus wird ohnehin nichts, dachten wir uns – aber gleich nach unserem Eintritt, bevor wir noch ein einziges Wort gesprochen hatten, brüllte uns einer ihrer Potentaten an, wo der Brief wäre. Wir standen da wie vom Blitz gerührt. Er trat dicht zu mir, fast stieß er mit seinem Gesicht an das meine, und begann wieder zu schreien. Und so zog ich das Schreiben aus der Tasche und gab es ihm – was blieb mir denn anderes übrig. Er durchflog es in aller Eile und sagte. „Ja, das ist er, wir warten schon darauf. Warum haben Sie ihn nicht sofort abgegeben? Und warum nehmen Sie die Nachforschungen erst heute auf?" Wir stotterten etwas vor uns hin, er brüllte „Abmarsch!" und warf uns hinaus. Und so sind wir schon wieder da und fragen uns die ganze Zeit über, was weiter sein wird.

Nach Prüfung der Sachlage waren wir uns einig, daß es jetzt zu unserer Verhaftung, beziehungsweise zu Strafsanktionen gegen die ganze Besatzung unserer Station kommen konnte. Wir waren der Ansicht, daß der Brief von der Gestapo selbst inspiriert worden war, um unsere „Zuverlässigkeit" auf die Probe zu stellen, wie es – das wußten wir – schon in ähnlichen Fällen geschehen war. Unsere Unsicherheit wurde noch größer, als wir – wohl noch am gleichen Tag – im Rundfunk hörten, daß die Attentäter Gabčík und jener zweite, an dessen Name ich mich nicht mehr erinnern kann, gewesen waren.

Wir wußten nicht, woran wir sind, und für unser Leben hätte ich damals keinen roten Heller gegeben.

Worüber der Archivar noch Bescheid wußte

Statt Silberlinge bekam Čurda Millionen. Und zum Schluß im Jahre 1947 von unserem tschechoslowakischen Gericht den ihm gebührenden Strang.

Über seinen Verrat berichtet ein interessantes Dokument, verfaßt von SS-Standartenführer Dr. Geschke, dem Leiter der deutschen Geheimen Staatspolizei in Prag, gerichtet an Daluege und K. H. Frank. Es ist vom 25. Juni 1942, und es heißt darin:

„Zwecks Aufklärung des am 27. Mai 1942 auf SS-Obergruppenführer Heydrich verübten Attentates hat die Hauptdienstleitstelle der Staatspolizei in Prag eine Sonderkommission ernannt. Als Ausgangspunkt für ihre Arbeit stand dieser Kommission lediglich eine Reihe von Zeugenaussagen zur Verfügung, die eine gute Beschreibung der Täter und der von ihnen am Tatort zurückgelassenen Gegenstände aufweisen. Volle drei Wochen lang wurden vergeblich alle denkbaren und erreichbaren Hilfsmittel eingesetzt und immer wieder von neuem aufgeboten, ohne dabei an irgendwelche wertvolleren Stützpunkte heranzukommen. Ein verhältnismäßig breiter Umkreis der Bevölkerung, die – wie später festgestellt wurde – betreffs der am Tatort aufgefundenen Gegenstände hätte Aussagen machen können, schwieg.

Aufgabe dieses Berichtes ist es nicht, im einzelnen die außerordentliche Ermittlungstätigkeit der Staatspolizei zu beschreiben. Er beschränkt sich auf die Spurenlese, die schließlich zur Sicherstellung und Liquidierung der Täter führte.

Am 16. Juni 1942 erschien bei der Sonderkommission der Leitstelle der Staatspolizei in Prag der Protektoratsangehörige Karel Čurda, geboren am 10. Oktober in Altlahm, Hilfsarbeiter, römisch-katholisch, ledig, zuvor wohnhaft bei seinen Eltern in Wittingau Nr. 12, und sagte, daß ihm eine der am Tatort zurückgelassenen Aktentaschen bekannt vorkomme. Schon aus einem Teil seiner Aussage, die mit den Ergebnissen der kriminaltechnischen Untersuchungen völlig übereinstimmte, war sofort erkennbar, daß es sich um eine außergewöhnlich wichtige Spur handelt und Čurdas Aussagen glaubwürdig erscheinen. Es stellte sich schließlich heraus, daß Čurda selbst ein Paraschutist ist, der in der Nacht vom 28. zum 29. März 1942 mit noch fünf anderen Agenten über dem Protektorat abgesprungen ist. Die Aktentasche, die er genau beschrieb und, als sie ihm vorgelegt wurde, sofort erkannte, will er vor dem Attentat unter gewissen Umständen in der Wohnung des Ehepaares Svatoš gesehen, als Eigentum eines anderen Paraschutisten identifiziert und außerdem dabei festgestellt haben, daß sie eine der ihm bekannten englischen automatischen Pistolen enthielt. Nachdem die angegebene Personenbeschreibung mit jener dieses Paraschutisten übereinstimmte, wendete sich der Verdacht gegen einen gewissen

Josef Gabčík (Deckname Zdeněk),

ehemals wohnhaft in Poluvsin bei Sillein, dessen derzeitigen Aufenthalt Čurda allerdings nicht kannte. Diese Spur, die von der Leitstelle der Staatspolizei in Prag mit aller Gründlichkeit und unter Einsatz sämtlicher Hilfsmittel aufgegriffen wurde, führte in äußerst konzentrierter, nur 36 Stunden währender Arbeit auf die direkte Spur der Täter, nach weiteren fünf Stunden dann zu deren Entdeckung und Vernichtung. Čurda sprach auch den Verdacht aus, daß der zweite Täter Gabčíks bester Freund sein könnte,

Jan Kubiš (Deckname Ota Navrátil).

Dafür hatte er jedoch keine weiteren Anhaltspunkte. Die beiden von ihm genannten Paraschutisten haben sich hier als Agenten nicht zu erkennen gegeben und waren auch ihren Namen nach nicht bekannt. An Hand der am Tatort aufgefundenen englischen Waffen und der Munition war es von vornherein sicher, daß sich an dem Attentat Fallschirmspringer beteiligt hatten.

Nachdem Čurda dann im Lauf weiterer Verhöre schließlich einen Teil des ihm bekannten und von den Agenten benützten illegalen Netzes ihrer Verstecke verraten hatte, wurden diese mit größtmöglicher Vorsicht und im Hinblick auf taktische Erfahrungen schlagartig und schnellstens durchsucht. Die dabei erzielten Erfolge führten schließlich dazu, daß als Eigentümer der zweiten Aktentasche, die am Tatort zurückblieb, die Familie Svatoš (Versteck) und als Besitzerin des zurückgelassenen Fahrrades Frau Moravcová (Versteck) sichergestellt wurde.

Das Fahrrad war tatsächlich einem gewissen Zdeněk – sonst Gabčík – geliehen worden, die Aktentaschen von der Familie Svatoš einem Ota bzw. Kubiš, so daß nunmehr die Verbindung dieser zwei Personen mit dem Attentat auf SS-Obergruppenführer Heydrich kriminalistisch einwandfrei bewiesen war.

Die Karl-Borromäus-Kirche ist ‚griechisch-rechtgläubig', obgleich sie im Hinblick auf ihre Entstehung besser als ‚böhmisch-rechtgläubig' zu bezeichnen wäre.

Am 18. Juni 1942 um 4 Uhr 15 Minuten morgens hat gegen diese Kirche eine Aktion stattgefunden."

Das ist ein Teil des Berichtes an Daluege und Frank. Vor allem wird darin der Name des Verräters angeführt: Čurda. Aus dem Bericht geht jedoch gleichzeitig hervor, daß es, wäre nicht Čurda gewesen, bei den Nachforschungen zu einer „günstigen" Wendung voraussichtlich nicht gekommen wäre. Wird doch am Anfang des Berichtes gesagt: „Volle drei Wochen lang wurden vergeblich alle denkbaren und erreichbaren Hilfsmittel eingesetzt . . ., ohne dabei an irgendwelche wertvolleren Stützpunkte heranzukommen."

Jawohl, Dr. Geschke – auch wenn er es zu verbergen bemüht ist – muß eingestehen, daß die Nachforschungen in einer Sackgasse endeten. Und da kommt Čurda, der seinen Verdacht gegen Gabčík und Kubiš ausspricht, von deren derzeitigem Aufenthalt er keine Ahnung hatte. Das ist wichtig: Im Bericht wird zugegeben, daß diese beiden den Nazis nicht einmal dem Namen nach bekannt waren.

Wie aber ist die Gestapo auf deren Versteck gestoßen, wenn es Čurda nicht kannte? Wie kam es, daß am 18. Juni die Cyrillus-und-Methodius-Kirche (den Nazis zufolge: Karl-Borromäus-Kirche) umzingelt wurde?

Es ist zu beachten, daß in dem Bericht der Hinweis auf die Kirche mit einem neuen Absatz beginnt, aber an keiner Stelle angeführt wird, auf welche Weise die Nazis auf diese Spur gekommen sind.

Allerdings ist da von einer anderen Angelegenheit die Rede: daß Čurda das „Netz der Verstecke" verraten hatte. Die Betreffenden wurden umgehend verhaftet – und jemand von ihnen hat im Laufe der Folterungen gesprochen. Es gab ja einige, denen bekannt war, wohin Essen, Spiritus und andere Dinge gebracht wurden.

Noch in einem andern Dokument wird dies bestätigt: Am 5. August wurde nach Berlin ein „Abschlußbericht" abgeschickt, in dem es heißt,

„. . . die Aktion in der Kirche wurde deshalb eingeleitet, weil einerseits durch das Ausheben der Nester die Täter gewarnt werden konnten, andererseits nicht bekannt war, ob in die Kirchenkrypta vielleicht geheime Kanäle münden. Im Laufe des 17. und in der Nacht auf den 18. Juni wurden endlich zwei voneinander unabhängige Hinweise auf die Borromäus-Kirche gewonnen, wo die Attentäter verborgen sein sollten, die entsprechenden Bauskizzen brachten jedoch keinerlei Aufschlüsse . . ."

Mit dem Begriff „Ausheben der Nester" ist das Netz der Verstecke bei der Familie Moravec, bei den Zelenkas, in Pardubitz und anderswo gemeint. Von Wichtigkeit ist der Satz, daß erst am 17. und in der Nacht auf den 18. Juni zwei voneinander unabhängige Hinweise gewonnen werden konnten, die auf die Borromäus-Kirche hinwiesen. Wer und wie viele wußten von diesem Versteck?

In dem Abschlußbericht nach Berlin heißt es:

„Dem derzeitigen Stand der Ermittlungen zufolge wußten von dem geplanten Attentat 14 Personen. Von den Unterkünften der Täter 35 Personen."

Laut diesem Bericht demnach 35 Leute, ihre Namen sind nicht angegeben. Zur endgültigen Charakterisierung der Sachlage sei noch ein Teil von Karel Čurdas Aussagen angeführt, zu denen es jedoch dann erst im Juni 1945 vor den tschechoslowakischen Untersuchungsorganen kam.

Čurda erklärte:

„Ich fuhr am 16. Juni 1942 nach Prag und meldete mich bei der Gestapo im Petschek-Palais in der Bredauerstraße. Man begann mich zu verhören. Zuerst legten sie mir Fotografien verschiedener Paraschutisten vor und fragten mich, ob ich sie kenne. Ich erkannte sie alle, es waren Fotos von Oberleutnant Pechal, Korporal Kolařík, Rottmeister Mikeš und Zugführer Gerik. Ich behauptete aber, niemanden zu erkennen, sie haben mich geschlagen und mir vorgehalten, daß Gerik in ihren Händen wäre und daß sie mehr wüßten, als ich annehmen könnte. Daraufhin habe ich gestanden, die Männer auf den Fotos zu kennen. Dann haben sie mir ein Album mit Fotografien unserer tschechoslowakischen Soldaten in Polen vorgelegt. Ich erkannte unter ihnen ungefähr vier oder fünf Personen und habe es unter Druck zugegeben.

Auch habe ich verraten, daß ich als Paraschutist am 28. März 1942 bei Teltsch in Mähren mit noch zwei andern Mitgliedern der Gruppe abgesprungen bin und daß wir ein größeres Paket vergraben haben, wobei sie nicht einmal wissen wollten, wer es vergraben hat. Ich habe auch eingestanden, daß in dem Flugzeug Gerik war, der aber nicht mit mir abgesprungen ist. Ich habe ihnen meinen ganzen Fall erzählt und dabei auch jene Personen verraten, bei denen ich Unterkunft und Hilfe bekam, also meinen Schwager Antonín Máca in Kolin, Herrn Krupka aus Pardubitz und Adolf (richtig: Alois – M. I.) Moravec in Prag, die Familie Svatoš in der Prager Michalgasse, die Rottmeister Valčik und Kubiš, Frau Baucová sowie meine eigene Mutter und Schwester in Neulahm.

Von dem Schicksal dieser Leute ist mir nichts bekannt, außer daß meine Mutter und Schwester verhaftet und wieder entlassen wurden. Das Verhör führten Kommissar Jantura und der Gestapomann Horn mit Hilfe von Dolmetschern. Den Briefträger Drobil aus Neuhaus und den Mrvík aus Kolin, der mir Kleider schenkte, habe ich nicht verraten. Von dem Zivilisten, der uns bei den Svatoš' einquartierte, habe ich gesprochen, aber seinen Namen nicht erwähnt, weil ich ihn nicht kannte. Sie fragten mich nach einem gewissen Motyčka, aber ich kenne keinen, worauf sie sagten, das ist nicht möglich, wenn ihn Gerik kennt. Dann haben sie gefragt, ob ich Radiomechaniker wäre und mit Radioapparaten umgehen kann. Als ich verneinte, fragten sie mich wieder, wie es möglich wäre, daß ich das nicht kann, wenn es Gerik kann. Dann fragten sie nach einem gewissen Navrátil, den ich als Angehörigen eines tschechoslowakischen Bataillons in England kannte. Ich sagte ihnen, daß er bei der Reinigung seiner Waffe ums Leben gekommen ist. Am nächsten Tag haben sie das Verhör fortgesetzt. Dabei habe ich Namen, Standort und Funktion des Stabskapitäns Šustr, des Majors Blavic, des Flughafens Velesbourne und des Notflugplatzes bei Narvik verraten. Sonst habe ich nichts eingestanden. Auf ihr Drängen hin habe ich auch die Namen von Oberleutnant Opálka und Fähnrich Kolařík sowie die Namen der beiden andern Gruppen verraten. Weil ich aus der Zeitung wußte, daß die Familie Kolařík erschossen wurde, habe ich ihren Wohnort genannt. Von Oberleutnant Opálka habe ich behauptet, daß ich seine Wohnung nicht kenne und zuletzt bei der Familie Svatoš mit ihm zusammengekommen bin. Auch sagte ich ihnen, wie ich mich von ihm getrennt habe. Ebenso sagte ich ihnen, daß zu mir in die Wohnung der Frau Baucová öfter eine Dame kam, die illegale Kontakte unterhielt. Ich habe auch die Namen von Rottmeister Mikeš und Oberleutnant Pechal genannt und gestanden, daß diese mit mir in dem Flugzeug aus England waren, daß ich aber nicht weiß, wo sie abgesprungen sind.

Nach dem Verhör haben sie mich in einen Keller gebracht.

Dort habe ich den Adolf Moravec gesehen."

Wer nun auch immer die Spur zu der Kirche enthüllt hat (es wird in diesem Zusammenhang von Hana Krupková und dem gefolterten Atja Moravec gesprochen), hier, bei Čurda, nimmt der blutrote Faden seinen Anfang. Er hatte sich freiwillig gemeldet. Niemand hat ihn gezwungen, er hat nichts benötigt, hatte Bekleidung, Essen, einen Ausweis, ein Versteck – und doch hat er seine persönliche Ehre über Bord geworfen.

Er hat dann einen andern Namen angenommen, statt Čurda

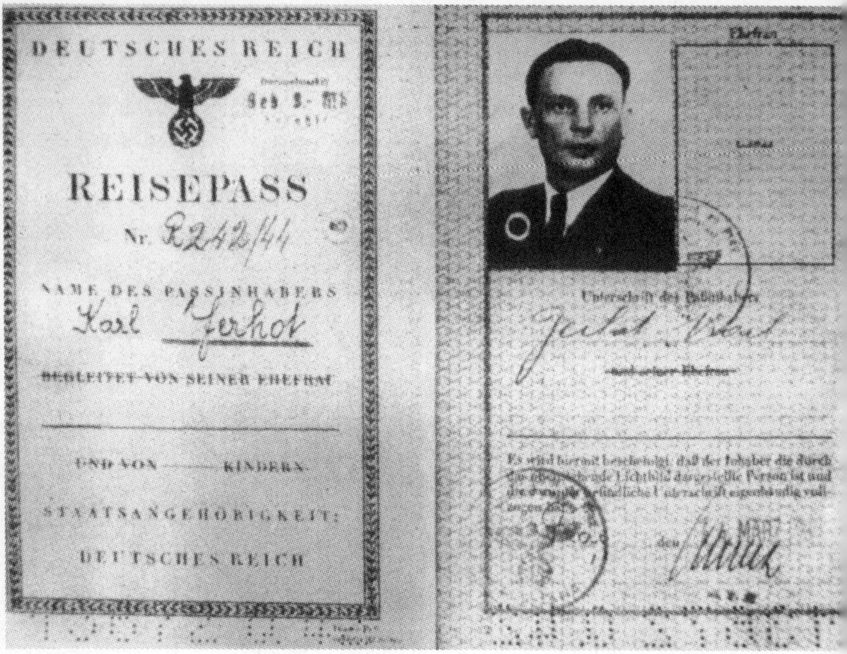

Der Reisepaß, den die Nazis dem Kollaborateur Karel Čurda ausgestellt haben; damals bereits auf den geänderten Namen Karl Jerhot.

hieß er Jerhot, bekam Millionen, wurde Spitzel, nahm eine *Nazistin* zur Frau und begann ein neues Leben. Über seinem Vermögen, über seiner Ruhe und Zufriedenheit jedoch lag der Schatten Hunderter von Toten.

Er endete verdientermaßen im Jahre 1947 am Galgen. Aber was für eine Strafe wäre für ihn wahrhaft verdient gewesen? Und sind nicht auch jene mitverantwortlich, die ihn in die Tschechoslowakei geschickt und ihm leichtfertigerweise eine solche Gelegenheit gegeben haben, obwohl man sie auf seinen schlechten Charakter aufmerksam machte? Gab es doch etliche Angehörige der tschechoslowakischen Armee in England, die an General Ingr, den damaligen Minister für nationale Verteidigung in England, ein Schreiben richteten, in dem sie auf Čurdas Unzuverlässigkeit hinwiesen. Sie teilten mit, daß er „dem Alkohol zugeneigt und unseriös wäre, daß er in englischen Familien zweimal einen Heiratsschwindel versuchen wollte, daß er Hitler Bewunderung entgegenbringe und sogar erklärt habe, eine Dummheit begangen zu haben, als er die Heimat verließ, weil er irgendwo in aller Ruhe bei der Armee oder der Gendarmerie des Protektorates hätte Dienst machen können ..."

Was hat Minister Ingr auf Grund dieses Schreibens veranlaßt?

Er übergab es Oberst František Moravec, dem Vorstand der Nachrichtenabteilung des Ministeriums für nationale Verteidigung.

Was tat Oberst Moravec? Er brachte am Rande der Zuschrift den Vermerk an, daß Čurda ein guter Sportler und körperlich rüstig wäre, so daß man ihn losschicken könnte. Oberst František Moravec, Leiter der tschsl. Spionage in London, hatte wahrlich ein elastisches Gewissen!

Was ein Zeuge beim ersten Mal erzählte

Ich hatte von allem Anfang an ein kompliziertes Leben, der eine hat nur Glück und der andere nichts als Pech – ich gehöre zu den zweiten.

Ich habe mich immer zur tschechischen Nationalität bekannt, auch wenn ich in den Sudeten zu Hause war, wo es nicht gerade gut aussah. Zuerst war ich Kanzleidiener beim Landgericht, im Jahre 1925 wurde ich nach Falkenau versetzt. Von dort kam ich nach Prisetschnitz, dann nach Weipert zur Bezirksbehörde, und als hier 1937 eine staatliche Polizeistation errichtet wurde, ernannte man mich zu ihrem Leiter. Dann wurden die Randgebiete der Republik besetzt, und ich flüchtete nach Prag, wo man mich dem Weinberger Kommissariat zuteilte. Hier erreichte mich am 18. August 1939 der Befehl von der Zuweisung zur deutschen Staatspolizei – als Dolmetscher in der Antispionage-Abteilung.

Ich erschrak.

Ein Bekannter sagte mir: „Geh hin und hilf unseren Leuten!"

Es war von ihm schön gesagt, aber das war doch keine Kleinigkeit. Es ging um Kopf und Kragen. Als ich mit Fleischer sprach, dem damaligen Chef dieser Abteilung, sagte er mir klar und deutlich:

„Mensch, Sie haben deutsche Eltern, warum haben Sie sich als Tscheche gemeldet?"

„Weil ich Tscheche *bin*, Herr Kommissar!"

„Dann überlegen Sie sich nochmals alles gut! Wollen Sie ins

Konzentrationslager?" Ich überlegte alles und ging dann darauf ein. Vielleicht werde ich so wirklich helfen können, tröstete ich mich. Vielleicht hätte jemand den Helden gespielt und wäre ins KZ gegangen, aber ich konnte so etwas nicht. Der erste Fall, bei dem ich dolmetschte, betraf eine militärische Spionagegruppe, der zweite einen Mann namens Bondy, der in Budapest eine illegale Gruppe organisiert hatte. Dann war ich Dolmetscher bei jenem bekannten Fall, da die Eishockeysektion des Prager Klubs I. ČLTK (Tschechischer Lawntennis-Klub) eine Fahrt nach Ungarn veranstaltet hatte und nach der Rückkehr einige Spieler verhaftet worden waren, ich glaube, auch Pácalt und Tožička unter ihnen.

Bei allem blickte ich um mich, bekam langsam Übersicht und testete vorsichtig auch meinen Chef. Fleischer war ein Bluthund, ein Analphabet und Wüterich, der aus den Menschen alles herausschinden wollte und wild auf sie einschlug.

Damals lernte ich auch einen Nazi-Offizier kennen, der Thümmel hieß, sein Deckname war Holm. Ganz in Schwarz, von dunkler Hautfarbe, mit durchdringenden Augen und einem schwarzen Bärtchen auf der Oberlippe. Angeblich ein gelernter Bäcker aus Sachsen, aber hier in Prag mit einer hohen Funktion betraut. Er war mit Fleischer gut bekannt, der ihm – soviel ich weiß – Aussagen von Verhafteten und andere Schriftstücke zum Durchlesen überließ. Dieser Holm war ein seltsamer Mensch, er wurde später von der Gestapo verhaftet, weil er angeblich Spionagedienste für England leistete. Fleischer glaubte ihm, und Holm konnte sich von der Gestapo häufig verschiedenes Aktenmaterial mit nach Hause nehmen.

Schon damals hatten Nachforschungen begonnen, wer es sein konnte, der geheime Angelegenheiten der Nazis den Gegnern verriet. Ich weiß, daß einmal in Reichenberg ein wichtiger Würdenträger verhaftet und in Ketten nach Prag gebracht wurde; aber man konnte ihm nichts nachweisen, er wurde wieder entlassen, und Fleischer stand mit Schande überhäuft da. Es wäre ihm auch im Traum niemals eingefallen, daß der gesuchte Mann Holm war.

Einmal kam eine Ansichtskarte aus dem Ausland, und Fleischer forderte mich auf, den Text zu übersetzen. Die Karte war – so glaube ich – aus Belgrad und enthielt einen Gruß an Fleischer mit der Unterschrift „Drei Musketiere". Das waren Morávek, Mašín und Balabán. Die Gestapo verfolgte sie schon seit langem, aber erfolglos.

Fleischer tobte und stieß mit den Füßen gegen alles, was ihm in den Weg kam. Ich mußte im Geiste lachen, aber auch ich wußte damals nicht, daß Holm der Urheber war. Er unternahm häufig Dienstreisen auf den Balkan, hatte in Belgrad eine Ansichtskarte gekauft, sie in Prag von den drei Genannten unterschreiben lassen und sie, als er wieder einmal ausreiste, auf der Post eingeworfen. Und Fleischer sagte immer nur: „Sind die denn in Belgrad?"

Holm wohnte mit seiner Frau hinter der Staubbrücke, Kinder hatten sie nicht. Zum Schluß wurde er verhaftet, vielleicht hatte ihn ein von der Gestapo unter Druck gesetzter tschechischer Offizier angezeigt, der einen deutschen Offizier beschrieb, dem er gegen hohe Belohnung Spionagenachrichten vermittelte. Dieser Beschreibung zufolge fiel der Verdacht auf Holm. Sie folterten ihn, und er legte ein Geständnis ab.

Morávek und Holm hatten lange Zeit zusammengearbeitet. Einmal geschah es, daß Holm Morávek's Adresse Fleischer mitteilte, um dessen Vertrauen zu ihm damit zu bestärken, aber zuvor hatte er Morávek davon verständigt, und der war umgezogen. Als die Gestapo kam, fand sie eine leere Wohnung vor, nur in der Mitte eines Zimmers standen zwei Behälter mit Abfällen, auf dem einen ein Zettel mit der Aufschrift „Für Goebbels", auf dem andern „Für Göring"!

Etwa zwei Wochen nach meiner Versetzung hierher hörte ich ein Gespräch zwischen Fleischer und einem gewissen Herschelmann* mit an. Sie erwähnten u. a., daß immer noch keine Nachricht von Gustav vorläge. Ich merkte mir den Namen und stellte später fest, daß es sich um den Gestapo-Agenten Přeučil handelt. Fleischer hatte ihn an die tschechisch-polnische Grenze bringen lassen, dort mußte er einige Schüsse in die Luft abgeben, um die Polen glauben zu machen, daß er aus dem Protektorat geflüchtet sei – und dann sah die Gestapo seinen Berichten entgegen. Seine Aufgabe war, nach England zu gelangen und unter tschechoslowakischen Armeegruppen Spionage zu betreiben. Es gelang ihm, er wurde als Flieger ausgebildet, und von Zeit zu Zeit trafen von ihm Briefe und Karten an die Adresse eines gewissen Smetana ein, in denen Přeučil verschiedene Informationen mitteilte. Ich mußte sie übersetzen und machte mir darüber insgeheim Notizen. Im Mai 1945 habe ich sie den zuständigen Stellen übergeben, und Přeučil wurde – eben auch auf Grund meiner Zeugenschaft – von unserem Gericht zum Tode verurteilt. Er hatte es verdient, er war ein Lump. Er war damals nach einiger Zeit in einem Flugzeug aus England, wo ihm der Boden unter den Füßen zu heiß wurde, geflüchtet und

* Ein hoher Gestapo-Funktionär, auch maßgebend beteiligt an der Vernichtung von Lidice (Anm. d. Üb.)

in Belgien notgelandet. Man hatte damals aus Berlin Fleischer angerufen, er möge kommen, weil sie einen Mann hätten, der seiner Behauptung nach für den Prager Kommissar Fleischer arbeite. Es war Přeučil, der sich dann in Prag niederließ und Spitzel wurde. Er brachte eine Anzeige nach der andern und suchte öfter Pannwitz auf, der als Gestapo-Kommissar Paraschutisten in seinem Tätigkeitsbereich hatte und nach dem Attentat gemeinsam mit Fleischer alles, was damit zusammenhing, zu untersuchen beauftragt war.

Nach dem Attentat mußte ich Briefe von Denunzianten übersetzen, die ab und zu die Gestapo bekam. Sie trugen zumeist keine Unterschrift und standen mit der Angelegenheit kaum im Zusammenhang. Oft ging es um nichts anderes, als daß es zwischen Nachbarn zu einem Streit gekommen war und nun einer den andern bei der Gestapo bezichtigte, daß er Paraschutisten Unterschlupf gewähre u. ä.

Nur einer dieser Briefe ist mir in Erinnerung geblieben: Ein anonymer Schreiber behauptete darin, daß bei Zelenka, einem Oberlehrer in Werschowitz, Paraschutisten einquartiert wären. Den Stempel der Post, bei der der Brief aufgegeben wurde, habe ich vergessen, ich weiß, daß es heute von Wichtigkeit sein könnte. Jeder dieser Briefe bekam seine Nummer, und so konnte ich keinen von ihnen beiseite bringen. Ich wollte Zelenka am Abend wenigstens darauf aufmerksam machen, aber die Angelegenheit erhielt plötzlich einen allzu schnellen Verlauf. Im Büro erschien nämlich ein Mann namens Čurda, der so viel auszusagen hatte, daß es fast unwahrscheinlich erschien.

Er hatte dicke Lippen, ein volles Gesicht und unsichere Augen. Man rief mich, und ich dolmetschte. Als wir einen Augenblick allein blieben, fragte ich ihn: „Warum haben Sie das getan?"

„Ich konnte die Ermordungen von Unschuldigen nicht mit ansehen", sagte er.

„Jetzt sind Sie zufrieden? Glauben Sie, daß die Morde ein Ende nehmen werden?"

Er blickte mich überrascht an und antwortete nicht. Es hat mich dann gereut, daß ich überhaupt mit ihm gesprochen hatte, er war ein Feigling, dem es nicht um unschuldige Menschen ging, sondern um Geld. Als ich dann weiter übersetzte, blickte er mich ständig so sonderbar an. Ich bekam Angst, er würde dem Kommissar sagen, mit welcher Ironie ich mit ihm gesprochen hatte. Fleischer war mir nämlich nicht sehr zugeneigt, ich merkte schon seit längerer Zeit, daß er mich belauerte und sogar bewachen ließ.

Aber zurück zu Čurda. Soviel ich weiß, hat er beim Verhör fast alle, die ihm geholfen haben, verraten. Auch die Frau, bei der er sich im Lichtschacht versteckt hatte. Auch die Familie Moravec in Veitsberg. Von dem Versteck der Paraschutisten in der Kirche in der Resselgasse wußte er wohl nicht. Pannwitz begnügte sich mit dem Namen der Frau Moravec und schlug augenblicklich Alarm.

„Sie kommen mit", sagte er zu mir.

„Ich habe hier viel zu tun, Herr Kommissar."

„Das kann warten, machen Sie sich fertig!"

Nähere Zeitangaben sind mir kaum mehr bekannt, ich weiß nur, daß es schon lange nach Mitternacht war und es allmählich hell wurde. Vielleicht war es der 17. Juni. Ein Mittwoch.

Es fuhren mehrere Wagen ab, durch die Innenstadt in Richtung Veitsberg. Der Kommissar kam mir wie ein Jagdhund vor, den man auf eine Fährte gesetzt hat. Er zitterte vor Aufregung und trieb den Fahrer zu größerer Eile an. Mir befahl er, ihm ständig zur Hand zu sein.

Ich hatte nicht gefrühstückt, und in meinem Magen verspürte ich sonderbare Regungen; wieder werden morgen an Mauern und Wänden neue blutrote Plakate kleben.

Wir ließen die Kreuzung „Beim Bulgaren" hinter uns und fuhren eine hügelige Straße hoch. Die Geschäfte hatte noch die Rolläden herabgelassen, die rissigen Häuser erwachten langsam.

Ich hatte die Augen geschlossen und wünschte mir, irgendwo weit weg zu sein und von nichts zu wissen. Wenn man wenigstens flüstern könnte: Leute, flüchtet! Frau Moravcová, Sie haben noch fünf Minuten Zeit, wir müssen einige Häuserblöcke umfahren, noch vier Minuten, wecken Sie den Sohn, um ihn zu retten! Noch zwei Blocks, dann waren die Straße und das Eckhaus vor uns.

Wir hielten an.

Was macht wohl eben jetzt Čurda, fiel mir ein. Fleischer stürzte zum Haustor und läutete. Wütend und unbeherrscht. Er trat von einem Fuß auf den andern, sah sich unruhig in der Umgebung um und griff mit der Hand zur Hüfte, wo er seinen Revolver trug. Lange kam niemand. Er fluchte und läutete von neuem.

Endlich kam eine Frau, vielleicht die Hausverwalterin, und schloß auf. Sie wollte etwas sagen, aber Fleischer schob sie beiseite und eilte ins Haus.

Beim Aufzug blieb er stehen.

„Wo wohnen die Moraveć'?" fragte er, und ich mußte es übersetzen.

Die Hausmeisterin begann zu zittern, vielleicht vor Kälte. Aber sie hatte Angst, flüsterte etwas, dann kam sie zu sich und nannte das Stockwerk. Mit einem Mal schrie sie ganz laut: „Wollen Sie mit dem Aufzug fahren?"

Ich weiß nicht, was mir in diesem Augenblick eingefallen war, ich dachte, daß sie mit Absicht so laut sprach, um denen dort oben ein Zeichen zu geben. Aber vielleicht kam mir das nur so vor. Fleischer hatte zum Glück nichts gemerkt. Ich übersetzte ihm den Satz, er winkte mit der Hand ab und jagte zu Fuß die Treppen hinauf.

Die Frau fragte noch, ob sie wieder abschließen sollte, aber er brüllte: „Verschwinden Sie, Sie Weibsbild! Kümmern Sie sich um nichts, und weg mit Ihnen!"

Oben überlas er die Visitenkarten, dann hatte er die richtige entdeckt und drückte auf den Klingelknopf. Wir warteten, im Haus war alles ruhig. Dann waren in der Wohnung Schritte zu hören, und jemand öffnete. Der Kommissar wartete nicht weiter, drang in den Vorraum, seine Leute ihm nach. Mir befahlen sie, vorläufig vor der Tür zu warten.

Was sich in der Wohnung ereignete, weiß ich nicht. Aber nach etwa fünf Minuten holten sie mich. Ich trat ein und erblickte drei Personen, die mit dem Gesicht zur Wand standen: ein älterer Mann, eine Frau und ein junger Mann. Es war die Familie Moravec.

„Wo sind die Paraschutisten?" brüllte Fleischer, und ich übersetzte. Er war wütend, er hatte gedacht, hier die Attentäter zu finden, aber von ihnen nicht die Spur. Die Gestapoleute warfen alles drunter und drüber, suchten nach einem allerkleinsten Hinweis – vergeblich. Herr Moravec antwortete: „Ich weiß von keinen . . ."

„Du wirst dich schon noch erinnern!" schrie Fleischer, zögerte eine Weile und verschwand dann in einem Nebenzimmer.

„Ich muß aufs Klosett", flüsterte Frau Moravcová. Ein Gestapomann, der in der Nähe stand, sagte ihr etwas Ordinäres.

„Ich bitte Sie sehr, mein Herr! Ich muß wirklich . . ."

„So eine Sau! Was fällt dir da ein?" brüllte der Mann und gab ihr einen Schlag. Dann ging er Fleischer hinterher. Ich blieb mit den dreien einige Sekunden allein. Frau Moravcová hielt sich an der Wand fest, krümmte sich zusammen und wandte sich zu mir um.

„Gehen Sie, Frau Moravcová", sagte ich ihr, auch wenn ich dazu nicht berechtigt war. Sie bedankte sich und ging. Im gleichen Augenblick tauchte der Kommissar auf.

„Wo ist das Weib?"

„Sie mußte aufs Klosett."

Er sah mich voller Wut an, sagte: „Trottel!" und eilte zum Klosett. Er stieß die Tür auf, Frau Moravcová stand noch aufrecht da und hatte so ein sonderbares Lächeln im Gesicht, in dem es plötzlich zu zucken begann, dann glitt sie langsam zu Boden.

„Wasser!“ brüllte Fleischer.

Sie brachten Wasser, tauchten ein Handtuch hinein und machten mit ihr alles mögliche. Sie hatte Gift genommen.

„Das werden Sie mir büßen!“ schrie mich Fleischer an. Man trug sie in eine benachbarte Wohnung, dort hatte ich ein paar Sätze zu dolmetschen, in der Wohnung der Moravec' gingen inzwischen die Durchsuchungen weiter.

Eines war auf den ersten Blick klar: daß die Paraschutisten hier nicht wohnten. Frau Moravcová konnte nichts mehr sagen, aber da waren noch der alte Herr und Atja. In seinen Augen war Entsetzen zu lesen. Der Kommissar trat zu ihm, betrachtete ihn und lächelte. Er wußte die Menschen abzuschätzen.

Beide wurden in ihren Schlafanzügen abgeführt, sie hatten, als Fleischer läutete, wirklich geschlafen.

Dann fuhren wir ab. Vorher war ich noch bei den Moravec' aufs Klosett gegangen und hatte mich dort übergeben. Der Kommissar ordnete an, daß ich mein Büro nicht verlassen darf. Zu Atjas Verhör wurde ich nicht gerufen.

Es war ein fürchterlicher Tag. Und da ahnte ich noch nicht, was weiter auf mich zukommen sollte.

Die Schwägerin lebt nebenan

Ich bin über siebzig, was weiß ich denn? Nichts. Und was ich gewußt habe? Auch nichts. Wir haben nebeneinander gelebt, ich bin zum Bruder, zum Moravec, essen gegangen, aber sie haben mir nichts erzählt. Ich habe keine Ahnung gehabt, daß die Schwägerin Paraschutisten versteckt hat und für sie eine Unterkunft sucht.

Bei mir haben in Untermiete zwei Fräuleins gewohnt, die eine hat Frisieren gelernt, die andere war Schneiderin. Zu mir konnte sie also keine Fremden geben – ich meine, die Schwägerin. Manchmal habe ich ihr im Haushalt geholfen. Geschirr gespült, sie hat irgendeine Funktion beim Roten Kreuz gehabt und war auch Markensammlerin. Einmal habe ich bei ihr einen fremden Mann getroffen, nach dem Krieg hat man mir gesagt, daß er vielleicht Valčík geheißen hat.

Ihr Atja war ein braver Junge. Er hat die Handelsakademie absolviert und war Vertreter von einem Buchgeschäft. Er ist herumgereist und hat Bücher verkauft. Oder Verkäufe vermittelt, das weiß ich nicht mehr. Man hat ihn „Gotteskämpfer" genannt, er war sehr wild. Wie 1939 die Deutschen zu uns gekommen sind, hat er am Wenzelsplatz mit einem von ihnen gerauft und sich dabei einen Finger verrenkt.

Mirek, sein Bruder, der ins Ausland geflüchtet ist, war vernünftiger. Ruhiger.

In der Nacht da, eigentlich schon gegen Morgen, hat es bei mir geläutet, ich schaue raus – ein fremder Mann. Er zwängt sich durch die Tür und schreit, wo die Paraschutisten sind. Da habe ich gewußt – Gestapo! Ich schaue ihn an wie ein Narr, dann bin ich hinter den Wandschirm gegangen und hab den Fräuleins gesagt, sie sollen gefälligst aufstehen, paar Herren vom Hitler sind da.

Er hat mich angefahren, aber ich habe ihn überhaupt nicht verstanden. Und so habe ich ihm gesagt:

„Sie dürfen nicht bös sein, aber ich weiß wirklich nicht, was Sie wollen."

Und so haben sie jemanden zum Übersetzen gerufen, von nebenan, und da habe ich begriffen, daß sie zu den Moravec' gekommen sind. Sie haben meine Wohnung durchsucht, alles mögliche, sogar die Zahnbürsten und Zahnpasten, vielleicht haben sie Gift gesucht, ich mußte den Wäschekorb und alle Schubladen aufmachen, einer von ihnen hat ein Bajonett unter die Wanne gesteckt, dort hat der Nachttopf gescheppert, er ist weggesprungen und hat gebrüllt. Die Fräuleins haben vor Angst gezittert und ich auch. Zuerst haben wir die Hände in die Höhe halten müssen, dann haben sie uns an die Wand gestellt und uns immer mit ihren Revolvern bedroht. Ihr Kommandant hat dann etwas zu dem Übersetzer gesagt, und der hat mich gefragt, ob sie die kranke Frau von nebenan zu mir schaffen können. Ich habe nicht gewußt, was das bedeutet, denn die Schwägerin war ja gesund wie der Fisch im Wasser, und noch gestern hat sie gesagt, sie muß zum Namenstag von Adolf – die Verhaftungen haben grad an diesem Tag, dem 17. Juni, stattgefunden – für Atja etwas Gutes zum Essen machen, warum, weiß ich nicht, und jetzt auf einmal höre ich, daß sie krank ist.

In mir hat sich alles zusammengezogen, und ich konnte kein Wort hervorbringen. Der Übersetzer hat mich nett angelächelt, mir zugezwinkert und gefragt: „Erlauben Sie es?"

Ich habe genickt, und nach einer Weile haben sie dann die Schwägerin gebracht. Sie haben sie in mein Bett gelegt, ganz naß, wie sie sie wieder zum Leben bringen wollten – und tot.

Sie hat das Gift genommen, das ihr angeblich die Paraschutisten gegeben haben.

Ich weiß nicht, was das war, vielleicht der Schreck, aber mit einem Mal bin ich in den Beinen ganz schwach geworden und habe zu weinen angefangen.

Meine Wohnung hat wie ein Schweinestall ausgeschaut, alles niedergetrampelt, die Fräuleins haben ängstlich in einer Ecke gesessen, im Bett die tote Schwägerin. Ein Arzt ist gekommen und hat gesagt, daß wir ihn unnötig haben rufen lassen, und so haben wir ihm gesagt, er soll eine Bestätigung über ihren Tod ausstellen. So gegen sieben Uhr sind sie mit dem Sarg gekommen. Ich habe immer noch an der Wand stehen müssen und durfte mich nicht einmal hinsetzen. Den Bruder und Atja haben sie inzwischen abgeführt, die Schwägerin in den Sarg gelegt und weggetragen. Aber sie waren zu wenige, und so ist der Sarg über die Stiegen gepoltert, ich hab's gehört, und es ist mir eiskalt über den Rücken gelaufen. Wenn ich mir wenigstens hätte die Ohren zuhalten dürfen, aber immer nur dieses fürchterliche Gepolter, wie ich es dann viele Wochen lang gehört habe, immer bei Nacht, wenn im Haus alles still war.

Man hat mir gesagt, daß ich mich nicht aus der Wohnung rühren darf. Die Fräuleins von der Untermiete auch nicht. Nebenan bei den Moravec' hat die Gestapo ständig Wache gehalten, sie haben erwartet, daß zufällig einer von den Paraschutisten erscheint, der von der Verhaftung der Familie Moravec nicht gewußt hat. Aber es ist keiner gekommen. Dann hat die Gestapo die gegenüberliegende Apotheke besetzt und von dort mit einem Fernglas in die Fenster der Moravec' geschaut, ob dort nicht jemand auftaucht. Viele Wochen lang haben sie das gemacht, aber keinen erwischt.

Mir haben sie von den Moravec' den Kanarienvogel und den Hund Bobby gegeben. Jeden Morgen um acht Uhr habe ich ihn ausgeführt, und immer hat mich einer von der Gestapo begleitet. Allein habe ich nirgendwohin dürfen. Wir sind im Park spaziert und dann wieder zurück: der Gestapomann, der Hund und ich. Auf dem Weg nach Haus hat er – der von der Gestapo – mir erlaubt, mir was zum Essen zu kaufen.

Am schlimmsten waren die Nächte. Der Kanari hat geschlafen, und ich habe gehört, wie der Sarg die Stiegen runterrumpelt. Ich habe gebetet.

Keiner von ihnen ist zurückgekommen. Angeblich sind sie in Mauthausen gestorben, Mirek irgendwo im Ausland. Auch der Bobby ist krepiert, so wie der Kanarienvogel. Ich bin allein geblieben. Ich habe ein paar Fotos von den Moravec', ich schau sie mir oft an und spreche mit ihnen. Immer am Sonntagnachmittag ziehe ich mich schön an und warte. Ich weiß gar nicht, warum. Und auf was. Aber der Mensch ist alt und so allein. Hauptsache wäre, wenn ich wissen tät, daß sie nicht umsonst gestorben sind. Das quält mich am meisten.

Was ein Zeuge beim zweiten Mal erzählte

Ich saß da, wartete, daß mich jemand zum Dolmetschen rufen würde, aber niemand beachtete mich, alle liefen hin und her, irgend etwas war im Gange. Nur einmal ging Fleischer vorüber und sah mich wütend an, wohl im Gedanken daran, daß ich Frau Moravec aufs Klosett gehen ließ. Aber sonst tat sich überhaupt nichts.

Wahrscheinlich verhörten sie den alten Herrn und Atja.

Es war gegen Mittag, ich überlegte eben, ob ich nicht um Erlaubnis fragen und etwas essen gehen sollte, als in der Tür Pannwitz auftauchte und rief:

„Los!"

Ich nahm meinen Mantel und ging.

Draußen standen einige Autos, ich setzte mich in eines und wartete. Gleich darauf fuhren wir los. Wiederum diese Fahrt durch Prag, die Menschen sprangen beiseite und hatten in ihren Herzen Haßgefühle. Fleischer schwieg, der Fahrer hatte die Richtung nach Veitsberg eingeschlagen. Als ich aus dem Fenster blickte, merkte ich, daß wir in der gleichen Straße waren wie heute morgen. Wir machten ein Stück vor dem Haus halt, wo die Moravec' gewohnt hatte, aber stiegen in eine andere Richtung aus, schräg gegenüber.

Die Kommissare hatten ihr sicheres Ziel. Ohne sich umzublikken, stiegen sie die Stufen empor, hinter ihnen Gestapoleute und ich als Dolmetscher. Ich weiß nicht, in welchem Stockwerk Fleischer an einer Tür klingelte. Zuerst Stille, dann waren schleifende, vorsichtige Schritte zu hören, und jemand betrachtete uns durch das Guckloch. Pannwitz merkte es, brüllte auf, gab einen Befehl, und die Gestapoleute rannten auf die Tür zu. Alles ereignete sich innerhalb weniger Sekunden. Die Tür begann zu bersten, aber bevor sie zusammenbrach, wurde sie von einer Frau geöffnet, und wir sahen einen Mann durch den Vorraum flüchten und im Badezimmer verschwinden. Kommissar Herschelmann zog seinen Revolver und schoß, die andern ebenso, ich selbst sprang zurück auf die Treppe, wobei ich das Kärtchen an der Tür las. Es stand darauf: Jan Zelenka, Oberlehrer.

Also Zelenka.

Im gleichen Augenblick war eine Stimme aus dem Badezimmer zu hören. Ich mußte nichts übersetzen, es war deutsch: „Nicht schießen! Ich komme heraus!"

Die Gestapoleute zögerten, es kam ihnen seltsam vor, aber Fleischer, in der Hand den Revolver, gab ihnen einen Wink – und da öffnete sich die Tür zum Badezimmer und Herr Zelenka erschien. Pannwitz wollte nach ihm greifen und ihn verhaften, aber in diesem Moment spannte sich Zelenkas Körper in die Höhe, als wäre er von einer verborgenen Feder gehalten, krümmte sich zusammen, er breitete die Arme weit aus und fiel, bevor noch jemand hinzuspringen konnte, zu Boden.

Er hatte sich vergiftet.

„Himmel Herrgott!" fluchte Fleischer, aber wiederum war es zu spät. Also nahmen sie einen Teppich, hüllten die Leiche darin ein und brachten sie weg. Vielleicht zu einem Arzt, um ihm den Magen auspumpen zu lassen, aber der Herr Oberlehrer war tot.

Auf der Rückfahrt herrschte schlechte Laune. Mir wurde wiederum befohlen, mich nicht aus meinem Büro zu rühren, sie würden mich vielleicht noch am gleichen Tag brauchen.

Ich nahm wieder an meinem Tisch Platz, eine Stunde verging nach der andern, die Leute verließen ihre Arbeitsplätze, und ich wartete weiter. Der Nachmittag kam, dann ging die Sonne unter, ich aß ein Stück Wurst mit einem Brötchen, gerne hätte ich etwas gearbeitet und ich nahm einige Übersetzungen zur Hand, aber es ging nicht. Ich mußte dauernd daran denken, was geschehen war, im Kopf ging mir alles durcheinander. Ich dachte an Lidice, das eben vor einer Woche dem Erdboden gleichgemacht worden war, was dann hier so gefeiert wurde. Einer von ihnen sagte mir tags darauf: „Man hat ohnehin nichts gefunden, und versteckt war bei ihnen auch keiner, aber schön war's doch . . ." Wo sind wohl jetzt die Paraschutisten, ist mir eingefallen. Wissen Sie, was in Veitsberg geschehen ist? Hat sie jemand davon benachrichtigt?

Hinter den Fenstern war es schon finster, aber der Lärm auf den Gängen hörte nicht auf. Ich verließ mein Zimmer und fragte einen vorbeigehenden Gestapomann, was es Neues gäbe, aber er lächelte nur geheimnisvoll und meinte, daß es noch eine Ausfahrt geben würde.

„Wohin?"

„Das Nest der Attentäter ausheben!"

„Und weiß man schon, wo sie sind?"

Er zuckte mit den Schultern, gleich darauf brachte er mir von Pannwitz den Befehl, daß die Anordnung, das Gebäude nicht zu verlassen, auch weiterhin Gültigkeit habe. Niemand dürfe sich entfernen. Und es wäre Alarmbereitschaft.

Gegen ein oder zwei Uhr nachts war auf den Gängen zu hören, daß man bald aufbrechen werde. Jemand sprach von einer Kirche, aber um welche es sich handelte, wußte man vorläufig nicht. Ich erinnerte mich, daß vor einigen Tagen K. H. Frank dem tschechischen Volk die Frist gestellt hatte, die Attentäter bis zum 18. Juni auszuliefern. Ansonsten ...

Und eben jetzt war der 18. Juni gekommen. War es ein Zufall? Oder wollte die Gestapo der Schande, noch nichts ermittelt zu haben, zuvorkommen und deshalb eine „Gefangennahme der Täter" inszenieren? Wäre es denn nicht denkbar, daß Pannwitz von einigen Spitzeln eine Kirche besetzen ließ, die von der SS und der Gestapo „nach einem Kampf" eingenommen und dann in der Welt die Nachricht verbreitet wird, daß alle Attentäter verhaftet wurden? Mir waren einige Fälle bekannt, bei denen die Gestapo auf diese betrügerische Weise vorgegangen war. Zum Beispiel im Fall der „Jenerálka", einem Anwesen in der Nähe von Prag, von wo aus sie erfundene Nachrichten ins Ausland sendeten. Sie „züchteten" sich dort einige verräterische Paraschtisten, die taten, was die Gestapo von ihnen verlangte. Bestand nicht die Möglichkeit, daß auch jetzt wieder ein Betrug geplant war?

Etwa gegen vier Uhr früh holten sie mich. Ich sollte hinunter zu den Wagen gehen.

Die Stunde war gut gewählt. Stellen Sie sich vor, daß jemand seiner Verhaftung entgegensieht. Den ganzen Abend liegt er auf der Lauer, ob er nicht einen Wagen unten vorfahren hört, bis zwölf, bis ein Uhr – nichts geschieht, seine Hoffnungen steigen, und er sagt sich, daß er doch noch allem entkommen ist; das Wachsein hat ihn müde gemacht, aber seine Freude ist groß. Und so will er sich für eine Weile hinlegen, so für drei, vier Stunden, um sich zu beruhigen. Und in diesem Augenblick klingelt es, und sie sind da. Die Gestapo ...

Es war ein kühler Morgen an diesem 18. Juni 1942. Ein Don-

Heutige Ansicht der Cyrillus-und-Methodius-Kirche – während der Besetzung Karl-Borromäus-Kirche –, in deren Krypta sich die Paraschutisten verborgen hielten.

nerstag, wenn ich nicht irre. Die Wagen fuhren zur Moldau, über den Karlsplatz, und hielten am Anfang der Resselgasse an. Dort steht, etwas tiefer unten, die Cyrillus-und-Methodius-Kirche, von den Nazis Borromäus-Kirche genannt. Die ganze Umgebung war von Abteilungen der SS und der Gestapo hermetisch abgeschlossen.

„Wir sind da", flüsterte Pannwitz. Und er machte sich auf den Weg, ihm nach eine starke Gruppe und an ihrem Ende der Dolmetscher, also ich.

Noch ahnte niemand etwas, in der Umgebung war es ruhig, überall frische Luft, wie sie an Junimorgen zu sein pflegt. Der Himmel war weißblau, im Park dufteten die Beete.

Ich blickte mich um, ringsherum bis an die Zähne bewaffnete

Truppen. Sollte es doch nicht nur ein Theater sein? Sollten sich in der Kirche wirklich Paraschutisten verborgen halten? Wenn man auch hier Verräter vorgeschoben hatte, welche die Ehre der Gestapo retten sollten, dann hatte Pannwitz den ganzen Auftritt wirklich gut in Szene gesetzt. Aber sein Gesicht wollte mir nicht gefallen.

Die Kirche steht nicht für sich allein da, sondern in einen Häuserblock eingebaut. Der Eingang ist um die Ecke in der Nebengasse, neben ihm die Tür zum Kirchendiener. Einer von der Gestapo drückt die Klingel, wieder vergeht eine ganze Ewigkeit, ehe ein Mann erscheint. Er wird mit den Fäusten zu Boden geschlagen und an den Händen gefesselt. Ob es der Mesner oder ein Geistlicher war, weiß ich nicht. Die Männer eilten weiter über einen Gang, an dessen Ende eine Tür zu sehen war. „Wohin führt sie?" begann ein kurzes Verhör, dann bekam Pannwitz den Schlüssel und drang mit seinen Männern durch den Hintereingang in die Kirche.

Ich blieb zurück, konnte aber den ganzen weiteren Ablauf gut verfolgen. Pannwitz war mit seinen Männern einige Meter in die Kirche vorgestoßen, als plötzlich von oben, vom Chor, Schüsse kamen. Das hatte niemand erwartet. Ich hatte keine Ahnung, welche Vorstellungen Pannwitz vom Versteck der Paraschutisten hatte, aber angesichts der Ruhe und Sicherheit, mit der die Leute in die Kirche eingedrungen waren, wurde mir bewußt, daß sie den Angriff vom Chor aus, zu dem eine Wendeltreppe führte, nicht erwartet hatten.

Einer von ihnen schrie vor Schmerzen auf, ihn hatte eine Kugel in die Hand getroffen. Er hieß Kahlow und war einer der eifrigsten.

Der Kommissar schrie, sie sollten alle zurück in den Gang, aber noch vorher kam es zu einem kurzen Schußwechsel. Die Gestapomänner wußten allerdings nicht, wohin sie zielen sollten, sie waren noch nicht orientiert, kannten sich nicht aus, stoperten hin und her, ehe sie schließlich alle die Flucht ergriffen.

Pannwitz sah mich in der Nähe stehen und fuhr mich an: „Was machen Sie hier?"

„Sie haben mir befohlen mitzufahren."

„Jetzt gibt es hier nichts für Sie! Verschwinden Sie, los!"

Ich zögerte eine Weile, dann sagte ich: „Darf ich zurück in mein Büro?"

„Nein, gehen Sie in das Haus nebenan, dort ist die Technik, und warten Sie in der Fernsprechzentrale. Wenn ich Sie brauchen werde, lasse ich Sie kommen!"

Auf der Straße herrschte große Spannung, die SS-Leute hatten die Schüsse gehört, wußten nicht, was sie machen sollten, und waren ungeduldig. Aus dem Fenster des gegenüberliegenden Hauses – es war wohl eine Schule – ragte der Lauf eines Maschinengewehrs, aus dem man jetzt auf den Chor zu schießen begann. In der Straße gegenüber der Kirche wurde später ein kleines Geschütz in Stellung gebracht.

Ich ging in den Raum der Technik, setzte mich nieder und schloß die Augen. Jetzt war ich mir schon sicher, daß es keine „Theaterinszenierung" war.

Was sich in der Kirche abspielte, kann ich nur an Hand der Berichte jener weitergeben, die dort geblieben waren.

Pannwitz hatte befohlen, die Leute auf dem Chor zu überwältigen. Zuerst wollte er sie alle lebend bekommen, aber bald sah er ein, daß dies wahrscheinlich nicht möglich sein werde. Und so nahm ein langer Kampf seinen Anfang. Die oben waren hervorragende Schützen. Sie übereilten nichts, zielten bedächtig – und dann: krach! Die Kugeln fielen überall hin, und die SS-Männer wollten nicht ihre Haut aufs Spiel setzen, jeden Augenblick schrie einer auf und lief zum Verbandplatz.

Die Befehle waren eindeutig. Angreifen! Angreifen! Und so drangen Gruppen der SS immer von neuem in das Kirchenschiff ein, gaben eine Stoßsalve ab und versteckten sich wieder im Gang. Auf der Galerie oben, die sich entlang der Kirchenfenster hinzog, wehrten sich drei Menschen.

Der SS-Kommandant befahl, Granaten einzusetzen. Ich hörte im Nebenhaus die Detonationen so deutlich, als stände ich mitten in der Kirche.

Mit einem Mal wurde es oben ruhig. Auch in der Kirche war eine Art von atemloser Stille. Die SS-Leute warteten noch eine Weile, sie wußten nicht, ob es vielleicht eine Falle war, aber dann rannten sie die Treppe hoch – und hier fanden sie drei Paraschutisten in ihrem Blut liegen.

Sie schleiften sie nach unten. Einer von ihnen war tot, zwei lagen im Sterben. Man fuhr mit ihnen in ein Krankenhaus, der Tote wurde draußen auf einen Teppich gelegt.

Es konnte gegen sechs oder sieben Uhr sein, ich weiß es nicht mit Bestimmtheit.

Mit einem Mal tauchten von irgendwo Čurda und Atja Moravec auf. Man führte sie zu der Leiche und fragte sie nach dem Namen des Mannes. Pannwitz hatte nämlich keine Ahnung, wer sich eigentlich in der Kirche aufhielt, er hatte ursprünglich nur mit Kubiš und Gabčík gerechnet. Čurda schwieg, vielleicht aus Scham, erst nach einer Weile flüsterte er: „Opálka …"

In der Kirche suchte man inzwischen den Zugang zur Krypta. Es sah hier trostlos aus, alles zerschlagen, auf dem Boden Tausende von Glasscherben, der Altar umgestürzt. Draußen dröhnte der Lautsprecher, der den Belagerten Straflosigkeit zusicherte, wenn sie sich ergeben würden. In der Krypta waren nämlich noch einige Männer zurückgeblieben. Auf welche Weise es der Kommissar in Erfahrung gebracht hatte, kann ich Ihnen nicht sagen, vielleicht ist man in der Kirche auf entsprechende Spuren gestoßen. Die Paraschutisten in der Krypta hatten sich nämlich während der ganzen Dauer des Kampfes in der Kirche völlig still verhalten.

Jetzt begannen sie, Widerstand zu leisten, und das verstanden sie bestens. Schließlich führte man angeblich Čurda zu einem kleinen Mauerloch, das in die Krypta führte, er sollte die Leute unten auffordern, das Schießen einzustellen. Atja hatte abgelehnt, es zu tun. Die Paraschutisten antworteten mit weiteren Schüssen. Von diesem Augenblick an wußten sie, wer sie verraten hatte.

Als weder der Lautsprecher noch der Schußwechsel halfen, kam Pannwitz auf den Einfall, die Feuerwehr kommen zu lassen. Vielleicht hatte ihm auch jemand einen diesbezüglichen Rat gegeben. Plötzlich erschien in der Telefonzentrale, wo ich saß, ein Offizier und rief den Feuerwehrdienst der Hauptstadt Prag. Er war aufgeregt und nervös, in herrischem Ton befahl er, sofort Wagen mit Besatzungen zur Mündung der Resselgasse loszuschicken. Wie spät es war? Vielleicht zwischen sieben und acht Uhr früh. Dann sah mich der Offizier an und sagte: „Wenn die Feuerwehr da ist, werden wir Sie brauchen!"

Ich war Fahrer des Feuerwehrwagens

Als Buben haben wir oft „Feuerwehr" gespielt. Ich hatte niemals gedacht, daß ich selbst einmal dazugehören würde. Aber das ganze Leben beruht ja nur auf Zufällen. Ich war damals in der Aero-Fabrik beschäftigt, wo man die zivile Flugabwehr verstärken wollte, es sei Krieg und ein Fliegerangriff möglich. Ich wäre jung und kräftig, sagten sie mir, und ich sollte mich anmelden.

Ich bin ihnen gefolgt.

Ich wurde Mitglied der Feuerwehr der Hauptstadt Prag. Und eben so ein Zufall wollte es, daß an jenem Tag gerade ich Dienst hatte. Vierundzwanzig Stunden. Es war langweilig, du sitzt da und wartest, ob nicht ein Signal ertönt. Es war gegen Morgen, eigentlich schon überhaupt Morgen, und nichts war geschehen. Ein normaler Tag.

Ich sitze da und denke über mancherlei nach, der Himmel war wie blankgefegt, und ich freute mich, bald nach Hause zu gehen.

Da – das Signal! Eigentlich alle Signale auf einmal! Ich starre entsetzt, dann – Alarm, Jungens, aufstehen und los!

Keiner von uns wußte oder ahnte etwas. Nur unserem Kommandanten hätte man von irgendwoher telefoniert, und so sagte er mir: „Zum Karlsplatz einbiegen!" Ich saß nämlich am Steuer. Ich fuhr sehr schnell, wie der Blitz über die Kreuzung, wir waren da, am Karlsplatz, aber von Feuer oder Rauch nicht die Spur. Nur lauter SS. Es kam uns sonderbar vor, wir hielten an, die Jungens stierten auf die Nazis, die die Straßen abgeriegelt hatten – aber da kam auch schon unser Kommandant und erklärte, daß in der Resselgasse, wo die Kirche steht, Leute sind, die das Attentat gemacht haben und die wir ausschwemmen sollen.

„Aber mit uns rechnen sie dabei ja nicht!" sagte einer der Jungen.

Der Kommandant fragte erregt: „Wer hat das gesagt?"

Wir schwiegen.

„Schaut euch doch um! Nichts als Gestapo, wem es nicht gefällt, den werden sie schon kleinkriegen!"

Unser Kommandant war ein Schuft, er hat ja auch nach der Befreiung 1945 als Kollaborateur vor Gericht gestanden.

„Und Beeilung!" sagte er noch.

Ich sah jemanden auf dem Boden liegen. Eine Leiche. Dann habe ich erfahren, daß drei von den Paraschutisten sich auf dem Chor zur Wehr gesetzt haben. Dem einen hatte eine Granate die Beine zerrissen, er lag im Sterben, und so haben sie ihn schnell in ein Krankenhaus gebracht. Auch der zweite war von Kugeln fast durchlöchert, aber er lebte noch, und so haben sie auch ihn eiligst abtransportiert, aber im Krankenhaus ist er ohnehin nicht mehr zum Bewußtsein gekommen. Der dritte lag am Gehweg.

Die SS-Leute liefen hin und her, gaben Schüsse ab, aber die Kugeln prallten von der Kirchenmauer ab und flogen zurück, nur ganz wenige fanden den Weg in das kleine Fenster, das in die Krypta führte. Dann kam ein Offizier und fragte, ob jemand von uns weiß, wie es unter der Kirche aussieht. Ob es dort Gänge und Kanäle gibt. Wir haben geschwiegen und die Köpfe geschüttelt, mit den Achseln gezuckt.

Dann ist unser Kommandant gekommen und hat einem Feuerwehrmann den Auftrag gegeben, sein Beil zu nehmen, sich entlang der Kirchenmauer an das Fensterloch heranzuschleichen und geschickt das Gitter einzuschlagen. Der Kerl versuchte es. Ob er es bereitwillig tat, weiß ich nicht, aber ich stellte mir voller Entsetzen vor, was ich tun würde, wenn ich diesen Befehl bekommen hätte. Sehen Sie, wieder ein Zufall: Er hat sich in die vorderste Reihe gedrängt, um alles besser sehen zu können. Jetzt hatte er in der Hand sein Beil. Wäre er nicht gegangen, hätte man ihn sofort festgenommen. Und am nächsten Tag hätten Sie auf den Plakaten seinen Namen gelesen, weil er das Attentat gebilligt hat und deswegen erschossen wurde. So ist er also lieber zu dem Fensterchen gegangen und hat damit seine Ehre in den Dreck gezerrt.

Zweimal, dreimal schlug er zu, und das Gitter ist nach unten gefallen. Frank lobte ihn, und uns war zum Speien. Nein, ich wäre nicht gegangen, kam mir in diesem Augenblick zum Bewußtsein. Es ist wohl doch besser, auf dem blutroten Plakat genannt zu sein, als sich das ganze Leben lang sagen zu müssen: Ich habe diesen Saukerlen geholfen.

Sie wollten kleine Bomben mit Tränengas in die Krypta werfen und dann die Öffnung mit einer Bettmatratze verstopfen. Aber die unten hatten eine Leiter, die Bomben warfen sie wieder heraus, und mit der Leiter drückten sie auch die Matratze auf die Straße. Und sie schossen unaufhörlich, so daß die SS-Leute Angst hatten, sich auch nur an die Matratze heranzuschleichen.

Dann mußten wir einen Scheinwerfer so aufstellen, daß er sein Licht nach innen warf, damit die Paraschutisten geblendet wären und nicht schießen konnten. Aber bevor noch der Reflektor richtig zu funktionieren begann, gelang es den Leuten in der Krypta, ihn in Stücke zu schießen.

„Dann vertreiben wir sie mit Rauch!“ kam unser Kommandant angelaufen und befahl, an das Fensterchen ein Rohr anzulegen, durch das man Rauch nach unten blasen könnte. Aber die Paraschutisten schoben mit ihrer Leiter auch das Rohr heraus. Plötzlich kam jemand auf den Einfall: mit Wasser hinausschwemmen!

Es war ein böser Einfall.

Die Kameraden mußten die Pumpen in Gang setzen und Schläuche legen, deren Enden sie in das Fensterloch steckten und abwarteten, was weiter geschehen würde.

Wieder tauchte die Leiter der tapferen Burschen auf, und wieder schoben sie mit ihr die Schläuche auf die Straße. Ein SS-Mann befahl, es von neuem zu versuchen, aber wieder lagen sie wie wasserspritzende, sich windende Riesenschlangen im Nu auf dem Gehweg.

K. H. Frank erschien, schnaufte und tobte, und wir lachten verstohlen, auch wenn's um unsern Kopf ging.

Der Einfall mit dem Wasser war also ein Versager, wenigstens bis jetzt. Ich stand lieber die ganze Zeit bei meinem Wagen und wollte nicht einmal in die Nähe der Kirche, um mich in nichts einzumischen, aber – sehen Sie! – wieder ein Zufall: Ein Geschoß hatte von der Kirchenmauer ein Stückchen Stein abgerissen, das mich am Auge verletzte. So konnte ich wenigstens für eine Weile verschwinden.

Inzwischen hatte man nämlich ein paar Kollegen ausgesucht und sie in die Kirche geschickt, wo man zuvor im Fußboden einen Grabstein entdeckt hatte, unter dem der Weg in die Krypta führen konnte. Die Kameraden nahmen ihre Beile und Hämmer zur Hand und droschen auf das Grabmal ein, aber vergeblich. Sie können sich denken, daß sie sich nicht allzu große Mühe gegeben haben, aber zum Schein mußten sie was tun, denn die SS-Leute standen mit Revolvern hinter ihnen, und ich sagte mir, als ich dann davon hörte: Welch ein Glück, daß mich der Stein verwundet hat!

Die Stunden vergingen, ich weiß gar nicht, wie spät es war, als Frank wiederauftauchte und brüllte. Ich verstand ihn nicht, wahrscheinlich war er wütend, daß sich die Eroberung der Kirche so lange hinzog, es war ja nicht sicher, ob die Paraschutisten nicht durch einen unterirdischen Gang, der angeblich von der Moldau unter die Kirche führte, entkommen waren. Sie hätten sich verabreden können, daß an dem Mauerloch nur einer von ihnen zurückbleibt, der die SS in Schach hält, und die andern waren inzwischen ausgerissen. Wissen Sie, was für eine Blamage das für die Gestapo gewesen wäre? Sie erstürmen die Kirche, dringen in die Krypta ein, und die Paraschutisten sind davon. Zu K. H. Frank trat ein Offizier, um ihn zu trösten. Ein Kamerad sagte mir später, daß er vom Heldenmut der SS-Leute gesprochen habe, aber Frank hat ihn nur schief angeschaut. Er dachte wohl anders, ein Blick auf die Leute genügte, und jeder mußte merken, daß sie Angst hatten und der Öffnung in der Mauer wie der Teufel dem Kreuz aus dem Weg gingen. Man brachte Frank auch einige Sachen, die man bei den Erschossenen auf dem Chor oben gefunden hatte, aber er benahm sich – so mein Kamerad – „wie ein Ochse, dem man eine Kirsche reicht", brüllte etwas und zeigte zu der Krypta hin. Er wollte sie alle lebend in die Hände bekommen, schon stundenlang ging er auf und ab, und immer noch nichts. Man setzte auch einen Widder

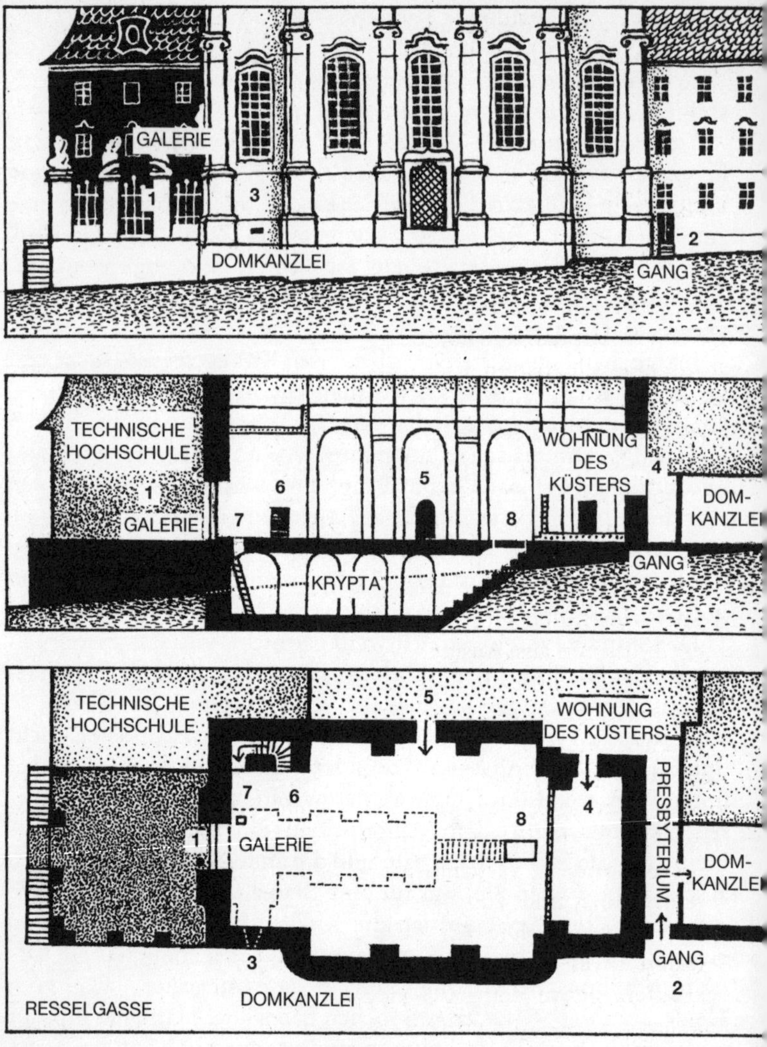

Karte 6
Plan der Kirche
(1) Haupteingang, (2) Seiteneingang in der Resselgasse, (3) Krypta-Fenster, (4) Eingang ins Presbyterium, (5) Kircheneingang von der Küsterwohnung aus, (6) Stufen zum Chor, (7) Schacht der Krypta, (8) Eingang zur Krypta.

an, mit dem man die Mauer mit dem Fenster einbrechen wollte, aber sie gab nicht nach. Und wir hatten Freude ...

Was der Zeuge beim dritten Mal erzählte

Von Zeit zu Zeit waren Schüsse zu hören. Ich wollte an nichts denken, ich ahnte, daß der Kampf der Leute dort unten hoffnungslos ist – außer sie hätten die Kanalisation als Fluchtweg benützt. Gleichzeitig aber wußte ich, daß die Nazis das ganze Moldauufer besetzt hatten und sämtliche Kanalausgänge bewachen; wenn es denen in der Krypta auch gelungen wäre, sich durch einen der Kanäle durchzuarbeiten, hätte sie an seinem Ende voraussichtlich wieder nur der Tod erwartet.

Plötzlich kam ein SS-Mann herbeigerannt: „Sie sollen reinkommen!“ Ich betrat die Kirche wieder über die Wohnung des Mesners durch den Hintereingang. Diesmal sah es hier wie nach einem Erdbeben aus. Aus der Wohnung führte ein kleines Fenster in das Kirchenschiff, die Tür, durch welche die von den Verteidigern durch Schüsse verjagte erste Gruppe eingedrungen war, stand zerbrochen und vom Pulverrauch geschwärzt noch da. Diese Tür führte direkt zum Altar, der – wie es in orthodoxen Kirchen der Fall ist – durch eine etwa zwei Meter hohe hölzerne Scheidewand von dem Hauptteil der Kirche abgeteilt war.

Diese Wand lag zerschlagen und durchlöchert am Boden, wo Heiligenbilder und zum Gottesdienst bestimmte Gegenstände aufgehäuft waren. Die Kirche war nicht ganze fünfzehn Meter breit und etwas dreißig Meter lang. Es war eine der üblichen Barockbauten, genau dem Altar gegenüber war der Haupteingang. Einst hatte es noch einen Nebeneingang von der Seite gegeben, der zur Zeit verschlossen war. Auf der andern Straßenseite sah ich eine Gruppe von SS- und Gestapomännern, die über ein Loch gebeugt dastanden. Die Entfernung zum Haupteingang betrug etwa drei Meter. Als ich näher trat, sah ich, daß die Öffnung nicht groß war, ein erwachsener Mann hätte sich gerade noch hindurchzwängen können. Es war das Loch von der Ventilation zur Krypta, wie einer der Gestapomänner sagte, und die Paraschutisten wären auf diesem Weg nach innen gelangt. Wahrscheinlich über eine Leiter.

„Sie kommen spät!“ sagte eben dieser Gestapomann.

Das Loch von der Ventilation zur Krypta der Cyrillus-und-Methodius-Kirche. An diesem Luftschacht legten die Paraschutisten eine Leiter an.

Ich hatte sofort begriffen. Vor dem finstern Loch stand nämlich ein Mann, der eben ins Tschechische übersetzte, was ihm Pannwitz vorsagte. Er bewegte sich in vorsichtiger Entfernung von der Öffnung, um nicht zufällig von einem Geschoß getroffen zu werden, hatte die Handflächen an die Seiten seines Mundes gedrückt, um seine Worte besser klingen zu lassen, stand ein wenig vorgebeugt, aber nicht allzu sehr, und schrie in den Luftschacht hinunter:

„Ergebt euch! Es wird euch nichts geschehen!“

Unten war alles ruhig, aber dann durchbrachen die Stille ein paar Schüsse. Eine vielsagende Antwort. Pannwitz winkte einem SS-Mann zu, der einen gefesselten Mann vorführte. Er hatte einen schwarzen Kinnbart und sah wie ein Priester aus. Man sagte mir, es wäre Doktor Petřek, der Kaplan der Kirche. Der Kommissar befahl ihm, die Männer in der Krypta unten aufzufordern, sich zu ergeben.

Der Kaplan zögerte. Seine Augen fieberten, er sah aus, als ob man ihn gefoltert hätte.

„Los, los! Es ist wenig Zeit!“ schrie Pannwitz.

Petřek blickte uns an, dann trat er auf die Entfernung von etwa einem halben Meter zu der Öffnung und rief: „Die hier sagen mir, ihr sollt euch ergeben. So richte ich es euch also aus. Sie sagen, es wird euch nichts geschehen, und man wird euch wie Kriegsgefangene behandeln.“

Als Antwort kam gleich darauf der Ruf: „Wir sind Tschechen! Wir werden uns niemals ergeben! Hört ihr? Niemals!“

Aus der Tiefe wiederholte eine zweite Stimme: „Niemals!“

Und ein neuer Hagel von Schüssen. Petřek sprang beiseite, ebenso Pannwitz, der vor Wut und Tatendrang rot angelaufen war. Er sah eine einzigartige Gelegenheit vor sich, Verdienste zu erwerben.

Er ging mit dem Befehlshaber der SS zu der Treppe, die zum Chor führte, und dort besprachen sie etwas. Die Wendeltreppe war eng, kurz zuvor hatte man den toten Opálka über sie nach unten geschleppt, noch jetzt glänzten auf ihr kleine blutige Rinnsale. Auf dem Chor oben war es bereits ruhig. Ich ging, um mich dort umzusehen, am Boden eine Unzahl von Patronen und wieder Blut. Der Chor war geräumig, von ihm führte eine zugemauerte Tür in das Nebengebäude, die Technische Hochschule, entlang der Kirchenfenster ging die Galerie. Wahrscheinlich hatten sich die Attentäter zuerst von hier aus zur Wehr gesetzt, aber Schüsse aus der gegenüberliegenden Schule ließen sie zurück auf den Chor flüchten. Sie fanden nicht einmal Zeit, sich durch die vermauerte Tür hindurchzugraben. Und auch das hätte ihnen nicht viel genützt, weil auch die benachbarte Hochschule von SS-Männern besetzt war. Vielleicht wollten sie das auch gar nicht tun, weil sie in der Krypta unten ihre Kameraden hatten, sie wollten nur etwas Zeit gewinnen. Und so kämpften sie, solange sie noch Munition hatten und solange sie noch nicht den Granaten von unten zum Opfer gefallen waren. Jetzt waren nur noch die in der Krypta zurückgeblieben. Von draußen hörten sie weiter die Aufforderungen des Lautsprechers, der ihnen ein Ultimatum stellte: falls sie sich nicht ergeben sollten, würde die ganze Kirche vernichtet werden und sie in den Trümmern umkommen. Aber die unten kannten nur *eine* Antwort: Schüsse ...

Etwas später kamen in die Kirche „freiwillige“ SS-Männer einmarschiert. Um diese Freiwilligkeit war es unterschiedlich bestellt: Lange hatte sich niemand gemeldet, dann endlich einige wenige, den Rest bestimmte der Befehlshaber.

Pannwitz trat zu ihnen, sprach gleich zu dem ersten, erzählte von der ehrenvollen Aufgabe und zeigte schließlich auf die finstere Öffnung zur Krypta. Man brachte ein Seil, band daran den „Freiwilligen", und seine Gefährten ließen ihn langsam in das dunkle Loch nach unten gleiten. Er sah nicht eben fröhlich aus. In der Hand hielt er eine Granate, langsam war er schon bis zum Gürtel in dem Loch, noch ragte sein Kopf hervor, der auch allmählich verschwand – und plötzlich war von unten eine Salve zu hören und ein Aufschrei, und die SS-Leute zogen den Kollegen schnell wieder nach oben. Er war anscheinend in das Bein getroffen worden. Die Granate hatte er nicht geworfen, weil in dem Augenblick, da seine Beine schon die Decke der Krypta berührten, sein Körper noch in dem engen Luftschacht steckte. Und dort war kein Platz, um mit dem Arm auszuholen.

Der Kommissar zeigte sich unzufrieden, und auch der Befehlshaber der SS gebärdete sich nicht gerade gelassen. Sie wußten, daß einer nach dem andern, den sie nach unten schickten, beschossen und verletzt werden würde. Und draußen auf dem Gehsteig wanderte K. H. Frank auf und ab.

Schließlich bekamen SS-Leute den Befehl, alle in der Kirche befindlichen Teppiche zusammenzurollen. Bei der Öffnung zur Krypta blieb nur ein Wachtposten, alle andern liefen in der Kirche umher, um den Befehl auszuführen. Wenige Minuten später lagen die Teppiche entlang den Wänden, und Pannwitz spazierte nervös hin und her. In die Krypta muß doch ein öffentlicher Eingang führen, war ihm eingefallen, nicht dieses Loch, durch das die Paraschutisten gekrochen waren. Auf welchem Weg hat man in die Krypta Särge getragen? Doch über bestimmte Treppen. Aber wo sind sie?

Dort, wo im Fußboden die steinerne Grabtafel eingelassen ist!

Er entdeckte sie und – jubelte auf.

Sofort befahl er die tschechischen Feuerwehrleute zu sich, die bis dahin vor der Kirche standen, und trug ihnen auf, die Platte zu zerschlagen. Um sie herum nahmen einige SS-Leute mit Gewehren im Anschlag Aufstellung. Aber die Platte gab nicht nach. Nach etwa zwanzig Minuten versuchte einer der Feuerwehrmänner in gebrochenem Deutsch zu erklären, daß mit solchen Werkzeugen – Hämmern und Stemmeisen – sich die Tafel nicht zertrümmern ließe.

Man schickte sie weg, und es kamen weitere SS-Männer, diesmal mit Bohrern und Dynamit oder so etwas Ähnlichem.

Eine Weile bewegten sie sich um das Grabmal herum, dann jagten sie uns alle in den Gang (ich setzte mich auf die Stufen des

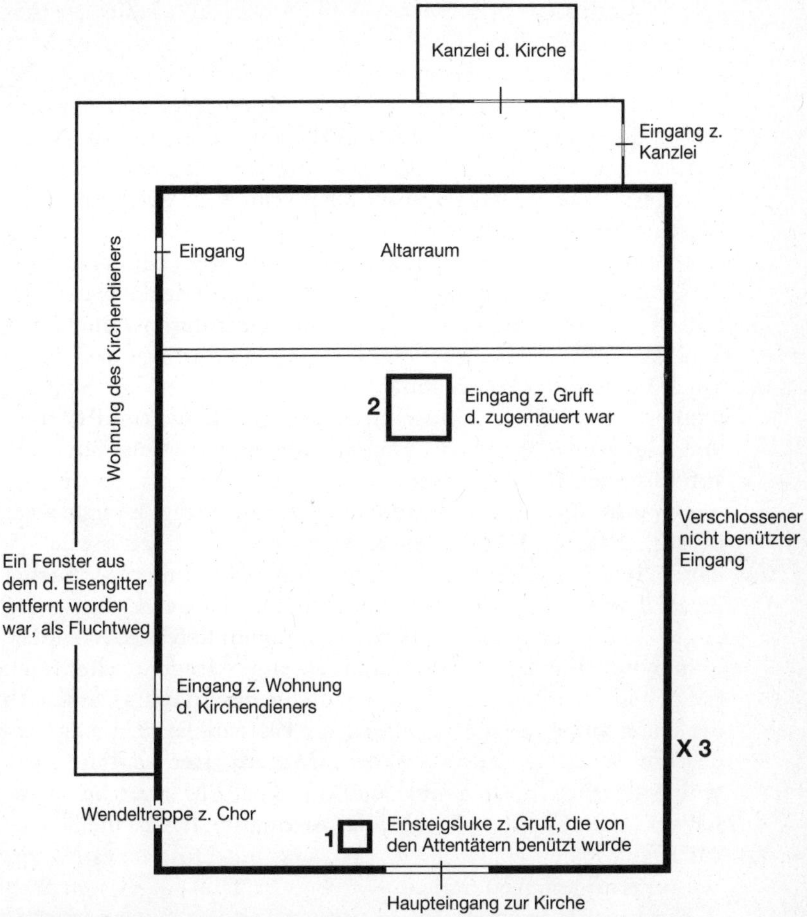

Grundriß der Kirche: Nr. 1 – Ventilation, durch welche die Paraschutisten in die Krypta gelangten; Nr. 2 – Vermauerter Zugang zur Krypta, den die Nazis mit Sprengladungen freilegen mußte; Nr. 3 – Kleines Fenster zur Krypta, durch das die Belagerer erfolglos Wasser und Rauch einströmen ließen.

Hauses gegenüber), und in der Kirche ertönte eine Detonation. Als ich mich dann dort umblickte, sah ich die Platte in zwei Stücke geborsten.

Einer von der Gestapo beugte sich über die Öffnung, neugierig und ungeduldig, aber im gleichen Augenblick sprang er zurück, denn von unten kam eine Salve, und die Kugeln pfiffen ihm um die Ohren. Pannwitz lächelte: Jawohl, von hier führt der Weg in die Krypta!

Im Unterschied zu der ersten Öffnung bei der Tür, ich meine den Luftschacht, der senkrecht nach unten ging, führten von diesem Eingang aus bequeme Stufen in die Krypta. Weil die steinerne Grabtafel unmittelbar vor dem Altar lag, nahm der Kommissar richtigerweise an, daß dies der Haupteingang war, worauf auch die Stufen schließen ließen.

Wieder traten SS-Männer an. Sie sollten über die Stufen nach unten dringen, in die Krypta. Diesmal nicht einzeln, wie beim Luftschacht, sondern eine ganze Gruppe. Ein Angriff in mehreren Wellen.

Ich bewunderte die Männer in der Gruft unten. Seit Stunden wußten sie ja schon, daß sie einen vergeblichen Kampf führten und früher oder später umkommen werden, aber sie gaben nicht auf, kämpften wie die Löwen.

Der erste Angriff der SS mißlang. Die Abteilung gelangte zwar bis zur Hälfte zur Treppe, aber dort wurde sie durch Schüsse aufgehalten. Einige aus den ersten Reihen fielen, die andern stolperten in der Dunkelheit herum, und so brach in dem verhältnismäßig engen Treppengang Panik aus. Einige Verwundete blieben zurück.

Inzwischen war es auf der Straße zu einem folgenreichen Vorfall gekommen. Einer der Feuerwehrleute bekam den Befehl, sich der Leiter zu bemächtigen, mit der die Paraschutisten immer wieder die Wasserschläuche aus dem Mauerfenster warfen. Frank wollte nämlich noch einmal versuchen, die Männer herauszuschwemmen, und so ordnete er an, abermals in das kleine Fenster zur Krypta einen Schlauch zu legen und mit Hilfe eines Motors Wasser nach unten zu treiben.

Der Feuerwehrmann näherte sich entlang der Mauer vorsichtig dem Fensterchen, und als die Paraschutisten wieder einen Schlauch herausstießen, ergriff er schnell die oberste Sprosse der Leiter und zog sie heraus. Von Frank wurde er dafür belobt. Wie denn auch nicht, bedeutete es doch fast den sicheren Sieg. Später bekam der Feuerwehrmann eine hohe Belohnung und nach 1945 von unserem Gericht den Kerker.

Jetzt sah es für die Belagerten schon schlimm aus, aus den Schläuchen strömte Wasser nach unten, und die Männer hatten dort nichts mehr zur Hand, um es zu verhindern. Die Fensteröffnung lag hoch oben unter der Decke der Krypta, wo sie mit den Händen nicht hingelangen konnten. Und gleichzeitig griffen die SS-Leute vom Altar her an.

Die Lage war hoffnungslos.

Das Wasser stieg immer höher und die Angriffe, einer nach dem andern, nahmen an Stärke zu. Wenn die verletzten Angreifer aus den vorderen Reihen ihre Plätze räumten, schickte Pannwitz andere an ihre Stelle. Dann warfen sie Granaten, die über die Treppe in die Krypta rollten, aber deren Explosionen wurden vom Wasser gedämpft.

Und die Paraschutisten schossen weiter, ständig und unermüdlich. Aber sicherlich sagte sich jeder von ihnen: Wie lange noch? Noch fünf Minuten? Noch eine halbe Stunde? Konnten sie denn überhaupt noch Widerstand leisten?

Es mochte gegen Mittag sein, als plötzlich von unten vier einzelne Schüsse zu hören waren. Und dann Stille. Pannwitz erstarrte.

Er blickte eine Zeitlang zu der Öffnung vor dem Altar hin, dann gab er einem Offizier einen Wink. Der zögerte, es gelüstete ihn überhaupt nicht, nach unten zu gehen, und so gab er einigen Männern aus seiner Abteilung einen Befehl. Sie betraten ganz langsam die erste Stufe, dann die zweite, die dritte. Aus der Krypta fielen keine Schüsse mehr. Sie blickten fragend ihren Befehlshaber an, der ihnen mit einer Handbewegung anwies weiterzugehen. Sie hatten bereits die Hälfte der Treppen erreicht, in der Kirche standen alle atemlos da, die Männer verschwanden in der Krypta, und dann waren laute Rufe zu hören. Der Offizier zögerte jetzt nicht mehr länger und eilte mit dem Revolver in der Hand in die Gruft. Gleich darauf erschien er wieder, bis über die Knie durchnäßt und schrie: „Erledigt!"

Was soll ich Ihnen noch sagen? Es war überhaupt nicht mehr dramatisch, nur noch traurig. Die Feuerwehr rollte ihre Schläuche zusammen und fuhr davon, die Obersten der Nazis befahlen, die Leichen der Paraschutisten nach oben zu schaffen und auf den Boden zu legen. Bevor man sie dann auf die Straße brachte, wo sie K. H. Frank besichtigen wollte, war ich näher getreten, um mir ihre Gesichter anzuschauen. Sicherlich kennen Sie sie von den vielen Fotografien her. Ich kannte nicht ihre Namen, ihre Gesichter waren blutüberströmt, sie selbst völlig durchnäßt. Sie hatten sich erschossen und waren ins Wasser gefallen. Sie lagen nebeneinander, mit weitgeöffneten Augen, in alltäglichen Anzügen, wie sie sie zeit ihres Lebens getragen hatten.

Man brachte sie ins pathologische Institut, wohin viele Zeugen vorgeladen wurden, um die Männer zu identifizieren. Auch Čurda war unter ihnen.

Blick in die Krypta nach ihrer Einnahme. Das Wasser wurde mittels Pumpen bereits beseitigt. Im Hintergrund sind die Stufen zu sehen, über die die Nazis nach dem Selbstmord der Paraschutisten eindrangen.

Ich stieg inzwischen langsam in die Gruft hinunter. Durch das Fenster in der Mauer, das auf die Straße führte und in das man die Wasserschläuche gelegt hatte, fiel nur wenig Licht, so daß ich ein Streichholz anzündete. Die Krypta war groß und lang, größer, als ich sie mir vorgestellt hatte. Ich blieb auf einer der letzten Stufen stehen, weil vor mir das Wasser war, etwa einen halben Meter hoch, vielleicht auch höher. Ich war zu erregt, um solche Einzelheiten zu beachten. An beiden Seiten der Krypta waren schwärzliche viereckige Öffnungen, in denen vor Zeiten Särge mit verstorbenen Mönchen aufgebahrt wurden. Einige dieser Vierecke auf der meinem Standplatz gegenüberliegenden Seite der Krypta waren leer. Sie befanden sich in der Nähe des Luftschachtes, statt der Särge lagen in ihnen Matratzen, auf denen die Paraschutisten geschlafen hatten. Ich bin kein Imker, aber als ich diese nebeneinanderliegenden Mauernischen betrachtete, kamen sie mir wie ein Bienenbau mit seinen Honigwaben vor.

Das Streichholz verlosch, ich mußte ein neues anzünden. Und noch eines. Im Wasser schwammen Papiere herum, ich beugte mich vor und sah, daß es zerrissene Geldscheine waren. Und wohl auch Dokumente, Ausweise. Die Stufen, auf denen ich stehengeblieben war, hatten blutige Flecken, auch die Nischen am Treppenende, wo vielleicht die Verteidiger des Haupteingangs lagen, waren voll Blut. Und überall Wasser. Aber wieder nicht so viel, daß sich die Paraschutisten deshalb hätten erschießen müssen. Die Krypta war hoch, und es hätte sicherlich einen ganzen Nachmittag gebraucht, bevor sie mit Wasser so angefüllt war, daß die Männer ertranken. Nein, sagte ich mir, das Wasser hat sie nicht besiegt.

Was aber sonst?

Die einzige Erklärung: Mangel an Munition. Sie war ihnen ausgegangen, und sie hatten die letzten vier Kugeln für sich selbst bewahrt. Als später die Gruft gesäubert wurde, fand man mancherlei – Wäsche, Spirituskocher, Konserven, aber keine Munition, auch wenn im Abschlußbericht der Gestapo von ihr die Rede ist. Sie haben bis zu der allerletzten Kugel gekämpft. Unter der Fensteröffnung sah ich einen Haufen von Ziegeln, sie hatten versucht, die Mauer zu durchbrechen, um dann einen der Kanäle zu erreichen. Aber es war ein vergebliches Bemühen. Als sie sich durch die Grundmauern der Kirche durchgegraben hatten, stießen sie auf lehmige Erde, von einer Kanalisation keine Spur. Und so ließen sie es bleiben und wußten von diesem Augenblick an, daß sie endgültig zum Tod verurteilt waren.

Ich verließ die Kirche. Durch die Resselgasse marschierte eben eine Militärkapelle, die man eiligst herbeigerufen hatte. Sie spielte feierliche Märsche, deren Pfeifen und Trommeln das in den Nazis entstandene Gefühl einer großen Enttäuschung übertönen sollten. Die Paraschutisten waren tot, keiner von ihnen wird jemals wieder den Mund öffnen.

Der fünfte Monolog des Historikers

Wir sind am Ende des ganzen Ereignisses. Der gewissenhafte Gestapomann Horst Böhme hat in seinem Bericht vom 29. Juni 1942 noch angeführt, daß in Warschau die Gestapo einen gewissen Wassiljew ergriffen habe, der aus der Sowjetunion nach Prag ge-

Am 9. Juni 1942 veranstalteten die Nazis einen Staatsakt für Heydrich in der Berliner Reichskanzlei. Im Mosaiksaal hielten SS-Führer die Ehrenwache am Sarg ihres Gefolgmannes.

schickt worden war, um ein Strafgericht für Reinhard Heydrich vorzubereiten und durchzuführen. Einzelheiten nannte Böhme nicht.

Worum ging es? Im März 1942 war bei einer Routinekontrolle auf dem Warschauer Hauptbahnhof von der deutschen Polizei ein „deutscher Musiker" verhaftet worden, der sich verdächtig benahm; was mit diesem Terminus gemeint ist, wird im zuständigen Bericht nicht angeführt. Seine Dokumente waren in Ordnung, ebenso das Futteral mit dem Musikinstrument, die Aufmerksamkeit der Polizei jedoch erweckte sein völlig neuer Koffer. Er wurde gründlich untersucht, in einem Geheimfach fand man „eine mit einem teleskopischen Sucher und Schalldämpfer ausgestattete Spezialwaffe". Sie war in Einzelteile zerlegt, die in dem Geheimfach Platz fanden. Die Verhöre auf der Gestapo dauerten mehrere Tage, der verhaftete Mann gestand schließlich, daß er russischer Staatsbürger und von Moskau losgeschickt worden sei, um auf Reinhard Heydrich während einer seiner Fahrten von Jungfern-Breschan nach Prag ein Attentat zu begehen. Es schien fast unglaubhaft. Nach seinem Geständnis verübte der Mann in seiner Zelle Selbstmord, zu weiteren Feststellungen konnte die Warschauer Gestapo nicht mehr gelangen.

Heydrichs Tätigkeit im Protektorat wurde in Moskau aufmerksam und in allen Einzelheiten verfolgt. Klement Gottwald hatte in einigen für die Heimat bestimmten Rundfunksendungen Heydrichs Charakter und Aufgabe präzise enthüllt.

Aber kehren wir nach Prag zurück.

Patient Nr. 12.555/42 im Allgemeinen öffentlichen Krankenhaus Bulovka wurde laut tschechischer Vermerke einer Reihe von operativen Eingriffen unterzogen – Entnahme der Niere, Dränage durch Böhlau, Narkose 60 Minuten, verabreicht von MUDr. Honěk mit Schwester Zavadilová, bei einem zweiten Eingriff Durchführung einer Bluttransfusion der Gruppe A. Der Patient, den nach Ausschluß der bisher behandelnden tschechischen Ärzte reichsdeutsche Fachleute aus Berlin in ihre Pflege übernahmen, verstarb. Ärztliche Eintragungen in deutscher Sprache über den Verlauf der Behandlung sind im Archiv der Bulovka nicht erhalten geblieben.

Zwei Tage vor seinem Tod, am 2. Juni, erschien Himmler, nachdem er zuvor ungezählte Male mit dem Krankenhaus telefoniert hatte. Er ahnte wohl nicht, daß es sein letztes Gespräch mit Heydrich war, dessen Gesundheitszustand zu Hoffnungen Anlaß gab. Ahnte er es wirklich nicht? Etliche sensationslüsterne Publizisten sprachen von einem Kampf um die Macht zwischen Heydrich

Spalierstehende vor der Reichskanzlei, wo der Staatsakt für den am 27. Mai 1942 bei einem Attentat ums Leben gekommenen Heydrich am 9. Juni 1942 stattfand.

und Himmler. Zur Zeit liegt der eine auf dem Totenbett, weiß es aber nicht, der andere hört ihm zu und nickt mit dem Kopf. In Heydrich stiegen sentimentale Erinnerungen an seinen Vater auf, der Musiker war, und er zitierte aus dessen „Amen“ betitelter Oper: „Die Welt ist nichts als eine Drehorgel, die Gott selbst in Gang hält; wir alle müssen nach einer Melodie tanzen, die bereits auf einer der Walzen eingepreßt ist . . .“

Seltsame Erwägungen eines Menschen, der Tausende von Toten auf dem Gewissen hatte.

Am 4. Juni 1942 verstummte alles im zweiten Stockwerk der Chirurgie, wo Professor Walter Dick sein Arbeitszimmer hatte und Heydrich um halb fünf Uhr nachmittags der Tod ereilte.

Im Laufe des Begräbnisses fand Hitler Worte voll von Tadel und Vorwürfen: „. . . in einem offenen, ungepanzerten Wagen fahren . . . eine verfluchte Dummheit!“ Dann erregte er sich sogar:

Am 20. Oktober wird in Anwesenheit von Staatssekretär Frank eine Prager Straße an der Moldau in Reinhard-Heydrich-Ufer umbenannt.

„Ein derart unersetzbarer Mann wie Heydrich durfte sich nicht unnötig einer Gefahr aussetzen, ich kann so etwas nur als idiotisches Benehmen bezeichnen!"

Ein sorgfältiger Beamter trug in Band I/1942 des Totenbuchs unter Nr. 348 den Namen Reinhard Tristan Heydrich ein.

Todesursache: Schußverletzung (Mordanschlag), Wundinfektion.

Ein nicht minder umsichtiger und gehorsamer Richter vermerkte am 29. September 1942 das Urteil des Standgerichtes Prag, wonach 252 tschechische Patrioten für die Gewährung von Verstecken an Paraschutisten bzw. entsprechende direkte Hilfeleistung zum Tod verurtelt wurden.

Scheinbares Verhältnis 1 : 252.

Die Wirklichkeit sah weit schlimmer aus. In der Zahl 252 waren nicht die Einwohner von Lidice, Ležáky, Bernarditz und anderer

Orte enthalten. Gleich in den ersten vier Wochen wurden rund zweitausend Menschen wegen – so die amtliche Begründung – „Billigung des Attentats“ hingerichtet. Um den Schein der Gerechtigkeit zu wahren, kam es am Donnerstag, dem 3. September 1942, zu einem Prozeß, bei dem Menschen aus dem Umkreis der rechtgläubigen Kirche in der Prager Resselgasse zum Tode verurteilt wurden: Kaplan Dr. Vladimir Petřek, Pfarrer Václav Čikl, der Vorsitzende des Ältestenrats der rechtsgläubigen Kirche, Jan Sonnewend, und Bischof Gorazd, mit bürgerlichem Namen Matěj Pavlík.

Weitere Tausende kamen in den Konzentrationslagern ums Leben.

Es war eine fürchterliche Rache.

Hinrichtungen, Hinrichtungen, Hinrichtungen. Sie begannen unmittelbar nach dem Attentat. Welches Trauma mußten wohl die in der Krypta verborgenen Männer erleben! Der letzte Tag des der tschechischen Nation von Frank gestellten Ultimatums, der 18. Juni, sollte ihnen zum Schicksal werden, dies um so mehr, als sie – wie es heißt – am übernächsten Tag aus der Kirche aufs Land überführt werden sollten, was möglicherweise ihre Rettung bedeutet hätte. Auch wenn der Plan, der angeblich mit Kubiš' und Gabčíks Rückkehr nach England rechnete, irreal war. Die Sommernächte sind viel zu kurz – und außerdem: Es ist schwer vorstellbar, daß im Jahre 1942 irgendein Flugzeug der westlichen Alliierten einen solch weiten Flug hätte vornehmen und zugleich dann auch auf einer primitiven Bahn notlanden können. In den Depeschen London-Protektorat-London wurde nichts dergleichen erwähnt und erwogen. Was nicht bedeutet, daß unter den illegalen Mitarbeitern von Kubiš' und Gabčíks Abflug nicht gesprochen wurde; es war jedoch nur von beruhigender Bedeutung. Sogar der Mann, bei dem sich Dr. Lyčka verbarg, der Tischler Ludvík Vaněk in Aubenitz, suchte nach Informationen, ob auf einer nahe gelegenen Wiese ein Flugzeug landen könnte. Praktisch jedoch ließ sich dieses Vorhaben nicht verwirklichen, wovon wahrscheinlich die illegale Gruppe JINDRA nicht wußte.

Wenden wir uns jedoch wieder der „Aktion Kirche“ zu. Aufzeichnungen zufolge waren 19 Offiziere sowie 740 Unteroffiziere und Mannschaftsangehörige daran beteiligt. Sie begann um zwei Uhr nachts, als die ersten Befehle erteilt wurden. Kurz nach drei Uhr kam der Befehl, daß um 3 Uhr 45 Abteilungen der Waffen-SS in der Nürnberger (heute Pariser) Straße bereitstehen sollten, wo ihnen die Aufgabe zugeteilt werden würde, ein vorherbestimmtes Gelände zu umzingeln. Motorfahrzeuge sollten pünktlich um 4 Uhr 10 zu einer Linie vorstoßen, die um den Häuserblock führte, innerhalb welchem die Kirche stand. Der Befehl ordnete an, zwei Absperrungen zu bilden: Die erste, äußere, stellte ein großes Viereck dar (Moldauufer, Trojangasse, Ecke Karlsplatz, Myslíkstraße), der innere zweite Kordon schloß den Häuserblock mit der Kirche in sich ein. Die Angehörigen der Gestapo, die jenen Block zu durchsuchen hatten, bekamen zu ihrem Schutz 25 SS-Männer mit.

Um 4 Uhr 15 wurden die Absperrungen verriegelt. Etwas später, etwa gegen 4 Uhr 20 bis 4 Uhr 30 (was heute nur noch schätzungsweise zu bestimmen möglich ist) betraten den Hintereingang Gestapomänner mit Pannwitz an der Spitze und mit einem Dolmetscher. Es kam zu einem Gefecht. In dem Bericht des SS-Standartenführers Dr. Geschke vom 25. Juni, der für Daluege und Frank bestimmt war, heißt es:

„Am 18. Juni 1942 um 4 Uhr 15 wurde gegen die Kirche von der Hauptleitstelle der Staatspolizei in Prag eine Aktion mit der Absicht unternommen, die Katakomben der Kirche zu durchsuchen. Bereits einige Minuten nach dem Eindringen in das Kirchenschiff wurde das Kommando der leitenden Behörde der Staatspolizei durch Schüsse von der Galerie und dem Chor her angefallen. Mehrere Stunden lang wurden vergebliche Versuche angestellt, sich der Gegner lebend zu bemächtigen; drei von ihnen hatten sich auf der Galerie hinter hohen Säulen gut verschanzt, die vier andern in die Katakomben der Kirche zurückgezogen und versperrt. Nachdem diese Versuche keine Aussicht auf Erfolg boten oder mit hohen Verlusten verbunden gewesen wären, da sich der Gegner auch mittels Bomben verteidigte, wurde von dieser Absicht Abstand genommen und der Widerstand von einer mit Maschinenpistolen und Handgranaten ausgerüsteten Stoßtruppe der Waffen-SS gebrochen. Fünf Agenten wurden nur noch tot aufgefunden, zwei, von diesen einer der direkten Attentäter (der die Bombe warf), waren noch einige Zeit am Leben, aber kamen nicht mehr zu Bewußtsein.

Zwecks Bestätigung der von der Staatspolizei geführten Ermittlungen wurden sofort alle Belastungszeugen vor die Täter geführt und ihnen die Leichen gezeigt. Alle 18 Personen, unter denen auch zwei Paraschutisten, denen die Toten von dem vorhergegangenen gemeinsamen Zusammenleben bekannt waren, identifizierten die Täter sofort und ohne Schwierigkeiten.

Außerdem wurden in zwei von elf in der Kirche gefundenen

Pistolen mit Hilfe kriminal-technischer Untersuchungen Colt-Pistolen Nr. 539370 und 540416 erkannt, aus denen die Täter mit Kynoch-Munition am Tatort und auf der Flucht Schüsse abgaben. Die Familie Svatoš erkannte in einem der Attentäter den Mann, dem sie ihre eigene Aktentasche geliehen hatten, in einem zweiten jenen, der in seiner Aktentasche eine automatische Pistole verborgen und sich von ihnen eine halbe Stunde vor dem Attentat einen Mantel geliehen hatte. Der Sohn der Frau Moravec erkannte in einem der Täter jenen Mann, dem seine Mutter das am Tatort zurückgelassene Fahrrad geborgt hatte, in einem zweiten jenen, der ihm einige Wochen zuvor das Original der Bombe gezeigt hatte, die am Tatort gefunden wurde. Damit waren erdrückende Beweise von der Identität der Täter erbracht.

Die in der Kirche angehäuften Vorräte von Munition, die Matratzen und Decken, Kleidungsstücke, Wäsche, Lebensmittel und Dinge des täglichen Bedarfs beweisen, daß sich um die Täter ein großer Kreis von Helfershelfern kümmerte. In die ganze Angelegenheit waren der Pfarrer, der Kaplan, der Laienvorstand, der Kirchendiener und der Angestellte der Kirchenkanzlei eingeweiht. Der Kaplan selbst setzte mit Sicherheit voraus, daß sich unter den Agenten die Attentäter befinden, weil einer von ihnen (der die Bombe warf) sein Auge behandeln lassen mußte und die Attentäter selbst von den Vorbereitungen zur Tat und ihrer Durchführung gesprochen hatten. Wie weit die Hilfe und Nachsicht des Geistlichen ging, davon zeugt die Tatsache, daß Bischof Gorazd einige Tage vor dem Eingriff der Staatspolizei ebenfalls von dem Stand der Dinge zwar erfahren, jedoch trotz der verlautbarten Androhung schärfster Strafsanktionen keine Anzeige erstattet hatte, obwohl er auf den guten Ruf seiner Kirche stets überaus bedacht war. Kaplan Petřek wiederum hatte den Kirchendiener Ornest zur Schweigsamkeit dadurch verpflichtet, daß er ihn vor dem Altar in vollem Ornat und bei Kerzenschein einen feierlichen Schwur auf das Neue Testament ablegen ließ. Seine Unterstützung der Agenten ging so weit, daß er regelmäßig den mit Chlorkalk gefüllten Eimer, der als Klosettersatz diente, eigenhändig ausleeren ging ..."

Soweit der deutsche amtliche Bericht, der allerdings die ganze Angelegenheit überaus vereinfacht. Wir haben nämlich noch einen zweiten Bericht vom 23. Juni zur Hand, der gewisse Sachlagen völlig anders schildert. Vor allem war nicht bekannt, wie viele Paraschutisten es waren und wo genau sie ihr Versteck hatten:

„Der größere Teil der Verbrecher, unter ihnen allem Anschein nach auch die Mörder des gefallenen SS-Obergruppenführers, befindet sich in dem Häuserblock, der auf der beigelegten Skizze 1 mit A bezeichnet ist. Besondere Aufmerksamkeit ist der Kirche zu widmen, die an der südwestlichen Ecke dieses Blockes gelegen ist."

Ferner kam es zwischen Gruppen der Gestapo und der SS zu einem Mißverständnis:

„Unmittelbar nach beendeter Errichtung des inneren Kordons fielen in der Kirche Schüsse gegen die Beamten des SD, die einige von den ihnen zugeteilten 25 SS-Männern zur Seite hatten. Es kam zu einem Schußwechsel mit den Verbrechern, bei dem von deutscher Seite aus Handgranaten geworfen wurden. Gleichzeitig schoß der SD aus den gegenüberliegenden Häusern mit automatischen Gewehren in die Kirche durch deren große Fenster. Durch diese Maßnahme war die eigene Mannschaft in der Kirche gefährdet. Weil sich tatsächlich herausstellte, daß bei dieser Aufklärungstätigkeit die Gefahr drohte, daß SS-Angehörige bei diesem planlos geführten Schußwechsel getroffen werden könnten, schritt der Befehlshaber der Waffen-SS ein und befahl:

a) das Feuer aus den gegenüberliegenden Häusern in die Kirche sofort einzustellen,

b) das Innere der Kirche von den Angehörigen des SD und den ihm zugeteilten Leuten der Waffen-SS augenblicklich zu räumen,

c) von der Sturmabteilung (E) SS „D" unter einem Kommandanten mit Fronterfahrung eine kämpferische Attacke durchführen und die sich verbissen wehrenden Verbrecher festnehmen zu lassen. Deren Zahl und Standort waren nicht genau bekannt. Die unter b) angeführten Maßnahmen waren unausweichlich, weil die Beamten des SD in Zivil und nicht entsprechend gekennzeichnet waren, so daß es leicht zu Verwechslungen kommen konnte."

Dann beschreibt der Bericht das Gefecht in der Kirche:

„Die unter c) erwähnte Sturmabteilung erhielt die Aufgabe zu versuchen, die Verbrecher lebend zu bekommen. Dies wurde durch die Tatsache erschwert, daß vom Kirchenschiff zum Chor hin eine Wendeltreppe führte, die einer der Verbrecher von oben her verteidigte. Der Befehlshaber der Sturmabteilung setzte umsichtig Leute mit Handgranaten und Maschinenpistolen ein und gelangte, geschützt durch deren Feuer, auf den Chor. Da dieser mit vielen Mauervertiefungen versehen war, mußten sich die Männer von einer zur anderen vorkämpfen. Nach einem fast zweistündigen Kampf (gegen sieben Uhr) wurden drei Verbrecher, die sich im oberen Teil der Kirche aufhielten, gefaßt und verhaftet."

Dieser Absatz beweist, daß die Paraschutisten vor der ungeheuren Übermacht nicht zurückschreckten und tapfer kämpften. Uns ist auch die genaue Zeit bekannt: Das Gefecht um die Kirche, also die Galerie, dauerte tatsächlich bis sieben Uhr, lächerlich allerdings ist der Abschluß des Berichtes, der nachzuweisen bestrebt ist, daß die Paraschutisten „gefaßt und verhaftet" wurden; K. H. Frank wollte sie eben um jeden Preis lebend in die Hände bekommen. In Wahrheit hatten sie einen Toten und zwei Sterbende „gefaßt und verhaftet". Und jene zwei starben, ohne zu sprechen.

Jetzt taucht eine Frage auf. Als sich die Nazis zur Einnahme dieses Häuserblocks vorbereiteten, hatten sie keine Ahnung, wieviel Paraschutisten es dort gab. Warum begnügten sie sich nicht mit dem erzielten Ergebnis: drei tote Männer? Hat vielleicht der Priester Verrat begangen? Oder hat einer der Verhafteten aufmerksam gemacht, daß hier mehr Paraschutisten sein müßten? Nein, niemand hat gesprochen. Sie schwiegen. Aber der Gestapo kam der Zufall zur Hilfe:

„In der Kirche befanden sich nicht nur jene drei Verbrecher, es wurde noch der Anzug eines vierten gefunden. Es war also klar, daß zumindest noch ein vierter Verbrecher irgendwo verborgen sein mußte."

Und so begann die Suche nach einem vierten Paraschutisten. Wie war wohl jenen zumute, die dem ganzen Schußwechsel im Kirchenschiff in der Krypta unten nur untätig zuhören mußten? Ihre Kameraden kämpften auf dem Chor, sie in den Katakomben mußten in aller Stille warten und hoffen, daß die Nazis nicht herausfinden, wieviel Paraschutisten tatsächlich in der Kirche sind. Mehr als zwei Stunden umkrampften ihre Hände die Waffen, ohne zu ahnen, daß der Anzug eines von ihnen die Angreifer auf eine weitere Spur führen würde.

Der Bericht beschreibt dann den Hergang bei der Einnahme der Krypta. Er gibt an, daß der Geistliche, der während der ganzen 14 Tage um die Verheimlichung und das Versteck der Verbrecher in seinem Heiligtum bemüht war, den Befehl bekam, durch den erwähnten Eingang zum Keller die Verbrecher etliche Male aufzufordern, sich zu ergeben. Sie jedoch antworteten: „Niemals!" Der Bericht erwähnt verschiedene Möglichkeiten, mit deren Hilfe die Nazis die Gruft erobern wollten: Tränengas, Wasser, Handgranaten. Darüber hat auch der Dolmetscher in seinem Monolog erzählt. Zwischen den Zeilen, gegen den Willen des Verfassers, kann der heutige Leser des Berichtes herauslesen, daß der Mut der Belagerten beispiellos war:

„Die Feuerwehrmänner, die in die Fensteröffnung in der Straße Schläuche anlegen wollten, wurden mit Pistolenschüssen und Molotow-Cocktails (gläsernen Gefäßen mit entzündbarem Material, wie sie gegen Panzerwagen zur Verwendung kamen – Anm. d. Üb.) vertrieben. Auch gelang es den Verbrechern, mit Hilfe der erwähnten Leiter die Schläuche aus der Öffnung herauszustoßen. Die Mitglieder der Waffen-SS bekamen dann den Befehl, Tränengasbomben in den Keller zu werfen, die jedoch die Verbrecher zum Großteil wieder zurückschleuderten ..."

Auch Wasser half nicht.

„Innerhalb verhältnismäßig kurzer Zeit wurde festgestellt, daß der Wasserspiegel im Keller nur sehr, sehr langsam ansteigt. Es entstand die Befürchtung, daß das Wasser irgendwohin abfließt und auch die Verbrecher solche Abflußkanäle oder unterirdische Gänge als Fluchtwege benützen könnten ..."

Auf den von den Nazis nach dem Gefecht angefertigten Skizzen ist die Höhe des Wasserspiegels mit 70 cm angegeben. Die Krypta war 3,5 m hoch, die Höhe des Wassers betrug demnach etwa ein Fünftel. Sie stellte also nicht die Hauptgefahr dar, dies um so weniger, als die Nazis das Wasser später wieder herauspumpen ließen, weil sie befürchteten, daß es die Bewegungen ihrer Einheiten beim Kampf Mann gegen Mann in der Krypta, die verhältnismäßig lang war (15,20 m), behindern würde.

Von allergrößter Gefahr für die Paraschutisten war der Mangel an Munition. Die letzte Kugel hatte jeder von ihnen für sich zurückgelegt.

„... im Keller wurden vier Verbrecher tot aufgefunden. Sie wiesen außer schweren Schußverletzungen vier Einschüsse im Kopf auf, was darauf schließen läßt, daß sie sich selbst erschossen hatten."

Was führt der Bericht noch weiter an?

Ein Verzeichnis der „Helden" aus den Reihen der SS, die sich besonders „ausgezeichnet" hatten, der eine durch seine „Umsicht und Tapferkeit", andere durch ihre „kämpferische Bereitschaft" oder „ganz außerordentliche Behutsamkeit und Energie". Zur Auszeichnung wurden vorgeschlagen: ...

Die verwüstete, beschädigte Kirche blieb verlassen zurück.

Der Teppich, auf dem die Leichen der Verteidiger gelegen hatten, war weggeschafft, der Gehweg gesäubert worden. Aber das Spiel war noch nicht zu Ende.

Im Umkreis von Pardubitz war bisher noch der Sender „Libuše" in Betrieb. Der Funker Potůček sitzt abends beim Gerät und sendet.

Der Kommandant Bartoš, wieder einmal von Gelenkrheumatismus geplagt, liegt zu Bett. Sein Zustand bessert sich allmählich, die Gesamtlage wird immer verzweifelter. Aus diesem Grund kommt aus Prag der Chemieprofessor Jindra und schickt, als er sich mit der Situation bekanntmacht, das Ehepaar, bei dem Freda Bartoš wohnt, aufs Land, damit sich ihre dauernd angespannten Nerven beruhigen. Auch Bartoš verreist, sobald er nur halbwegs wieder gehen kann. Wahrscheinlich in die Umgebung von Neukirch, wohin auch der Sender „Libuše", der inzwischen im Raum Ležáky arbeitet, verlegt werden soll.

Während eines Verhörs aber hatte Čurda die Pardubitzer Zentrale verraten. Für die Gestapo gab es daraufhin nichts Einfacheres, als nach Pardubitz zu fahren, die derzeitige Adresse des erwähnten Ehepaares zu erkunden, die beiden zu verhaften und die Pardubitzer Wohnung zu besetzen. Von Čurda wußten sie, daß Bartoš sich hier öfters aufhielt, und so ließen sie da einen Wachtposten zurück. Dann wurde eine Mitteilung aufgefangen, wonach Bartoš am 21. Juni kommen wollte. Sie brachten in die Wohnung die Frau des Pardubitzer Zeugen, sie sollte Bartoš, den sie lebend haben wollten, die Tür öffnen und zum Eintreten auffordern. Ihnen war allerdings nicht bekannt, daß Freda ein Signal vereinbart hatte: Wenn das Rollo im Fenster des Eckzimmers herabgelassen war, bedeutete dies Gefahr. An jenem Tag brannte die Sonne, und so zog die Frau nach einer Weile des Wartens – nur so nebenbei – das Rollo herunter. Dann setzte sie sich nieder, hinter der Tür standen Gestapoleute mit Revolvern. Die Schatten verlängerten sich langsam.

Bartoš kam nicht.

Und so führten sie die Frau wieder ab und ließen in der Wohnung wieder nur ihren Wachtposten zurück, der das Rollo nach oben ließ.

Es vergingen Stunden.

Endlich drückte jemand auf den Klingelknopf an der Eingangstür auf der Straße. Der Gestapomann sprang zum Fenster und sah auf dem Gehsteig Bartoš, der sich schnell umdrehte und flüchten wollte. Der Gestapomann eilte nach unten, lief ihm nach, es kam auf der Straße zu einem Schußwechsel, Bartoš (Motyčka) merkte, daß ein Entkommen unmöglich war, und richtete seinen Revolver gegen sich.

Auch wenn ihn die Nazis, um ihn zu retten und dann zu Aussagen zu zwingen, sofort in ein Krankenhaus überführten, kam Bartoš nicht mehr zu Bewußtsein und starb.

Es schien, daß die Nachforschungen nach weiteren Mitarbeitern der Paraschutisten im Sande verlaufen würden, aber ein böser Zufall kam zu Hilfe. Oder Unvorsichtigkeit. Die Gestapo bekam ein rotes Heft in die Hand, das Bartoš gehört hatte und genaue Tagebuchangaben enthielt: die Beschreibung aller Unterredungen, Aufzeichnungen der Depeschen aus London, viele, viele Namen.

Es bedeutete den Tod Dutzender von Menschen.

Nur diese Denkmäler erinnern an die Tragödie. Auch hier in Ležáky standen einst Häuser.

So endete der Kommandant der Gruppe Silver A, Kapitän Bartoš. Von allen Paraschutisten war nur noch Potůček übriggeblieben. Er war schließlich nach Bochdaschin bei Roth-Kosteletz gelangt und hatte von hier mit „Libuše" am 26. Juni die allerletzte, nicht beendete Depesche gesendet. Es heißt darin:

„PAR. Ich bitte, das Losungswort von Nr. 895-97 unter dieser Chiffre anzuführen. Standort meines Senders, Ležáky, dem Erdboden gleichgemacht. Hilfreiche Menschen verhaftet. Fred verschollen. Leute mißtrauisch, Kontakte anzuknüpfen unmöglich. Bin allein geblieben. Unsere Leute dürfen erst ab 10 Uhr einkaufen, bis 10 haben Deutsche ..."

Die Tragödie erreicht ihren Höhepunkt. In Prag sind fast alle verhaftet und sehen ihrem Tod entgegen, Lidice und Ležáky sind dem Erdboden gleichgemacht. Potůček irrt in der Gegend umher und sucht seinen Kommandanten. Er weiß noch nicht, daß sich Bartoš kurz vor jener Depesche erschossen hat.

Und welches Ende findet er, der letzte von allen?

Bochdaschin wird umzingelt, aber Potůček gelingt es noch, schießend die Sperren zu durchbrechen, er flüchtet, wird gehetzt und am 2. Juli 1942 vor Pardubitz erschossen. Er wollte sich hier wohl noch einmal umsehen.

Was wäre noch hinzuzufügen?

Die Paraschutisten waren tot und mit ihnen Tausende tschechischer Menschen. Viele von ihnen hatten nicht einmal den Grund erfahren. Die Nation hatte das Attentat schwer bezahlt. Und so drängen sich viele Fragen auf: Warum? Wieso? Was wäre, wenn?

Den Historikern steht ein weites Feld von Antworten offen.

Das Attentat hat der Welt gezeigt, daß die tschechische Nation die Besetzung und die Nazis nicht anerkennt, daß sie sich nicht ergibt und daß sie kämpfen will. Für den Präsidenten Dr. Beneš war das Attentat, vom Gesichtpunkt der internationalen Position aus betrachtet, ein wertvolles moralisch-politisches Kapital, genau seinen Vorstellungen entsprechend, allerdings mit Blut bezahlt. Das Attentat erhöhte das Prestige der tschechischen Regierung in London, das ist richtig. Zugleich zeigte sich, daß die nazistischen Repressalien, auch wenn die heimische Widerstandsbewegung entsetzliche Verluste verzeichnete, nicht imstande waren, den Widerstand und die Aktivität des tschechischen Volkes zu brechen auch wenn es zu gelegentlichen Rückschlägen kam. Das Attentat wurde verstanden als machtvolles antifaschistisches Gericht über die Okkupanten.

Es währte viele Stunden, bevor – der Dolmetscher sprach davon – alle Toten auf dem Gehweg vor der Kirche beisammenlagen.

Mögen die Menschen künftiger Generationen die Namen dieser Helden im Gedächtnis behalten:

Jan Kubiš – Josef Gabčík – Josef Valčík – Adolf Opálka – Jaroslav Švarc – Jan Hrubý – Josef Bublík.

Sie hatte der Mut miteinander verbunden. Sie hatte der Tod miteinander verbunden.

Mut und Tod verbanden auch alle, die ihnen Hilfe zukommen ließen: die Familie der „Tante“ Moravcová, des Zelenka-Hajský, der Familien Khodl, Piskáček, Novák, Oktábec, Lyčka, Fafek, Svatoš, Vojtíšek und vieler, vieler anderer.

In der Nähe von Pardubitz wurde am 2. Juli 1942 der letzte Paraschutisten, Jiří Potůček, erschossen. Er war aus Bochdaschin geflüchtet, um seine Gefährten zu suchen.

Von dem Schicksal dieser „vielen, vielen anderen" sind nicht einmal mehr Einzelheiten bekannt. Wir wissen nur, daß man sie in den laufenden Transporten aus Theresienstadt nach Mauthausen schickte. Wie zur Schlachtbank.

Der letzte Weg

In der Hölle kann es nicht schlimmer sein. Wir zitterten vor Kälte und auch Hunger und standen auf dem Hof der Theresienstädter Kleinen Festung, zerschlagen, verlaust, in Lumpen. Es war nach dem Abendappell, aber der Befehl lautete, auf den Plätzen zu bleiben.

Wir ahnten, daß etwas in Vorbereitung war. Aber was? Hinrichtungen? Einige standen mit gesenkten Köpfen da, andere stellten die verschiedenartigsten Vermutungen an, warum wir dableiben müssen und nicht in die Zellen gehen dürfen.

Dann kamen aus ihrem Büro zwei SS-Männer, brachten einen Tisch mit Stühlen und irgendwelchen Papieren. Einer setzte sich, zog die Papiere zu sich und begann Namen vorzulesen. Jeder, den er aufrief, mußte schnellstens zum Tisch laufen, dort deutsch seine Personaldaten nennen und dann auf den Zweiten Hof nebenan rennen und sich einer Fünfergruppe zugesellen. Es kamen weitere SS-Leute, sie hatten Stöcke, und wer von den Häftlingen sich nicht beeilte, dem machten sie Beine. Sie bildeten ein Spalier, durch das wir laufen mußten.

Dann fiel auch mein Name.

Sie kennen diesen kühlen Oktobernächte, mit Windstößten, die die Zähne klappern machen, über den Himmel zogen schwere Wolken, und zeitweise fiel ein dichter Regen.

Uns wurde bald klar, daß sie jene Häftlinge aufriefen, die zu der sogenannten Gruppe der „Paraschutisten" gehörten. Ich war nur zufällig unter sie geraten und kannte keinen von ihnen. Ich war wegen illegaler kommunistischer Tätigkeit verhaftet worden, und gemeinsam mit mir kamen in den Transport etwa zwanzig Juden und dreißig Ukrainer. Sie waren „totaleingesetzt" und hatten versucht zu flüchten, waren jedoch durch einen unglücklichen Zufall auf tschechischem Gebiet ertappt worden.

In der „Paraschutisten"-Gruppe waren ganze Familien namens Valčík und Kubiš. Väter, Söhne, Knaben, auf dem Nachbarhof Frauen und Mädchen – Valčík, Kubiš, Valčíková, Valčíková, Kubišová, Kubiš ... Man hatte vielleicht alle im Protektorat, die so hießen, verhaftet und gefangengesetzt. Möglich, daß sie mit diesen Paraschutisten erst im zehnten Glied verwandt waren, viele kannten sie überhaupt nicht, und doch mußten sie hier einem ungewissen Schicksal entgegensehen.

Nur die Familie Gabčík war dem entronnen. Er stammte nämlich aus der Slowakei, und so kam es, daß sein Vater und seine Verwandten den Mai 1945 noch erleben konnten.

Neben den Familienangehörigen, genauer neben jenen, die wie die Attentäter hießen, hatte man in unsere Gruppe alle eingereiht, die den Paraschutisten geholfen hatten. Und so waren hier Frau Zelenková, die Familien Piskáček, Moravec, Khodl, Vojtíšek, Frau Kaliberová, Frau Šrámková, die Fafeks, die Nováks und einige andere.

Dann verkündete ein SS-Mann, daß wir am nächsten Tag nicht bei den Arbeiskommandos antreten, sondern im Lager bleiben sollten. Dann durften wir in unsere Zellen gehen.

Sie können sich vorstellen, daß wir nicht geschlafen haben. Jeder sagte etwas anderes. Der eine meinte, es würde ein Monsterprozeß stattfinden, zu dem wir vorgeladen werden, der andere dachte an den Tod.

Ich schloß die ganze Nacht kein Auge.

Die Kameraden, die man nicht unserer Gruppe zugeteilt hatte, trösteten uns, daß wir vielleicht nach Hause entlassen werden. Jemand hielt sich an diesem Gedanken fest, der belebend und verführerisch wirkte, andere winkten nur mit der Hand ab – sie kannten die Nazis.

„Man wird uns in ein leichtes Arbeitslager bringen, du wirst sehen", meinte beim Frühstück mein Nachbar.

Ein zweiter wollte uns überzeugen, daß man uns vor ein Gericht bringen werde, und dort würde es wenigstens warm sein.

Und so warteten wir und wußten, daß sich etwas vorbereitet, mit Sicherheit vorbereitet, aber wir konnten uns nicht wehren und wußten nicht einmal, ob wir uns freuen oder fürchten sollen.

Dann gingen die Kameraden zur Arbeit, und wir blieben zurück. Das Reden war uns vergangen, einer blickte den anderen schweigend an, viele saßen mit gesenkten Köpfen da. Dann ein Befehl: gruppenweise zum Friseur. Hoffnung blinkte auf.

Würde man uns denn die Haare schneiden, wenn sie uns in den Tod schicken wollten?

„Alle Habseligkeiten abgeben! Decke, Löffel, Eßschale. Die Häftlingskleidung!"

Wieder eitle Freude. Man gab uns unsere Zivilanzüge. Unser Zivil, in dem wir verhaftet worden waren. „Warum hat man uns das anziehen lassen? Damit wir nach Hause gehen", rief einer der Kubiš' und begann die andern zu umarmen. „Ich hab' ja nichts angestellt, ich war grad auf dem Feld und da ... da ..." Er blickte die andern an und verstummte.

„Waschen!"

Sollten sie uns wirklich entlassen?

Aber warum schlagen sie uns immer noch? Es genügte, sich beim Antreten zu verspäten, und sie hätten dir das Rückgrat zertrümmert.

„Sollen sie sich ruhig bedienen, ohnehin ist es zum letzten Mal", meinte ein junger Bursche, auch einer der Valčíks. „Sonntag ist bei uns Kirchweih!"

Um vier Uhr nachmittags marschierten wir auf den Zweiten Hof, wo zwei Zellen für etwa fünfzig Häftlinge waren. Wir mußten die Strohsäcke heraustragen, so daß nur die blanken Pritschen dastanden. Dann trieben sie uns wie eine Herde Vieh nach innen.

Da standen wir. Aneinandergepreßt. Einige trösteten sich immer noch. Andere fluchten. In einer Ecke begannen einige laut das Vaterunser zu beten.

„Schluß mit dem Blödsinn!" schrie ein grauhaariger Mann vom Fenster her. „Man wird uns doch entlassen!"

Es begann zu dämmern, im Oktober wird es bald finster. Wir hatten Hunger, und die Kälte kroch uns bis in die Knochen.

Spät am Abend öffnete sich die Tür, und ein SS-Mann trat ein. In der Hand einen Stock. Hinter ihm zwei Köche mit einem Topf mit schwarzem Kaffee. Ein fürchterlicher Dreck, der Magen drehte sich einem um, ich mußte die Augen schließen und an etwas anderes denken, um die Brühe hinunterschlucken zu können. Aber wir hatten den ganzen Tag nichts Warmes gehabt, und so trank ich. Dann standen wir weiter da, einer versuchte, in dem Gedränge sich niederzusetzen und ein wenig auszuruhen, aber es gelang ihm nicht. Die Nacht zog sich dahin, vom Hof her hörte man erste Regentropfen fallen.

Die Luft war dick, man konnte kaum atmen. Einige bekamen Fieber.

Am Morgen des 23. Oktober 1942 stürzten SS-Leute in unsere zwei Zellen. Überall war es noch dunkel und naß, und wir mußten uns auf dem Hof in Fünferreihen aufstellen.

Und wieder begannen sie abzuzählen, zu schreiben und zu prügeln.

Es erschien Jöckl, der Theresienstädter Kommandant, und ordnete an, daß jeder nur ein Hemd, eine Unterhose, Mantel und Schuhe behalten dürfe. Einige von uns hatten nämlich alles, was sie hatten, über sich gezogen, um sich vor Kälte zu schützen.

Und wieder Schläge und Schreie. Die SS-Leute kontrollierten den erteilten Befehl und schlugen mit ihren Stöcken auf die Leute ein, von denen die ersten zu Boden fielen. Neben uns war eine Unmenge von Wäsche und Kleidungsstücken angehäuft, die uns die Aufseher vom Körper gezerrt hatten, der kalte Wind drang uns jetzt bis auf die Haut, wir klapperten mit den Zähnen und schielten nach den aufgestapelten Hemden und Jacken.

Schließlich führten sie uns zu dem Hintertrakt der Wirtschaftsgebäude, der Morgen begann zu dämmern, alle anderen Häftlinge traten ihre Arbeit an – wir standen da und warteten.

Gegen sieben Uhr führten sie eine Gruppe von Frauen herbei, etwa achtzig. Sie weinten.

Gegen acht Uhr brachte man uns Essen: Jeder bekam 50 Gramm Brot und ein Stückchen Margarine. „Proviant für den ganzen Tag!" grinste der Koch.

Und dann gingen wir los.

Wir waren um die dreihundert. Um uns herum Wachtposten mit Gewehren, immer auf zehn Meter einer. Sie trieben uns zur Eile an, aber wir konnten nicht. Vorne gingen die Frauen. Die Straße führte zur Eisenbahnstation. Es begann zu schneien.

Als wir uns dem Bahnhof näherten, sahen wir eine Lokomotive, die in Richtung Prag stand. „Wir kommen vor ein Gericht", verbreitete sich ein Gerücht. Und alle erhoben die Köpfe und starrten wie verzaubert auf diese einfache Lokomotive. Dann kam der Befehl: Die Fenster sind während der ganzen Fahrt geschlossen zu halten! Sprechen oder auch nur flüstern ist verboten! Aufs Klosett nur in Begleitung der Wache! Und ruhig stehen!

Dann stiegen wir ein und fuhren los. Einige freuten sich auf Prag, andere blickten zu Boden und schwiegen. Die SS-Männer, immer zwei, drei je Waggon, unterhielten sich miteinander. Die regelmäßigen Räderstöße wiegten uns in Schlaf, aber daran war nicht zu denken, weil wir alle unruhig und unsicher waren.

Mein Nachbar flüsterte mir zu, es gäbe zwei Möglichkeiten: entweder das Gericht in Prag oder ein Konzentrationslager. Wenn wir von Prag weiterfahren und die Richtung auf Kolin einschlagen werden, sieht es nach Polen und Auschwitz aus. Wenn wir auf Beneschau zufahren, ist es Mauthausen.

Was wäre besser gewesen: Kolin oder Beneschau?

Vor den Fenstern eilten die Bahnstationen vorüber, ab und zu sahen wir Menschen – Männer, die zur Arbeit, und Frauen, die zum Einkauf gingen, einmal erblickten wir eine Gruppe von Schulkindern. Es kam mir seltsam vor, Menschen in Zivilkleidern zu sehen, ohne Sträflingsnummern, Straßen ohne Stacheldraht und Wachttürme.

Dann kam Prag.

Der Hauptbahnhof. Ein Lautsprecher meldete etwas, deutsch und tschechisch, Menschen eilten vorbei, wir hörten sie in unserer Muttersprache reden und durften uns nicht rühren. Eine Minute war verstrichen, die zweite, die zehnte – jetzt war es schon sicher, daß wir nicht aussteigen werden. Der Gedanke von dem Prager Gericht war verflogen und nur Kolin oder Beneschau übriggeblieben. Ich erinnerte mich an ein Auszählspiel aus meiner Kindheit – was wird auf uns fallen? Kolin?

Beneschau. Richtung Süden. Gegen acht Uhr abends fuhren wir durch Böhmisch-Budweis und bogen auf die nach Linz führenden Geleise ein. Also mit völliger Sicherheit Mauthausen. Das Todeslager. Jetzt waren auch die größten Optimisten verstummt.

Draußen wiederum Dunkelheit und Regen.

„Singen wir doch was!" schlägt einer vor. Die Wache schreit ihn an. Der Abend kommt und mit ihm Müdigkeit, die Körper sind wie gelähmt und die Gehirne auch. Wir wissen nicht, wieviel Uhr es ist, die Zeit geht unerkannt an uns vorbei.

„Wir sind schon in Österreich", sagt einer gegenüber, aber niemand antwortet ihm.

Mit einem Mal bleibt der Zug stehen.

„Alles raus, los, los! In Fünferreihen aufstellen!" hören wir schreien. Wir steigen aus, reihen uns zu fünft zusammen, stolpern einer über den andern, es gießt, und bald sind wir bis auf die Haut durchnäßt.

Es tauchen neue Uniformierte auf, diesmal schon aus dem Lager. Mit automatischen Gewehren.

Unser Zug hat sich endlos geordnet, und wir gehen. Fußtritte, Schläge. „Los, los, schneller!" brüllen sie. Die Gassen der kleinen Stadt sind eng, hinter ihnen liegt ein freies Gelände, das wir eher ahnen als sehen, der Weg führt abwärts, wir schleppen uns durch eine verlassene Allee mit kahlen Bäumen, statt Regen ist wieder Schnee und heftiger Wind da.

Das Tempo wird schneller, angeblich liegen noch vier hügelige Kilometer vor uns, ich zähle meine Schritte, dann die Bäume, schließe ab und zu die Augen und gehe, gehe, die Landstraße scheint unendlich, an ihrem Ende oben steht das Lager. Aus der Dunkelheit treten Granitwände hervor, die sich weit nach hinten ziehen, ihr Ende ist nicht abzusehen, dann stehen wir vor dem Tor, Scheinwerfer sind auf den Hof gerichtet, es sieht wie eine Theaterkulisse aus.

Es ist der 24. Oktober 1942. Jetzt sind noch an meiner Seite alle jene Valčíks, Kubiš', Moravec', Khodls und Svatoš', aber schon einen Augenblick später werden wir getrennt. Unsere Gruppe kommt abseits zur Aufstellung.

Auf unser kahlen Schädel fallen Schneeflocken, sie sind kalt, aber wir dürfen uns nicht bewegen. Befehle und Namen werden verlesen.

Über eine steinerne Treppe gelangen wir in Kellerräume, wo Waschbecken stehen. Und SS-Leute, die prügeln, prügeln. Es gibt die ersten Toten. Wir müssen uns auskleiden, dann wieder nach oben auf den Hof, der schon schneebedeckt ist.

Eben wird die „Paraschutistengruppe" abgeführt, etwa 250 Menschen mit blauen Flecken und glattrasierten Köpfen. Man jagt sie nach hinten, eine Weile sind sie noch zu sehen, dann verlieren wir sie aus den Augen. Für immer ...

Nachmittags wälzt sich aus einem hohen Schornstein hinter dem benachbarten Gebäude aus Stein dichter Rauch mit lodernden Flammen. Das Krematorium.

Und es schneit weiter, der Rauch zieht über die Schneewehen dahin und steigt langsam zum Himmel empor. Er steht tief, ist traurig und trüb.

Epilog

Ich stehe auf dem Hof von Mauthausen. Lange nach dem Krieg. Die Baracken sind von Gras überwachsen, einige wurden schon abgerissen, andere verfallen langsam.

Die Mauer ist kalt, die Steine hier werden bis zum Letzten Gericht Kälte ausstrahlen. Hier war einst schon das Ende der Welt.

Häuserblöcke, einer hinter dem andern, Blöcke von Bauten, einer hinter dem andern, dann eine Wiese. Auch hier haben damals Baracken gestanden. Der kahle Hügel ragt gegen den Himmel, unten strömt die Donau, an ihrem Ufer die kleine Stadt, nach der all das Grauen benannt war. Am Abend blinken hier Neonlichter, parken Autos aller Marken der Welt, auf den Tischchen der Gaststätten für Ausflügler leuchtet Schlagsahne und duften gebratene Rippchen.

Den Weg empor, der sich so seltsam windet, sollten die Menschen mit dem Hut in der Hand beschreiten. Aber die Welt ist nicht sentimental, und so saust ab und zu ein Auto, dann ein Bus vorüber.

Über dem Haupt der Himmel, ringsumher eine feuchte Mauer und hinter ihr die Weite, Hügel mit kleinen Wäldern und einsamen Gehöften mit roten Dächern, ein Dorf mit spitzen Kirchtürmen.

Kontraste, die töten mußten.

Unterhalb des Krematoriums ein steiler Abhang, unter ihm eine ebene Fläche. Vormals hatte man hierher die Asche gestreut. Heute ist sie mit Gras bewachsen, grün und blau. Blau von den Salbeipflanzen, die sich die Farbe des abendlichen Himmels angeeignet haben.

Als kleiner Junge ging ich oft mit meinem Vater spazieren, er zeigte mir diese Pflanze und erzählte, daß sie ihr als Kinder den Namen „Zigeunerhosen“ gegeben hatten. Bis heute wisse er nicht, warum, meinte er und fügte hinzu, daß dies wohl nur bei ihnen, in den Dörfern bei Brünn, üblich gewesen wäre. Und er lächelte seltsam, als teile er mit dem Gewächs ein gemeinsames Geheimnis.

Die Salbeien unterhalb des Krematoriums erblühen aus der

Asche. Dutzende, Hunderte bläulicher Blüten bilden eine riesengroße Fläche. So eine Farbe hat das trotzige Meer.

Hier fanden ihr Ende jene, deren Tod nicht ruhmvoll, aber schmerzlich war. Gewöhnliche tschechische Menschen, ohne große Namen.

Auch mein Vater gehörte zu ihnen.

Eine Betrachtung nach dem 17. November 1989

Als im Jahre 1987 die fünfte Auflage meines Buches „Attentat auf Reinhard Heydrich“ im Prager Verlag Panorama erschien, hatte ich eine abschließende Bemerkung des Autors hinzugefügt und sie „Eine Betrachtung nach Jahrzehnten“ betitelt. Sie begann mit den Worten: „Die Okkupation des tschechischen Volkes und sein nationaler Befreiungskampf während des Zweiten Weltkrieges sind zu einem der wesentlichsten Faktoren der böhmischen Geschichte geworden. Okkupation ... Wieviel wurde schon darüber geschrieben! Man hat sie abgeschätzt, nach den wichtigsten, entscheidensten Zeitabschnitten gesucht. Zu den dramatischsten von ihnen gehören die Jahre 1941–1942 – die Heydrichiade. So wird für immer jene Ära bezeichnet sein, die sich ruhmvoll und tragisch in die Geschichte des europäischen Kampfes gegen den Faschismus eingetragen hat.“

Dann hat mein Text den Widerhall des Attentats in der Welt verfolgt. Er hat daran erinnert, daß unter den Mitgliedern des Komitees zum Wiederaufbau von Lidice auch Albert Einstein, Charlie Chaplin, die Schriftsteller Sigrid Undset, Ilja Ehrenburg, André Maurois, Franz Werfel und viele andere waren.

Diesem Nachwort habe ich eine Passage über die veröffentlichten „Erinnerungen“ des Kriminalrats Heinz Pannwitz beigefügt, der seit 1940 die Abteilung II. G der Prager Gestapo leitete und zu dessen Pflichten als Chef der Untersuchungskommission die Ermittlung der Täter gehörte. Er ist auch Autor eines für Hitler bestimmten Abschlußberichtes. Er wurde in Deutschland zum ersten Mal im Jahre 1985 veröffentlicht, dies dank dem tschechischen Emigranten S. Berton aus Australien, mit dem ich seit Ende der siebziger Jahre in Kontakt stand und verschiedenes Material austauschte. Mich hat damals in Pannwitz' Text am meisten jene Stelle interessiert, in der er daran erinnert, wie Prof. Ladislav Vaněk-

Jindra nach seiner Verhaftung durch die Gestapo im September 1942 den Nazis seine Mitarbeit anbot. In meinem Nachwort habe ich damals viele Zweifel an Prof. Vaněk in der Hinsicht angedeutet, daß mit jedem Jahr weitere phantastische Einzelheiten in seinen Erinnerungen auftauchten. Was ich jedoch im Jahre 1987 aus Furcht nicht erwähnen konnte: daß ich von Verhören einiger Gestapoleute vor tschechoslowakischen Gerichten nach 1945 Kenntnis habe, die über Vaněks Mitarbeit berichteten. Ihre Zeugenaussagen liegen in einem Archiv, das zu studieren mir – schriftlich – verboten wurde. Ich habe darum zu diesem Material auf geheimen Wegen Zugang gefunden; ebenso geheim habe ich eine Gerichtsakte über den Gestapoangehörigen Nachtmann erhalten, der nachträglich noch 1964 vor einem Prager Gericht stand, weil er den Tod von etwa 200 tschechischen Patrioten auf dem Gewissen hatte. Und dieser Nachtmann verlangte, als Zeugen der Verteidigung auch Prof. Vaněk vorzuladen. Das geschah, und Prof. Vaněk sagte zugunsten dieses Gestapomannes aus.

Die ganze Angelegenheit um Nachtmann und Co. war Sache der Staatlichen Sicherheitsbehörde, und deshalb konnte ich mich nicht einmal wundern, als 1988 in der Zeitschrift „Signal" ihr Chefredakteur, Oberstleutnant der Staatssicherheit P. Minařík, ein prominenter Spion des kommunistischen Regimes, der sich Vaněks eindeutig annahm, gegen mich auftrat. Sicherlich nicht rein zufällig. Oberstleutnant Minařík hatte damals mit einem eigenhändigen Schreiben den Generalprokurator der Republik, seinen Freund Generalmajor J. Pješčák (zuvor stellv. Innenminister), aufgefordert, mich unter Druck zu setzen. Das geschah im Frühjahr 1989. Zum Glück kam der 17. November 1989.

Warum ich das alles erwähne?

Das Attentat und die ganze Heydrichiade wurden nach dem „siegreichen Februar 1948" zu einem brennenden Thema. Die ganze Aktion hatte ihren Ursprung im Westen, und die Paraschutisten wurden in den Jahren des Personenkults (sofern sie nicht aus der Republik geflüchtet waren) zum großen Teil verhaftet, einer von ihnen erhängt. Das Thema wurde zu einer politischen Angelegenheit und ist es die ganzen vierzig Jahre hindurch mehr oder weniger geblieben. In diesem Zusammenhang steht auch das Auftreten von Oberstleutnant der Staatssicherheit Minařík gegen mich in den Jahren 1988 bis 1989. Er wußte, daß ich auf der anderen Seite der Barrikade stehe. Er hatte recht. Die Heydrichiade hat mein Leben verändert, mein Vater wurde hingerichtet – und ich fühlte seit den fünfziger Jahren, wie ungerecht das kommunistische Regime das Attentat bewertete, wieviel Unrecht es allen bekannten und unbekannten Helden zugefügt hat. Ich war allzu unbedeutend, um als Parteiloser auf politischer Ebene irgend etwas zur gerechten Bewertung der Heydrichiade zu unternehmen. Dennoch schrieb ich Bücher, und ich ahnte damals noch nicht, daß man sie eines Tages als „Literatur der Fakten" anerkennen würde. Ich war damals Redakteur der vom Verband antifaschistischer Kämpfer herausgegebenen Zeitschrift „Stimme der Revolution". Und das war für mich eine wichtige Grundlage.

Im Jahre 1961 begann ich, Material über das Attentat zu sammeln. Als Redakteur einer antifaschistischen Zeitung fiel das nicht auf. Schließlich entstand ein Manuskript, eine Sammlung von „Monologen über das Attentat". Ich wußte, daß zugleich mit mir über das Attentat auch zwei Redakteure namens Dušan Hamšík und Jiří Pražák schreiben, die verständlicherweise als Kommunisten weitreichendere Möglichkeiten als ich hatten.

Jedes Manuskript zu einem ähnlichen Thema mußte vom Zentralkomitee der KPTsch genehmigt werden. Während das Buch „Eine Bombe für Heydrich" der beiden genannten Autoren dort begrüßt wurde, denn es kritisierte die Londoner Widerstandsbewegung, wurde mein Manuskript in der zuständigen Abteilung des ZK der KPTsch von einem merkwürdigen Mann – wir wollen ihn Genosse K. nennen –, der heute im öffentlichen Leben tätig ist, einbehalten. Meine Auffassung wäre angeblich liberal, ich kritisierte nicht den Präsidenten Beneš und die Londoner Exilregierung, ich würde nicht die führende Rolle der KPTsch hervorheben, nicht davon sprechen, was die Geschichte der KPTsch über die Ära der Heydrichiade aussagt. Und so weiter ... Ich war unglücklich, ich wußte, daß die Leute beim ZK der KPTsch unrecht hatten. Aber was tun?

Mein damaliger Chef, der Dichter und Publizist Jaromír Hořec, der bedächtige Chefredakteur der „Stimme der Revolution", der sich damals bereits etliche Male gegen die dogmatische Auffassung der Widerstandsbewegung gestellt hatte, riet mir: Wenn ich wollte, daß mein Manuskript veröffentlicht wird, müßte ich an einigen Stellen gewisse Kompromisse machen.

Ich hatte zwei Möglichkeiten: entweder seine Ansicht zu teilen oder das Manuskript in die Schublade zu stecken, wo es zwar gut aufgehoben war, aber niemandem etwas sagte. Und ich wollte doch, daß zu einer Zeit, in der das Regime nur seinen, nämlich den kommunistischen Widerstand hervorhob, die Menschen sich bewußt wurden, daß schon seit 1939 vor allem ein starker und tapferer nichtkommunistischer Widerstand existierte (z. B. jener der Sokol-Bewegung); daß diese nichtkommunistische Widerstandsbewegung es zustande gebracht hat, bei einer der größten Widerstandstaten während des Zweiten Weltkrieges, nämlich beim Attentat auf R. Heydrich, Mithilfe geleistet zu haben. Die Heydrichiade, das war doch ein Kampf einfacher tschechischer Menschen, die sich nicht durch Parteiausweise auszeichneten. All das wäre unausgesprochen geblieben.

Möge jeder nach bestem Wissen und Gewissen meine Entscheidung beurteilen: Ich setzte mir eine Grenze, die ich in keinem Fall überschreiten wollte, und wählte einen Kompromiß.

Hinter den Titel „Nicht nur schwarze Uniformen“ (Titel der ersten drei Ausgaben des vorliegenden Buches), der symbolisch andeuten sollte, daß im Protektorat vor allem Hunderttausende tschechischer Patrioten lebten, setzte ich nach reiflicher Überlegung, was wohl die Herren beim ZK der KPTsch beeindrucken könnte, als Motto ein Zitat aus der Geschichte der KPTsch. Den „Monologen des Historikers“ fügte ich Zitate aus verschiedenen historischen Büchern und auch aus Gottwalds Kundgebungen bei; verständlicherweise ohne zu betonen, daß die von mir zitierte Rede Gottwalds über das Attentat aus seinen Schriften später entfernt worden war. Und um dieser Komödie die Krone aufzusetzen: In mein Manuskript schrieb ich einen neuen Monolog, betitelt „Der Kommunist vom Schießstand in Kobilis“. Ich wußte, daß das Attentat als Aktion und auch die Heydrichiade als Zeitabschnitt dadurch nicht beeinträchtigt würden, weil meine Erfindung unter dem genannten Titel mit der Tat selbst nichts zu tun hatte. Ich habe mir ausgedacht, daß eine kommunistische Zelle irgendwo in Kobilis damals ein Flugblatt verteilt und eine Sammlung für die Hinterbliebenen der Hingerichteten veranstaltet hat. Das war gut möglich und widersprach nicht der historischen Situation.

Auf solche Weise ausgeschmückt ging mein Manuskript in die Zensurabteilung des ZK der KPTsch. Diesmal kam es, wenn auch mit Schwierigkeiten, durch. Genosse K. genehmigte es.

Das Buch erschien. Ich war überzeugt, daß die Leser seinem Sinn Verständnis entgegenbringen werden. Ich täuschte mich nicht. Ich bekam einen zustimmenden Brief vom Paraschutisten Škacha, dem Mitglied der Gruppe Silver B, ich bekam weitere Schreiben dieser Art. In der dritten Ausgabe des Buches entfernte ich das bisherige Motto, nämlich das Zitat aus der Geschichte der KPTsch, und ersetzte es durch Verse von Bertolt Brecht, die genau das ausdrückten, was ich mit meinem Buch aussagen wollte. Ich verließ mich darauf, daß den Austausch des Mottos niemand bemerken würde. Zum Glück war es so.

Heute, im November 89, konnte ich das Buch wieder in seine ursprüngliche Fassung bringen, selbstverständlich ergänzt durch neue ermittelte Fakten.

An einer Stelle des Buches erklärte ich: „Es ist fast gewiß, daß weitere Sichtungen des Materials über das Attentat manche technischen Details genauer festhalten werden – der Sinn unserer Monologe liegt jedoch in etwas anderem. Entgegen allen darin enthaltenen Widersprüchen und Irrtümern ruft deren Zusammenfassung den einen sicheren abschließenden Eindruck hervor: Die Monologe vermitteln die Haltung und Einstellung des tschechischen Volkes zum Faschismus.

Das gilt auch für die Zukunft.

Miroslav Ivanov